U0530483

公文写作难点破解实录

王道凤 著

中国言实出版社

图书在版编目(CIP)数据

公文写作难点破解实录 / 王道凤著 . -- 北京：中国言实出版社，2024.3
ISBN 978-7-5171-4788-6

Ⅰ.①公… Ⅱ.①王… Ⅲ.①公文—写作 Ⅳ.① H152.3

中国国家版本馆 CIP 数据核（2024）第 060894 号

公文写作难点破解实录

责任编辑：宫媛媛
责任校对：张国旗

出版发行：中国言实出版社
地　　址：北京市朝阳区北苑路180号加利大厦5号楼105室
邮　　编：100101
编辑部：北京市海淀区花园路6号院B座6层
邮　　编：100088
电　　话：010-64924853（总编室）　010-64924716（发行部）
网　　址：www.zgyscbs.cn　　电子邮箱：zgyscbs@263.net

经　　销：新华书店
印　　刷：北京温林源印刷有限公司
版　　次：2024年3月第1版　　2024年3月第1次印刷
规　　格：710毫米×1000毫米　　1/16　　20.25印张
字　　数：373千字

定　　价：68.00元
书　　号：ISBN 978-7-5171-4788-6

前言
FOREWORD

锁定难点+实战体会+公文实例=
《公文写作难点破解实录》

● **为什么一个不宜从事文字工作的人却编写出公文写作书？**

左丘明对文章目的有"立德、立功、立言"，即"三不朽"之说，不管哪一"立"，一般写作者大都心驰神往。然而，我却有点例外，即使再"穿越"回刚入职时，也不愿、更不敢撰写公文写作书。

原因有三：一是由于长期神经衰弱，写作加班后经常难以入眠，尤其遇到紧要写作任务时，倍感"亚历山大"，为快速入睡而吃催眠药。吃了催眠药后写作会精神不振，又需要咖啡提神。就这样，一会儿强力催眠，一会儿又刺激提神，几番折腾后，身体体质溃不成军。为此，医生认为我不适宜从事目前这种压力过大的文字工作。二是公文写作已是苦差，在此基础上再写公文写作书，就相当于蘸着胆汁吃黄连——苦上加苦。作为凡人，我当然也不愿遭受这份罪。三是虽然我大学所学专业为汉语言文学，但工作后主要从事公文写作，理论上没有进行更多深造，对写书当然有些心虚。

既然不愿、更不敢写书，为什么最后却写出这本书呢？

直接原因是"备战"写作"备"出了这本书，再往深里挖，用马斯洛的需求层次理论串起来讲,那就是为了"保命"这个"低级需求","逼"出了我出书这个"高级需求"。

在经历了又一轮催眠药与咖啡的"组合折腾"之后,身体极度虚弱的我痛定思痛:长此以往,自己必将"事业未捷身先废";进而反省:以后,宁可备无战,不可战无备!再进而决定"两手抓":一手抓提前写稿,只要有一点写作任务的消息,就提前写稿,宁可写了用不上,就当练笔,尽量少写"熬夜稿";另一手抓平时积累,一有时间就用电脑收集、整理、储存各类资料。对没有电子版的重要资料,自费买了扫描仪进行识别转化……

就这样,不是为了出书,而是为了少遭受催眠药与咖啡的"组合折腾",20多年来,我绝大部分业余时间都投到了学习积累上,甚至在吃饭、做家务和上下班路上等碎片化时间里,都在用手机(平板电脑)学习。巴尔扎克说,他要么在咖啡馆,要么在去咖啡馆的路上。用仿拟辞格说,我基本上要么在写作,要么在准备写作的路上,投入的时间无法统计,收集到的资料已达20G电脑容量,其中,经自己细心整理过的资料有6G,书中后文有此类说明。

我本人在江苏省淮安市洪泽区政府办公室工作,单位有时遇到紧急重大写作任务,会成立写作攻坚组。攻坚组有条不成文的"规矩",那就是为了迅速完成共同写作任务,需要所有组员共享自己手头现有的有利于文稿写作的资料。同事们发现,我分享的资料,不仅时间上远远快于别人,分量上远远多于别人,而且分类更细,更方便挑选使用,部分资料中还记录了自己使用相关资料的体会。很多同事表示,对这些资料"似曾相识",他们也曾见过甚至有过,可惜没有及时保存,非常期待我整理出书,帮助他们找回失去的记忆,同时惠及更多同行。对此,我多以理论高度不够为由予以婉拒。他们则说,现在市面上的写作书籍谈实际操作的少,我的书正好可以弥补这块空缺。建议的人多了,我写书的想法便逐渐萌生。同时,为了指导自己分管的新手尽快入门,更是为了强化自己对这些积累资料的理解和记忆,提高自己写作的质量与效率,我终于决定将这些积累资料整理成书。由于资料较为充分、分类细致,我用4年业余时间就拿出了本书40多万字的初稿。

大学母校江苏海洋大学的领导、老师知道我写书后,也认同该书注重写作实际操作这一方向,指导我提升了理论素养,建议我选择书中内容对外投稿,以便于按读者需求修改书稿，同时提高知名度，为全书出版做宣传。很幸运的是，投出去的文稿很受业内权威杂志和广大读者的欢迎，刊物采用率高达85%以上。还有很多不曾相识的读者通过专业网站、微信朋友圈等渠道，分享我的文章。在2019年到2023年的5年时间内，我一边为地方主要领导继续提供写作服务，一边以平均每年5篇、1.8万字的速度陆续发表公文写作文章。为了避免重点内容全部"剧透"，影响本书销售，我决定当文章发表数量达到一个吉祥数字——26篇时，停止对外投稿，转而全面开展出书工作。

●**为什么会采取"锁定难点＋实战体会＋公文实例"的资料收集模式？**

对这个问题，有些读者可能会认为这源于我深谋远虑。说实话，这还要归功于我的两位终身"老友"——神经衰弱和睡眠不好，是它们导致我记忆力较差。为了防止遗忘，我养成了同步记录例文与体会的习惯。

由于体会基本上来自例文，甚至是在众多例文的基础上提炼而出，本书累计用例900多个，成为每万字运用实例最多的公文写作书之一，为读者提供了丰富的参照对象。同时，本书还遵循"惜字如金，够用就行"的用例原则，例文多以提纲或摘要的形式展现；即便如此，只要把问题说清楚了，也尽量不多用一个字，这就是本书用例如此之多，正文篇幅却不到37万字的原因所在——把读者的时间花在刀刃上，这是本书的基本职业操守追求。

本书例文采用"【X-Y-Z】"三级编号，其中"X"为所在章数，"Y"为所在层次数，"Z"为在同一个层次内的例文排序，如某篇例文属于第八章第三层次中的第十个例子，则序号编为"【8-3-10】"，这样，就为每篇例文提供了区别于其他例文的唯一代码，为例文前后引用提供了精准索引。同时，读者通过例文编号也能迅速地查到其所在章、层次，为精准查寻例文提供了捷径。

那么，这些例文与体会主要针对什么写的呢？当然是难点！主要有：一是针对读者觉得难的地方，第九章全文谈解决问题，在同类书籍中非常罕见；写出"立意创新"、"领导写作核心意向体现与发展"、"层次标题共同点"等多个板块，在写作创新方面提供的参考路径处于同类书籍前列。二是针对用稿领导修改多、理解难的地方，写出领导意图把握、审稿修改、布局谋篇、文种特点把握等章节。三是针对过去分管领导觉得难的地方，多年持续积累，在正文拟写这章时，写出开头过渡语、结束语两个层次专题。四是针对自己和分管的写作人员觉得难的地方，在新手入门、学习积累、临写阶段素材收集、润色提升等方面，开展探索甚至试验，定向"种植"案例与体会，形成相关章节内容。为把问题与道理说清楚，本书常围绕一个难点，列举多个不同版本的例子，实行"同题共答、以例说理"，这也是本书一大特点。综上，本书直击写作常见"顽疾"，分析难题"病理"，探求破解"良方"，致力于打造"KO"写作难题的"尖刀连"。

我认为，本书虽有28万多字，但篇幅毕竟有限，与其什么都讲、什么都讲不透，不如切口"小而实"，一章就把几件事情说清楚，力求在同类书籍中多拿几个"单项冠军"。目前本书已集聚2000字以上的专题70多个，其中很多在同类书籍中内容最全、例文最多，提出了30多个新观点或金点子，目前已公开发表的文稿基本上从中产生，有效避免了读者朋友为弄清一个问题而多方查找资料，"踏破铁鞋无觅处"。对于书中如此众多的例文与专题，不仅读者难以看一遍就全面吃透、全部记牢，我自己也记得不全，写作时需要经常翻一翻仿拟辞格、写作角度等内容，边翻看边思考，积聚创意火花。所以，本书还有写作"工具书"的特点，值得广大读者常备一本。

● **恳请广大读者理解和支持些什么？**

有人讲："写文章不仅是把自己的意见告诉别人，而且可以帮助自己提炼思想，总结经验，使认识更深刻，更系统化，推动实际工作的进一步开展。"作为基层写作人员，我深深地体会到，不是自己文字水平高才编成了此书，而是长期的写作"备战"和撰文编书的经验提升了自己，意外地"拾"到了这本书。

"借问酒家何处有？牧童遥指杏花村。"面对公文写作的博大精深，我只算一个小小的"牧童"。回顾自己的探究之旅，有点像"揭盖子"；探究越深，揭开的盖子越多，越容易发现自己的无知；所谓探究成果，只不过是拣了这些无知临时"装盘"，贴了标签对外投稿，侥幸被刊物采用。在编书的过程中，我发现公文写作领域诸多问题尚无定论，有的概念甚至没有统一的名称。对这些问题，我的见解只能算作"遥指"，算不上"近指"，更没有完全解决。我坚信，关注乃至探究的人多了，以后一定能解决。为此，我期待更多的人投身这个领域。不为别的，就为了让"后浪"们少一些加班，少一些熬夜。

前言　锁定难点＋实战体会＋公文实例=《公文写作难点破解实录》

不同于很多人离开公文写作岗位，甚至到二线后才写这类书籍，我一边牵头为领导写作，一边利用业余时间写出了此书，写作打磨的时间必然紧促，且此书首印之年，我恰好50周岁，学养积累还很不足，加上并非专业从事公文写作研究，书中出现瑕疵甚至错误在所难免。为此，恳请广大读者提出意见、建议（微信同号15261753239，申请好友请注明"公文写作读者"）。对读者的反馈，如有适合的章节可用，我将在再版时采纳。

由于谋篇布局的需要，本书存在多个章节对同一个知识点从不同角度进行表述的情况，请大家前后参照阅读，加深理解，我也争取再版时进行适当合并和提升。还有些内容，如扣题、仿拟辞格等，我认为非常重要，本着"重要的事情说三遍"的理念，多唠叨几句，这并非无心重复，而是有意为之，请大家体谅我的用心良苦。

最后，我想声明的是，我目前工作于江苏省淮安市洪泽区政府办公室，此前在区国土资源局、区委组织部工作过，还在市环保局挂过职，本书所讲"本单位"系指其中之一，"本地"系指洪泽区。出于文字简练需要，书中恕不一一道明。书中的"笔者"系指本人，书中"本地政府"系指江苏省淮安市洪泽区政府，书中正文（例文除外）所讲的"我们"一般不仅包含与我共同写作的同事，还包括指导我写作、修改我文稿的分管领导乃至用稿领导；书中所讲的被领导批评、指导的"我们"，则指我及与我共同写作的同事。可以说，我们拟写的文稿全部得到了领导的指导和修改。由于篇幅原因，本书没有反映出指导和修改的全部过程，主要反映了指导和修改后的成果，我所做的主要工作就是把这些成果"搬运"并"组合"到一起。如本书能得到读者的一些认可，那么这些认可里必然饱含领导的创造和辛劳。"学习领导方能服务领导"，是我一贯的工作理念，也是本书成书的关键所在。

借此机会，我特向指引、帮助我写书的大学母校领导、老师，向指导我写作、修改我文稿的所有领导，向与我共同奋战的同事，向给予我肯定、鼓励及意见、建议的广大读者朋友们，表示最衷心的感谢！

唯有期待，不敢辜负！只此感恩，皆因有您！

王道凤

2024年1月20日

目录 CONTENTS

第一章 破解"新手帮带难":用"两年训练法"叩开公文写作大门 … 1

一、反思及探索:寻找新手难入门的主要原因和破解路径 …………… 1

二、"四个八"习作训练:从草拟综合性文稿中明晰积累方向 ……… 2

三、"两个定"分工分类:靶向治疗"书到用时方恨少" …………… 3

四、"五个八"战略储备:做好素养与素材必要准备 ………………… 5

五、加强督查指导:确保训练计划圆满完成 …………………………… 6

第二章 破解"积累效果提升难":文稿怎么写 积累就怎么抓 ……… 8

一、"四项原则":平时学习积累的攻略"路标" ……………………… 8

二、"三个误区":学习积累重点防范"一刀切" ……………………… 9

三、"五模"工作法:素材收集和应用的高分"秘笈" ……………… 11

四、"五个版本":推动学习借鉴逐浪高 ……………………………… 16

第三章 破解"领导意图把握难":学着站在领导角度对受众负责 …… 20

一、厘清受众、领导、写作者三者关系:人民是领导和写作者

共同的服务中心 …………………………………………………… 20

二、"四从"写作操作层面：打通体现领导意向的"最后一公里" …… 28

　　三、连闯"三道关"：对领导核心意向的四年坚守实践 …………… 33

第四章　破解"临写素材收集难"：把宝贵时间花在"刀刃"上 …… 38
　　一、带着"四类问题"收集：让内容更"硬核" ……………………… 38

　　二、收集方法大PK：什么样的方法最"解渴" ……………………… 42

　　三、以"4511"情况摸底表为代表说明：素材收集路径创新
　　　　"天地广阔，大有可为" …………………………………………… 46

第五章　破解"立意创新难"：弹好"新出于实而胜于实"的协奏曲 …… 51
　　一、弹好"实"与"新"的协奏曲：奠定"实、新、短"文风基础 …… 51

　　二、以文眼集中、鲜明展示创意：为龙点上明亮的眼睛 …………… 53

　　三、把握"五个新"内核：写出五彩缤纷、色彩斑斓的文章 ……… 55

　　四、用好"十五个角度"：找到打开立意创新之门的钥匙 ………… 61

　　五、用好"四步三碰法"：勾画公文立意简便"施工图" …………… 83

　　六、"N/5"训练计划：挖掘新手创新潜力 …………………………… 88

第六章　破解"布局谋篇难"：着意画资妙选材　也须结构匠心裁 …… 91
　　一、基本要求：若非了然即枉然 ……………………………………… 91

　　二、通盘考虑：哪有什么提笔就写的高手，不过是凡人的千思百虑 …… 92

　　三、结构关系：类别不止于常规三种 ………………………………… 115

　　四、一个会议多个议题：讲话稿主干部分合不如分 ………………… 118

第七章　破解"提纲拟写难"：为粗枝大叶正名 ……………………… 120
　　一、共同点：草拟层次标题的"金钥匙" …………………………… 120

　　二、素材扣题三种方法：从"油水""苏打水"到"菊花茶" ……… 133

　　三、标题拟写的注意事项：十条"黄金法则" ……………………… 139

　　四、标题拟写的注意事项：各尽其妙才是妙 ………………………… 145

第八章　破解"正文拟写难":等着"桃花朵朵开" …………… **155**

一、文稿助写:用研析性表格把数字"搭"成想要的文字 ………… **155**

二、文稿组写:既要质量,又要效率 …………………………… **159**

三、文稿撰写:各部分各美其美、美美与共 …………………… **161**

第九章　破解"问题解决难":文章功用不经世　何异丝窠缀露珠…… **190**

一、游隼捕猎视角:紧扣解决问题才是"王道" ………………… **190**

二、文稿板块架构:全程贯穿解决问题的"不变主责" ………… **193**

三、实践文例启示:深耕解决问题的"六个点位" ……………… **206**

四、方法思路升级:十个思维启发解决问题"新路径" ………… **212**

第十章　破解"文种特点把握难":赤橙黄绿青蓝紫
　　　　　谁持彩练当空舞 ……………………………………… **217**

一、总结:选好参照才能比较、提炼出亮点 …………………… **217**

二、汇报:针对性是"生命线" …………………………………… **224**

三、讲话稿:力求多打破一些"旧框框" ………………………… **229**

四、会议(活动)发言:上级"钦定"的写作文体 ………………… **239**

五、述职报告:"班子"和"班长"的五点区别 …………………… **243**

六、主持词:决定活动(会议)成败的现场脚本 ………………… **246**

七、会议纪要:重点在"要"字上见真章 ………………………… **255**

八、工作通知:一份周密的通知如同一份简短的领导讲话 …… **256**

九、突发舆情:以"治水"之道处置 ……………………………… **258**

第十一章　破解"润色提升难":从学习经典到创造经典 ……… **261**

一、总体要求:明晰"四有"努力方向 …………………………… **261**

二、"十二气":表现手法的全新注解 …………………………… **263**

三、缩略语的运用:说带走就能带走的公文"旅行包" ………… **269**

四、仿拟辞格写作:请为一个尴尬的经典正名 ………………… **274**

第十二章　破解"审稿修改难":以迎接积分制综合考评
　　　　　统揽审核修改······························· **285**
　一、领导审稿揭秘:一场严肃的积分制综合考评 ············· **285**
　二、内容上的审核修改:"三查三改"保证少丢分 ············ **289**
　三、程序性的审核修改:"三个两"方法助力拿高分 ·········· **300**
　四、文稿最后校对:必须保证责任心不失分 ················ **302**

附　录　党政机关公文处理工作条例 ···················· **304**

第一章　破解"新手帮带难"：用"两年训练法"叩开公文写作大门

公文写作新手一般需要5年甚至更长时间才能"独当一面"，写"大块头"的综合性文稿。这里的综合性文稿可以简单理解成：涉及所服务领导所有分管工作的综合性文稿。5年内，不仅新手自己着急，其单位领导也是心急如焚，但还是很难改变这个状况。作为本单位文字工作分管负责人，笔者还撰写了多篇公文写作文章，对新手们"哪里不足补哪里"，其收效依然未达预期。痛定思痛，笔者立足本单位写作实践，感到应调整思路和方法，采取"两年训练法"，争取迅速扭转局面。其他单位可参考本单位的做法，立足实际制定自己的新手培训方法。

一、反思及探索：寻找新手难入门的主要原因和破解路径

笔者发现，自己分管的综合文字人员，刚开始文字水平进步非常快，然而到了平均一年半的时间，在入门的道路上就碰到了"天花板"：专业文稿质量还可以，但很难再上升，主要是缺乏全局思维和整合提升的措施；综合性文稿相对薄弱，主要问题是高度不够、特色不显、言之无物。

到底是什么原因拖住了他们迅速入门的"后腿"？这是笔者深深思考的问题。他们全部拥有学士甚至是硕士学位，还通过考试进入体制，文化基础不可谓不好，而且写作与学习态度也是比较好的。在排除了以上因素之后，笔者把主要原因锁定在了综合性文稿的写作实践上。

回顾这一年多的时间，他们虽然起草了很多致辞、主持词和专业会议讲话稿等小文稿，但起草的综合性文稿还不够多，锻炼的强度还不够大。这带来了"三个层级"的问题：第一个层级，他们不熟悉综合性文稿怎么写；第二个层级，他们缺乏综合文字素养，也就是整合专业素材服务中心、服从大局的观念和能力，这不仅表现在综合性文稿上，也会在专业文稿上反映出来；第三个层级，他们不会围绕综合性文稿写作来收集素材、积累素养。

对此，笔者开始着手建立一套写作能力强化训练体系，在时间安排上，以年度为一个主题训练周期，以两年为初步任务完成周期；在任务安排上，以量化为主，定量与定性相结合；在训练内容上，以综合性文稿写作为中心，以素养、素材战略储备为配套，前者为后者提供方向，后者为前者提供支撑，两者相辅相融，让新手们"要么在写综合性文稿，要么在准备写综合性文稿的路上"，努力推动他们在两年内初步具备独立写作"大块头"综合性文稿的能力。

二、"四个八"习作训练：从草拟综合性文稿中明晰积累方向

以综合性文稿写作为主线，从提纲拟写、确定，到文稿起草，再到总结反思，完成八轮习作训练，让新手不仅知道如何写稿，还知道如何准备写稿。

（一）八轮提纲拟写

两年时间内组织八轮提纲拟写训练。

1. 时间及选题安排。请看下表：

表1-1

年度	第一年				第二年			
季度	一季度	二季度	三季度	四季度	一季度	二季度	三季度	四季度
文稿	政府组成人员（扩大）会议讲话	半年会议总结、部署讲话	大干四季度会议讲话	政府工作报告	作风建设会议讲话	半年会议总结、部署讲话	项目攻坚推进会议讲话	政府工作报告
主题及主要内容	以主攻目标为主题，提出当年为目标突破年	继续以目标为重点，进行上半年总结和下半年部署	总结前三季度目标完成情况，提出四季度目标冲刺要求	总结第一年目标突破成效，提出第二年为项目攻坚年	围绕项目攻坚，打造一流作风环境	以项目攻坚为重点，进行上半年总结和下半年部署	总结前三季度项目攻坚情况，提出四季度攻坚冲刺要求	总结全年项目攻坚成效，提出下一年重点任务

从中可以看出三个特点：一是两年内每年一个主题，第一年是目标，第二年是项目；二是每年四次会议文稿主题既自成体系，又为下年作好铺垫，可以推动新手增强全局观念、系统思维和重点重抓的意识；三是文稿的形式除半年讲话和政府工作报告不变外，其他均不相同，为的是让新手得到不同题目文稿的锻炼。这些文稿和主题，对于地方来讲至关重要，且可把其他绝大部分工作统进来写，所以，这些选题还是属于综合性范畴。请广大读者根据本单位实际另行确定自己的综合性选题。如果不太好选，每年都写目标这个选题，也是可以的。

2. 基本要求。一是不管会议开不开，组织者及每名新手都要把提纲列出来。

二是每人独立列提纲，不要相互影响。三是每人在列提纲之前，要阅读高度关联文稿 15 篇以上，可从中选择 3 篇以上较好的文稿交流学习。四是为了让人明白提纲主要内容，提纲要列出：总标题，一、二、三级标题，一级标题向正文的过渡语，全文结束语，帮助别人理解提纲主要内容的其他关键词。五是提纲拟写要符合上述基本要求；对不合格的，必须要求重拟；否则，会降低训练效果。

（二）八轮提纲讨论

除了写作班子成员外，如条件允许，也可以邀请领导、非写作班子成员参与提纲讨论。由提纲起草人分别简要介绍各自提纲后，再评价别人提纲的特点，最后由讨论活动中的最高领导对各人的提纲作点评，并就最终提纲组成提出总结意见。

（三）八轮正文写作

重要文稿提纲最好经过使用文稿的领导确认后再拟写正文，防止走弯路。写作任务分配要统筹兼顾各人能力水平和其他任务，使每人都有练笔机会。

（四）八轮反思总结

每轮写作结束两周内，所有参与的写作者都要写出反思总结不少于 5 条。不仅要反思总结写过的文稿，对拟好提纲但由于特殊情况没写的文稿，也可以找上级或兄弟单位类似的高质量成稿作为参照，进行反思总结；不仅要反思总结写作方面的问题，还要反思总结写作需要怎样的素养和素材，以及自己平时的积累还有什么不足。

三、"两个定"分工分类：靶向治疗"书到用时方恨少"

在实施前面"四个八"习作练习的过程中，笔者一直要求分管人员加强写作素材积累，然而效果始终不佳。近来，笔者发现"症结"在于，对关键环节没有明确要求，积累人员主要根据自己的理解来开展积累，方向可东可西，标准可高可低，内容可多可少，容易形成积累工作的"漂浮病"，导致质量和进度无法把控，看起来什么都懂一些，但写作时却发现管用的不多，只能感叹"书到用时方恨少"。为了攻克这个常见病，努力实现"书到用时不恨少"，笔者与新手们一起探讨、创设了素材积累领域分工分类表（见表 1-2），并对积累主要环节要求进行了明确，以锁定素材积累成效。

表1-2　素材积累领域分工分类表

姓名	栏目			
	了解	关注	研究	钻研
甲	文字基础业务	全文架构,指导思想,组织领导	工业(平台)	目标(项目)
乙	城建交通,文字基础业务	生态环保,安全生产	农业农村	三产服务(重点是旅游)
丙	社会事业(民生实事等),文字基础业务	改革,创新	目标(项目)	农业农村
丁	社会管理,文字基础业务	自身建设(民主法治、党建、作风建设等)	三产服务(重点是旅游)	工业(平台)

（一）定人员分工积累

过去，笔者分管的文字人员没有确定积累的领域，尤其是综合文字人员，什么都要积累，最后什么都没有积累好。所以，笔者对目前分管的4名文字人员进行了分工，每人明确了"了解""关注""研究""钻研"的侧重领域，基本上做到了对日常写作任务的全覆盖。由于甲是4人中的牵头人，承担的统稿、文稿初审任务较重，所以，为他减少了日常工作业务积累任务，增加了文字写作业务积累任务。如读者所在单位写作人员为2～3人，也应该作一些分工，使其有所侧重。如只有一人，虽无须分工，但还应明确一些重点领域，特别是需要"研究""钻研"的领域，分类提出明确的积累要求，不能因为人少就不作要求。

（二）定领域分类要求

过去，笔者对素材积累的过程及其成果没有明确要求，现在把侧重领域分为"了解""关注""研究""钻研"四类，在表格中对应四栏，后一栏在前一栏要求的基础上力度叠加，针对性、约束性更强，特别是对重点领域作出了一些量化要求，便于积累者和督查者掌握标准、实际操作。各栏具体要求如下：

1."了解"。适当收集素材，作为重要文稿起草时的分工依据。也就是说，谁负责"了解"栏内的领域，在起草政府工作报告等重要文稿时，谁就负责相对应层次内容的初步统稿工作。

2."关注"。增加素材积累量，如有写作任务优先安排。当然"研究""钻研"栏内领域，也应优先安排写作任务。这样，才能把积累与写作贯通起来，防止"写"非所"学"、积累与实战脱节。

3."研究"。（1）写出200字左右的素材积累纲要，这可以理解为如何推进该项工作的调研报告提纲，为积累提供了方向。很多人没有这一步，造成了积累工作"盲人骑瞎马"。（2）依据纲要至少建立"上级政策要求""主要进展情况""主存在不足""努力方向""重点解决措施"5个重点电子文档，把收集到的高价值素材和心得体会等放到这些电子文档中。（3）纲要与重点电子文档的个数、题目应总体保持稳定，但每年还是应看一下，对需要更新的地方更新一下，保证素材积累方向始终与时俱进，不会脱离实际需要。（4）在分类的基础上，还要积累一些经典全稿。这种全稿包含的重点要素较全且组合、提炼比较到位，对积累人员起草写作帮助较大，也因此成为很多人积累的重点。（5）纲要和重点电子文档题目等只框定了素材积累的方向，能否满足实战需要还要看积累量足不足。应为每个"研究"对象建立一个专题文件夹，每年新增收集文字素材不少于5万字。通过两年左右积累，就可以基本支撑政府工作报告等综合性文稿写作对该项工作的素材需要。

4."钻研"。与"研究"栏相比，本栏的量化要求全部扩大一倍：素材积累纲要应进一步细化，使素材积累纲要字数达400字左右；重点电子文档达10个，文件夹内每年新增文字量不少于10万字，其中前文所说"上级政策要求"等5个重点电子文档的每年新增文字量应各不少于5000字。这样，通过一年左右积累，就可以基本支撑政府工作报告等综合性文稿写作对该项工作的素材需要；通过两年左右积累，就可以基本支撑该项工作专项重要写作任务的素材需要。

需要再次提醒的是，以上建议应因人因地而异，需要读者结合各自岗位进行"私人定制"，但不管怎样，明确积累领域及其量化要求的大方向还是应该坚持；否则，很多积累工作只能停留在各人自由发挥的散漫状况。

四、"五个八"战略储备：做好素养与素材必要准备

在这里，素养是写作的思路、技能和方法等"无形"的知识，要尽可能把感受最深、触动最大的地方记录下来，让其"有形"化和方便检查。素材是写作中需要用到的资料，要在编好电子文档题目、科学分类归档的基础上，尽可能多作记忆，并把体会深的地方记录下来，为日后使用做好准备。下文对于素养和素材的量化任务都是两年期限内的最低限额，新手应尽可能超额完成。在形式上，这些资料全部要保存为电子版，以方便查找。

（一）写作调研报告8篇

新手要结合各人的政务信息上报和对外投稿等任务，围绕群众和企业关注的热点、堵点问题，特别要聚焦综合性文稿写作遇到的难点和疑点问题，自选8个题目，深入开展调查研究，形成每篇不少于3000字的调研报告，其中有4篇对上报送或对外投稿。调研选题不宜贪大求全，要大问题小切口、新角度。与综合性文稿

写作相关的调研报告内容要能融入文稿写作，这将有效提高综合性文稿的实效性，千万不能白白浪费。如果调研报告内容对综合性文稿写作用处不大，那么说明调研的选题和方法等需要及时纠正。

（二）积累领导想法8000字

每名新手要记录领导点评提纲、文稿修改、个人发挥等方面的想法、思路不少于8000字。为了便于日后回忆，可以结合写作实例记录。对领导经常提到的想法要标注出来，汇总和提炼成观点，拓展和丰富成体系，不仅要融入综合性文稿写作，更要努力做成综合性文稿全篇的"文眼"，引领和统领全文。对其中核心的观点，可以制订出计划，分步骤在各类文稿中加以阐述和体现。

（三）资料分类收集80万字

对综合性文稿写作用处大的资料，如上级单位的重要文稿以及兄弟单位的佳作，应该多收集，甚至要精深阅读，写出阅读体会；反之，就应该少收集，甚至暂时不收集；在写作综合性文稿和专项文稿过程中所遇到的资料，也应该按照这个标准进行分类处理，每名新手要累计收集80万字以上的资料。这里的资料包括本章第三个层次所讲分工分类积累的资料。

（四）平时文字练笔8万字

平时的专项文稿可以为综合性文稿写作提供素材和经验，所以，新手还是应认真对待，保持8万字以上的练笔强度。

（五）记录写作体会80条

既可以记录写作的体会，还可以记录研读写作入门专业文章或书籍的体会。写作中，越是批评多、难度大的地方，越要多记体会。要做到体会与例文同步记录，长的例文可以只记文件电子版名称，以便日后查找。在此基础上，还要尽可能在每次写作前把涉及的部分体会复习一下。比如，如果你记录了一段拟写通知的体会，下次再写通知前就应该看下这段体会。对其他部分体会，最迟一年左右也要复习一下；否则，时间久了，这些来之不易的体会还会"褪色"，直至完全遗忘。

五、加强督查指导：确保训练计划圆满完成

再好的计划离开了监督，成效也会大打折扣。训练的组织者还要定期对新手战略储备成果进行检查和点评，防止偷工减料现象。

督查时的要点有以下三种：一是定期督查，最好每季度能督查一次；二是重大写作任务布置时，一并布置积累任务，然后，在讨论提纲、审核文稿前，检查和

推进一下积累工作;三是根据新手平时写作成效,决定是否突击检查其训练成效,尤其应对训练质量较差的人员进行重点关注,检查其是否按要求开展训练。

督查的内容不仅包括"量"的数字,主要看新手有无完成量化任务,还包括"质"的标准,最终要看能否真正更好地推动本单位工作打造标杆、进位争先。

督查的成果可采取公开点评、私下交流等多种方式,反馈给被督查对象,其中,公开点评可起到以点带面、举一反三的效果。督查的成果也应及时运用,对训练成效较好的人员,予以肯定,甚至表扬,给予更大的训练自主权,交给更有挑战性的写作任务,助其更快成长;对训练成效较差的人员,应该加密督查频率,给予批评教育、增加任务等处罚措施,推动其保质保量完成训练任务。

第二章 破解"积累效果提升难"：文稿怎么写 积累就怎么抓

习近平总书记对于练兵备战，有句名言："仗怎么打，兵就怎么练。"在公文写作这场没有硝烟的战争中，最终拼的是平时的学习积累。为此，笔者提醒大家：文稿怎么写，积累就怎么抓。

一、"四项原则"：平时学习积累的攻略"路标"

平时学习积累应遵循"适当超前，立足实战，便于储用，内化于心"的四项原则。

（一）适当超前——什么时候写稿，就在什么时候提前储备好知识

要对半年甚至是全年的写作任务有一个初步计划，根据计划适度超前地开展学习积累，尤其是对计划内的重要文稿更应提前准备，不能总想着"船到桥头自然直"——实践中常有船只撞桥事故。如果不能超前储备，不仅领导不容易满意，而且几易其稿后，起草者也更累。

（二）立足实战——写什么样的文稿，就积累什么样的知识

一般来讲，一个单位一年主要需要写哪些重要文稿基本上是固定的，不在计划内的文稿写作任务，不仅相对较少，而且也有一定规律可循。那么，完全可以针对这些写作任务，先试列文稿写作提纲，对照提纲查看自己的知识储备，尤其应对自己缺乏的地方提前"充电"。

（三）便于储用——以什么方式查文稿，就以什么方式保存文稿

很多读者收集了不少资料，但到用时要么找不到，要么找得太费劲，这样就降低了资料储存的价值，其原因在于收集、保存的方法不完善，还有的因为方法虽好但没坚持好。正确的方法是，如何查找文稿，就应该按查找方式相应地保存文稿。

（四）内化于心——需要什么样的学养，就进行什么的消化和吸收

古语说："文如其人。"郭沫若讲："你的思想正确、态度鲜明、作风正派，那

么,你写的文章也就有一定的准确性和鲜明性。"所以,各位不仅要扎实地储存资料,更要把资料中正确的思想、立场和作风等"内化于心""外化于行",防止把知识积累与为人修养割裂开来,造成"两张皮"。同时,"内化于心"的前提必然是头脑中保留一部分记忆,这些记忆将有益于素材检索,写作任务紧急时可以拿来就用,后文还将有更多介绍。

二、"三个误区":学习积累重点防范"一刀切"

正因为学习积累非常重要,所以有时也会在某些方面被求全责备。对此,笔者认为,学习积累可以"切一刀",讲些规范,但不能"一刀切",不分具体情况作死板要求,重点应防范"三个误区"。

(一)防范时间特点把握"一碗水端平"

学习积累可以从时间上分为平时学习积累与临写素材收集两种,前者在没有具体写作任务的平时,后者在接到具体任务之后,两者特点差异较大,不应该"一碗水端平"。

两者的主要区别有:一是任务不同。前者为了完成半年、一年乃至更长时间的写作任务,涉及面更广些,更加注重资料的系统性;后者只为了完成本次写作任务,针对性更强些,更加注重收集工作的时效性。二是收集方法不同。前者往往采取研究理论、专项调研等方法;后者只要能找到所需的素材,怎么快就怎么操作,所以,往往采用电话询问、催要相关资料等方法。三是后续处置方式不同。前者一般把获得的资料直接收入自己的公文资料库,后者一般对获得的资料进行取舍,只把对自己长期有用的部分收入资料库。

有人会把两者混淆起来,认为平时积累好了,就不再需要临写收集,往往带来写作质量不高的后果;还有更多的人不太注意对临写收集素材成果的保存,存在着"临写到处找、用完就扔掉"的毛病。这不仅不好,而且非常不划算,因为这些用过的临写素材中不仅有很多受众的评价与反馈,还有更多自己"过脑加工"带来的记忆和启发,只要稍加取舍和保存,往往就能记忆更加深刻,转化为长久的实战能力;如果得不到合理转化,就非常可惜。

(二)防范内容对象"一视同仁无差异"

学习积累的主要内容包括:党的指导思想、基本路线、大政方针,哲学、经济学和行政学等相关学科知识,工作涉及的法律、法规及相关业务知识,本单位的基本情况、主要经验、措施和问题、困难,单位领导的主要想法、风格,基层的实际情况和群众呼声，外单位甚至是国外好的经验，公文写作知识等。

对此，有读者可能会问："这么多内容，怎么学得过来？"

笔者认为，对与写作无关的资料，即使再高大上，也无须多花精力；对与写作有关的资料，也没必要"一视同仁无差别"，而应该理直气壮地"王小二开店——看人下菜碟"，予以区别对待、分类处置。这里笔者提出五种处置的方式。有的读者回忆起前章介绍的分工分类收集素材，可能有点弄不清两者的区别。这里笔者作一个说明，前章是针对各人写作任务所作的分工分类，而这里是针对一般读者平时学习积累所作的方式分类；可将前者理解成后者的目标，将后者理解成前者的手段。

1. 浏览。对上级单位（特别是直接上级单位，下同）、兄弟单位（主要是同一个上级单位管辖内的兄弟单位，下同）3—5年内，本单位6—10年前的年度工作报告或总结计划，以及其他只需要粗看的资料，先浏览一下全篇内容，如发现精彩内容，可摘出精华单独保存，也可通过标注下划线等方式提醒以后重点留意。对内容不太重要、连全篇浏览都不需要的资料，可以网搜并浏览一下其亮点解读；如找不到亮点解读，浏览一下目录（总标题）、总过渡语（总标题以下到正文的过渡性语言）、战略奋斗目标等重点内容也就差不多了。

2. 精读。对上级单位、兄弟单位2年来，本单位5年（因为经常要写5年规划总结，特别是近3年）来的年度工作报告或总结计划，以及其他经典资料，应该进行精读。精读前，可以先想一想，如果自己写会怎样写。然后，拿人家作品与自己的想法进行对照，看看自己长处在哪里，反省自己不足及根源在哪里，感触深处不仅可做摘要和标注，还可记下体会，以增强理解和记忆。对一些经典中的经典，以上做法可以重复，往往每次都有新的收获。

3. 探究。认真记录和整理单位领导平时喜欢说什么，有什么关键词、重点句等。如果领导是新来的，还可向他以前的文字秘书学习取经，讨要和研读他们的成功文稿。在此基础上，还要探究领导风格背后的深层次原因，这样才能更好契合领导的想法和思路。有关这个话题，第三章第一个层次还有进一步探讨。

4. 调研。调研既可以邀请典型的对象进行集体座谈，也可以一对一访谈，还可以书面形式征询意见。如果担心有的调查对象不愿说真话，还可以采用无记名问卷的形式。不管采取哪种形式，都要"带着问题而不是结论下去"，事先选准课题，列出需要问的题目及相关要求，让调研对象轻松、简易地回答问题、提供材料，不宜让人费解、费劲。调研既可在本地进行，也可到外面先进地区进行。

5. 保存。保存的地方：一是网盘。对纸质版资料，由于不便保存和检索，要尽量少保存。对其中特别重要的，可以扫描或拍照录入网盘。对 WPS 文字编辑软件（以下简称"WPS"），应尽量注册使用，以实现编辑过的文档随时检索。二是大脑。对一些需要经常用到的战略目标、重大提法（特别是中央层面的）、经典文稿立意特点，甚至是重要数字等知识点，应尽量多记一些；如果实在记不全具体内容，也应记得查找、检索途径。

（三）防范方法形式全部"孤灯清茶一摞书"

由于当前的学习条件已有很大改善，特别是网络通信技术已经基本普及，学习积累应该保持并弘扬"孤灯清茶一摞书"的刻苦精神，但没有必要全部采用这种方法，而应与时俱进，采用一些新方法、新形式，力求更便捷、更高效。

笔者有一个保持了多年的习惯，那就是每天利用上下班途中、吃饭、做家务，甚至洗脸、洗澡等碎片化时间，通过手机软件收看收听一遍中央广播电视总台的《新闻联播》和《新闻与报纸摘要》节目。时间允许时，笔者还会用手机听一些公文写作知识以及《百家讲坛》等节目。为了加深对重要内容的理解和印象，笔者会反复听，有一篇文章共听了 8 遍。笔者还设定好听取时间和音量，平均每天用手机听小说约 30 分钟，不仅可以充分利用睡前时间，而且还有些催眠作用。

有的读者可能会担心手机声音太小，在家听不清。对此，笔者买了平板电脑。还有的读者可能会问："在室外怎么办？"对此，笔者先后使用过入耳式耳机、骨传导蓝牙耳机，甚至还用过带有蓝牙耳机的眼镜，后面两种耳机没有入耳式耳机的外露连接线，不仅不会被电瓶车车把等绊倒，且隐蔽性好。

在收看收听的过程中，如果遇到重要内容或自己有了感触，笔者会立即暂停播放，把相关知识点发到手机微信的自己账号里作临时保存。当这类知识积累多了，又会把它们分类储存到网盘里。有时还会根据手机上听到或看到的零星信息，再到网上或报刊查找相关完整资料进行补充阅读。

总体而言，通过手机助学，笔者成功地把常人难以用起来的碎片化时间利用起来，在时尚、轻松的状态下增加了学习"充电"的时间，减少了用传统方法学习的时间，丰富了业余生活，还改善了睡眠。大家可以结合自己的实际，创新学习形式，提高积累成效。

三、"五模"工作法：素材收集和应用的高分"秘笈"

在公文素材收集和应用上，很多人认为，只要由"剪刀＋糨糊"（做剪报保存）改为"键盘+鼠标",把整篇文稿分类储存在电脑里,再层层编出文件夹,就大功告成了。诚然,如果时光倒退三十年,能做到这样,以百分制计算就可以打90分了。然而,这种做法放到当今时代,请恕笔者不敬,给20分就算给足了面子。如此不敬的原因,笔者将在下文说明,这里先卖个关子。笔者认为,当前公文素材收集和应用还存在不少效率低、实用性差的问题,想要高效、实用得高分,可以尝试"五模"工作法。

（一）厚积"模板"文稿：基础中的基础

收集"模板"文稿是基中之基,重点要做好以下五点：一是积累深厚。既可收集别人的精品,也可收集自己的得意之作,不管哪种,都要收集到支撑写作需要的体量才行。二是内容经典。不能"捡进篮子都是菜",而应"提着篮子去选菜"；否则,既会浪费收集精力,更会降低利用效率。三是篇章完整。至少含金量最高的部分要完整,这样才更有收集价值。四是标题规范。每篇文稿的电子文档标题应该按"时间+文稿作者（使用者）+主要内容+文种+过程稿"格式进行保存,其中,"时间"最好写成"20110309"这类,不要写成"2011.3.9",因为后者还要费事转换输入法；"文稿作者（使用者）"既可以是单位简称,如市政府,也可以是领导个人简称,如李市长；"主要内容"最好提炼出自己容易记住的简便内容,而不是照抄文稿总标题的内容；否则,要么造成文档标题过长、浪费精力,要么过于省事、不易查找；"过程稿",是指提纲稿、草稿、初稿、讨论稿、征求意见稿、呈报审定稿、印刷稿等各个过程性的版本。如果这份文稿是在推动"四好"农村道路建设会议上用的讲话稿印刷版,电子文档标题可以编成《20110309李市长农村道路建设会讲话印刷稿》。五是储存便捷。为了随时随地积累和使用素材,笔者有15年的U盘使用经历。为了防止U盘损毁,笔者每隔2个月左右会在电脑中备份一份U盘资料。尽管小心翼翼,还是丢了一些资料。从2019年开始,笔者开始使用网盘,尽管也有些操作上的不适,但总体上更方便,基本上没丢过资料,所以,还是建议大家使用网盘。

由于"模板"文稿只是本文所说"五模"之一,且现实中很多人还不能完全做到以上五点,所以,笔者讲,对本文开头所说的做法最多只能打20分。

（二）精选"模具"提纲：对谋篇布局帮助最大

模具是用来制作成型物品的工具。提纲是文稿写作塑形的简要文字,与模具的功能有相近之处,所以笔者将两者同提并用。相对于收集整篇文稿,集中保存提纲,具有方便不同提纲之间的比选,从而大幅节省时间的很大优势,特别适合于在谋篇布局时参考使用。所以，要想在素材收集和应用方面得高分，必须多收集好的文稿提纲。

"模具"提纲不仅在内容上应该精选，努力做到好中选优；在保存方式上也要精选，努力做到更适合自己。笔者习惯把收集到的提纲按内容进行分类，并在电子文档标题上进行"缩略化"，对这样一份提纲："一、立足于新，用崭新的视角认识全民创业的重大意义；二、立足于全，用全面的理念来推动全民创业；三、立足于干，用实干的行动引领全民创业"，编成《全民创业"三个立足于、三个用"》这个标题，可以基本看到提纲的主要内容和标题特点。这种做法的好处，是在一个文件夹里，在不用打开每个文档的情况下，就能对很多提纲进行比选；其不足在于只能看到每份提纲的标题，无法看清全貌。笔者还看到有人把提纲先按内容分类，然后把这一类的提纲全部放到这一个电子文档里。这样做，只需要打开一个文档，就可以看清很多内容基本相同或相近提纲的全貌，但不足在于要费事打开这个文档。以上两种方法各有优劣，大家可以自己选择，但不管如何，都应该对提纲合理分类，这是提高使用效率的共同要求。

（三）细分"模块"素材：想用得顺手就得功夫到位

在写作中，如果要写保持定力方面的内容，那么什么是定力、怎样保持定力、保持定力需要注意哪些方面、上级有哪些要求等内容就是写作者亟需的素材。这时，无论从网上找，还是从自己"模板"文稿库中找，都费时费力，所得较少，真正切合自己所写文稿需要的就更少了。所以，要想在素材收集和应用方面拿更高分，还得另寻出路。

要破解这个难题，笔者的体会是大量收集"模块"素材。这种资料具有提供资料精准、参考价值大、方便查寻、易于组合等优势。收集这种素材要注意以下四点：一是立足需求。笔者长期在地方政府从事综合文字工作，感到写作实践中目标、项目、招商、工业、农业、服务业、组织领导等方面内容需求最多，改革、城建、生态、民生、平安、法制、廉政、提高认识等方面内容需求次之，其他方面的内容更次之，便据此合理分配收集素材的精力和内容比重。二是细致分类。如果收集到的素材不能按照实战需要进行详细分类，那么用时还会找不到、找不准，效率还是高不起来。如：大家经常写的"组织保障"这个层次，如果仅以《组织保障》为电子文档标题收集素材，那么就会把相关众多内容全部堆在这一个文档里，难免遇到想要的找不到、不想要的到处有的尴尬局面。为此，笔者就把《组织保障》文档里的内容分割单列成《加强领导》《明确责任》《督促检查》《协调配合》等30多个子文档，全部保存在这个文件夹里。只要打开它，就能精准找到所需的内容，较好地提高了利用效率。三是内容单纯。对文档中不相关的内容，要么直接删掉，要么单列文档保存，以使每个文档内容专一、与标题名称一致。这样，才能保证使用起来不浪费时间。四是分量充足。仅《组织领导》这一文件夹里，笔者就收集了约450万字的素材。当然，大家可以根据各自岗位需要，逐步更要持续收集、设置类别和文件夹，既不能指望"一口吃成胖子"，也不能小进则满。

　　在素材收集的过程中，如果一篇文稿中，大家只想保存其中部分内容而不想保存其他内容怎么办？笔者在开始阶段用电子表格保存这些内容，用了一段时间后觉得收集与使用并不方便，后来直接采用了普通电子文档，并以"收集单位"（图2-1）为基础进行累加式收集。"收集单位"是笔者为收集素材而探索创设的一个概念。一个"收集单位"，是一次收集行为所获得的素材，可以是一个字、词、词组、短语、句子，也可以是一个甚至几个层次、段落，还可以是一份文稿的提纲，相对独立且内部关联，一般在其首句顶格空两格用"#"标注，表示这是一个独立的"收集单位"，以防止与其他"收集单位"相互混淆。之所以要把素材分为一个个"收集单位"，不仅因为素材收集的时间不同，更是因为这些素材来源、亮点不同；如混到一起，以后会分不清，破坏了素材的单纯性；如亮点相近，也可以把它们合为一个"收集单位"；即使收集时间和来源相同，但亮点不同，笔者还是不会把它们合到一起，因为日后再用时难以看出其亮点，不如分成独立的"收集单位"。需要提醒的是，新收集的素材放在电子文档的文末并不是最佳选择，而应放在文头，这样更方便看到最新的素材，因为一般来讲，素材越新，对写作帮助越大。这些素材中的亮点引发收集者思考的，还可用下划线标注出来，并以插入批注的形式把体会记录下来。至于素材来源，可根据来源权威性和收集素材的情况来定，没必要每次都标注来源。如果来源只是普通材料，且准备收集的素材就是几个字、词，偏向于纯文字性的内容，也就没有必要标注来源。

上级政策要求

#鼓励农村集体经济组织创办乡村旅游合作社，或与社会资本联办乡村旅游企业。（2017年中央一号文件）
醉蓝　这是新提法，本地目前还没有，如组建起来，可以填补空白。

#全面激活农村金融服务链条。（2016年中央一号文件）
醉蓝　类似的还有产业链条、创新链条、责任链条，可用仿拟修辞手法予以借鉴。

图2-1

（四）常记"模宪"法则：烂熟于心才真正属于你

"模宪"的本义为法则。写作领域的"模宪"，不仅应包含法则、规则，还应包含思路、技能、方法和流程等。如果说好文稿是"黄金"的话，那么写作"模宪"就是"点金术"。所以，要想收集和应用素材拿更高分，还须在写作"模宪"上过关。

相对于"有形"的其他素材，写作"模宪"往往以"无形"的体会暂存于写作者的脑袋里，容易很快被遗忘。为此，有必要将写作"模宪""有形"化，说白了，就是要记录下来，并反复复习、运用，将体会真正变为自己的实战能力。有条件的读者，还可以在平时记录体会的基础上，进行再梳理、再创新，这样对自己的写作能力将有更大的提升。本书对这方面的探讨较多，期待与"后浪"们共同切磋。

（五）推广"模拟"助写：代表未来发展方向

前面"四模"都是建议大家自己奔着得高分去努力，有的读者问："能不能不需要自己得高分，而由一个高分的平台帮助收集素材，甚至帮助写作？"为了解答读者的提问，笔者大体上了解了有关公文写作的5个公众号、4个软件、27个网站，总体上有三点感受：

1.这些平台目前得分还不高。这些平台中，有的自动提供关联范文、提纲、词、句等素材（可以对应前文"模板""模具""模块"），有的提供写作规则和技法（可以对应前文的"模宪"），有的通过朗读、校对功能帮助找出疑似错误之处，有的提供"一对一"人工服务。总体上看，这些都在探索对公文写作进行全程"模拟"，提供写作辅助服务；且这个"模拟"助写还在尝试整合前文"四模"功能，初步具备了本文所述"五模"融合化和助写智能化的特征，可以帮助拟写一些要求不高、相对简单的文稿，但内容针对性还是较差，常有隔靴搔痒的感觉，很难写出高分的文稿；有些人工服务如代写，尚处于"灰色"地带，需要界定与规范。所以，目前，对这些平台可以依靠，但绝不能依赖。

2.智能平台未来必将拿高分。尽管当前问题还较多，但这些平台总体上代表着公文写作事业未来发展的方向，也就是说将来必定得高分。为此，笔者态度鲜明地支持广大写作者，尤其是"后浪"们积极尝试应用助写平台，推进"五模"融合，有条件的还可以自己研发助写平台；也衷心期待更多的战略投资家加大研发投入，促进助写平台使用效率提高，减少"爬格子"的艰辛与痛苦。

3.高分的平台永远需要高分的人主导。未来，不管"模拟"助写平台如何得高分，写作者都应该与时俱进，不断提升自身素材收集和应用能力，至少应学会如何操控这些智能助写平台，使其按照自己的创意进行创作。

四、"五个版本"：推动学习借鉴逐浪高

借鉴的意思是把别人的人或事当镜子，对照自己，吸取经验或教训，以取长补短。然而，不知从何时开始，一些人对它的解读变了味，甚至认为"天下文章一大抄"。由于借鉴的态度和方法上的差异，有的借鉴流芳百世，有的借鉴身败名裂。为此，这里将借鉴分为五个版本，逐个分析其特点和要求。版本越高，层次相应也高，笔者真诚期待得到读者的认可和借鉴。

（一）1.0版本："引"，要必要而精练

写作人员在复述一些领导讲话、名人名言、经典桥段等时，往往需要用到引用的方法。它不仅光明正大，而且是一种正式的辞格。引用可分为明引和暗引两种。明引需要注明出处，当然不算抄袭。暗引指不说明引文出处，而将其"编织"在自己的言语中，或是引用原句，或是只引大意。

相对于其他借鉴方法，引用的创新性总体上是最低的。由于它学习借鉴他人的比重相对较高，这也给了一些心术不正之人抄袭他人的"护身符"。对此，笔者的建议是要做到必要而精练。所谓必要，是说引用的次数不可滥，有必要才能用；所谓精练，是说引用的内容不可滥，要少而精，尽可能让读者看到写作者自己更多的创新内容；否则，不仅会降低文稿的创新含量，甚至会被认为是抄袭。

习近平总书记发表2020年新年贺词之后，全国迅速形成了一个引用"只争朝夕，不负韶华"的热潮。如果做到了必要而精练，当然可以为自己的文稿增光添彩。

（二）2.0版本："仿"，要"临"而不"摹"

这一版本创新性明显高于前一版本，是模仿他人成功之处来拟写文稿的一种借鉴方法。借鉴中的"鉴"古字写作"监"，其字形像人俯首在盛水的器皿里照脸，后来常用于监视之义，再引申为审查、仔细看。不管怎么演变发展，借鉴都没有生吞活剥的含义。所以，不管面对什么样的原创，在模仿时，都应该"临"而不"摹"，切勿囫囵吞枣、生搬硬套。

临摹原是书法术语，"临"与"摹"的共同点都是借鉴和保留原创的亮点，换掉一些非亮点的内容，正因为此，才有了临摹一词；同时，也因为它们不完全相同，尤其是"换"法不同，才需要区别对待。

"临"，在书法中，是照着原创写或画，重神似，轻形似；在公文实践中，"临"结合本单位实际和时代特点等因素更多，针对性、创新性更好。这种写法借鉴外地文稿，把别人的经验换成适合本地实际的做法，实现成功"嫁接"；借鉴上级文稿，把死规定换成可操作的内容，充分接地气；借鉴古代文稿，把往昔对象换成当今对象，做到古为今用；借鉴集体总结写个人小结，把集体所为换成个人在集体领导下的作为，使集体与个人各显其能。

"摹"，在书法中，是用薄纸、绢蒙在原创作品上面写或画，力求神形并重；在公文实践中，基本上属于生搬硬套，不仅抄袭的痕迹粗重，而且助长和滋生了官僚主义与形式主义。这种笔法硬套外地文稿，把外地名换改成本地名，埋下了"水土不服"的隐患；硬套上级文稿，将全省换为全市、全县等，成了以文件贯彻文件的典型案例；硬套过去的文稿，有的甚至直接把总结换改成计划，造就了大脚男人穿女人小脚鞋般的痛苦与难堪；硬套集体总结写个人小结，把集体直接换作个人，不仅造成两份文稿高度雷同，而且在某种程度上造成了个人与集体相互争功。

公文中还有一种"似临似摹"的"怪胎"——"洗稿"，是对别人的原创内容进行篡改、删减、顺序更换，使其似乎面目全非，但其"硬核"部分还是"二手货"，如原稿说"很开心"，洗过的稿就说"非常高兴"，可以做到一字不重，查重也查不出来，这是一种表面创新、实际剽窃的"假原创"，比"摹"更有迷惑性。它与"临"比，缺乏应有的创新与创优；与"摹"比，缺少起码的真诚与坦荡。所以，它既"似临似摹"，也"非临非摹"。对此，笔者认为，如果"洗"出的内容在一些内部场合使用，可以加快原创推广和应用，还是应该允许的；但如果贴上自己原创的标签，就属于招摇撞骗，就必须坚决取缔和从重处罚。

有需求就有市场。正因为有着庞大的临摹需求，网上就应运而生了各种所谓的公文模板。王梦奎在《文章写作十二题》中批评说："网上的各类文章的标准版本，满足官样文章的需要，一个程式，八股腔调，套话连篇。"对此，如果能辩证借鉴、推陈出新，就属于"临"，能有助于完成写作任务；如果信奉"拿来主义"，那就属于"摹"，那么抄出来的"那货"就只能是"网八股"。有的读者可能不知道如何鉴别这类文章。在此，笔者提供一个小办法。只要一篇所谓"好文稿"，不管什么时候都能用，不管什么单位都能用，那么这篇文稿就离"摹"乃至"网八股"不远了。因为"无所不能的通稿必然是废稿"。这主要不是为了避免"撞衫"的尴尬，而是防止文稿"不合身"，贻误事业发展。

(三) 3.0版本："融"，要浑然而天成

"融"，就是虽然还能看出作品借鉴了别人原创中的亮点，但这些亮点已与本单位的实际工作及文稿语境等方面情况进行有效融合。

要注意的是，要做到这种融合，被借鉴的语境要与写作文稿的语境有相似之处，这样才能借鉴。同时，被借鉴的亮点要与写作文稿的语境有某种必然联系，这样才能丝丝入扣、浑然天成，没有违和感。不仅如此，这样"长"成的融合体，虽然创新性和影响力不及原创，但也已是可以存活的生命体。相反，只能形成混合物，成为被修改甚至"枪毙"的对象。

苏轼有名句："竹外桃花三两枝，春江水暖鸭先知。"2023年4月，针对新冠疫情过后企业出现的"融资难"等状况，笔者所在地方举办"汇金润淮·情暖万企"普惠金融专场推介会。我们在领导致辞中写出了"洪泽湖畔春满枝，金融情暖企先知"的开头过渡语，把时令季节、地域特色、会议主题与苏轼名句进行了有效融合，为全篇开了个好头。

(四) 4.0版本："化"，要青出于蓝而胜于蓝

"化"，重点取了"消化"里的"化"字之义，是在学习借鉴别人原创观点、立意等的基础上，经过"细化"分解、"深化"拓展、"转化"延伸、"强化"提升、"精化"浓缩、"固化"成制等办法，使原创不断得到升华和提升，从而形成了出于原创又不同于原创，甚至胜于原创的创意。正因如此，有时会让人难以察觉借鉴的痕迹，但细细品来，不仅能找到出处，还会拍案叫绝。

我国扶贫措施开始主要实施"输血"式扶贫，直接给钱给物。后来，发现这种方式难以长久维系，便实施"造血"式扶贫，不直接给钱给物，而是扶持发展能够长久致富的项目。再后来，针对部分贫困户对致富项目不熟悉、不擅长的问题，加大培训"扶智"力度。最后，认识到扶贫必先"扶志"，加强引导和激励，从思想上铲除"穷根"。从中，既可以看出我国扶贫措施的大体演变走向，也可以感受到每一个新措施基本上都脱胎于旧措施，又立足于实际需要进行创新和提升，这可以算作"化"的实践应用。

(五) 5.0版本："行"，要学而用之

明朝王阳明曾讲："知而不行，只是未知；知而不行，便不真知。"诚然，"一打纲领不如一个行动"。借鉴的最高境界不应止于文字，而应知行合一，学以致用，这才是借鉴应用的最高的形式，也是最好的形式。

笔者认为，这里的"行"主要包括以下几点含义：一是"文行"，就是要在文

字实践中实行,把借鉴到的经验不光是记到脑子里,而是见诸文字,这也是一种实践。二是"躬行",就是写作者、使用文稿的领导,要带头按文稿的要求去做;文稿中要求清廉的,自己就要带头清廉,这样才能有说服力。三是"推行",就是通过一定组织措施,把文稿倡议的观点和开展的工作推行开来。四是"风行",就是通过带头躬行和组织推行,最终实现在一个单位,甚至一个地方,都按文稿要求去实践,做到"成风化人""成风化俗"。

笔者尽管较早学会了使用责任清单等带有"清单"思维的词语,但还在接待工作中习惯与来客单位进行多次重复对接,反复核实多个细节,不仅费时费功,有时还联系不上对方,造成来客情况掌握不够全面、准确,差错率较高,甚至有一次让我方领导在接站点多等了近一个小时。后来,笔者创设了一张表,把需要弄清和对接的问题全部列了出来,实现了各种重要情况"一表清",不仅大幅降低了差错率,减少了重复对接,还让我方领导在接站点等候的时间压缩了一大半,这实际上就是"清单"思维的实践应用。

第三章 破解"领导意图把握难"：学着站在领导角度对受众负责

公文写作领域里的领导概念有狭义与广义两种，狭义概念指直接使用文稿的领导。广义概念在狭义概念的基础上，还包括下达写作任务的上级机关，以及对文稿进行过程性把关的所有领导。本书侧重狭义，如果需要特指某方面的领导，将在领导前面加定语，比如上级领导、分管领导等。

在公文写作领域里，很多人甚至不乏名家大师认为，写作者应该遵循领导意图进行写作，只需要处理好写作者与领导的"双边"关系就可以了。对此，笔者不敢苟同，认为公文写作领域的主体实际上是"三边"关系，人民是写作者与领导心中共同的服务中心，写作者应学着站到领导角度对受众（系指人民在特定场合下的具体对象）负责，摆正和处理好自己与受众、领导三者之间的关系。

一、厘清受众、领导、写作者三者关系：人民是领导和写作者共同的服务中心

（一）树立好以人民为中心的理念

当前，对人民、领导与写作者三者的关系，主要有三种说法，笔者认为只有第三种说法是正确的。

1."起草者中心说"。很多新手会在不自觉中持这种观念。这显然是非常错误的。好在现在绝大多数人已认识到了这个观点的诸多不妥。这里就不多强调了。

2."领导中心说"。有人说，文稿是产品，生产者是写作者，唯一的"消费者"兼"买家"是领导，写作者当然得按领导的意图来生产产品，领导也因此成了中心。悲观点说，目前持这种观点的人在业内占据大多数，而且很多大师们都持这样的看法。尽管如此，笔者还是不敢苟同。以政府工作报告为例，文稿的生产者不仅包括报告起草小组，还包括作报告的领导本人，更包括在会前提供修改意见的政府工作人员等对象。同时，如果说作报告是消费行为，那么人大代表听取报告算不算消费行为？所以，不仅生产者是写作者的观点很牵强，连消费者是领导的观点也站

不住脚，领导是报告写作中心的观点也就难以服众了。

3."人民中心说"。2014年10月，习近平总书记在文艺工作座谈会上提出，要坚持以人民为中心的创作导向。尽管公文写作与文艺创作有很多不同，但笔者认为公文写作服务的中心还应该是人民，而非领导，更不是写作者。有的读者可能会说，人民并没有参与写稿，怎么就是他们决定了文稿？笔者的解释是：从宏观讲，人民群众的期盼就是公文的努力方向，人民群众遇到的主要矛盾和问题就是公文所要解决的主要矛盾和问题；从微观讲，特定场合中的具体受众对象决定着这个场合所用具体文稿的主体方向。正因为此，文稿写作才有"到什么山唱什么歌"的说法。我国公文写作一直有"七分调研三分写作"的要求，这里的调研就是为了摸清受众意愿。

基于以人民为中心的创作导向，受众、领导与写作者的角色有主有次，但也相辅相成，缺一不可，构成了一个"生态共同体"。立于其中，写作者只有学着站到领导角度对受众负责，才能更好地协调和发挥好三者的角色功能和作用，更好地写出优秀的公文文稿。

（二）把握好对受众负责的相关关系和内涵

写作者学着站到领导角度对受众负责，主要要弄清和处理好以下两个关系：

1. 对受众负责与以人民为中心之间的关系。一是以人民为中心与对受众负责在本质上是一致的。前文提到过，公文的受众是人民在特定场合下的具体对象。那么，对受众负责与以人民为中心，本质上是一致的。以政府工作报告为例。这份报告向人大代表报告工作，而这些人大代表又代表着广大选民。所以，对受众负责，最终讲就是以人民为中心。这也为笔者提出对受众负责这个观点提供了理论依据。二是对受众负责比以人民为中心更具可操作性，更接"地气"。有个笑话大体意思讲，有一人偷了国有财产，还振振有词地辩解说："这是人民的财产，作为人民的一员，我就可以拿。"这人的结局不言而喻，肯定要被法办。但这个笑话讲到了人民群众对国有财产权益的实现形式问题。与之相似，以人民为中心这一根本要求落实到公文写作的操作层面，也应有一个具体的实现形式。为此，笔者提出，公文写作应该对这篇公文的直接受众负责，这样更有利于写作者去提前考虑这篇文稿的直接受众的所思所盼，使文稿更有针对性和实效性。

2. 对受众负责的四个方面内涵。对受众负责并不完全等同于听命于受众，具体表现在四个方面：

一是对受众负责，不仅要对受众的眼前利益负责，还要对其长远利益负责。

正因为此，一份真正负责任的文稿不仅要向受众学习，从受众中来，还要根据实际需要，对受众进行教育引导，甚至对少部分受众身上存在的问题进行批评，对严重影响大局的个别人员提出处罚措施。当然，有的文稿写作时间非常紧急，也可以选择一些有代表性的受众进行询问，并不需要每次都规范地开展调查研究。还有一些文稿正式使用前对部分代表进行征求意见，也是一种尊重受众、对受众负责的形式。

二是对受众负责，不仅要对文稿直接涉及的受众负责，还要对文稿间接关联到的受众负责，最终要对全体人民负责——以人民为中心，这就要求文稿写作者要做好统筹谋划工作，考虑到措施的平衡性，不能顾此失彼。有人讲，公文写作者需要把握平衡的艺术，就是这个道理。

三是对受众负责，就要协调好具体场合与面上全局的关系。场合是围棋术语，在公文写作中也非常重要，是以受众对象为主体，包含活动主题、工作任务、时刻特色、设施环境等诸多具体要素的综合体。为此，公文写作必须紧紧依据场合特点进行写作，弄清在哪里搞活动，活动主题是什么，活动的特色是什么，有哪些人参加，这些人有什么想法，需要解决什么主要问题等，才能做到"到什么山唱什么歌"。同时，环顾四周，甚至放眼全球，整个时代背景下的全国甚至是全球，就是一个大场合。所以，要把具体的小场合放到全国甚至全球的大格局中考量，写出在大格局底色上的小场合文稿，做到"缩面于点""寓异于同"。

四是对受众负责，就要协调好受众与领导的关系。前文已讲过，从某种角度看，领导也是写作者，只是与普通的写作者分工不同而已。那么，领导当然也应该对受众负责。如果领导的群众观念非常强，注意吸取受众意见，那么写出的文稿就能较好地体现受众意愿；相反，写出的文稿脱离受众的风险就会增加。对此，写作者应该通过适当的方式劝告领导，同时，巧妙地行使"文以辅政"的职能，稳妥地把领导对受众负责的导向体现到文字中。

（三）坚守好公文为民立言的初心

既然公文写作的中心是人民，那么写作者就应该坚守为民立言的初心，具体把握好以下几个方面。

1. 需要在推进历程上艰难探索。笔者认为，公文为民立言的实现应该是一个不断迭代的渐进过程。这里包括两层含义：第一，这是不断迭代的过程。因为前文所说的必要性和重要性，公文为民立言必然是后一个阶段在吸收前一阶段的优秀成果的基础上的更新换代。这一趋势不可阻挡，更不容逆流倒施。所以，大家应该坚定信心、坚守初心。第二，这是渐进的过程。大家也应清醒地看到有多种因素会影响公文为民立言的推进，导致其必然是一个渐进的过程。这些因素主要有：一是有些文稿写作时间紧急，难以征求群众意见和建议；二是群众面广人多，对哪些人，采用哪种形式征求、收集意见建议，才能真正代表民意，目前世界各国还没有一个公认的统一答案；三是代表民意的效果还与征求意见建议的方法、渠道创新以及民主法治进程等诸多因素相关联，在这些因素没有发生实质性的变化之前，公文为民立言很难孤军深入。这就要求大家在防止和克服畏难情绪的同时，也要防止和克服急躁情绪，确立长期攻坚探索的理念。

公文为民立言的实现历程可能会经历两个发展阶段，先后是代民拟言、由民立言。不管在哪个阶段，至少有一点是基本一致的，那就是党代会报告、政府工作报告等重大文稿的审查和审议权，目前和将来都在党代表、人大代表手上，而这些代表又是人民的代表。所以，从此角度看，目前我们已处在公文为民立言的历史阶段，只是这一历程与国家治理体系和治理能力现代化建设保持大体一致，目前也没有超越社会主义初级阶段。

与此同时，公文为民立言的两个阶段也有很多"代差"。在代民拟言阶段，文稿写作的主体基本是党政机关体制内人员，由他们代表群众拟写公文。征求人民意见和建议的方式主要是书面、电话征求，开座谈会、论证会、听证会，以及网上征求意见等。人民的意见和建议是参考，甚至是重要参考，但重要文稿能否通过及提请党代会、人民代表大会审查、审议，基本上还是由起草机关决定。目前，我国总体上处于此阶段，从中央到地方，越往上代表民意做得越好，越往基层越薄弱。而到了由民立言阶段，民意代表将直接加入文稿起草班子，虽然人数并不占优，却主导着文稿起草方向，在重要文稿能否通过及提请党代会、人民代表大会审查、审议这些关键问题上，不仅能起到重要参谋作用，甚至还充当一些类似人民陪审员的角色（笔者暂且称之为"人民写作员"），能够依法有条件地行使否决权，使重要文稿更能直接地反映群众意愿，拥有更强的民主性、公开性。

2. 需要在写作环节中贯穿体现。在审题立意环节，应该改变过去以领导为中心的站位，只把领导满意作为基础目标，而应把人民（受众）满意作为最高目标。这样，领导才能真正归位于公文写作组织者、参与者、初审者的角色，将终审者的角色归还给人民（受众）。

在素材收集环节，公文写作需要认真听取相关工作主办单位的意见，但目前已有"为主办单位代言"的"变异"倾向。比如，某市农业农村局作为主办单位，提请分管农业的副市长开会，把防治农业面源污染任务布置给了市生态资源局。过了一段时间，市生态资源局又作为主办单位，提请分管环保工作的副市长开会，把这项工作"送还"给了市农业农村局。如何避免这个问题？写作者应该增强全局意识，多听听接受会议布置任务的单位意见，尤其是要多听听涉及的群众代表意见，然后进行统筹协调。如果协调不成，应该提请更高一级的领导，在前面的例子中，就可以请市长来协调确定一个主办单位，绝不能让工作任务在"代言"中扯皮、落空。

在拟写起草环节，公文写作应该从主题、内容乃至结构、篇幅、语言等各个方面充分体现以人民为中心的理念。写作人员目前基本上是公文制发单位工作人员，应该进行探索，邀请群众代表直接参与并逐步主导公文主题确定、提纲拟定和具体写作等工作，给这些群众"人民写作员"的身份，在升级写作力量的同时，为群众的意见进入公文逐步探索"绿色通道"。

在审核把关环节，包括内审与外审。内审是单位内部应该对前面所做工作及其成果——文稿进行全面审核把关，目前主要存在重领导轻群众、重结果轻过程等不足，应该加以改进。文稿正式出台前的对外征求意见，可视为外审。征求意见要在扩面的同时，更要提质，征询更有代表性的群众的意见，实现精准征询、高效征询。

在文稿使用环节，目前这一环节吸收民意最少。要对公文实施进展成效及群众意见进行"后监测"和"后评估"，可以由文稿制发单位自行组织，更应该探索引进第三方机构，以提高监测评估公信度和群众满意度。

3.需要从组织机制上持续保障。为了实现持续推进，应建立健全相关组织机制。一是组织领导机制，明确机构来实施组织、协调、推进和监督。二是规划计划机制。组织制订规划计划，有序推进各项工作。三是试点推广机制。在中央到地方的各层各级，有计划地安排一些试点探索，然后进行总结推广。四是起草写作机制。对公文起草中哪些环节要征求民意，如何吸收民意，吸收到什么程度，谁来进行审核等方面，尽最大可能进行明确和量化，并不断创新完善，以便于基层操作实施。

（四）掌握好"学着当领导"的本领

由于领导责任重、站位高、能力强，加上获得信息的渠道广，一般情况下，领导对受众负责的水平要比写作者高得多。为此，写作者确实应该向领导学习，学着站到他们的角度对受众负责，简单讲就是要"学着当领导"。

1.认清"两个角色"。一方面,在自己与领导之间,写作者要认清领导处于引领的角色,主动适应和服务领导的需求,努力"做文依东",力求"三似":一是"形似",模拟领导的站位和气势;二是"神似",模拟领导的精、气、神;三是"言似",模拟领导的语言风格。另一方面,写作者也要认清,自己虽处于从属的角色,但还是应发挥主观能动性。因为绝对的服从就是懈怠。一个负责任的写作者应该对领导的写作意向进行坚持、拓展乃至完善,为领导开展工作发挥自己应有的作用。由于领导毕竟不可能拿出与写作者一样多的精力来打磨文稿。加之,"智者千虑必有一失,愚者千虑必有一得",在个别问题上,领导与写作者有时会发生一些小的分歧。这是正常现象,也符合"君子和而不同"的古语。如果一直没有分歧,反倒是不正常的现象。

当然,即使是小的分歧,写作者也要高度重视。因为如果处理不好,不仅会严重影响领导对写作者的印象,更可能会对单位的事业非常不利。对这个问题,写作者可以采取"两看"的办法:首先,要看自己在分歧产生的过程中有没有失误,也就是先从自身找问题;其次,要看两者分歧有多大。如果是写作者自身考虑不周所致,那么不管分歧大小,立即改过来,并建立长效机制,防止日后再犯;如果是一些领导暂时不了解的受众意愿和其他客观情况影响了领导的判断,那么要抓紧把相关资料报给领导看;如果可以确认是领导自身原因导致分歧产生,且分歧可能造成较大危害,要通过恰当方法向领导汇报并征得同意后再修改,切不可未经同意就擅自行动。

2.体现"三于要求"。一是"基"于领导,必须吃透领导本意。在领导众多意向中,应吃透其本意。这个本意,可以理解成领导对受众负责的基本意愿,不是领导个人的随意想法。如果写作者不能吃透领导本意,不仅文稿写不好,更将失去领导的信任,时间长了,有的写作者还可能丢掉岗位甚至是饭碗。如何掌握领导的本意?一方面,要认真记录和领会领导布置写稿时的要求;另一方面,要平时注意收集和记录领导的想法与思路,这对弄清领导本意非常必要。实在弄不清的,可以去请教别人,甚至是领导本人,但应尽量避免为弄清领导本意一事而去请教,领导可能误会写作者怕动脑筋,所以最好拿着文稿的提纲或初稿去请教。二是"全"于领导,适当补全领导初意。站到领导的角度,不能拘泥于领导授意时对写作者所提要求,而应把领导与这篇稿件相关的近一个阶段的想法、提法,以及受众的想法、单位实际等结合起来,全盘考量其意向,对不全面的地方进行补全;甚至对一些前后矛盾以及局部与全局不协调的地方进行完善。当然,对一些相对重要的原则性问题，应通过汇报征得领导同意后再写入文稿，切不可自作主张。三是"深"于领导，科学延伸领导意向。根据受众意愿，对领导的本意、初意进行必要的科学的延伸。如领导只点到问题现象，就可以考虑是否需要挖掘原因，并提出解决办法，等等。具体延伸到什么程度，应视受众意愿和工作实际需要而定。当然，还应注意领导的心胸度量。有的领导度量大，只要受众意向和工作需要，尺度大点的延伸，他不仅会接受，还会给予赞赏；有的领导则相反，这就需要写作者精准拿捏好尺度。

3. 用好"三型渠道"。通过学习研究、角色代入和创新发展三个渠道，实现由写作者向领导者的"跃升"。

（1）研究式学习。写作者应认真研学领导审改文稿的意见，尤其要细细研究领导现场用稿，重点找出其改动和自己发挥的地方，反复揣摩其想法和特点。

为了较好把握领导想法和特点，笔者牵头组织了研究式学习，组织分管的写作人员共同记录、研究和应用领导现场用稿。这里对此作一个介绍，期待对广大读者有所启发。

在记录吸收环节，我们采用"统分结合"的办法。所谓"统"，就是由每篇文稿主笔者从领导修改和发挥的地方中摘录对所有写作人员都有启发意义的部分，统一记录到《领导用稿意向记录表》（样表见表3—1）中，将自己感触深的地方记入表中。非常重要且主笔者体会不到的地方，笔者作为分管领导，也可补充记录入表。为了方便比较谁记录得多，还在表格中注明了记录者姓名及累计次数。所谓"分"，就是对一些只对主笔者个人有启发意义、不具备面上启发意义的内容，由各人分头记录在自制的表格里。为了防止各人懈怠，对此也定期开展督查。值得提醒的是，无论"统"与"分"，都要求把新记录的内容放在表格的前部，这样不仅方便寻找新录入内容，更是因为新录入内容往往是领导最新的想法，对当前写作借鉴意义最大。通过"统分结合"的方法，不仅突出了重点内容，也兼顾了各人情况的不同，提高了记录和使用效率。

在写作应用环节，我们采用"分类处置"的方法。对统一记录入表的内容，每月开展一次集体研究，将其分为三类，作出不同标识，提出相应应用要求。一是习惯爱好。其中蕴含的领导个人爱好因素相对较多，不是太重要，也没有什么不妥。如我们服务过的一位领导，在布置工作时担心基层反感他无故增加基层负担，所以喜欢强调"这是上级布置的必成任务"，还有一位领导习惯使用定性表述，对较多使用数字常批评为"琐碎"。对这类习惯，我们努力尊重、尽量照做，以免引起领导反感。二是重点表述。主要是领导常提的一些观点、要求及重点工作，包括一些年度主要抓手、工作目标,如我们服务过的一位领导常提家国情怀,还有一位领导常强调多部门去企业执法最好一次告知、联合上门,反对多部门分头上门干扰企业正常生产。对这类表述,我们认真体现、予以常用,使领导总感到文稿内容乃至语言有亲切感。三是核心意向。从领导重点表述中提炼、概括而出,如我们有位服务过的领导每逢重要会议必提"项目为王",还有位领导在本地任职期间一直推进"规范高效政府建设",那么这类意向不仅可用来指导较长一段时期文稿写作,更能统领其他各项工作,就可称为领导的核心意向。对此,我们制订长期写作计划,在各类重要文稿中一以贯之,全面加以体现。

表3-1 领导用稿意向记录表

(记录者:王×× 计 次,杨×× 计 次;林×计 次)

时间及文稿	类别	领导及主要意向	记录者及个人体会
20××年4月6日;×××区长在全区重特大产业项目拉练暨工作推进会上讲话	重点表述	在谈到经济开发区时,现场发挥:"发挥主平台、主阵地、主引擎作用,以'一强N特'展现全区新面貌。"	林×:我们对开发区功能定位的认识不够到位,对"一强N特"了解更是不多,所以,在文中没提及,应加强研究应用。
20××年8月23日;×××县长在全县发展农民专业合作经济组织会议上的讲话	习惯爱好	在谈到省市领导对这项工作要求时,现场发挥"所以讲,这项工作是上级布置的必成任务,大家一定要积极主动完成任务"。	杨××:这位领导多次强调这句话,我们要考虑:以后起草文稿时要不要主动写出这句话?
20××年3月26日;×××县长在县政府全体(扩大)会议上的讲话	核心意向	作了题为《建设规范高效政府,增创加快发展优势》的讲话,明确提出打造规范高效政府的目标。	王××:领导将此项工作提到这样的高度,这就要求我们在以后领导的重要文稿中全面体现、推进这项工作。

分类记录、研究、应用领导写作意图,当然会让领导感到,写作班子能充分尊重其工作思路,往往也会更加信任和尊重写作成果。虽然每位读者未必都需要照搬我们的做法,但也应在条件允许的范围内,尽可能做好领导写作意向的收集、整理和应用工作。

(2)代入型写作。领导想表达的内容是什么样?笔者认为,其内容不仅是正确的,而且是他感兴趣的,更是他想在文稿中表达的。这三个要素缺一不可。如何"一笔入魂",写出这样的内容?模仿甚至进入领导的角色组写文稿,应该是主要方法,具体包括三种代入:

第一,工作代入。充分考虑到这项工作的共性和个性,把工作进展、存在问题和今后努力方向等展现出来。这种方式主要解决的是,不管是谁用此稿,在工作上都要大体上这样表述。这是写作的基础内容。虽然应考虑工作的个性,相对于后两种代入方式,此种方式内容最为丰富,也就是说可写的内容还是最多。如果从摄影技术角度看，这种代入获得的资料就像"原景"。

第二，场合代入。这种方式主要解决的是，不管是谁用此稿，都要考虑在这种场合应该大体讲什么、怎么讲。还从摄影技术角度看，这种代入就像一个"取景器"，应根据场合的需要，对前面所述"原景"进行有针对性的取舍、缩放甚至整合。如同样对一个大的工作成绩，在面对媒体采访时，可说得全面些；但在写党性剖析等文稿时，却应要么不提，要么就简单点下成绩，不宜大书特书。

第三，风格代入。就是按领导在想法、理念、意向等方面所表现出的风格进行表述，在它面前，按前面两种渠道所获得的素材只能成为打印的"喷墨"，而领导的风格就像一台"3D打印机"，主要解决的是，不管什么样的"喷墨"，只能由这台"打印机"打出来。

（3）贯彻型创新。文贵于新。领导想要的创新是怎样的？笔者认为是贯彻型创新。把领导的习惯爱好、重点表述和核心意向，与群众需求及工作需要进行认真结合甚至有效融合，对领导的思路和提法进行合理化的延伸和拓展，这些都属于贯彻式创新，这样不仅能保持与领导思路基本一致，还能与时俱进、常说常新。对此，领导一般不仅不会有意见，反而认为写作者既尊重他的思路和想法，又有大局观，还善于动脑筋。贯彻型创新一般并不需要像很多新手理解的那样步幅较大，而是小步渐进。条件具备、尚有空间的情况下，也可来点突破性创新，只要与群众需求及工作需要结合得紧，领导就会满意，甚至会大加赞赏。当然，也应根据一段时期的写作任务来合理计划创新的步幅，防止前面步子迈得太大，后面难以为继。

二、"四从"写作操作层面：打通体现领导意向的"最后一公里"

经过前文介绍，很多读者知道了如何体现和发展领导的写作意向，但还有不少读者不知如何从写作操作层面加以体现。这里，笔者再从全篇、部分段落、造句和风格四个层面，各举一些例子作说明。这个层次的基本要义在于把常规的文字表述向领导意向上"靠"，有的还需要作一些角度转换。角度转换就是以领导意向中的中心词、语句等为核心，从相关工作与中心词、语句的关系中，寻找联系以及文字表述的方法，实现以领导意向为中心的文字表述，打通在文字上体现领导意向的"最后一公里"。

（一）从全文构思上体现领导意向

本层次所说的体现领导意向与文章扣题，从操作层面看要求基本相同。大家可以参看第七章第二个层次"素材扣题三种方法"相关内容，以加深理解。这里再举一例，说明如何从全文构思上体现领导意向。有一次笔者无意中听到领导讲今后的全市创建迎检准备工作要"以目标为导向"。笔者便以此为中心语句，把正常的迎检工作通过"目标"这个字眼串连起来，形成了以下的市领导在迎检会议上的讲话稿提纲。而这类迎检会议此前已开过多次，笔者写过多个版本的迎检讲话稿，真是到了江郎才尽的地步。领导这句话，不仅为本单位今后的工作指明了方向，也为笔者拟写讲话稿解了围。这篇提纲全篇围绕目标展开，其中第二个层次中的二级标题难度较大，笔者提炼了一些可以当目标的语句用双引号引起来，后面再写一句实现前句目标的主要措施，就构成了标题。

【例3-2-1】

×××在全市生态创建创模复核迎检交办会议上的讲话（提纲）

这次会议的主要目的是进一步动员全市上下思想认识再提高，目标导向再突出，工作力度再加大，争取全市生态创模工作以更高的水平顺利通过评估、验收。

一、增强目标意识，保持定力，进一步提升冲刺生态创模迎检工作的责任感和紧迫感

（一）咬紧最终目标不自满。（二）认清目标差距（这里的"目标差距"平时一般会写成"工作差距"或"问题差距"，为了紧扣"目标"字眼，便写成了"目标差距"）不疏忽。（三）高标定位目标不懈怠。

二、突出目标导向，精准冲刺，争取全市生态创模工作以更高的水平顺利通过评估验收

近阶段，全市生态创模工作要进一步突出目标导向，精准发力，全力冲刺，全面做好迎检各项准备工作，县区层面，12月15日前，×××、×××、×××要确保通过国家级生态县区考核验收；市级层面，确保顺利通过国家环保模范城市复核省级评估，争取年底前顺利通过国家生态市技术评估。（一）围绕"按时及时、保质保量"的目标，全力做好问题整改迎检工作（此标题正常写成"全力做好问题整改迎检工作"就可以了，为了突出目标，才加了前面那句）。（二）围绕"全面代表××水平"的目标，精心做好现场安排迎检工作。（三）围绕"生态文明、美丽清纯"的目标，切实做好城乡环境整治迎检工作。（四）围绕"分工负责、规范有序"的目标，认真做好台账资料整理迎检工作。（五）围绕"高标定位、高效周密"的目标，细致做好接待保障迎检工作。（六）围绕"外树形象、内聚共识"的目标，扎实做好宣传引导迎检工作。

三、深化目标管理，推动冲刺，全面释放生态创模迎检准备工作的组织化"红利"

通过深化目标管理，推动各项冲刺措施落实，切实提升迎检准备工作组织化水平，保证迎检工作顺利开展。（一）厘清目标明职责（正常可以写成"明确职责"，为了突出目标导向，写成这样）。（二）服务目标强配合。（三）保障目标严问责。

同志们，向全市生态创模工作奋斗目标冲刺的"集结号"已嘹亮吹起。我们一定要以决战的姿态、必胜的信念，锁定目标栉风沐雨，担纲目标砥砺前行，全面打赢创建工作，尤其是迫在眉睫的创模复核省级评估迎检攻坚战，向全市人民交上一份满意的"总考"答卷。

（二）从局部段落上体现领导意图

笔者的同事有一次拟写了一段有关稻米产业的提纲，被领导要求重新提炼，便找笔者支招。笔者问他这段文字的来处。他有些委屈地回答说，基本上是领导通过电话告诉他的，他按领导的意思进行了认真的整理，没想到还通不过。笔者分析后说："写作者写作必须基于领导本意，但也必须全于、深于领导本意，领导提出'挖掘增值功能'，你在段内标题上基本上照抄了原话，也就是写出了领导的浅层意向，'增值功能'的深层内涵没写出来，确实应重新提炼。"然后，我们补充收集素材，重新提炼了标题，重点在价值上充分体现，又请领导审阅，得到了肯定。两组标题如下：

【例3-2-2】

原稿提纲：

（一）强化文旅融合，挖掘增值功能。一是举行文化创意活动。二是建设水稻国家公园。三是推进土地集聚流转。

修改稿提纲：

（一）坚持农旅融合，挖掘增值功能。一是推进土地集聚流转，变资产为资本。二是筹建水稻国家公园，变农田为景区。三是举行文化创意活动，变农产品为体验游。

（三）从造句上体现领导意向

有时领导就某项工作只讲了一句话，有人只能把这句话表达出来，其他话就不会写了。如何改变这种局面？

笔者认为，一方面，可以围绕领导这句话，对第四章第一个层次说明的"四类问题"进行调查了解，把有价值的内容写出来，这是解决问题的主要办法。另一方面，也可以在文字上下些功夫，比如这里所说的在造句上做些文章，把领导的意向说深说透。

如领导讲了这样一句中心语句：把实施"工业强市"战略贯穿于工业发展规划制定的全过程。笔者把"实施'工业强市'战略"抽象为XXX，把"工业发展规划制定"抽象为YYY。那么，前面这句中心语句就可以表述为"把XXX贯穿于YYY的全过程"，它还有以下几种变换模式，供大家参考。实践中到底应该用哪种？关键要看实际工作的需要以及XXX与YYY的内在关系，不能死搬硬套。

1.把YYY的过程变为XXX的过程。

【例3-2-3】

要把工业发展规划制定的过程变成实施"工业强市"战略的过程。

2.以XXX为目标（依据、遵循、导向等），YYY。"目标""依据""遵循""导向"等词语的选用，要看YYY与XXX的相互关系到底是什么样的，然后选择或另找一个最合适的词语。

【例3-2-4】

以实施"工业强市"战略为目标，制定工业发展规划。

3.为了XXX，必须YYY。从某种意义上讲，这是前一模式的变种。

【例3-2-5】

为了实施"工业强市"战略，必须制定工业发展规划。

4.在XXX中YYY，在YYY中体现XXX。

【例3-2-6】

在实施"工业强市"战略中，制定工业发展规划；在制定工业发展规划中，体现"工业强市"战略。

（四）从风格上体现领导意图

公文写作的大方向是由人民乃至具体场合中的受众决定的，领导只能决定一些文稿的内容详略、导向明暗、语气轻重、格调高低等次要方面，这些方面所形成的特色，就是领导的写作风格。

笔者认为，写作者应在一般单位领导常规风格的基础上体现本单位领导的个性风格。打个比方来说明这事。领导让写作者买一张餐桌。如果写作者对领导的意向不是太明了，那么不妨先买张四条腿的餐桌。因为，大多数领导能接受四条腿的餐桌。相比之下，先买三条腿或独腿的餐桌的风险要大得多。

回到文稿起草上，在一般领导共性风格的基础上体现本单位领导的个性风格，就既能符合写作的基本规律，又能满足本单位领导的部分个性要求；更有利的是，如领导要求重写，至少会有一部分内容能派上用场。而且，领导一般对这种写法也不会过于怪罪。反之，如初稿就起草出一份个性十足的文稿，则很有可能被全部否决，甚至有可能被领导误认为连写作基本常识都没掌握，被批评的概率也会大幅上升。这时推倒重来，重写的工作量又往往比常规文稿大得多，可能让写作者欲哭无泪。

所以，新手尤其是与新领导处于磨合阶段的新手，更宜采用以上建议。当然，如果你对领导的风格非常有把握，那么完全应该根据自己的理解写。

下面举两个例子说明一下领导风格对文稿起草的影响。一般地方年度总结开头（笔者后文论证认为，可称其为"总过渡语"）部分会写一些成绩，但只是点一些非常重大的成绩，不会大幅来写，然后才会分几个层次来写取得的具体成绩及主要措施，如【例3-2-7】。而【例3-2-8】在年度总结总过渡语部分，通过"一个提速、两个突破、三个提升、四个亮点"，浓墨重彩描写过去一年取得的主要成绩，给受众以强烈的印象。这两篇例文中，前文比较平实，中规中矩，实际运用较多；后文对成绩有凸显作用，特色更加鲜明，实际用得较少。如何取舍，主要取决于对领导风格的把握。

【例3-2-7】

2015年，全市人民在市委的坚强领导下，顶住经济下行压力，主动适应新常态，奋力打造升级版，较好地完成了各项主要目标任务。经济社会发展呈现出健康平稳、效益提升、民生改善、幸福和谐的良好局面。全年实现地区生产总值76.95亿元，增长8.3%；一般公共预算收入6.49亿元，增长11.3%；规模工业增加值35.2亿元，增长8%；固定资产投资87.04亿元，增长17.3%；社会消费品零售总额24.81亿元，增长12.6%；外贸进出口总额9609万美元，增长9.1%；城镇、农村常住居民人均可支配收入分别达20217元和8797元，增长9.1%和10%。一年来，我们主要做了以下工作：

（一）加快产业转型，保持经济平稳增长。

（二）推动改革创新，发展活力持续增强。

（三）坚持统筹协调，城乡建设步伐加快。

（四）加强民生保障，社会事业全面发展。

【例 3-2-8】

××年是艰难爬坡、创新发展的一年。一年来,全市上下务实应对解难题,创新思路抓项目,尽管遭遇的困难比预想的要大,但是发展的成效比预期的要好,主要体现为"一个提速、两个突破、三个提升、四个亮点"。"一个提速":全面小康建设进程进一步提速,省定 25 项指标已有 13 项指标达到目标值、9 项指标达到序时进度,还有 3 项指标明年即可迎头赶上。"两个突破":一是财政收入实现新突破。全市财政收入突破 10 亿元,其中地方一般预算收入 4.3 亿元,分别增长 44.9% 和 36.1%。二是重大项目实现新突破。通过开展招商引资"四季会战",引进实施亿元以上项目 24 个,××、××等一批重特大项目,××、××等一批项目,都将有力地支撑和拉动更快发展。"三个提升":一是发展水平显著提升。预计实现地区生产总值 70.7 亿元,增长 20.7%,人均 GDP 接近 3000 美元,标志着××经济社会发展进入了重要转型关口。二是投入水平显著提升。全社会固定资产投资 63.2 亿元,增长 34.4%,其中工业投入接近 80%。三是收入水平显著提升。城镇居民人均可支配收入 12640 元,农民人均纯收入 6200 元,分别增长 17% 和 13.8%。"四个亮点":一是和谐拆迁成效大。完成了 26 个地块、48 个企业和单位、3273 户居民户、48.5 万平方米的拆迁,体量之大、速度之快、群众拥护程度之高,在××是第一次。二是创新项目效果好。开展了效能建设,开工了 20 项扩大内需、改善民生的城建工程,启动了科技创业园和科技孵化园,在全省都是第一个。三是城乡保障并轨早。有 497 户、791 人参加"土地换城保",覆盖率 90% 以上,在全省是第一家。四是土地流转效益高。××一次性流转耕地面积超过 6000 亩,取得了农民增收、龙头企业发展、经营模式创新、基层党建加强等多重效应,在全省是第一例。具体还有以下几个特点:

一是工业经济逆势攀升。

二是农村改革创新突破。

三是城乡建设困境突围。

四是旅游产业破题启动。

五是民生实事普惠推进。

六是党建和民主政治建设提升发展。

三、连闯"三道关":对领导核心意向的四年坚守实践

我们在我区 4 年政府工作报告的写作过程中,坚持把"抓落实"作为领导核

心意向,在体现和发展的过程中连闯"三道关",在基层政府工作报告主题写作方面坚守实践,并进行了有益探索。

(一)以一个核心意向贯穿政府工作报告全文

政府工作报告要写的内容很多、很杂,很难能用一个核心意向把这些内容串起来,串不起来本身也不能算错,但全文会显得较为繁杂和平淡,往往受众只记得少许自己感兴趣的内容,不会留下深刻印象。如果有核心意向,就更能让受众理解主旨,强化记忆,有利于后期实施推进。为此,我们在从2020年开始的4年里进行了积极探索。

如我区2022年政府工作报告,所有一级标题全部把"抓落实"作为"当头炮",在成绩回顾、经验总结、存在问题、形势分析、总体思路、把握方面、队伍建设、结束语等所有重要部位(请见下例加粗部分),全部强调了"抓落实",其中,把上年主要工作措施概括为"狠抓落实、敢于担当",在新年工作安排中把"抓落实、争进位"作为履职主线,使"抓落实"对全文起到了核心意向的统领作用。

【例3-3-1】2022年洪泽区政府工作报告摘要。

一、**抓落实**,接续干,高水平全面建成小康社会

2021年,……。我们**狠抓落实、敢于担当**……。

……

过去的发展成就经验在于,……必须始终坚持实干**抓落实**、创新**抓落实**……

前进路上无坦途。……少数干部**抓落实的韧劲和争进位的担当**与走前列的要求还有一定差距。

二、**抓落实,争进位**,夺取本届政府开局新胜利

今年工作的总体思路是:……**勇于攻坚抓落实、敢于克难争进位,**……。

夺取本届政府开局新胜利,必须坚持"对标找差、补短强特、创新实干",具体把握好以下四个方面:

……以**争进位**的奋斗姿态展示**抓落实**职责担当。**抓落实**是政府的基本职责,**争进位**是**抓落实**的必成目标,要以**争进位**的志气引领**抓落实**,以**争进位**的士气激励**抓落实**……。

围绕上述目标和要求,着重抓好以下八个方面工作:(一)坚持项目为王,在扩大有效投入上**争进位**。(二)坚持工业强区,在加快转型升级上**争进位**。(三)坚持旅游富民,在建设"百里画廊"上**争进位**。(四)坚持乡村振兴,在打造新时代

鱼米之乡上**争进位**。（五）坚持改革开放，在实施"关键一招"上**争进位**。（六）坚持生态优先，在践行绿色发展上**争进位**。（七）坚持以人为本，在增强民生保障上**争进位**。（八）坚持底线思维，在构建和谐社会上**争进位**。

三、**抓落实，争进位**，展示政府队伍建设新形象

各位代表，……需要我们以抓落实的韧劲展示干事激情，以争进位的担当展示创业热情。增强**争进位**的责任担当。增强**争进位**的为民情怀。增强**争进位**的法纪保障。

（二）以政府工作报告的核心意向把不同年份报告"串连"起来

除2022年"抓落实、争进位"外，2020年、2021年、2023年我区政府工作报告中，新年工作安排部分的履职主线，分别为"抓落实、做实事""做实事、强担当""做实事、强攻坚"。综合看来，这4年都将"抓落实"作为核心意向；后一句根据当年的不同形势任务，分别确定"做实事""强担当""争进位""强攻坚"作为临时意向。由于篇幅所限，本书不便全部分享这4份报告的提纲。

这4年履职主线，内容部分相同，部分不同，但密切关联，相同之处系因核心意向——"抓落实"体现了政府作为执行机关的基本职责，如同一根粗壮的"红线"立于每份报告之中，不仅每年强调都不过时、不过分，还把不同年度报告"串连"起来。

这种写法在报告核心意向与临时意向组合中，把政府职能体现得"稳中有进""定中有变"；在报告核心意向年度延续上，形成了既有传承、又有发展的新格局。

（三）以政府工作报告的写作意向统领当年政府重要文稿

尽管写作意向在政府工作报告中得到了贯穿，但毕竟只停留在了一份材料中。如果后期没有其他重要文稿持续体现，也只能是昙花一现。同时，政府工作报告作为政府一年的"施政纲领"，其确定的核心意向也应该在后期的重要文稿中持续体现，方能更好发挥政府工作报告的引领力和带动力。再者，以报告核心意向为引导，实际上也为后期的重要文稿草拟指明了思路，确定了选题创意，省得写作者再去绞尽脑汁找创意。当然，要实现这个目标，也需要写作者有较强的责任心，不怕费事，精心打磨，不断积累文字驾驭功力。

2020年，我区政府多份重要文稿紧扣政府工作报告"抓落实、做实事"履职主线，进行多维度的阐述，有的放在主标题中，有的放在过渡语中，有的放在一级标题中，有的放在结束语中，形成了以政府工作报告履职主线为中心的文稿体系，

也是对核心意向的深化和拓展。【例3-3-2】把"抓落实、做实事"体现在开头过渡语（请见仿宋加粗部分）中，虽有点隐约，但细看还是容易看出，其中，"谋大事""攻要事""解难事"皆属于对"做实事"的细化，【例3-3-3】【例3-3-4】对"抓落实、做实事"的体现则更为明白、直接。

【例3-3-2】

×××在区委十一届九次全会上的讲话（提纲）

当前，摆在全区广大干群面前最紧要的任务，是抓好全会报告精神的贯彻落实，将报告精神变为**实事实效**，以"双胜利""收官战"为主抓手，确保高水平全面建成小康社会。一抓化危为机**谋大事**；二抓目标争先**攻要事**；三抓共克时艰**解难事**。

一、贯彻落实会议精神，要在"防"的举措上有新思路

二、贯彻落实会议精神，要在"稳"的成效上有新提升

三、贯彻落实会议精神，要在"进"的征程上有新突破

四、贯彻落实会议精神，要在"保"的力度上有新加强

五、贯彻落实会议精神，要在"谋"的格局上有新拓展

……让我们在市委、市政府和区委的坚强领导下，认真贯彻落实区委全会精神，**勇于攻坚抓落实，敢于作为做实事**，夺取"双胜利"，打赢"收官战"，确保高水平全面建成小康社会！

【例3-3-3】

×××在区政府全体扩大会议暨廉政工作会议上的讲话（提纲）

年初区人代会要求政府系统**勇于攻坚抓落实，敢于作为做实事**。各镇（街道）、各部门要把**抓落实、做实事**作为首要职责，把勇于攻坚、敢于作为当作一贯作风，**恪守干事本职，守好干净本分，既干成事，又不出事**，为夺取"双胜利"、打赢"收官战"，确保高水平全面建成小康社会作出更大的贡献。

一、**抓落实、做实事**，要在勇当先锋上展现攻坚战果

二、**抓落实、做实事**，要在重点工作上增强攻坚定力

三、**抓落实、做实事**，要在党风廉政上涵养攻坚正气

四、**抓落实、做实事**，要在政府运行上提高攻坚效率

【例 3-3-4】

抓落实　做实事　努力当好新征程上的"筑梦工"
——×××全会精神学习体会（摘要）

当前，新蓝图已经擘画，需要通过**落实**加以实现。作为基层地方政府主要负责同志，将把**抓落实**、**做实事**作为首要职责，当好新征程上的"筑梦工"，为圆梦全面小康，逐梦基本现代化作出应有的贡献。

有**抓落实**、**做实事**的胸怀担当。

有**抓落实**、**做实事**的攻坚作为。

有**抓落实**、**做实事**的为民情怀。

第四章 破解"临写素材收集难"：
把宝贵时间花在"刀刃"上

这里的素材不仅包括一些成文的材料、表格，还包括一些不成文的信息，比如图片、音频、视频和以其他形式表现出来的意见、建议和想法等。平时学习和积累更加注重面上知识的收集，主要是打基础；基础不厚，"临时抱佛脚"也不容易写出精品力作。临写素材收集更注重满足本次写作，直接关系到这篇文稿的质量，所以，做好这个阶段的工作效果非常明显。由于临写素材收集的时间周期长短不一，但比较有限，有的只有半天甚至个把小时，所以，必须把有限的时间花在"刀刃"上。那么，具体应该如何操作呢？

一、带着"四类问题"收集：让内容更"硬核"

这时不能漫无目标去收集，而要实现"精准"收集，要在前期审题研判的基础上，列出一系列问题，带着问题去收集。这些问题弄清了，基本上就可以动笔了。当然，这里说的问题是共性问题，具体到你所写的文稿，还应该根据实际情况弄清个性化的问题。

不管文字"老手"还是"新手"，都需要扎扎实实地把这些问题弄清。而且，有经验的读者知道，这些问题真正搞清楚了，经过写作者的提炼和加工，文稿就有了"硬核"内容；即使返工，也基本上是文稿的部分修改，一般不会全部重写。否则，即使是"老手"，也难以写出佳作，还容易"全军覆没"。这说明公文写作符合"功夫在文字之外"的规律。有关这点本书最后一章还将详细说明。

同时，需要注意的是，不同类别文稿对这四类问题的要求程度并不相同。一般讲，对专项工作布置类的文稿，弄清第一类、第二类问题就基本可以了；对于理论探讨或思想动员类的文稿，要增加关注第四类问题；对于工作报告等综合类文稿，则要全部弄清这四类问题。

（一）领导关注方面的问题

写作人员始终应紧扣领导的意向来收集素材，才能写出领导满意的文稿。

1.工作内容方面的问题。领导对于这份文稿所推进的工作目前是否满意？如满意，满意的地方在哪里？如不满意，不满意的地方在哪里？对于这项工作，领导以前在什么场合提倡过什么？反对过什么？希望下一步如何推进？

此外，还需要了解工作，尤其是重点工作的排名情况。这点，很多人会忽视，而领导却往往最重视。

除"上情""下情"外，还有"外情"也很重要，就是外地先进单位有哪些好的经验，尤其是同一个上级单位管辖下的兄弟单位的先进做法和成效，也是领导较为关注的内容。因为这些兄弟单位的先进做法，对本单位来讲，最具借鉴意义。

2.文稿形式方面的问题。领导希望这份文稿写成什么样？如这个问题弄不清，至少要弄清文稿写成什么样领导基本上能接受，包括文稿的文体、格式、标题、结构、语言色彩等方面的问题。如果连这些问题都不清楚，那么这份文稿能否过关就难说了。

（二）工作推动方面的问题

主要弄清以下问题：

1.是什么。所要推动的工作是什么？有什么背景？目前主要进展如何？有什么亮点？存在什么问题？根源在哪？基层有哪些期盼？

2.为什么。为什么要开这个会、发这个文，这个问题往往被忽视，值得引起重视。还有就是：为什么要做好这项工作，有哪些重要性、必要性和紧迫性。

3.做什么。做好这项工作的指导思想、目标任务、主要措施、具体内容、步骤、办法和要求等有哪些。

4.怎么组织保障。就是为了完成工作，需要什么必要的责任保障（分工职责、配合责任等）、力量保障（领导重视、人力、财力、专班等）、氛围保障（舆论宣传）、奖惩保障（做好了怎样奖励，做不好怎样处罚）等。

尽管对这些问题的解答不一定每份文稿都一样体现，有的成段体现，有的只在某个句子中点一下，有的还不讲，但写作者必须弄清这些问题，然后，根据写作需要，特别是根据工作需要，决定如何体现。四个问题中，前三个问题一般应讲得透彻些，尤其是"做什么"，一定要讲得非常到位，具有很强的针对性和可操作性；否则，基层无法操作。

【例4-1-1】以下是某市领导在安全生产工作会议上的讲话摘要，是典型的"三段式"领导讲话，第一个层次主要解决"为什么"的问题；第二个层次主要讲"做什么"；第三个层次主要讲"怎么组织保障"。

一、吸取教训，提高站位，绝不能以生命代价换取发展

一是牢记××安全事件，血的教训不能淡忘。

二是上级巡察已经展开，安全底线不可突破。

三是全国"两会"召开在即，政治责任不容懈怠。

二、抓住重点，标本兼治，绝不给安全隐患留出空间

一要坚决杜绝群死群伤事故发生。

二要坚决控制事故总量。

三要铁腕治理重大安全隐患。

四要强化依法治安措施。

三、强化责任，齐抓共管，绝不让安全监管流于形式

安全生产要"党政同责、一岗双责、齐抓共管"。这是今年我们安全生产责任体系建设的主要内容，要突出抓好落实。

一要压实四方责任。

二要集聚监管合力。

三要严格纪法约束。

（三）素养提升方面的问题

重点弄清对人有什么素养要求，需要什么样的思想认识、精神状态、工作方法、作风要求、知识结构、能力素质和纪律规范等。

主要围绕说清这些问题而写的文稿，可以归类为素养提升的文稿。这类文稿与工作推动的文稿，看似区别不大，细细品来，区别还是较为明显。工作推动的文稿侧重"说事"，即使说到了人，也是为了让人更好地"做事"；而提升素养的文稿侧重"说人"，即使要推动工作，也是为了提升人的某方面素养，只需点到重点工作；且只需要虚写，不需要实写。为说清两者的区别，笔者找来一篇文稿，做了两个提纲版本（【例4-1-2】）。通过比较可知，版本一属于典型的"说人"文稿，标题中从担当、素质、意识、精神和修养等方面入手，并以"五个表率"作为目标，充满了对人的期待和厚望。而版本二系从版本一提取而得，"说人"的意味明显淡了，而"说事"的意味明显浓了，甚至可以理解为只是推动几项具体工作。

【例4-1-2】

版本一：

一要增强发展使命担当，做心系大局、服务中心的表率。要按照市委工作会议提出的要求，紧紧围绕实现更大突破的奋斗目标，牢牢抓住加速工业化这个核

心，始终突出推进大项目这个关键，全力拼抢大项目，加速培植大产业；牢牢把握工作定位，时刻把招商引资、项目推进放在心上、抓在手上、落实在行动上；进一步增强责任感，加大帮办服务力度，切实加快项目推进速度，确保项目引得进、留得住、长得大。

二要全面提高能力素质，做勤奋学习、学以致用的表率。

三要强化执行落实意识，做求真务实、真抓实干的表率。

四要充分发扬团队精神，做团结协作、和谐共事的表率。

五要不断加强自身修养，做勤政为民、廉洁奉公的表率。

版本二：

一要心系大局，服务发展。

二要勤奋学习，学以致用。

三要求真务实，真抓实干。

四要团结协作，和谐共事。

五要勤政为民，廉洁奉公。

（四）观点论证方面的问题

重点弄清需要什么论点，需要什么样的论据，需要怎样论证。

公文写作中"说理"有以下特点：一是从功能上看，公文不存在单纯的"说理"，一般为"说事"和"说人"提供理论方向，让干事有方向、做人有标杆。二是从篇幅上看，"说事""说人"篇幅较多，而"说理"较少，却占领着方向上的"制高点"，起着"秤砣虽小压千斤"作用。三是从位置上看，全文观点一般放在全文或下步工作部署部分的开头位置，层次内观点出现位置相对自由。四是从识别标志看，主标题一般是全文的论点，没有主标题的文稿中起文眼作用的语句就是全文的论点，有的文稿没有鲜明论点或观点不能算错，但难以给受众留下深刻印象。【例4-1-3】是印证上述四个特点的典型代表，主标题作为观点在全文开头位置提出，进行简短论证后，全文遵照执行、展开阐述。

【例4-1-3】

攀高比强　跨越赶超　奋力开创××高质量发展新局面

——×××在全市高质量跨越发展总结动员大会上的讲话（摘要）

（2023年4月27日）

我们提出"**攀高比强**"是因为，对照总书记对江苏工作提出的总要求、总目标、总蓝图,对照践行总书记对××殷切嘱托10年再出发的重大节点,对照××发展正处在滚石上山、不进则退的阶段性特征,我们必须发挥主观能动性,像总书记指出的那样,"以勇攀高峰的闯劲、敢夺冠军的拼劲、争创一流的干劲,再创新的业绩和辉煌";提出**跨越赶超**是因为,对照总书记赋予江苏的"四个走在前"重大任务,对照省委省政府交给苏北的"跨越赶超"共同任务,我们必须增强主动创造性,在遵循发展规律前提下,全面提高发展速度、壮大经济总量,走出跨越常规的路径,坚定扛起"江苏高质量发展走在前列"的共同政治责任。可以说,"攀高比强"立足的是思维层面,是我们推动高质量发展和现代化建设必须具备的精神境界与能力方法;"跨越赶超"立足的是实践层面,是我们推动高质量发展和现代化建设必须体现的节奏安排与目标追求。只有将"攀高比强"和"跨越赶超"融合起来、统一起来,才能把更多不可能变成可能,才能在新征程上更好展示××"象征意义"。

一、攀眼界格局之高、比思维理念之强,进一步看清形势、找准方位,细化明确"跨越赶超"的任务书

二、攀工作标准之高、比发展成效之强,进一步聚焦重点、攻坚突破,合力跑出"跨越赶超"的加速度

三、攀精神状态之高、比能力作风之强,进一步鼓足干劲、担当作为,全面锻造"跨越赶超"的急先锋

二、收集方法大PK:什么样的方法最"解渴"

公文写作素有"七分跑三分写"之说。然而,写作实践中的"跑",是不是很多教科书说的调研?

笔者所给的答复是否定的!这可能有点颠覆了有些读者的观念。但没办法,这就是实践。这是因为很多公文文稿时间很急,根本没有时间按部就班搞调研。

那么这里的"跑"指什么?笔者认为是收集素材。公文素材可分为狭义和广义两种,狭义为基础资料;广义既包含基础资料,还包括提纲和草稿;本文中所指的公文素材为广义。之所以要花七分精力收集素材,是因为相对于文学创作等其他文字工作,收集素材对公文写作的重要程度要高出很多,其成果会对公文审题和立意等环节产生重大影响,会改变甚至全盘否定原先写作思路。如领导原来安排总结一个基层单位的先进经验,但通过收集素材发现,该单位不仅没有什么先进经验可谈,甚至还有重大违纪违法嫌疑。在这种情况下,写作者应向领导如实汇报,并请

示是否变更原写作方向。

（一）"八种方式"各有特点，需要分析比较

笔者立足实践，总结出收集素材的八种常用方式，并对其优缺点进行逐一分析。

1. 查阅相关资料。这是基础方式。主要内容：查找、阅读与本次写作密切相关的文件、领导讲话、总结、汇报、宣传稿件，以及网上资料等素材。在时间、文体、区域位置、单位类别等方面，越是接近本次要写的文稿，对写作帮助越大。比如：你需要写一份地级市全年工作总结，如果能找到相邻兄弟市前三季度工作总结，那么对你的帮助就会很大。优缺点分析：一是优点。只要收集对象提供资料即可，有的资料还可以通过网上找到，占用别人精力比较少。二是缺点。（1）由于没有收集对象介绍情况或提供草稿，如果想全面、系统、深入掌握情况，写作者自己耗时就会较长；（2）收集的效果往往会受制于找到的资料；资料如果帮助作用不大，那么效果就会不好。

2. 电话重点咨询。这种方式的采用率非常高，仅排在第二位。主要内容：写作者通过电话、微信等方式直接请教相关领导、中层干部和基层群众等多个层面的代表人物。优缺点分析：一是优点。方式较为直接、便捷，成果比较直观、简明，时间利用的性价比最高。二是缺点。（1）咨询对象不同，收集结果往往也不同，甚至完全相反。所以，一定要找有代表性的人。（2）咨询对象往往准备时间不足，所获得的情况在系统性方面会略差些。如果想克服这个毛病，写作者可以通过提前发放采访提纲等方式，请对方适当准备一下，这样效果往往更好一些。

3. 调研走访活动。这是教科书重点推荐的方式，写作者通过召开座谈会、发放问卷调查表、实地走访等形式，进行调研访谈、征询意见或建议。有关调查表这种形式，本章后文还将介绍。调研走访优缺点分析：一是优点。通过这种方式收集到的资料的准确度最高，尤其是采用匿名方式征求意见获得的素材真实度最高，内容也较全面、深刻。二是缺点。准备工作较多，耗时较长，所以，在实践中，如果写稿任务紧急，写作者一般不会选择这种方式。只要时间允许，还是应该多采用这种方式。这一点毋庸置疑。

4. 蹲点主办单位。总体来说，不失为一个高效的好办法，值得推广。如果要召开安全生产方面的会议，那么这里所讲的"主办单位"就是应急管理部门。主办单位作为主管某项工作的单位，对文稿所涉及专项工作有较为权威的发言权，可直接弥补写作者业务不熟悉的缺陷。写作者直接蹲点在主办单位，可以非常便捷地了解相关业务情况。笔者有一次写一篇领导讲话稿,就蹲点在公路管理部门,直接询问了解情况,非常专注和高效地完成了文稿写作任务。优缺点分析:一是优点。(1)可以在一定时期内,直接、直观掌握到一线情况,查阅资料方便、高效;(2)如果需要,可以就地召开相关人员座谈会,全面、深入了解情况;(3)写作者可以不受班上其他因素干扰,一门心思收集素材、写作。二是缺点。对写作者手上其他工作难以兼顾。

5. 商请主办单位安排人员前来协助。总体来说,这种办法比第四种方式更好一些,非常适用于一些紧急文稿起草。主要内容:请主办单位安排熟悉情况的人员,携带相关资料,来到写作者办公室,现场接受咨询,开展讨论交流;如果来人对有些情况也不太清楚时,还可以请他进行资料再收集,或进一步询问其他人员。优缺点分析:一是优点。(1)更加便捷、高效地收集到写作者关注的情况;(2)省去了多次找人、重复打电话等环节,大幅节省写作者的时间。二是缺点。前来协助的人员不可能太多,相对于第四种方式,接受咨询人员的面相对窄一些,有些情况容易不准确。

6. 商请主办单位直接提供草稿。总体来说,这是较为常见的一种方式,但问题也较多。主要内容:商请主办单位先直接提供一份草稿。优缺点分析:一是优点。(1)发挥了主办单位熟悉业务工作的优势,让写作者直接获得一份草稿;(2)没有受到写作者思路的干扰,主办单位有可能帮助写作者拓展了思路。二是缺点。(1)主办单位提供草稿的方向不明、要求不清,往往会应付了事,造成草稿质量难以保证;(2)往往不仅浪费主办单位精力,还会浪费写作者宝贵的写作时间,使紧张的时间更为紧迫。所以,除非写作时间非常充足,这种方式还是应该慎用,甚至不用。

7. 与主办单位讨论确定写作思路后,再请主办单位提供草稿。总体来说,这种方式比前一种方式要好得多,值得推广。主要内容:写作者先商请主办单位提供一些相关素材,在熟悉基本情况后,与主办单位共同讨论确定写稿的基本思路、大体方向和篇幅长短等重要问题,甚至共同拟订出提纲。在此基础上,再商请主办单位提供一份草稿。优势分析:既有前一种方式的优点,又克服了其缺点;较好地发挥了写作者与主办单位各自优势,也节省了双方时间和精力。为此,笔者予以强力推荐。当然,非常紧急且通过电话就能了解清楚情况的文稿,也就不再适宜采用这种方式。

8. 多种方式的综合运用。就是对前面七种方式中的两种以上的综合运用。实践中，重要文稿都通过多种方式完成素材收集。

（二）"四个程度"作为参考，帮助作出选择

看了前面的八种方式，有的读者对怎么选择可能还有些迷糊。为此，笔者再把需要参考的四个因素梳理一下，以帮助作出选择。

1. 稿件的重要程度。有的读者说这不是"王小二开店"吗？对此，笔者毫不避讳。真的需要因事而异、因文而异，因为写作者的精力和时间毕竟有限，不应该也不可能事无巨细，所以，一定要看这篇稿件是否重要，领导是否高度重视。对重要文稿，当然得选择耗时费力但效果较好的方式，比如调研走访；反之，方式就可以简单些。

2. 写作者对在手素材的满意程度。如果感觉已掌握很多，就不再需要大费周折，再作些补充就可以了；反之，就需要全面、系统地收集素材。

3. 写作者所能投入时间的多少程度。一要看出稿期是否紧急，给写作者多少时间收集素材，如果时间紧急，就需要急事急办。二要看写作者手上有没有其他重要工作干扰收集素材，如果有，即使出稿期很长，也不宜采取耗时多的方式。

4. 单位所能赋予的条件宽裕程度。这里主要指，对需要其他单位配合的事项，本单位是否有这方面组织、协调的职能和影响力。比如，商请主办单位直接提供草稿，则需要本单位对对方有足够的影响力；否则，对方就会在落实上打折扣或者直接不买账。

（三）"三个环节"加强审核，提高素材质量

目前，在一些地方和部门，文稿主要在文字人员层面转来转去。就拿前面提到的安全生产工作来举例，某市准备召开一个由市长讲话推动的工作会议。该市应急管理局办公室替市长草拟了一份讲话稿，直接发给了市政府办为市长服务的综合处把关，然后再报给市政府（政府办）分管文字工作的副秘书长（主任）把关。这从程序上讲是不够规范的，从内容上讲也是"空气"多了些，"地气"少了些，一些实情、实招进不来，容易造成文稿患上"空虚症"。

要治好这类病症，就应多让一些掌握实情的人参与审核，对素材进行再把关、再完善。如果时间不急，可串联审核，充分吸收各方所长；如时间紧急，可并联审核，提高审核效率。当前需要加强审核的环节主要有以下三个：

1. 主办单位主要负责人。用前面的例子讲，此人就是市应急管理局局长。作为主办单位的"一把手"，他对提供出去的草稿进行认真审核把关，既是权力，更是职责，切不能因为后面还有其他环节审核，就放松了自己的职责；否则，就是失职甚至是渎职。

2.综合部门联系专项工作的处（科）室及其分管领导。用前面的例子讲，就是市政府办联系和服务应急管理工作的处室及分管副主任。这个层面一头连着市政府，一头连着市应急管理局，可以将市领导的想法与安监部门的实际进行有效对接，应该发挥审核职能，进行认真把关和提升。

3.地方分管领导。用前面例子讲，就是市政府分管副市长。这个环节与第二个环节相似，整体水平要高得多，对全市安监工作情况更了解，对市长的思路更清晰，对市政府的抓手考虑得更全面、务实。所以，由他对市长的讲话稿进行审核把关，不仅重要，更为必要。

看到这里，有的读者可能要问：这三个环节不是本来都应该有吗？确实如此！但在实际中，不少地方存在这三个环节不同程度的"缺位"现象，没有全面发挥应有的作用。2018年，某地一位局长就因为一篇文稿被政府主官批评了，原因在于，该局长审稿不够仔细，造成个别业务文字表述不够准确。值得庆幸的是，当年底该地党委政府就以上三个环节作用发挥问题，出台了专门文件。其他地方和部门也应该这样严格起来。

三、以"4511"情况摸底表为代表说明：素材收集路径创新"天地广阔，大有可为"

放眼当前全国，公文写作临写素材收集方式研究总体偏少，很多书籍甚至以"加强素材收集及调查研究"一句话，就概括了这个往往会耗费写作者大部分精力的环节，即使是本书前文介绍的八种方式，已经有所细化与创新，但还是比较传统、笼统，至少没有取得创造性、系统性突破。在"面"上没有突破的背景下，笔者在素材收集表格使用这个"点"上进行了一些探索，主要成果是以"4511"情况摸底表助写向直接上级单位主要领导的汇报，以及以研析性表格助写综合性文稿，都在实践中获得了很好的实绩，同时，也都说明了素材收集路径创新"天地广阔，大有可为"，真诚期盼更多的读者投身到这个陌生而又重要的领域。由于"4511"情况摸底表与素材收集环节更为贴近，就在这里介绍；研析性表格与文稿拟写环节更为贴近，将在第八章第一个层次进行介绍。

大家都知道单位主要领导向直接上级单位主要领导的汇报文稿非常难写，难就难在尺度难把握：如果表态较为保守，容易被当场批评为态度不积极；如果表态较为积极，又容易因为承诺不能兑现而受到批评。为此，单位主要领导对这类汇报高度重视，要求极高，非常难写。为了破解这个难题，笔者在素材收集实践中创新思路，总结形成了"4511"情况摸底表。

（一）制表的主要缘由：为了走出目前素材收集之困

战场指挥官的决策往往取决于情报。汇报之难，其根源在于短时间内素材难以快速、准确、全面收集。常规的素材收集往往是针对文稿起草者、审核者和使用者（在这里指单位主要领导）三个层面，都要分别找汇报工作所涉及的主办单位了解情况、收集素材，主要有以下缺点：

一方面，标准不一，信息不全。文稿起草者一般直接对接主办单位具体经办人员，而文稿使用者一般直接对接主办单位主要领导。由于缺乏统一标准，不同的人向不同的人收集素材，不仅结果不完全相同，而且内容都不容易全面。笔者曾参与起草一份水利工作汇报，写作初期只接触到地方水利局的经办人员，了解到了一些能确保任务完成的计划措施，而到了本地政府主官审核文稿时，才通过水利局局长了解到这项工作难以完成。于是，才把文稿的写作主要方向由确保任务完成调整为请求支援。

另一方面，重复劳动，费力耗时。对主办单位而言，不同层级之人要重复回答同一类问题，造成实际负担沉重；对收集素材的人而言，尽管花了很多精力了解情况，很多重要信息往往还收集不到。为了全面掌握情况，笔者所服务的政府主要领导审核文稿时，一度还要另外安排时间找对口部门主要负责人详细了解情况，造成了时间上的较大浪费。

正是受到这位领导务实作风的感召和启发，笔者深深思考：如何在不需要领导花费如此多精力的前提下把他最想了解的情况快速、全面地了解清楚，同时也为高效起草、审核文稿而取得高质量素材。于是，笔者反复探索，设计出这张"4511"情况摸底表。

（二）填表的主要内容：什么对领导决策重要就收集什么

从以下三个方面组织填好表格，把对领导决策影响大的因素全部收集上来。

1. 内容设置。在"4511"情况摸底表（样表见表4–1）中，"4"是指对所汇报工作的主要（亮点）措施、主要进展、排名位次、主要差距四个方面进行自我评价；"5"是指对下一步计划进行目标考核、财力承受、责任追究、社会稳定、环境评价五个方面分析论证；两个"1"是指在前面工作基础上，分别提出下一步计划和对上级的建议（请求）。

表 4-1

工作名称	主要（亮点）措施	主要进展及自我评价	排名位次	对照上级要求存在的主要差距	对下一步计划的目标考核、财力承受、社会稳定、环境评价、责任追究等分析论证情况	下一步计划	对上级的建议（请求）

2.填写要求。为了保证填写质量，需要对上述表格中相关栏目作出明确填写要求。其中，"主要（亮点）措施"栏目：要对照上级目标任务，简述主要措施及亮点做法。这栏内容将直接成为汇报的主体内容。"主要进展及自我评价"栏目：要说清工作完成总工程量的大体百分比，或作出达到序时进度、基本达到序时进度、未达序时进度等总体自我评价；这栏评价是为了让领导知道这项工作与目标的比较情况。"排名位次"栏目：要说清本单位在兄弟单位中的排名位次，如无具体名次，也可说清与兄弟单位平均水平比较情况，或从先进、中游、后进等方面作出总体自我评价；这栏评价是为了让领导知道这项工作与兄弟单位的比较情况；如果是先进，就可以持续推进；如果是后进，则需要迎头赶上。"对下一步计划的目标考核、财力承受、社会稳定、环境评价、责任追究等分析论证情况"栏目：是为了让领导知道，这项工作对全年主要目标考核结果有没有影响，有没有财力支撑，相关责任人包括领导自己会不会被严肃追责，会不会引发大的信访或环保问题，这些都是领导决策需要参考的重要因素；为了防止主办单位主观臆断、麻痹懈怠，需要要求该单位就上述因素提前与财政、目标考核、纪检等相关单位提前沟通，达成一致意见后再填入表格。"下一步计划"栏目：要立足于前面工作基础与分析论证谨慎安排，所填内容既表示积极主动完成上级任务，又切合本单位实际情况；本栏内容往往直接用到汇报的下一步计划中。

3.功效保障。不同的行业，可对此表的内容设置进行调整，不应该"一刀切"。但不管如何调整，都应该紧扣领导关注，什么对领导决策重要就设置什么；否则，就会大大降低此表的功效。为了保障此表功效，还应要求相关素材加盖单位公章后再上报，以推动他们提供素材更加认真负责。

（三）此表的主要功效：基本解决常规方法的毛病

此表主要具有以下功效：

1.标准相对统一。一旦表格确定下来，那么提供什么素材，提供到什么程度等标准就基本上统一了，有效解决了不同人问不同问题、不同人作不同解答等问题。

2. 内容较为全面。由于此表经过事先周密设计，远比拍脑袋随意提问要全面得多，所以，所得素材内容也相对较为全面、系统。

3. 减少重复劳动。此表一旦填好，那么文稿起草、审核和使用等所有环节人员，都可以同时通过这张表对相关工作情况做到"一表清"，不需要串连式了解情况，更是避免了重复提问、反复解答。

4. 节省宝贵时间。就笔者的体验看，一份5分钟以内的汇报写作使用此表后，平均可以帮助文稿起草、审核和使用等所有环节人员累计节约10个工作小时，折算成工作日，大约是一天多一点的时间。虽然看起来不多，但笔者所在地方接到的本级主要领导汇报写作任务平均只有两天半的写作周期。所以，这节省下来的时间就接近于一半的写作周期，弥足珍贵。

（四）用表的主要方面：不仅仅是参考资料

实践中，此表的主要功能是单位主要领导向上汇报的重要参考，但并不局限于此，主要包括以下几点：

1. 起草审核文稿的重要依据。主办单位和文稿起草人员可以依据此表共同商定文稿提纲。然后由主办单位拿出初稿。文字审核人员在审稿过程中往往苦于高质量素材不足，此表不仅可以作为重要参考，还可以对其中内容进行提炼加工，形成心仪的内容。

2. 检验工作态度的重要标尺。实践中，有的主办单位往往以文字水平不高来推诿初稿写作任务。写作水平低可以理解，如果表格再填不好，就无法解释了。所以，此表也是检验主办单位工作态度的重要标尺。为了做好检验工作，同时也是为了防止不实信息写入汇报，笔者所在地政府主要领导会在汇报前组织政府分管领导、相关的重点单位，对表格及汇报文稿进行一次集体会商。如果主办单位填表质量较差，那么此时很容易被批评。

3. 汇报工作时的简明备用资料。上级主要领导在听取本地主要领导汇报时有可能会问许多汇报材料中没有反映的情况。为了防止自己被问时答不上来，本地主要领导除了高度重视汇报材料外，还需要主办单位帮助精心准备很多背景资料，并要花大量的时间来熟悉和消化这些背景资料。这些也大大增加了本地主要领导和主办单位的工作量。由于此表中很多重要内容并不会直接在汇报材料中展现出来，没用到的部分可以直接用作简明而质优的背景资料，从而有效减少了本地主要领导和主办单位的工作量。

4. 向其他领域推广的示范样板。实践中，不仅是向上级主要领导汇报，还有很多其他大事、难事也会让本地主要领导难以拍板。正因为此，当笔者向本地主要领导汇报了此表的功效后，他要求在其他重要工作上推广此表。还有个区直部门开始对这份表格有些抗拒，认为填起来有点麻烦，后来体验了表格的实际效用后，自己在系统内进行了主动推广。

尽管自己的努力得到了领导的肯定，也在其他部门得到了印证，笔者还是要提醒广大读者：首先，在借鉴时步子不要迈得太大，可以先试点再逐步推广，避免走弯路；其次，一般文稿或事项不建议采用此法，毕竟需要填多张表；如把握不好，会增加基层负担。

第五章　破解"立意创新难"：
弹好"新出于实而胜于实"的协奏曲

公文立意是一篇作品所确立的文意，包括全文的思想内容、作者的构思设想和写作意图及动机等，其内涵要比主题宽泛得多。立意到底应该求新还是务实，自古以来争论不休。戴复古在《论诗绝句》中讲："意匠如神变化生，笔端有力任纵横。须教自我胸中出，切忌随人脚后行。"可见他对求新的推崇。而黄庭坚又在《戏呈孔毅父》中通过"文章功用不经世，何异丝窦缀露珠"强调务实的重要性。那么到底如何处理两者关系？笔者认为，可以仿拟一下古语"青出于蓝而胜于蓝"，弹好"新出于实而胜于实"的协奏曲。本章重点解决公文立意创新难的问题，但提出"新出于实而胜于实"的观点，并在开头过渡语中说明务实对创新的决定性作用，旨在防止公文立意走入为了创新而创新的邪路，第九章还将就务实话题进行专门探讨。

一、弹好"实"与"新"的协奏曲：奠定"实、新、短"文风基础

中央一直提倡"实、新、短"文风，公文更应带头遵守这个要求。要达到这个要求，首先要处理好"实"与"新"的关系。这个关系处理好了，文稿真的能解决实际问题，能让人眼前一亮，那么，这样的文稿根本就不需要太长。从这个角度看，文稿篇幅远超必要程度，都是对内容实在度与形式新颖度不够自信的表现。要实现"短"，根子上要从"实"与"新"着手，重点协调好两者关系，最终实现文稿"短而不空、精而有神"。

（一）"实"孕育"新"，并决定"新"

笔者对立意的务实导向的认识走过一段弯路。刚写作时，笔者认为立意应该给人留下深刻印象。后来，通过实践的磨炼，尤其是看了高手的经验后感到，不管什么文体，不管什么场合，公文都应把注重实效摆在第一位。衡量一篇文稿的立意是否注重实效，可以从以下几个方面考量：一是上级要求、群众诉求和工作进展实

情是否弄清；二是存在的主要问题及其根源有没有挖出；三是奋斗目标是否既务实可行，又催人奋进；四是推进措施是否紧扣问题和目标提出。针对性强不强，力度够不够，步骤合不合理，如立意没有很好解决这些问题，那就应重新考虑和锤炼。

苗枫林在《中国公文学》中提出了几种锤炼策见的方法，对提高公文实效很有启发。一是采用把每制定一项政策都置于大局中去观察的方法锤炼策见，养成全局观念；二是采用政策反馈的方法锤炼策见，养成制定政策的实践观念；三是采用权衡各阶层利益的方法锤炼策见，养成制定政策的群众观念；四是采用向前看的分析方法锤炼策见，养成制定政策的辩证观念。这里说的策见就是解决实际问题的措施。有了好的策见，公文才能"强筋壮骨"，语言才有分量和光彩，这就是"木体实而花萼振"的道理。

有的读者担心务实会影响创新。对此，笔者认为，如务实是大海，那么创新就是浪花。务实孕育着创新，并决定着创新的性质和方向。群众期盼诉求、形势任务、措施方法等关键要素每时每刻都在变化，公文抓住这些变化，假以文字，那么文稿必然是那个时点真实情况的鲜活表达，新颖也必然伴生而来。因此，创新源自务实，也受制于务实。创新的文稿未必务实，但真正务实的文稿必然让人耳目一新，真正的务实是比创新更难、更高的标准。有的读者问："自己调研写出的文章，怎么看起来还很'土'？"对此，笔者的解释是：你的调研还不够深入和科学，可能"务"了，但还没有真正"实"；如你的务实没有问题，那么你文稿的"土"就是"泥土的清新"！是其接"地气"后所散发出的独特魅力——真理的味道！

2020年夏季，笔者所在地方浔河唐曹国考断面水质达标不够稳定。于是，区政府组建了由笔者牵头的调研攻坚组，外地取经，反复论证，终于找到一个重要破解办法——对断面周边农田进行秸秆离田试点，形成的调研报告不仅被评为全年优秀调研报告，主要建议还被写入其后每年的党委、政府工作报告中，并持续推进实施。到2022年秸秆离田面积扩大到全区农田面积的近一半，相关做法获得了省政府领导批示肯定。此例再次说明，调研等务实举措是公文写作创新的唯一"活水之源"，文字工作者一定要秉持求真、求真、再求真，务实、务实、再务实的理念，于务实处求创新。

（二）"新"忠于"实"，并胜于"实"

浪花忠于大海，为大海绽放、呐喊，也比大海更绚烂。同样，创新也必须忠于务实，也在吸引力、感染力、驱动力方面胜于务实。创新越是忠于务实，越能把创新之法与本单位实际、群众心声融合得更好，越能掀起与受众同频共振的热潮，创造出反映时代特征的精品佳作，其创新可谓之"奇"，给人惊艳之美，甚至流芳后世。如果创新不忠于务实，为了创新而创新，就难以掀起与受众同频共振的热潮，其"创新"只能谓之"怪"，最终会淹没于历史的汪洋大海中。

笔者所在地方是江苏省淮安市洪泽区，因全国第四大淡水湖——洪泽湖而得名，这个湖的形状酷似一只展翅高飞的天鹅。2020年以来，区党委、政府提出了长三角地区知名旅游目的地城市的发展定位，"生态福地、精致湖城"的发展目标，工业强区、旅游富民"双轮驱动"的发展战略。于是，我们在2023年政府工作报告中，创新运用比拟修辞手法，把发展定位、战略、目标分别写成了天鹅的"首""双足"和"两翼"，并使用了文意匹配、切合语境的文字（如"让洪泽像天鹅般乘风破浪、展翅高翔"），对区里这一系列重大决策进行了形象化的诠释和推进。这无疑是一种创新性的写作，这种创新正是深深植根于当地像天鹅一样的中国名湖，以及当地党委、政府的重大决策、重要举措，而不是天马行空、胡编乱造。同时，如果按照常规写法，直接就发展定位、战略、目标提要求，那么就"略输文采"了。可见，只有立足地方实际，创新使用表现手法，才能释放公文创意的无穷魅力。

【例5-1-1】

矢志把准航向，攻践行科学路径之坚。坚持以长三角地区知名旅游目的地城市发展定位为"首"，增强保持方向不变的定力和创新实干的盯力；以工业强区、旅游富民"双轮驱动"为"双足"，强化产业驱动、项目驱动、创新驱动，推动发展蹄疾步稳、行稳致远，推动工业"四大倍增计划"提前实现，早日创成国家全域旅游示范区；以"生态福地、精致湖城"培塑为"两翼"，实行优异生态产品、绿色滨湖新城、厚重人文禀赋、著名节庆品牌"比翼齐飞"，让洪泽像天鹅般乘风破浪、展翅高翔。

二、以文眼集中、鲜明展示创意：为龙点上明亮的眼睛

实践中很多公文没有主标题，没有贯穿全文的中心语句，这样写不能算错，只是由于表述繁杂和平淡，往往受众听（看）一遍以后，只记得一些与自己（单位）相关的语句，其他就像浮云从大脑飘过，"不带走一片云彩"。

如何解决这个问题？笔者的建议是，尝试提炼并使用文眼。

文眼，是我国传统的、独有的关于文章写作的一个术语，是文中最能揭示主旨、升华意境的关键性词句，理清全文脉络的筋节，是窥看创意等特色亮点的窗

口，清代学者刘熙载称其能"揭全文之旨"。笔者认为，如果公文的创意是条龙，那么文眼必然是龙的眼睛。

公文写作中，文眼可能是一个字，或词，或短语，也可能是一句话，或几句话，与文学相比，出于明白晓畅的需要，其在开头和标题及结尾处等关键地方反复出现的频率更高，给受众以更加集中和鲜明的感觉。在这样一组层次标题："回望'过去时'，我们倍感自豪；立足'进行时'，我们重任在肩；放眼'未来时'，我们充满信心"中，文眼可以理解为英语时态，再具体一点，可以理解为"时"这个字，这也是外国流行元素被用于我国公文写作的一个例证。

有的读者可能会问："一篇文稿，尤其是一些综合性较强的文稿不可能只讲一件事，讲的工作很多，怎么用一个文眼来统领全稿呢？"笔者以为，能直接支撑文眼的内容就直接用，不能直接用的内容就要做取舍、提炼和转换工作，最终使全文都能体现文眼，有的条件实在不具备，至少要紧密关联文眼。本书有多处提到文眼写作，更有第七章"素材扣题三种方法"重点介绍扣题，所以，这里先举一个文稿修改的例子来说明问题。

下例中"改革（创新）"是全文文眼，原稿第三个层次标题及部分内容与文眼虽有关联，但距离较远。修改稿将第三个层次标题"扎实推进村级集体壮大工程"改为"创新村级集体增收路径"，更加紧密地扣上了文眼；由于"规范村级集体账务账户设置及收支管理制度"与文眼较远，所以予以了删除；为推动集体增收，对"新型合作经济组织"和"社会化服务"分别增加了"不少于100个""两成以上"的量化要求。总体看来，修改部分不仅更加紧扣文眼，突出了增收重点和难点，对乡村振兴支撑作用更大，篇幅字数还得到了有效减少。

【例5-2-1】

原稿：

……

五是深化农业农村改革创新。其一是全面推进政府购买公益性服务试点。其二是加快推进农村产权制度改革。<u>其三是扎实推进村级集体壮大工程</u>。集中开展农村集体"三资"管理专项治理，<u>规范村级集体账务账户设置及收支管理制度</u>，完善村级集体增收激励政策，鼓励村级组织兴办各类<u>新型合作经济组织</u>，通过开展产、供、销等<u>社会化服务</u>，壮大村集体经济实力，确保剩余的8个经济薄弱村实现新"八有"。

修改稿：

……

五是深化农业农村改革创新。首先，是全面推进政府购买公益性服务试点。其次，是加快推进农村产权制度改革。其三，创新村级集体增收路径，开展"三资"管理专项治理，完善激励政策，鼓励新办新型合作经济组织不少于100个，增加产、供、销等社会化服务两成以上，实现经济薄弱村新"八有""全覆盖"。

三、把握"五个新"内核：写出五彩缤纷、色彩斑斓的文章

公文世界看起来五彩缤纷，其创新亮点概括起来一般不外乎以下"五个新"内核。只要真正学会运用这"五个新"内核，你也可以写出色彩斑斓的文章。

（一）新选题

包括新主题、新观点、新切口、"新支点"。公文写出新主题、新观点难度很大，当然，如果能写出，且内容正确，自然会给人留下深刻的印象，如【例5-3-1】从标题上就可以看出其观点"新意盎然"。

【例5-3-1】

安全生产既是政治责任之"泰山"，也是经济发展之"金山"
——×××对安全生产工作的体会（摘要）

习近平总书记多次强调：生命重于泰山。通过立足××实际，我深深感受到，安全生产既是政治责任之"泰山"，必须履行好这一政治责任；也是经济发展之"金山"，只有抓好这项工作，才能让企业获得可靠的投资回报、群众获得稳定的预期收入。

一、思想认知理念保持"**高山峻岭**"的站位

二、履行工作职责保持"**勇登山峰**"的作风

三、安全隐患整改保持"**愚公移山**"的韧劲

四、完善治理体系保持"**逢山开路**"的锐气

公文中用多个点支撑全文的情况较多，如："一是加强领导；二是加强落实；三是加强督查"中，支撑全文的点有"领导""落实""督查"三个。以一个点支撑全文难度较大，需要写作者有较强的文字驾驭能力。同时，能扛起这个点职能的字词（还包括词组、短语等，下同）并非随处可见，而是项目、投入、目标、落实、创新、业绩、干事等支撑性、统领性强的字词，能够支撑全面工作、"链接"全篇

文稿，可以把散而杂的素材串起来，笔力集中，特色鲜明，主题突出，笔者称这种字词为"新支点"。这种"新支点"既可以由选取而来，本书中全篇只写项目、目标、落实（如【例5-3-2】）等的例文属于这种类型，也可以由提炼而得，如有人把党风廉政领域尤其是反腐败方面小的问题提炼为"亚健康"，用以支撑全文。

【例5-3-2】从抓落实的角度把全文串了起来。

狠抓各项工作落实　全力完成今年目标任务
——×××在市政府组成人员（扩大）会议上的讲话（摘要）

抓落实是政府工作的基本职责和主要方式。各地、各部门要紧紧围绕全年目标任务，立足本职工作，服务全市大局，以真抓实干的精神、求真务实的态度、奋力争先的勇气，突出重点、明确任务、落实责任，建立健全抓落实的工作机制，确保市委、市政府各项工作落到实处、取得实效。

一、突出重点抓落实。现阶段，加快发展是我们必须始终坚持的第一要务，经济建设是我们必须始终坚持的工作中心。

　　一要突出发展目标抓落实。

　　二要突出重点产业抓落实。

　　三要突出重点项目抓落实。

二、明确任务抓落实。

　　一要认真分解工作任务。

　　二要全面增强工作合力。

　　三要大幅提高工作实效。

三、强化督考抓落实。

　　一要健全督考机构。

　　二要完善督考制度。

　　三要运用督考结果。

（二）新结构

先请各位比较下【例5-3-3】【例5-3-4】，前例是洪泽湖2023年政府工作报告新年工作安排提纲；后例是2022年3月洪泽湖政府主官为接受上级媒体采访而做的为民服务情况介绍。比较后可知，两份文稿结构基本不同，如两份文稿都讲项目、工业、旅游、乡村，前例用了四个大层次，而后例只用了一个层次的一部分。有的读者可能怀疑这是因为两篇文稿年份不同而导致。对此，大家也可以比较一下

【例5-3-4】与【例3-3-1】，这两篇文稿年份相同，所得的结论与前面两例情况差不多。这种结构不同，主要系因受众不同而致，【例5-3-3】主要面对的是区人大代表和体制内政府单位，【例5-3-4】主要面对的是普通群众，而非年份不同。笔者认为，过渡语中强调、标题中呈现、表述顺序调到前面的内容，必然是写作者自己重视，并希望引起受众重视的内容；反之，则是不被重视的内容。所以，从这个角度讲，结构变化实际上就是内容关注权重的调整，从而达到突出重点的效果。

【例5-3-3】

（一）护航发展强攻坚，促进经济稳中求进。

（二）项目突破强攻坚，增强跨越发展后劲。

（三）工业经济强攻坚，加速转型升级步伐。

（四）全域旅游强攻坚，推进目的地城市建设。

（五）乡村振兴强攻坚，描绘"三农"和美画卷。

（六）扩能管理强攻坚，提高人居环境品质。

（七）兴办实事强攻坚，加快发展成果共享。

（八）防范化解强攻坚，守牢安全稳定底线。

【例5-3-4】

（一）让群众更有增收获得感。大力实施"创富××"行动，扶持创业，增加就业，促进共同富裕。加速推进源涌、中电光谷生态经济示范园等重大项目，以华强方特即将开园为契机，全力实现亿元以上项目招引数量突破100个、百亿级项目招引数量有新突破的"双百双破"目标，扶持各类主体自主创业超1000人。实施"工业强区、旅游富民"双轮驱动，推进乡村振兴战略，挖掘就业潜力，促进居民就近就业和多渠道就业，确保全年新增城镇就业5500人以上、转移农村劳动力6200人以上，城镇登记失业率控制在1.85%以内，带动城镇居民可支配收入增长8%。

（二）让群众更有宜居舒适感。

（三）让群众更有生活幸福感。

（三）新写法

主要在简笔、繁笔、直笔、曲笔、淡笔、浓笔、正笔、反笔、实笔、虚笔、深笔、浅笔等之间变换与创新。虽然新结构与新写法都有增强表达效果的作用，但新结构涉及内容调整更多，而新写法涉及形式更多。本书多处介绍了新写法，这里再举一例。近年洪泽湖领导根据上级统一安排，去澳门推介地方特产洪泽湖大闸蟹。我们所写推介辞多处使用了比拟写法，把螃蟹说成特质"代言"、水族"网红"、形象"大使"，还使用了"一只蟹成就了一座城""因为一只蟹，爱上一座城"等时代感较强的语言，增强了感染力和美誉度。

【例5-3-5】

×××在洪泽湖大闸蟹专场活动上的推介辞（摘要）

古人说，有缘千里来相会。虽然澳门与××远隔千山万水，但同为世界美食之都，对美食的孜孜追求都息息相通、心心相印。澳门的水蟹粥蜚声中外，××的大闸蟹香飘四海。今天，我们以蟹为"媒"，以食结"缘"，举办淮味千年·洪泽湖大闸蟹专场活动，畅叙友情、品鉴佳肴。

……

各位领导、各位嘉宾，**一只蟹成就了一座城**。**它是生态名湖的特质"代言"**。洪泽湖水质优良，洪泽湖大闸蟹蛋白质含量高，富含18种以上甜味氨基酸和硒、锌等多种微量元素，形成了"洪泽湖大闸蟹有点甜"的天然特质。**它是畅销中外的水族"网红"**。热销北上广深，覆盖长三角、大湾区，远销欧美日韩，"爬"上了中外餐桌，近年来产量和销售额逐年攀升，每年带动农民增收超10亿元。**它是精致湖城的形象"大使"**。先后荣获"国家地理标志证明商标""国家地理标志农产品""国家地理标志保护产品""中国十大名蟹"等"国字头"称号，品牌价值超150亿元。"中国·洪泽湖大闸蟹节"已连续成功举办16届，使××有了"中国蟹都"的桂冠。

各位领导、各位嘉宾，**因为一只蟹，爱上一座城**。我们真诚期待本次专场活动为洪泽湖大闸蟹搭建一个国际化产业对接平台，不断扩大品牌影响力和美誉度。我们也真诚邀请大家到××走一走、看一看，领略大湖风光，畅游运河画廊，品鉴淮扬美食，洽谈投资兴业，广泛交流合作，实现互惠共赢！

（四）新素材

在"五个新"中，这是"含新量"最低也是最常见的出新，主要包括新事物、新成绩、新做法、新经验、新问题、新形势、新目标、新措施、新保障等。由于陌生，所以新素材一般较为难写，但也因此不管怎么写，都是新的。从这个角度讲，写新素材也很"划算"；因为不太需要像写旧素材那样去绞尽脑汁"翻新"。有一些新手习惯用旧标题套住新素材，这其实是一种资源的巨大浪费，不如对这些素材进行梳理分类后，让其自然"长"出新标题来统领素材，这样的文稿将冒出更浓烈的时代"热气"。

2018年8月，我区在外地举办洪泽湖生态经济区暨"美丽经济"发展高峰论坛，要求我们为领导起草与活动主题相关的项目招引与建设情况介绍，意在吸引更多类似项目落户本地、补链强链。我们把近年来本地与活动主题相关的所有项目大体分为生态旅游、生态水城、生态经济三类，分别用"美"起来、"靓"起来、"绿"起来三个短语诠释项目功能，组合生成层次标题，并分别介绍了一批体量较大的重点项目，整篇文稿扣"美丽经济"主题较紧、项目特色及体量震撼效果较强，收到了写作的预期效果。项目介绍摘要如下：

【例5-3-6】

近年来，××围绕高质量建设现代化湖滨生态旅游新城目标，科学、有序推进洪泽湖生态经济区的规划和建设工作，牢牢扭住项目这个"牛鼻子"，仅今年1—7月份，就签约、实施和竣工的重点项目达218个，总投资超650亿元，全力打造高质量发展的"**绿色名片**"和"**生态引擎**"。

第一，**我们实施了一批生态旅游项目，努力让全域"美"起来**。抢抓江淮生态经济区、淮河生态经济带、大运河文化带"一区两带"建设的战略机遇，依托生态优势，大力发展全域旅游，今年以来共实施50个生态旅游项目，总投资超400亿元，重点有3个重特大项目。一是华强方特项目，是我区首个列入省重大项目投资计划的项目，总投资50亿元。……二是洪泽湖生态经济示范区综合开发项目，总投资150亿元。……三是颜滩国际旅游度假区项目，总投资50亿元……

第二，**我们实施了一批生态水城项目，努力让城市"靓"起来**。抢抓淮安市委市政府"纳湖入城""淮洪一体化"战略机遇，围绕打造淮安"新板块、新空间、新动能"的目标定位，优化城镇发展格局，建设具有湖滨特色的魅力水城，今年计划投入100亿元，全面推进70个城建重点项目建设，其中有2个项目非常具有代表性……

第三，**我们实施了一批生态经济项目，努力让产业"绿"起来**。我们抢抓国家、省市加快产业转型升级、推动绿色发展的战略机遇，立足资源优势和产业基础，大力发展科技含量高、经济效益好、资源消耗低、环境污染少以及与洪泽湖生态经济区定位相适应的绿色产业。1—7月份，纳入市督考体系的亿元以上在建重点项目34个，总投资65亿元，重点有3个项目……

（五）新组合

新组合是前面四个"新"中两种以上方法的组合运用，可以说，真正在实践中运用的文稿都是新组合的产物,其中新素材与新结构的组合相对更多,也就是常说的内容换一换、结构调一调。诚然,这样可以对付一下任务,但真的想写出新意,还是要认真动一番脑筋。我们就把一篇常规的情况介绍写出了一些新意。2021年我区入选全省首批"江苏地标美食城市",并主办全省第一届地标美食城市发展峰会。我们受命起草介绍本地创建地标美食城市的做法和投资发展环境。按照常规的写法,文稿应该先介绍创建做法,再推荐发展环境,再发出投资邀请,而我们把介绍创建做法与推荐发展环境合而为一,往深了说,就是把独特的自然和人文环境写成了创成地标美食城市的原因,而且通篇紧扣美食城市,在不到2000字的文稿中让"美"字出现了40多次,在新颖中写出了浓郁的"美"。

【例5-3-7】

×××在中国·江苏地标美食城市发展峰会上的致辞(摘要)

在这鱼肥蟹满、稻穗飘香的丰收时节,我们相聚在**美丽清纯**的洪泽湖畔,隆重举行2021年中国·江苏地标**美食城市**发展峰会,**共品美味佳肴,共绘美好前景**。

洪泽湖烟波浩渺,淮扬菜香飘九州。洪泽有幸主办全省第一届地标**美食城市**发展峰会,入选全省首批江苏地标**美食城市**,黄集街道被评为江苏地标**美食原产地**,洪泽湖大闸蟹、蒋坝酸汤鱼圆、朱坝活鱼锅贴入选江苏地标美食记忆保护名录,我们倍感光荣与振奋,这是上级党委、政府和省餐饮行业协会对洪泽的信任与关爱,更是对洪泽长期以来建设地标**美食城市**的肯定和认可。

建设地标美食城市,洪泽美就美在生态优美、宜居宜游。洪泽肩挑两湖,自然风貌得天独厚,人文景观星罗棋布,令人流连忘返。洪泽湖大堤,屹立至今已有1800多年,被誉为"水上长城",是世界文化遗产和全国重点文物保护单位。白马湖生态旅游景区,"南葵北菊"的美景令人叹为观止,与洪泽湖古堰景区和淮安方特联动拓展、横跨东西,形成"两湖"集滨水娱乐、休闲康养等功能于一体的特色旅游线路,被评为"十大长三角自驾游线路"。全区分布有国家级湿地公园、省级自然保护区、省级森林公园等多处生态景区,拥有国家级生态县(区),全国文明城市、省级全域旅游示范区等多张美丽名片,屡次荣获"年度十大文化休闲特色城市"等殊荣。

建设地标美食城市,洪泽美就美在物产丰饶、"食"全"食"美。洪泽四面环水,水域面积占比达55%,素有"淮上明珠""鱼米之乡"的美称,形成了绿色稻米、生态渔业、健康食用菌等优势农业产业。大湖文化浸润千年,充分汲取了淮扬菜系的历史传承和地域特色的双重滋养，在淮扬菜系中独树一帜。以洪泽湖大闸蟹、岔河大米、蒋坝螺蛳为代表的特色食材，以朱坝活鱼锅贴、荷叶包饭为代表的品牌佳肴，以蒋坝酸汤鱼圆、黄集羊肉为代表的**经典美食**，享誉大江南北。其中，洪泽湖大闸蟹先后获批"中国地理标志产品""国家地产标志保护产品"，荣获"中国十大名蟹"和"中国驰名商标"，品牌价值达150亿元。

建设地标美食城市，洪泽美就美在以"节"为媒、以"食"会友。连续成功举办了16届中国洪泽湖大闸蟹节，品牌价值超200亿元。组织开展蒋坝螺蛳节、岔河稻米节、黄集羊肉节等节庆活动，成功举办洪泽湖文旅博览会、古堰马拉松等文旅活动。同时，与央视、新华社、江苏卫视、新浪等重磅媒体联合，打好线上线下品牌营销组合拳，广邀天下朋友，共赏蟹都风采，成功助推洪泽湖大闸蟹、蒋坝螺蛳等完成了从"深藏闺阁人不知"到"走南闯北天下识"的"蝶变"。

各位领导、各位来宾，**洪泽之美，美在昨天，美在今天，更美在明天**。近年来，洪泽紧紧围绕长三角地区知名旅游目的地城市发展定位，深入实施工业强区、旅游富民"双轮驱动"战略，旅游业发展驶入快车道。淮安方特主题乐园将于明年上半年开园，预计年接待游客500万人次，进一步扩大洪泽影响力，新添亮丽名片；洪泽湖畔文旅项目已签约，植入"金庸武侠IP"，打造独特"沉浸式体验"场景，赋予别样魅力。作为旅游业六大要素"吃住行游购娱"之首，打造独具洪泽特色和风格的饮食文化，对推动洪泽旅游发展至关重要。洪泽将以此次峰会和"江苏地标**美食城市**"揭牌为契机，充分借鉴各位专家学者的研究成果，加大地标美食示范区建设力度，挖掘**美食文化**内涵，打响大湖**美食品牌**，繁荣旅游文化事业，不断提升**洪泽美食**和旅游的吸引力和竞争力。

我们真诚期待各位领导、各位来宾通过此次峰会，能够更深感受洪泽独特的**美食文化**，更深领略**美丽清纯**的大湖风采，共谋发展、**美美与共**。我们诚挚邀请各位领导、各位来宾常来洪泽走一走、看一看，感受不一样的**城市美妙**，欣赏不一样的生态美景，品尝不一样的**特色美食**，帮助我们宣传洪泽、推介洪泽，让洪泽的**美食香飘四海**，让洪泽的旅游美名远扬，让洪泽"生态福地、精致湖城"的城市品牌更加美丽。

四、用好"十五个角度"：找到打开立意创新之门的钥匙

要把前文所述"五个新"内核运用得"意匠如神变化生"，确实不易。为此，笔者结合所能找到的实例，提供"十五个角度"，助推广大读者找到打开立意创新

之门的"钥匙"。

本层次内容并不只适用于整篇文章，也可用于文章中的局部（一段、一层或几段、几层等）。局部与整体立意的角度是相通的，也可相互转换。同时，也不只是本章内容对公文立意有启发，其他章节，如第三章、第七章、第八章、第九章、第十章等中的很多内容也非常有益于立意创新，请大家前后联系，加深理解。

（一）从上级的方针、方略、政策、指示等中寻找角度

总体来讲，从上级要求中找角度是相对好写的一种方法。重点要注意两个问题：一是时间上要快。因为很多上级要求都有时效性，在规定的时限内，执行政策才是对的；过了时限，不仅造成上级政策执行滞后，有时还容易犯错。比如，新冠病毒感染防控工作不同阶段政策要求就不同，如果执行了过期政策，就会被视为与上级顶着干。二是"上情"要与"下情"结合，把上级要求和本单位实际都摸透，找出两者有本质必然联系的相通之处，形成写作的角度，假以文字，实现"两融合"；否则，容易造成"两张皮"。

从"上情"与写作角度的对应关系看，主要有以下五种类型。这些类型看似变化莫测，但只是文稿的"体"，其"神"还在于上级要求的贯彻与体现，请注意精准把握。

1. "从面到面"。一般适用于上级党委、政府对下级党委、政府，上级部门对下级部门。由于是上下级"对口"单位，虽然会立足本单位实际做一些侧重，但下级单位总体上必须全面贯彻落实上级单位决策、部署，并以此为遵循形成自己的文稿。例如，党的十八大主要会议内容为：明确了科学发展观是党必须长期坚持的指导思想，并写入党章；制定了坚持走中国特色社会主义政治发展道路和推进政治体制改革前进方向；提出了全面建成小康社会目标；回答了坚定不移走中国特色社会主义道路政策立场。其后不久，湖南省委召开传达学习贯彻党的十八大精神大会，省委主要领导作了讲话，其提纲为："一、深刻领会和把握全面建成小康社会的目标。二、结合湖南发展阶段性特征做好规划。其一要着力围绕加强理论武装抓好学习宣传贯彻。其二要着力围绕推动科学发展抓好学习宣传贯彻。其三要着力围绕提高党的建设科学化水平抓好学习宣传贯彻。三、妥善安排好困难群众基本生活"。其讲话内容虽有侧重，但基本上与党的十八大主要会议内容相呼应，从这个角度看，具有"从面到面"的特点。

2. "从面到点"。如【例5-4-1】，2015年11月，原环保部主要领导在传达学习、贯彻落实党的十八届五中全会精神的党组扩大会议上，将十八届五中全会精神

"面"上要求聚焦到推进环境保护"点"上。原环保部部长在会上提出的"五个落实"非常接"地气",把上级精神与本单位实际很好地结合了起来。传达讲话摘要如下:

【例5-4-1】

×××说,在绿色发展理念方面,全会提出,……。这为我们正确处理发展与保护的关系提供了科学指南。在目标方面,将……。在任务方面,从……。这些新部署新要求,充分体现了党中央进一步加强环境保护的坚定意志和坚强决心,环保系统广大党员干部要从"四个全面"的战略布局、全面建成小康社会和"五位一体"建设的高度,全面认识和把握绿色发展的理念和内涵,抓住环保事业发展的重要战略机遇期,自觉肩负起加快补齐生态环境短板的历史使命和责任担当,奋力推动"十三五"环保事业大发展。

×××强调,当前和今后一段时期,各级环保部门要按照中央部署,紧密联系环保实际,重点从以下五个方面抓好全会精神的贯彻落实:

一要把学习贯彻全会精神作为当前第一位的重大政治任务来抓。

二要把全会精神落实到制定"十三五"环保规划中去。

三要把全会精神落实到加大环境治理力度中去。

四要把全会精神落实到加快生态环保体制改革中去。

五要把全会精神落实到年终岁尾的各项工作中去。

3. "从点到点"。淮安市委一度提出"一年打基础,两年求突破,三年上台阶"的"三步走"战略。在其第二年——"突破年",该市市长在市政府全体(扩大)会议上,按照市委决策部署,把"突破"作为讲话全篇的文眼,实现了"突破年"这个点到讲话文眼"突破"这个点的无缝对接,既较好地贯彻了市委部署,又使文稿获得了新的角度。当然,运用这个角度,要注意"突破"这个词必须属于前文所述能支撑全面工作、"链接"全篇文稿的"新支点",其欲"突破"的不是一项或两项工作,而是所有重点工作。

【例5-4-2】

×××在市政府全体(扩大)会议上的讲话(摘要)

今天我们召开市政府全体(扩大)会议,主要目的是让大家迅速走出节日氛围,立即投身新的工作,紧紧围绕市第六次党代会第三次会议和市七届人大三次会议确定的各项目标,按照"突破年"的总体要求,在任务落实上一马当先,在重点工程上骏马奔腾,在工作推进上快马加鞭,奋力推动各项工作再上台阶,为加快建设苏北重要中心城市和更高水平全面小康社会再创佳绩、再立新功。

根据新时期××跨越发展"一年打基础,两年求突破,三年上台阶"的"三步走"战略,去年市委、市政府突出谋划布局、主动调整、打牢基础、加快发展,全市综合经济实力迈上新台阶,一批重点工程项目实现重大突破,全面小康社会建设取得阶段性成果,各项工作都有了新的进展。但我们也要清醒看到,少数单位、部分同志的精神状态和工作效能与"突破年"的要求相比,还有一定的差距和不足,主要表现在:一是突破意识还不强,……;二是突破谋划不够深,……;三是突破举措不够有力,……。对此,我们要高度予以重视,切实加以扭转。下面,我主要围绕"突破"讲三点意见。

一、准确把握"突破"的要求,凝聚跨越发展共识

今年是市委提出的"突破年"。突破是相对于常规而言的,要求我们集中资源和力量,在经济社会一些重点领域和关键环节,实现发展速度和水平、运行结构和质态上的超常规提升,实现从量变到质变的发展,从而带动经济社会的跨越式发展。突破之年,既要有跨越式的思维,也要有超常规的举措,更要有不平凡的业绩。只有干部作风有新气象,经济总量有新跨越,项目实施有新亮点,城乡建设有新面貌,改革开放有新局面,生态环境有新改善,群众生活有新提高,才能真正成为××的突破之年。就目标任务而言,市七届人大三次会议确定的目标是我们必须完成的基本任务,而市第六次党代会第三次会议确立的任务才是我们必须全力争取的突破性指标,只有完成党代会指标,才是真正意义上的突破。关于突破,刚才各位副市长分别从各自领域作了很好阐述;我想,今年要落实好市委提出的"五大突破"要求,必须将突破体现在经济总量和结构上,体现在项目规模和质态上,体现在城乡建设和面貌上,体现在人民群众的切身感受上,归纳起来主要是五大类:……只有在以上五个方面实现了突破,才能算是全国有影响、全省争进位。今年,我们要按照"聚焦五大突破、提升发展标杆、落实关键举措"的要求,重点在以下"十一个"方面下功夫、求突破。……

二、认真落实"突破"的举措,加快跨越发展步伐

推进淮安突破之年的跨越发展,必须打破墨守成规的思维、改变因循守旧的陋习、突破按部就班的节奏,切实做到发突破之力、行突破之举、创突破之功。一是思维方式上求"变"。二是项目实施上求"快"。三是招商引资上既求"多"、也求"大"。四是发展标杆上求"高"。五是改进作风上求"实"。

三、切实增强"突破"的责任，形成跨越发展合力

实现市第六次党代会第三次会议描绘的发展蓝图，完成市七届人大三次会议确定的目标任务，真正使2014年成为推进科学跨越发展的突破之年，政府及各组成部门必须积极顺应群众求新求快求实的要求，切实将使命扛在肩上、把责任牢记心间，全力推动经济社会又好又快发展。一要强化各级责任。二要健全推进机制。三要改进督查方式。四要加大问责力度。

同志们，今年更是市委、市政府确定的"突破年"，突破就是要负重前行、一马当先。如果我们每个干部都有龙马精神、各个部门工作都能一马当先，那么全市工作就会骏马奔腾、全年目标则必然马到成功。我们相信，有市委的正确领导，有在座各位同志的共同努力，今年各项工作一定会取得更新更大的突破！

4."从一个点到几个点"。看似把上级要求中的关键一点拓展成几点，但其核心还是上级要求的关键一点。党的十八大以来，中央提出"稳中求进"的工作总基调，我们在我区2019年政府工作报告的形势分析部分，立足本地实际，对中央总基调进行了贯彻体现，其中"稳中向好""稳中决胜"是"稳中求进"的仿拟辞格，都植根于"稳中求进"这个总基调。

【例5-4-3】

当前，变中求进的机遇不断涌现，稳中生变的风险依然存在。这就要求以高质量发展目标体系为导向，奏好"变""稳""进"的协奏曲，实现"弯道"超越、目标争先。**精准识变，提升"稳中求进"的内生力**。既要抢抓"一区两带"等多重叠加的重大战略机遇，更要在外部环境趋紧、发展方式转换和经济下行压力加大的过程中，变压力为动力，化挑战为机遇，在宏观政策调控中培育增长点，在坚守底线中打造"风景线"。**科学应变，提升"稳中向好"的掌控力**。积极策应中央、省市重大战略部署，在规划和产业上深度承接，努力获取更多政策红利；在供给侧上精准对接，在"巩固、增强、提升、畅通"上下功夫，使供给体系更好适应需求结构，使掌控能力更好适应形势变化。**主动求变，提升"稳中决胜"的竞争力**。以招商引资的大突破、项目质效的新提升、目标管理的再强化，推动质量变革、效率变革、动力变革，促进质量、均量、总量"三量齐升"，努力让竞争实力进一步变强，让目标指标进一步攀升，让排名位次进一步提升，全力打造高质量发展样板。

5."从旧到新"。从上级要求出发，立足本单位实际，重新提炼出一个主题，这个主题看似新颖，但脱去"马甲"，其内核还是上级要求。如某地在一次向上汇报本地抗洪救灾突出事迹时，以《党旗，在抗洪救灾中高高飘扬》为题，其内核在

于贯彻并体现了中央有关在抗洪救灾中充分发挥党员先锋模范作用和党组织战斗堡垒作用的要求。

（二）从基层和群众的期盼中寻找角度

有人走遍千山万水苦苦寻觅新的角度，其实，角度往往并不在天涯海角，就在你所在单位职工和所服务基层群众的嘴里，只要认真地到基层走一走，听一听，甚至连门都不用出，手机一开，鼠标一点，网上民意就扑面而来，让你大有收获，甚至茅塞顿开。在公文的世界里，永远不缺乏好的角度，只是缺乏真诚的倾听和认真的观察。

多年来中央一直强调要以民为本，提高群众的获得感和幸福感。某市市委工作会报告主动回应群众关切，在回顾过去五年工作时，重点写民生工程实施、民主政治建设和各级干部密切联系群众情况；在确定中长期奋斗目标时，提出"一切为了人民幸福"；在谋划今后五年工作时，把大力实施民生工程作为第一部分，以提高群众幸福指数为主线来安排经济建设、社会建设、文化建设和党的建设等各项工作。这种安排就是在基层和群众期盼中寻找写作角度。

基层和群众期盼的不仅是重要感受，还有重大阶段性发展目标。2020年，是本地群众热切期盼的全面建成小康社会的冲刺决胜之年。于是，我们在本区政府工作报告新年工作安排中，积极回应群众期盼，以全面建成小康社会为主线列出如下提纲。

【例5-4-4】

一、培育经济展新貌，为全面建成小康社会提供坚实的产业支撑

二、项目引建展新貌，为全面建成小康社会提供强大的驱动引擎

三、改革创新展新貌，为全面建成小康社会提供充足的动能活力

四、城乡建设展新貌，为全面建成小康社会提供秀美的人居环境

五、环境保护展新貌，为全面建成小康社会提供绿色的生态环境

六、惠民利民展新貌，为全面建成小康社会提供和谐的安定局面

（三）从领导的核心意向及其发展中寻找角度

第三章讲了领导核心意向的体现和发展，这里再举些例子。

我区区委主官上任开始提出大力弘扬"敢干、会干、能干成"的"三干"精神。我区2023年区政府工作报告把"攻坚"作为报告的年度主题，在新年工作需要把握的四个方面中，把"三干"与"攻坚"融合，形成了"三干"精神的"攻坚版"（见【例5-4-5】），这也是对领导核心意向的一种发展。

【例5-4-5】

强攻坚是抓落实的"铮铮铁骨",应成为政府系统的作风名片。要直面矛盾不回避,"硬刚"艰险不逃避,敢啃"硬骨头"、敢涉"深水区",做到"<u>敢攻坚</u>";善于立足本地实际,找准上级政策契合点,借鉴外地好经验,推广基层"金点子",集众家之长,解发展之难,做到"<u>会攻坚</u>";对困难和矛盾,既打好"当头炮",更不偏废"最后一公里",有始有终、善始善终抓落实、求实效,做到"<u>能攻坚成功</u>"。

此外,领导高度赞赏的一些创意表述也可以归为领导的核心意向,并继续进行发展。我们对地方特色旅游景点,曾创造性地拟出"大湖风情、古堰风韵"的表述,得到了领导的赞赏。在领导的鼓励下,这个表述后来被丰富发展,并被地方党委、政府写入城市规划建设目标定位:"通过几年的努力,科学谋划,做美大湖文章,叫响古堰品牌,扩大旅游市场,把××建成大湖风情、古堰风韵、生态风光交相辉映的旅游胜地",其中新增的"生态风光"延续了"大湖风情、古堰风韵"中的"风"格。

(四)从本单位流行说法、社会上共性思潮等中寻找角度

这是写作中比较重要也比较容易被忽视的问题。每人都会或多或少地接触到一些本单位流行说法或社会上共性思潮。这些说法和思潮中有些是正面的,需要及时弘扬和推广;有些是负面的,如同潜伏在我们周围的"灰犀牛"(用来比喻大概率且影响巨大的潜在危机,并不神秘,却更危险),就需要注意防范。对这些说法和思潮,大家已司空见惯,一直没有人写出来。如果能以此为写作角度,就最容易引起共鸣,收获掌声一片。

2015年,我们看到本市国家级生态市创建工作中存在一个比较普遍且相对突出的问题,牵头单位找配合单位做事难度很大,于是,这些单位就流行着"牵头就是磕头"的说法。受到这个说法的启发,我们在市委分管领导创建迎检动员会讲话中写道:"创建工作涉及面广,只有各单位都服从和服务于创建目标,全力配合,鼎力支持,才能圆满完成任务。我们了解到,有些创建工作牵头部门找配合部门共同落实目标任务难度很大,配合部门推诿拖拉现象严重,形成了'牵头成了磕头'的不正常现象。为此,我强调一下,有目标配合任务的单位务必主动、认真落实配合措施;如果某项目标严重影响了创建工作,凡拿不出有效的物证证明本单位已履行这项目标配合任务的单位,要与牵头单位一同追责。"领导在会上点了这事后,单位同事们都赞赏领导讲出了他们想说的问题。

2022年，从中央到地方，领导们以"既要、又要、还要"句式提工作要求的渐多，有些体制内基层人员对此还有些畏难情绪。于是，我们在次年本地政府工作报告中要求政府系统工作人员："担责于身，面对改革发展稳定中的'既要、又要、还要'的'多难'之题，在'既要'上善于夯基、扎稳马步，在'又要'上强于整合、统筹兼顾，在'还要'上敢于胜利、'破圈'突围，实现'多赢'、获得高分"，就是对"既要、又要、还要"这一流行句式的实践运用和推波助澜。

（五）从本单位的地理区位、自然禀赋、人文历史等各种独特资源中寻找角度

每个单位或多或少拥有独特的地理区位、自然禀赋、人文历史等资源，可从中挖出新的角度，有泰山的，可提炼担当精神；有长江的，可提炼包容理念；有革命根据地的，可提炼红色基因；闹过水灾的，可提炼抗洪精神；出过人为重大事故的，也可从力除积弊、开拓创新等方面去提炼立意。总之，几乎所有独特资源，哪怕是负面的，都可从中挖掘新的角度。所以，有没有独特资源不是关键，关键在于写作者肯不肯动脑筋。

党的十八大以来，我市充分发挥作为周恩来总理故乡的优势，在全市开展"学习伟人周恩来，践行'五德'作表率"拒腐防变教育活动。2016年，市纪委编演并组织党员干部观看周恩来"五德"精神话剧《纤夫》。2017年2月，市委、市政府召开春节后首场大会——全市科学跨越发展总结大会，市委书记讲话稿动员全市上下在学习弘扬"纤夫"精神中汲取强劲动力，同心协力书写好建设美好淮安的精彩篇章。这篇讲话就是从当地伟人周总理身上找到了新的写作角度。

【例5-4-6】

×××在全市科学跨越发展总结大会上的讲话（摘要）

2016年是淮安经受严峻考验、取得丰硕成果、实现"十三五"首战告捷的一年。淮安经济转型实现新突破，改革开放取得新成果，对接融入周边国家重大发展战略取得初步成果，城乡面貌发生新变化，民生改善有了新提升，管党治党开创新局面，这些凝聚着全市上下的智慧和汗水，记录着全市上下砥砺前行的奋斗足迹，也为加快实现"两大目标"奠定了坚实基础。

随着省第十三次党代会、市第七次党代会决策部署全面展开，全市各级换届工作圆满完成，淮安科学跨越发展的巨轮将在新的历史起点上扬帆启航。去年市纪委编演并组织广大党员干部观看了周恩来"五德"精神话剧《纤夫》。周总理作为

党、国家和人民"纤夫"的光辉形象，深深感染着我们每一个人。全市上下要大力弘扬践行"纤夫"精神，共同拉动淮安科学跨越发展巨轮乘风破浪、行稳致远。

——心要瞄准方向标，保持"直挂云帆济沧海"的目标定力。学习践行"纤夫"精神，就是要涵养修炼心无旁骛、凝心聚力的专注和百折不挠、义无反顾的执着，顺境时抢抓机遇乘势而上，逆境时知难而进坚韧不拔，坚定必胜信念。要保持久久为功的定力和奋发有为的状态，坚持远近结合推动"两大目标"，紧扣"四个节点"、"三个一"成果作决策、订计划、编项目、排工程，一步一个脚印扎扎实实推进，确保各项目标任务如期完成。

——肩要能扛千钧担，激发"撸起袖子加油干"的拼搏豪情。全市上下要自觉把习近平总书记的要求落到具体行动上，学习纤夫的拼搏精神，不断开辟发展新境界。要突出重点，像纤夫那样围绕绳索用力，把劲使在关键处，把工作做在点子上。要攻坚克难，像纤夫那样勇于涉险滩，发现问题不推诿、遇到困难不回避、碰到矛盾不上交。要开拓创新，像纤夫那样善用巧力，善于运用发展眼光、创新思维来分析和解决问题。

——口要同喊一个号，形成"勠力同心拉大船"的生动局面。淮安改革发展过程中会遇到很多"礁石""险滩""暗流"，全市上下要心往一处想、劲往一处使，真正拧成一股绳、形成一盘棋，构建"命运共同体"。各地各部门要进一步增强全局意识，争做推动淮安加快科学跨越发展的顶梁柱和急先锋。各级领导干部尤其是主要负责同志要既当"号头"把节奏，也做"纤头"作表率，还能"下深水"抓具体。广大党员干部要坚持围绕中心、服务全局，确立岗位"小目标"、种好自己"责任田"。

——脚要踏实每一步，铸就"狂风巨浪打不垮"的铮铮铁骨。要像纤夫那样始终保持如履薄冰、如临深渊的谨慎，深入学习贯彻"四个准则"，严守政治纪律规矩，自觉加强党性修养，不断提升精神境界，切实筑牢廉洁从政思想防线。

淮安发展巨轮扬帆远航，需要全市各级各部门共同发力、保驾护航，需要充分调动和激发全市每一个"纤夫"的拉纤热情。要继续坚持好干部标准，进一步彰显目标导向、问题导向、绩效导向、结果导向，用更加严明的容错机制关爱人，为真抓实干者鼓劲、为改革创新者撑腰、为敢于担当者担当，大力营造想干事、敢干事、会干事、干成事的良好氛围。

笔者所在洪泽区因洪泽湖而设置，有古人铸"九牛二虎一只鸡"以祈镇水的说法，目前尚存两头铁牛。在撤县建区前的某一年，该县旅游工作会议主报告在组织保障部分,就从"九牛二虎一只鸡"这个角度出发,对推动旅游大发展的精神风貌和作风建设等方面提出了鲜明要求。下例是其内容摘要。

【例5-4-7】

洪泽湖东岸的洪泽湖古堰留给洪泽的是最珍贵的人文遗产,赋予我们的是最金贵的旅游资源。而最为难得、最为宝贵的是,与洪泽湖古堰和洪泽人民相伴相生的"九牛二虎一只鸡"深刻的精神内涵和深厚的文化底蕴,更为洪泽人民带来了永享不尽的精神财富。昨天,它传递给我们的是:先民们与水相斗、与水相争、与水相搏,不屈服、不退缩、不畏难的拼搏抗争精神。今天,它激励我们的是:必须以"九牛爬坡、个个出力"之同心同德、齐心协力之势,必须用"九牛二虎之力"的全部力量、全部智慧之气,必须呈"九牛二虎一只鸡"的各司其职、和谐奋进之局面,方能成就洪泽旅游乃至洪泽发展之大业。明天,它昭示我们的是:洪泽的旅游、洪泽的发展,是牛市、是牛气、是牛气冲天;是虎气、是霸气、是大业大气;是机(鸡)灵、是机(鸡)遇、是一唱雄鸡、一路凯歌。

(一)弘扬"鸡"的精神,勇担洪泽旅游振兴之责。要善识天时,全县上下务须做到:一要顺势而为;二要因势而动;三要乘势而上。要恪尽职守,要始终保持一种"坐不住"的责任感,要始终保持一种"等不起"的紧迫感,要始终保持一种"慢不得"的危机感。要恒定信念。洪泽旅游破题之作是场"大考",我们必须树立"风雨如晦,鸡鸣不已"的观念,坚定信念、横下决心,持之以恒、常抓不懈,一个阶段打响一个战役,一个时期实现一个突破,一年跃上一个台阶,洪泽旅游的"三年振兴计划"就一定能够实现。

(二)弘扬"虎"的精神,争领洪泽旅游振兴之先。要有虎志,勇于争先。要有虎胆,敢于拼抢。要以时间换空间,要以频率换效率,要以力度换跨度,强力推进旅游项目突破工作,以到边到位的工作力度,换取洪泽旅游更宽更广的发展跨度。要有虎气,敏于行动。必须行大于言,必须快速行动,必须积极作为,以一流的精神、一流的作风,创造一流的工作业绩,打造一流的旅游品牌。

(三)弘扬"牛"的精神,共聚洪泽旅游振兴之力。要有"小犊牛"敢闯敢干的品性,要有"拓荒牛"创新进取的品质,要有"老黄牛"勤奋实干的品德,要有"爬坡牛"负重奋进的品格,要有"孺子牛"俯身耕耘的品节。从而在全县上下树立更加鲜明的精神导向、发展导向、用人导向,激活各个层面的"孺子牛"精神,共同推动洪泽旅游的车轮滚滚向前。

无独有偶。我们在一篇介绍本地企业特质的文稿中,从本地特色资源洪泽湖、古堰和温泉入笔，写法形象可感、新颖独特，让受众印象深刻，还顺带推介了地方旅游资源。

【例 5-4-8】

洪泽企业拥有大湖般的包容胸怀。洪泽历史悠久、钟灵毓秀、人文荟萃，洪泽湖是全国第四大名湖，孕育了一代又一代人，也涵养了洪泽企业开放包容、胸怀天下的心态。当今，经济社会发展日新月异，创新是第一生产力，宏港毛纺、悦丰晶瓷等企业紧跟时代潮流，兼收并蓄，博采众长，不断创新创优，产品畅销海内外，形成了独特的竞争优势。同时，洪泽企业也以开放包容的理念集聚各方英才，营造了引才、留才、育才的良好环境，助力企业发展驶入"快车道"。

洪泽企业拥有古堰般的坚韧品质。始建于东汉有"水上长城"之称的洪泽湖古堰蜿蜒近百里，历经两千载，面对洪泽湖的风浪坚韧不拔、岿然不动，护卫着里下河地区数千万百姓的生命财产。洪泽企业扎根于洪泽湖古堰之旁，在潜移默化中也形成了坚韧的企业文化。回顾洪泽60多年的发展历程，在工业化的道路上试探摸索、风雨兼程，走过了从无到有、由小到大的不平凡历程，银珠集团、瑞特电子等一批老牌企业见证了洪泽工业的砥砺前行，也在其中发挥了不可或缺的作用，成为洪泽工业史上浓墨重彩的一笔。

洪泽企业拥有温泉般的热忱情怀。一方水土养一方人。就像这里的温泉水一样，洪泽人民骨子里自然流淌着乐于助人的热忱与豪迈，也造就了企业服务社会的公益情怀。2020年，面对突如其来的新冠疫情和复杂严峻的宏观经济形势，洪泽企业凝心聚力、迎难而上、合力攻坚，疫情防控、复工复产两不误，为社会生产出尽可能多的物质财富。与此同时，企业家协会、华龙无纺布等积极捐赠防疫物资，为疫情防控提供强有力的物资支持，展现出对社会的大爱与温度。

（六）从特殊时点、重要时期中寻找角度

时易世变。即使时序正常变更，也会带来形势和任务的不同。而一些特殊时点和重要时期会对形势和任务产生更大的影响，有的甚至是决定性的影响，那么此时写的文稿就可以从中寻找角度。如2015年是"十二五"收官之年，也是"十三五"规划之年。那么，此时不仅可写关于"十二五"总结和"十三五"规划的内容，还可从这个角度立意撰文。

在实践中，还有一些时点如春节、国庆、中秋等重大节日，春夏秋冬这些季节，甚至是农历生肖，都可成为文稿的立意角度。

【例 5-4-9】本文从农历生肖立意。

×××在全市科学跨越发展总结表彰会上的讲话（摘要）

今年是马年，马在中国和世界文化中都具有美好的寓意和象征，被引为刚健伟岸、高昂升腾、聪灵睿智、忠贞善良、勤奋耐劳等优秀品质的代名词。借今天这个机会，我想用关于马的几个成语对今年的工作提几点要求，与大家共勉。

一是一马当先，树立加压奋进、跨越争先的志向。

二是横戈跃马，增强迎难而上、创新克难的勇气。

三是快马加鞭，保持雷厉风行、大干快上的作风。

四是万马奔腾，形成众志成城、合力攻坚的局面。

同志们，新的目标催人奋进，新的征程任重道远。衷心希望大家在马年里继续弘扬驰而不息的龙马精神，不待扬鞭自奋蹄，奋力开创各项工作新局面，为推动××实现新起点上新跨越、加快全面建成小康社会和建设苏北重要中心城市而不懈奋斗。

（七）从重要盛会、重大事件中寻找角度

奥运会、世博会等重要盛会，以及金融危机、新冠疫情等重大事件，对一些地方、全国乃至世界的影响非常大，这些可以也应该成为立意来源，以提升文稿时代性。不仅事件发生前、发展中可寻找立意角度，写如何应对这些事件（请见【例 5-4-10】【例 5-4-11】），有的事件非常重大，还可在其发生后的"后时代"寻找角度。

【例 5-4-10】此稿系为迎接上海世博会而作。

上海市政协十一届一次全会提案（摘要）
（2009 年 2 月 2 日）

会展业在国际上拥有"城市面包"的美誉，是城市经济新的增长点，具有 1:9 的乘数效应和 1:20 的行业带动作用。世博会是会展业最综合、最完美的表现形式，是会展业的精华所在。2010 年上海世博会必将为上海国际会展业大发展大繁荣注入强大的动力，为上海建成世界级会展城市提供历史性机遇。

从世博会机遇看：……

从上海自身发展看：……

从上海会展业发展现状看：……

综合以上调研分析，民革上海市委提出以下八方面对策建议：1. 制定会展业发展规划。2. 完善会展业发展政策。3. 完善会展业场馆布局。4. 加强会展业配套建设。5. 培育会展业龙头企业。6. 打造会展业国际品牌。7. 加强会展业国际营销。8. 提高会展业信息化水平。

【例5-4-11】此稿系2008年为应对已经发生的金融危机而作。

坚定信心　共克时艰　确保全市经济平稳较快发展
——×××在全市经贸工作会议上的讲话（提纲）

（2008年12月）

今年以来，由美国次贷危机引发的金融危机席卷全球，经济环境中不确定不稳定因素明显增多，我们遭遇的挑战和考验前所未有、历史罕见。为此，市委、市政府专题召开全市经贸工作会议，主要目的是，认真贯彻落实党的十七届三中全会、中央经济工作会议和省委十一届五次全会精神，正确判断形势，坚定必胜信心，鼓舞昂扬斗志，奋起迎接挑战，如期实现全年经济发展目标，确保全市经济平稳较快发展。

一、坚定必胜信心，以"狭路相逢勇者胜"的气概迎接挑战

面对复杂多变的经济形势，我们必须全面分析，正确把握，既要看到形势的严峻性，又要看到存在的有利条件。要进一步振奋精神，坚定信心，迎难而上，以"狭路相逢勇者胜"的气概迎接挑战，全力以赴保增长、促发展。

二、沉着应对攻坚，以保持平稳较快发展的措施化危为机

科学发展观的第一要义是发展，越是在经济发展面临较大困难的时候，越要咬定发展不放松。当前，全市上下必须把保持经济平稳较快发展作为压倒一切的首要任务，多策应对、多措并举，聚力攻坚、化危为机，确保完成今年目标任务，为今后发展打下坚实基础。（一）主动出击保增长。（二）未雨绸缪防风险。（三）立足自身求生存。（四）加速调整快转型。（五）抢抓机遇谋跨越。

三、政银企共携手，以风雨同担、同舟共济的合力共克时艰

在当前复杂多变的形势下，力保稳健增长，力促经济发展，是维护全市大局的需要。政银企三方，一定要确立风雨同担、同舟共济的强烈意识，合力营造保增长、促发展的浓烈氛围。（一）政府要尽力尽职优服务。（二）银行要将心比心保融资。（三）企业要自立自强过难关。

各位企业家、同志们，创业艰难百战多。发展的道路上，关键的往往只有几

步。现在，我们正处于这样的关键时刻。全市上下要积极行动起来，以任何困难都压不倒、摧不垮的信心和勇气，共克时艰、共渡难关，为××经济尽快走出困境、保持平稳较快发展作出应有的贡献！

（八）从社会热点中寻找角度

把社会上耳熟能详的热点写到公文中，可拉近与受众的距离，使公文获得更大影响力。高回报伴随着高风险。很多社会热点本身具有多重属性，仁者见仁、智者见智，不同角度往往会有不同的解读，把握不好，负面影响也比普通立意大。所以，写作者要格外谨慎，努力扬热点之所长、避热点之所短，同时，要有更强的文字驾驭能力。

梦，本来就具有较高的社会热度。由于2021年是"两个一百年"奋斗目标的交汇之年，我们抓住这一机遇，在当年本地政府工作报告中，大胆地写了一组以梦为文眼的一级标题，并在过渡语和结束语等处进行了呼应和强调。这在全国地方政府工作报告较为少见。

【例5-4-12】

2021年政府工作报告（摘要）

一、五载奋斗，坚毅前行，即将**圆梦**全面小康社会

百年梦想，一朝梦圆。经过"十三五"发展，洪泽全面建成小康社会胜利在望，即将完成第一个百年奋斗目标。

二、不忘初心，实干争先，**逐梦**全面建设社会主义现代化国家新征程

"十四五"是洪泽开启全面建设社会主义现代化国家新征程的第一个五年。站在"两个一百年"的历史交汇点，唯有**逐梦奋进**、砥砺前行，方能不负韶华、不辱使命。

"十四五"时期，我们工作的指导思想是：以习近平新时代中国特色社会主义思想为指导，……奋力描绘好"**中国梦**"的洪泽篇章！

三、凝心聚力，攻坚克难，**筑梦**高质量发展新开局

五年梦想，始于足下。今年是建党100周年，也是"十四五"的开局之年。……必须在攻坚上体现奋斗韧劲、展示**筑梦成果**，重点打好七大攻坚战：……

四、狠抓落实，担当作为，**追梦**人民满意新高度

梦想需要用脚步追逐，用汗水浇铸。我们要巩固深化"我敢干、我会干、我能干成"大讨论成果，强区富民不畏难，为民谋利不徇私，努力建设人民满意政府。

近些年，由笔者所在淮安市民间首创的一种纸牌游戏——掼蛋风靡全国。本地人的饭局甚至流传着一句口头禅"饭前不掼蛋，等于没吃饭"，可见，人们对掼蛋的热衷。有一年本县（撤县改区前）有一篇向市里的工业经济汇报，竟然勇敢地把娱乐性的掼蛋游戏融入正规性的汇报中，从掼蛋的角度诠释工业发展，非常之新颖，不仅博得会场好评，还引来很多媒体报道，目前仍能从网上搜到。一篇汇报稿被广泛报道，非常之少见。该汇报摘要如下：

【例5-4-13】

××的第一张牌是巧打"项目牌"。项目就是"炸弹"。我们牢固确立"狠抓项目、逆境赶超"的主题，用项目争主动，靠项目赢发展。全年工业力争实现"三个双"的目标，即工业投入超50亿元、新增列统企业50家，固定资产投入力争超100亿元、工业开票销售力争超100亿元，实施规模项目200个、工业总量突破200亿元。

××的第二张牌是巧打"创新牌"。灵活组牌就是在不断创新套路。而创新特别是自主创新，是应对金融危机、破解发展困局最有力的武器。我们结合本地实际，着重在抓对接、抓孵化、抓平台等方面谋求突破。

××的第三张牌是巧打"速度牌"。发展思路决定地区出路，落实力度决定发展速度，速度能让石头在水上"行走"。

（九）从经典的格言、警句、名言、诗词、音乐甚至是电影桥段等中寻找角度

这个角度如能用好就是"老树开新花"，能否用好，主要取决于两条：一是"老树"的知名度是否足够高。如知名度不高，就会造成受众对此立意难以理解。二是"新花"是否足够艳。这取决于"老树"与工作实际、文稿语境融合得是否紧密；如果不紧，就无法让人拍案叫绝。

【例5-4-14】本例中由歌曲名称到具体工作的过渡写作，非常见功力，为此，特地多予以保留，建议多看看。

×××在全市宣传思想工作会议上的讲话（摘要）

就做好今年的宣传思想工作，我再简单强调几点意见，概括起来就是要唱响"五首歌"。

一、宣传思想工作要唱响《红旗颂》，就是要充分认识宣传思想工作的特殊重要性，进一步增强紧迫感和政治责任感，继续坚持正确的舆论导向，始终不渝地发

挥宣传思想工作的政治优势

《红旗颂》是我国著名作曲家吕其明创作的一首交响曲。这首曲子是我们中国共产党人的正气歌，也是宣传思想工作者必须听、必须懂的一首曲子。作为宣传思想工作者，要始终把握《红旗颂》这种大气磅礴、慷慨豪迈的格调，唱响主旋律，打好主动战。宣传思想工作是我们党的政治优势，也是我们党和国家工作的重要组成部分。一要更加自觉更加主动地重视宣传思想工作。二要着力增强领导宣传思想工作的本领。三要大力加强宣传思想工作队伍建设。

二、宣传思想工作要唱响《走进新时代》，就是要把握时代的脉搏，紧贴新的形势和任务，围绕推动全市经济社会赶超式发展，进一步发挥积极的作用

宣传思想工作如同其他工作一样，有为才会有位。特别是在当前加快发展和激烈竞争的形势下，宣传思想工作要体现它不可替代的重要作用，就更应该贴近时代、贴近改革开放、贴近人民群众的需求，不仅要唱响《走进新时代》，还要让我们整个宣传思想工作都走进新时代。一要抓好中国特色社会主义理论的宣传，统一各级干部群众的思想，特别是要在全社会形成赶超式发展的共识共为。二要抓好改革开放成就的宣传，激发各级干部群众投身改革发展的热情。三要抓好科学发展观的宣传，走出一条符合我市实际的赶超式发展之路。四要精心组织好解放思想主题教育实践活动，营造赶超式发展的干事创业氛围。

三、宣传思想工作要唱响《爱的奉献》，就是要大力推进社会主义精神文明建设，推进社会主义核心价值体系建设，努力在全社会形成共同的理想信念、强大的精神动力和良好的道德规范

对《爱的奉献》，大家都耳熟能详。为什么说我们宣传思想战线要唱响《爱的奉献》？因为我们人与人之间需要有爱的奉献，建设和谐社会需要爱心，需要善良，需要人与人之间的关心、理解和支持。正如歌词所写的："只要人人都献出一点爱，世界将变成美好的人间。"这种"爱的奉献"，是一种大爱，这就要求我们宣传思想工作必须更加努力地抓好社会主义核心价值体系建设，全面提高人的素质。首先，要继续推进精神文明创建活动。其次，要继续深化公民思想道德建设。最后，要把广大人民群众支援抗震救灾的热情转化为加快发展、共建美好家园的强大合力。

四、宣传思想工作要唱响《爱拼才会赢》，就是要发扬敢于拼搏的精神，更加突出文化软实力的建设，促进文化事业大发展大繁荣，更好地满足人民群众日益增长的精神文化需求

《爱拼才会赢》是首闽南歌曲，这首歌体现出来的不屈不挠的奋斗精神，非常可敬。随着经济社会的发展，全国各地都把文化建设摆上了重要的位置，文化事业、文化产业的竞争力已经成为一个地方发达与否的重要衡量指标。现在各地都在打文化牌，各个地方有不同的打法，我市的文化牌应该怎么打？这就需要全市宣传思想文化系统的同志来共同思考，在突出地方特色、打造个性、形成文化竞争力等方面要多想办法，拿出实际行动，在激烈竞争中抢占"一席之地"。一是要抓规划。二是要抓项目。三是要抓精品。四是要抓特色。五是要抓人才。六是要抓机制。

五、宣传思想工作要唱响《敢问路在何方》，就是要适应新的形势，继续解放思想，锐意改革创新，进一步提高质量和水平，努力开创我市宣传思想工作的新局面

今年全国宣传思想工作会议强调，文化是最需要创新的领域。宣传思想工作要适应新的形势和任务，要提高质量和水平，就要有"敢问路在何方？路在脚下"那种气概，大胆解放思想，推进改革创新，寻求新的突破和新的跨越。宣传思想工作作为一门意识形态领域的科学，从内容上来说，无疑是严肃、严谨的，但作为一项面对面的群众性工作，从方式方法和手段上来说，又应该是丰富多彩、生动活泼的。一要注重创新宣传方式。二要注重提高宣传质量。三要注重人性化、个性化宣传。

我希望、也完全相信，通过唱好这"五首歌"，宣传思想战线的同志一定能进一步解放思想，以昂扬向上的精神状态、开拓创新的实际行动、求真务实的工作作风，努力开创宣传思想工作新局面，为推动我市赶超式发展作出新的更大贡献！

（十）从场合和受众等方面的不同处寻找角度

场合和受众不同，必然带来关注点和口气等不同，这些不仅是谋篇需要统筹考虑的问题，同样也是立意的重要来源。如同样是汇报本单位工作，向上级领导和向本单位离退休老干部汇报的角度有很大不同。之所以这样，是因为受众关注的重点不同，上级领导更关注年度目标完成情况，上级政策措施落实情况，而老干部在此基础上，可能更多关注本单位为群众谋实惠以及为老干部办实事情况。还有不明白其中道理的，可比较一下前面【例5-3-3】【例5-3-4】的区别。

2021年2月，我们接到一个头疼的写作任务，那就是区委宣传部拿了一个区委理论学习中心组学习《论党的宣传思想工作》方案，请区长就这个主题进行交流发言。区长日常分工里几乎没有职责与宣传工作有关。如不写宣传工作，就会偏离会议主题；如果按常规立意写宣传工作，又会与区长分工不符。在左右为难之中，

我们决定用"大宣传"的理念破解这个立意困局,把区委决策作为区政府工作的"主旋律",并把与贯彻落实区委决策相关的重点工作的标题全部拟为了与音乐相关,使文稿既与宣传工作相关,又展示出政府工作的特点。提纲如下:

【例5-4-15】

唱响洪泽主旋律　增强政治执行力
——《论党的宣传思想工作》学习体会(提纲)

党的十八大以来,以习近平同志为核心的党中央把宣传思想工作摆在重要位置,《论党的宣传思想工作》这部专题文集,集中体现了习近平总书记围绕党的宣传思想工作提出的一系列新思想新观点新论断,为做好新时代党的宣传思想工作提供了根本遵循。在当前全球疫情影响仍在持续,国内外形势依然严峻复杂的特殊时期,洪泽政府系统如何在危机中育先机、于变局中开新局,关键是积极参与构建"大宣传"工作格局,进一步增强政治执行力,**以响亮的担当号子唱好主旋律,以铿锵的实干脚步提升执行力**,为打造长三角地区知名旅游目的地城市作出应有贡献。

一、唱响区委决策主题歌

二、唱响目标争先最强音

三、唱响项目突破大合唱

四、唱响洪泽文化地方调

五、唱响惠民利民协奏曲

此外,还可直接在受众身上"打主意"、找角度,如某市召开安全生产工作会议,与会对象主要是县区政府、市直部门、重点企业、群众代表,可以直接对他们提要求和号召:"县区政府要履行好属地责任,市直部门要履行好行业主管责任,企业要履行好主体责任,请广大群众积极参与和监督。"在此基础上,还可根据实际需要,把要求中的四句话各作为一级标题,写成四个大层次,支撑起一篇文稿。要注意的是,使用这种写法,这些与会对象所能分的类别最好在3—8个之间,如太少,或太多,会造成文稿层次要么太少,要么太多,而不再适宜采用这种写法。

(十一)从天气、地点、现场等的显著特点中寻找角度

这既有起草人员的创作,更多的是用稿领导的现场发挥。因为天气、地点、现场等的显著特点往往在临场才能深刻感受到,而起草人员很难预见这些情况,即使能遇到,再修改稿子也来不及了。所以,能否临场抓住这些突发状况,借题而发,要么脱稿发挥,要么将其与起草人员准备的稿子有机融合,是对领导掌控能力和演讲水平的挑战。"高风险意味着高回报"。如果时机把握得当,语言运用巧妙,就会取得意想不到的效果,赢得满堂喝彩。

地方领导巧用这种立意的例子很多。笔者有次参与组办本地在南京的农产品展销会,在会场墙壁上悬挂了三块农产品推介展牌,展牌分别以"美丽清纯洪泽湖""特产'醉'美洪泽区""亲商惠商洪泽人"作为主标题。本地主要领导在致辞的开头部分,指着墙上的展牌说,这次推介活动有三句"广告词",分别是展牌上三个标题。他还围绕"广告词",脱稿作了精彩的阐释,并与后面致辞融合得非常好,让在场的人眼前一亮、记忆深刻。

起草人员想用好这类创意,就要提前到活动地点现场感受氛围,跟踪研判天气等因素,在精准预判的基础上完成创意。这些因素中,有的确定性强,如会场一般不会临时调整;有的确定性弱,如夏天天气应尽量选择确定性强的因素作为创意来源。

笔者过去的一位同事被安排写一篇政府主要领导接待客商考察团的祝酒词。他提前了解到接待地点在今世缘大酒店,招待用酒是今世缘酒。于是,他就从这个"缘"字立意,主要表达出如下意思:"今天,我们相聚在今世缘大酒店,品尝的是今世缘酒,是共谋发展的这份'缘'把我们汇聚在一起;未来,还将助推我们结出丰硕的合作成果。"这份祝酒词引来一片赞扬,好就好在将接待场所及用酒的名称与活动的主题进行了紧密衔接,创作出文稿精品。

(十二)从会议(活动)的主题(主旨、显著特征、主要亮点等)中寻找角度

从会议(活动)的主题(主旨、显著特征、主要亮点等)中挖掘角度是"就地取材",而从会议(活动)以外的因素中寻找创意是"外地取材"。有的读者可能要说,这事没必要讲,写作者当然会舍远求近。然而,实践中大多数写作者却愿意舍近求远,原因在于"就地取材"看似唾手可得,但实则可选择空间小,很难挖出有价值的东西,而"外地取材"看似车马劳顿,但实则可选择空间大,总能拾到些东西。两者相比,"外地取材"难度较小,效果尚可;而"就地取材"难度虽大,但效果更好,会让受众感到直击主题的巧趣,增强亲近感和表现力。为此,笔者引导所带领团队尽量"就地取材",不畏难、不放弃,哪怕开始创意粗糙点不要紧,只要长期坚持"钻地打洞",就一定能修炼成钻地千尺的"土行孙"。

2023年3月,淮安市在我区举办幸福满淮·安心消费系列活动之2023"春季有约·'惠'聚淮安"启动仪式。我们受命起草领导启动仪式讲话。开头过渡语一般需要介绍仪式举办季节、所在区位和具体地点，常规写法为"在充满绿色希望的春天时节，在美丽清纯的洪泽湖畔，在诗与远方汇聚的方特景区"。后来，我们从仪式主题中的"约"字入笔，仿拟"诗与远方"，把"绿色希望""美丽清纯"写成类似的句式，结合语境整合成"在绿色与希望相约的美好时节，在美丽与清纯相约的洪泽湖畔，在诗与远方相约的方特景区"，既有力地扣了仪式主题，也收获了满满的新意。

（十三）从已确定的重大战略、出台的重要政策、采取的重点措施在落实过程中取得的成绩、遇到的困难、存在的原因及下步打算中寻找角度

这些情况对面上工作推开非常重要，工作的针对性和政策的连续性非常强，值得也应该去跟踪推进、挖掘角度。

从这个角度找创意，一般可以从三个方面着手。为方便大家理解，以楼房来打一下比方。一是从重大战略、重要政策和重点措施在一个大跨度的时间阶段内的总体情况来写。这相当于从整幢建筑写。这方面的例子举不胜举，很多单位的五年规划（计划）实施情况总结就属于这类。二是从重大战略、重要政策和重点措施在某一个时点上的情况来写。这相当于在多层楼房中选取其中一层来写，写出了在这个时间"切片"上重大战略、重要政策和重点措施的相关情况，很多单位的季度、半年工作总结就属于这类材料。三是从能把重大战略、重要政策和重点措施支撑起来的事物来写。这相当于从楼房的"四梁八柱"，甚至是砌墙材料等中，抽出一个重点来写。这在文字上就是从项目、目标等支撑性强的文眼来写整篇文稿，详见本章前文"新支点"相关内容。

（十四）从表现手法、结构形式等方面寻找新角度

前面基本上从写作内容上寻找角度，还可以从表现手法、结构形式等方面寻求突破，这里重点介绍一下修辞手法的运用。很多文稿运用比喻、比拟等手法，把所推进的工作说成另外一件事情，把受众带入一个作者设定的另外的情境中，为方便受众识别，大部分加双引号，据此谈道理、定目标、提要求、论奖罚，以促进受众加深理解、提高认识、提级施策、增强实效。常见的有：把迎接督查、考核、检查及验收写成迎接考试（【例5-4-16】）；把与群众相关的工作写成赶考，如时代是"出卷人"，我们是"答卷人"，人民是"阅卷人"，还可以延伸为答题（【例5-4-17】）；把难做的工作写成战役（【例5-4-18】【例5-4-19】）；把财政、税收、收入写成蛋糕（【例5-4-20】）；把选人用人写成选马识马；把问题解决、事务办理写成开锁（【例5-4-21】）；把问题整改（【例5-4-22】）写成治病。建议大家在此基础上再多收藏。

【例5-4-16】还有备考、迎考、大考等词备用。

一、把这次考核作为"国考"（意为国家级考核，省级考核可写为"省考"），答好思想认识之题

二、把这次考核作为"难考"，答好迎检准备之题

三、把这次考核作为"严考"，答好组织保障之题

【例5-4-17】还有交题、出题、定题等词备用。

一是主动"领题"，提高思想认识站位

二是认真"审题"，认清自身基础条件

三是全力"破题"，攻克关键环节制约

四是高分"答题"，提高各方满意程度

【例5-4-18】打好全国文明城市创建"四大战役"。

一是市容环境整治战役

二是市场环境整治战役

三是社会综合整治战役

四是全民动员共建战役

【例5-4-19】注意攻坚战、歼灭战、持久战各不相同。

一、打好污染防治攻坚战

二、打胜河长制问题歼灭战

三、打赢组织领导持久战

【例5-4-20】

一、开拓聚财生财思路，做大"蛋糕"

二、优化财政支出结构，分好"蛋糕"

三、强化财政监督管理，管好"蛋糕"

【例5-4-21】

一是办公集中，实现"同一处地方开多把锁"

二是职能集聚，实现"同一个时间开多把锁"

三是服务集成，实现"同一把钥匙开多把锁"

【例5-4-22】

自"两学一做"学习教育实践活动开展以来，××党委高度重视，积极谋划，

精心部署，既"体检"又"治病"，做到"对症下药"，力求"药到病除"。

一是思想剖析，找出"病原"

二是分析原因，开出"处方"

三是标本兼治，保证"疗效"

四是经常警示，增加"抗体"

五是防止反弹，定期"复检"

（十五）对常规的内容进行更新、提炼

大部分单位工作内容每年变化不大，似乎给了个别人抄袭往年文稿的"理由"，造成一些文稿"年年岁岁花相似"。对此，笔者一贯持反对态度。因为群众期盼诉求、形势任务、措施方法等关键要素每时每刻都在变化，写作者只要收集到这些变化中的主要因素，那么文稿素材就随之一新。如果有读者不知如何具体操作，可以尝试围绕单位最新的主要责任目标来写，就能在大方向上不会走偏太多。素材新了之后，对责任目标分值大的内容多写一些，并尽量放到文稿前部等显眼位置，将其中能反映重点内容的字眼更是放到标题和过渡语中；对次要内容进行压缩，放到相对次要的地方；对可写可不写的内容直接不写。这样，文稿内容和结构上的新意就基本上"透"出来了。

实践中常有"新素材写成了老标题"的怪象，这是因为写作者不熟悉标题提炼方法，走不出"两难"困局：标题切口选大了，容易落入俗套；切口选小了，又容易统领不了正文内容。为此，笔者举例介绍些方法。如某地某年开展了"招商引资突破年"活动，重点召开了七场专题招商会。如果总结标题写成"招商引资成效显著"肯定落入俗套，且反映不出当年主要特点。总结标题破解俗套的方法至少有三个：第一，直接写能反映全年工作主线的事情，提炼成"'招商引资突破年'活动成效显著"；第二，点到工作主线的代表性字眼，提炼成"招商引资突破有力有效"，其中的"突破"就代表了"突破年"活动，正文再交代下这个活动就可以了；第三，在方法一、方法二的基础上再增加些重点内容，既可以写成"突出专题招商，'招商引资突破年'活动成效显著"，也可以写成"突出专题招商，招商引资突破有力有效"。

当然，还有些内容，尤其是重要内容，可能避免不了重复。重要的事情说三遍！这就需要写作者施展些文字"厨艺"了，就像做"扬州炒饭"那样，从工序、配料、灶具、餐具等多个方面，寻找创新创优的办法，把"冷饭"不仅要炒成"热饭"，更要炒成"美饭"。如完成交办任务、超过兄弟单位平均水平及实现目标考评进位，是必须经常重复的重点内容，出新难度较大。我们在 2023 年我区政府工作报告中，用具有递进关系的"三条线"进行提炼出新："完成交办任务只算'起跑线'，好于、快于市均才算'及格线'，目标排名进位方能达到'尽责线'。"本书就文字提炼虽然只安排了一章内容，但其他章节也或多或少地介绍了相关内容。大家可以借鉴这些方法，但不能拘泥于此，要推陈出新，创造属于自己的精彩。

五、用好"四步三碰法"：勾画公文立意简便"施工图"

众所周知，立意是文字工作中一个玄妙而深奥的环节。而公文立意则更是一个抽象、艰涩"烧脑子"的思维过程，常令写作者绞尽脑汁。当前介绍公文立意的来源和方法的文章很多，本书前文就介绍了十多种。来源和方法多，固然是好事，但也带了一个新的问题——这么多种的来源和方法，在实践中到底怎么操作？有没有一种直观、便捷的方法把这个过程反映出来？

古人早就发现了这些问题，并提出了解决方案。宋末元初有"东南文章大家"之誉的文学家戴表元，在谈及如何立意撰文时提出了著名的"三番来者"说："第一番来者，陈言也，扫去不用；第二番来者，正语也，停止不可用；第三番来者，精语也，方可用之。"大体意思为：第一番，开始思考时，大家最容易想到的思路，也是别人最容易想到的思路，所以应该弃而不用；第二番，思路有所深入，刚好接触到事物的本质，但还不是太深入；第三番，深入到事物的本质，把握住事物的规律，有精彩独到的见解，然后才可以确定动笔。

戴表元的方法，乍一看，很好；再一看，作为评价、评审的标准更好；又一看，麻烦了，可能很多读者用他的方法还是不知道如何进行立意选择、提炼。

为此，笔者根据写作实践，以一篇介绍地方特产的推介文稿为例，提出"四步三碰法"的剖解路径，其中，"三碰"对应着戴表元的"三番来者"说，包含在笔者提出的第三个步骤之中，连同其他三个步骤，对"三番来者"说努力起到一个解释说明、深挖拓展和"培土"巩固的作用，不仅为深奥、玄妙的古人论述作一个浅显、易懂的现代注解，更是努力为公文立意勾画出一幅直观、简便的"施工图"。"四步"分别是：

（一）吃透情况，把基础打得再牢些

把文稿所涉及的工作深入地掌握清楚，从前文十多种角度中挖掘和寻找备选的立意，并把相关情况弄清弄准。如果准备从上级要求入手立意，就应吃透相关政策规定，最好还能看一些专家解读；如果准备从本地区域环境入手立意，就应吃透

本地空间区位、水陆交通、土壤气候、生态条件等各个方面情况。这时的立意方案可以也应该是多样的。

（二）寻找特点，从两端向着"碰撞"相向全速开进

立意的选择和提炼过程，虽然非常复杂，但可以用"火车碰撞"来理解，"碰撞"的主体分别乘坐着两列"火车"，一列"火车"是实际工作需要，另一列是各个备选的立意方案。为了"碰撞"更"火爆"，需要找出两列"火车"的"火车头"，也就是它们各自的特点。

一方面，要找出本单位实际工作的特点，无非是在已做的主要措施、存在的主要问题、基层和群众主要期盼以及下步需要采取的关键对策等方面，与其他单位相比不同的地方。有的读者说，同类别单位的情况基本差不多，没什么大区别，找不出什么特点。对此，笔者不敢苟同。因为，"世上没有两片完全相同的树叶"。只要功夫到位，就一定能找出本单位实际工作的特点。

另一方面，要找出各个立意备选方案的特点，主要是这些方案分别最擅长表达哪个方面内容，适合哪个类别的文体。比如前文所提贯彻上级要求方面的立意，一般比较适用于提高政治站位，布置推进上级交办任务，多见于贯彻类文件和布置工作的讲话；而从本区域环境入手的立意，一般比较适用于推介本单位特色，吸引各方合作或投资，多见于一些活动上的领导致辞等。

在寻找特点的过程，写作者还应该思考：具备这种特点的实际工作需要什么样的立意方案表达效果最好？具备这个特点的立意方案对推动哪项工作最适合？在这个思考的过程中，实际上，就是在引导前面说的两列"火车"在各自"火车头"牵引下，拼尽全力，向着对方"碰撞"的过程。

有的读者可能会觉得"碰撞"有点"血腥"，就问：能不能不"撞"？笔者的回答是：不撞，就不会找到前面两大特点的结合点，就难以产生创意的"火花"，文稿不仅不是精品，甚至可能是废品。

所以，为了胜利，让它们猛烈地"碰撞"吧！让"撞击"产生的火花更亮一些吧！

（三）"碰撞"比较，引爆思维的"燃爆点"

进入这一环节，就可以结合提纲拟写工作，在前面准备工作的基础上，拿本单位实际工作需要与各个相关要素，在大脑中进行创意上的三番正式"碰撞"。这三番并不是每篇公文立意所必需的过程，而是大多数人在大多时候会经历的过程，有的人，尤其是一些大笔杆子、国手可以一步直接跨到第三番上，阅尽公文写作高

峰的风光。"三番"具体是：

1. 拿实际工作需要与文字基本规范进行"碰撞"。这在正常情况下也能有一个"碰撞点"，成就一篇能满足工作基本需要的常规文稿。这类文稿，没有什么特点，也没什么毛病，基本可以作为"通稿"反复使用。也正因为其通用性，抹杀了每篇文稿应有的特殊性和鲜明性，也就成了被戴表元批为"陈言也，扫去不用"。这类文稿没有大的问题，也没有什么亮点，可以参看【例5-5-1】。

【例5-5-1】一稿：

金色九月，蟹肥桂香。在这美好的丰收时节，我们相聚在美丽的西子湖畔，参加天猫与大闸蟹六大原产地战略合作暨聚划算抢空活动开幕式。在此，我谨代表××政府，对本次开幕式的成功举办表示热烈的祝贺，向关心和支持××发展的天猫表示诚挚的谢意！向喜爱洪泽湖大闸蟹的消费者朋友们表示衷心的感谢！

洪泽湖是全国五大淡水湖中唯一的活水湖，自然资源丰富，生态水质优良，产出的大闸蟹个大体肥、营养丰富，并身背独特防伪"H"体痕，远销国内外多个城市，并先后获批中国地理标志证明商标、"中国十大名蟹"称号，品牌价值达78.7亿元。作为洪泽湖大闸蟹的原产地，××近年来紧密围绕现代化湖滨生态旅游新城建设目标，大力发展都市生态农业，"洪泽湖大闸蟹"等一批优质特色农产品脱颖而出，连续举办十一届洪泽湖国际大闸蟹节，被授予"中国蟹都""中国洪泽湖大闸蟹美食之乡"等称号。

本月29日，我们将隆重举办第十二届洪泽湖国际大闸蟹节。今天与天猫官方达成战略合作，是我们大闸蟹节系列活动的重要组成部分，将通过电商渠道搭建双向流通体系，帮助洪泽湖大闸蟹进行有效的区域品牌推广。

借此机会，我们真诚邀请各位朋友到××考察投资，置业定居，旅游度假，亲身体会××的湖鲜美食、水韵魅力和生机活力。我们坚信，有各位朋友的关心支持，××的明天必将更加美好！

最后，衷心祝愿各位朋友身体健康、阖家幸福、事业兴旺、万事如意！

2. 拿实际工作需要与立意方案"碰撞"。这一番虽然不如第三番出彩，却是最为艰苦、也最为关键的一番。说其艰苦，是因为要做大量比选工作；说其关键，这有点像足球比赛中的"中场"。这一番，要拿事前准备好的多套立意方案，与实际工作需要进行多次创意"碰撞"和实效比选，看哪种立意对实际工作推动最有力。如果这一轮进展顺利，"碰撞"就可以有创意上的"火花"，形成"着火点"。不同的立意方案，带来的"火花"大小也不同，写作者一般会选择"火花"大的方案。

由于缺乏提炼，这时创意的"火花"还不够明亮，对实际工作的推动力也还稍显不足。如【例5-5-2】中，虽然写作者在众多立意中选了从表述产品的地方特色上入手来写，但有关大闸蟹肉质甜美的表述（请看例文加粗部分）还被湮没在其他文字中，没有第三番的表述那么突出、精致。所以，戴师元评价这一番："正语也，停止不可用。"笔者总体上认可这一点，但同时也认为，如果第三番是"从1到10"的创新，那么第二番就是"从0到1"的创新，尽管"小荷才露尖尖角"，但这是具有开拓性的创新，没有这一番，就没有后面的第三番，非常值得点赞！

【例5-5-2】二稿（为节省篇幅，与一稿完全相同的部分已省去）：

洪泽湖是全国五大淡水湖中唯一的活水湖，**生态环境孕育甜**，**湖水清纯富含甜**，故而产出的大闸蟹个大体肥，**肉质天成有点甜**，身背独特防伪"H"体痕，远销国内外多个城市，并先后获批中国地理标志证明商标、"中国十大名蟹"称号，品牌价值达78.7亿元。作为洪泽湖大闸蟹的原产地，××近年来紧密围绕现代化湖滨生态旅游新城建设目标，大力发展都市生态农业，"洪泽湖大闸蟹"等一批优质特色农产品脱颖而出，连续举办十一届洪泽湖国际大闸蟹节，被授予"中国蟹都""中国洪泽湖大闸蟹美食之乡"等称号。

3.拿实际工作需要与受众的预期感受"碰撞"。在这一番，写作者应该对各种立意方案中受众的预期感受进行研判，选择那些受众感受与推动工作效果"双强"型的立意方案。这一般在原来"才露尖尖角"的多个"小荷"中，选择一个或少数几个最有潜力的创意；实在找不到合适的，也可以另外重找。如果顺利找到了这个创意，那么就应该进行构思上的"催生助长"，在自己的头脑中把它基本做成形，并预判受众的感受和对实际工作的效果。如果总体感觉非常好，那么就可以完全敲定这个立意。虽然此时文稿还未成形，但在写作者的脑中，这次创意"碰撞"已碰出"燃爆点"，所形成的成果必将精彩，让受众眼前一亮、久久难忘，有的还音韵顺口、便于传诵。这一境界，才是戴师元所说的"第三番来者，精语也，方可用之"。【例5-5-3】仿拟一句知名广告语，把"洪泽湖大闸蟹有点甜"作为本地螃蟹的主要特点进行推介，把"甜"字作为全文文眼来处理，使主题更集中、特色更鲜明，给受众以更深刻的印象，对本地螃蟹产业有更大的推动作用。

据此，理解这三番还需要把握两点：一是这三番是累进的关系，有点像金字塔，第一番在塔基，第二番在塔的中部，第三番在塔的上部，也就是后一番立足于前一番基础之上；说得更清楚一点，就是实施后一番时，前一番的要求并没有丢，而是在此基础上加上了新的元素；二是这三番中工作实际需要是基石，受众满意是最高目标，这也是笔者一直强调的公文写作必须坚持实效导向和受众满意标准的体现，这一要求永远不容游离，不容偏废。

【例 5-5-3】三稿（为节省篇幅，与一稿、二稿完全相同的部分已省去）：

这次活动，我们的推介语是"**洪泽湖大闸蟹有点甜！**"。"有点甜"的洪泽湖大闸蟹先后获批中国地理标志证明商标、"中国十大名蟹"称号，品牌价值达 78.7 亿元。洪泽湖大闸蟹为什么这么**甜**？一是因为肉质天成**自来甜**。经农业农村部渔业产品质量监督检验测试中心检测，洪泽湖大闸蟹蛋白含量 19.3%，高出国家一等蟹标准 13 个百分点，并富含 10 多种**甜味氨基酸**。二是因为湖水清纯**富含甜**。洪泽湖是全国五大淡水湖中唯一的活水湖，二类水质，湖水 pH 常年保持在 7.31—7.46 之间，呈偏碱性，**口感津甜**。三是因为生态环境**孕育甜**。近年来，××紧密围绕现代化湖滨生态旅游新城建设目标，大力发展都市生态农业，已发展成为洪泽湖东部湿地保护核心区、江苏第一家无公害水产品整体认定县（区）、国家级生态示范区，经认定的无公害、绿色、有机食品基地占耕地、水面比重达 94.15%，洪泽湖区湖底浅平、滩地广阔，鱼虾、螺蛳、水草等天然饵料丰富而**甜美**，造就了大闸蟹的品味**甘甜**。

过去，洪泽湖大闸蟹凭借甜美的品质，已纵横四海；未来，通过与天猫**甜蜜**牵手，洪泽湖大闸蟹必将遨游天下。

借此机会，我们真诚邀请各位朋友到洪泽，亲身品尝**甜美**的大闸蟹，亲自体验××独特的水韵魅力和发展活力。我们坚信，××与各位朋友的合作，一定能酿造出更加**甜美**的明天！

最后，衷心祝愿各位朋友事业步步高，生活比**蜜甜**！

（四）提炼升华，推敲出一个单纯、鲜明的立意

这个步骤的目的是使立意更单纯、鲜明。立意只有单纯了，才能鲜明；鲜明的立意，一般会因单纯而成势，有什么标准来衡量这个？就是能不能成功选择、确立一个有代表性的中心句或字词作为文眼。

这个文眼如同文章的统帅，确定之后，就要做下面三方面工作：一是"扩充同志"；就是沿着文眼的方向，或者依据文眼的特色，把原来的文字作一些扩充、拓展、深化，使具有相同特征的体量更大、规模更大；如【例 5-5-3】中有关蟹肉质有点甜的表述，就是对【例 5-5-2】加粗部分内容的扩充，由三句话扩充成了一个层次，甚至是全文。二是"转化关联"，就是对内容上与文眼有关联，但在文字特征上与文眼有些距离的文字进行改造和转化，使其与文眼的特征基本一致，使文稿的立意更鲜明。如【例5-5-1】中"有各位朋友的关心支持，××的明天必将更加美好""衷心祝愿各位朋友身体健康、阖家幸福、事业兴旺、万事如意"，分别被【例5-5-3】改成"××与各位朋友的合作，一定能酿造出更加甜美的明天""衷心祝愿各位朋友事业步步高，生活比蜜甜"。三是"铲除异己"，就是对表现文眼作用不大或相反的内容，毫不手软地去掉，使文稿的立意和内容的成色去杂更纯。如【例5-5-3】对【例5-5-2】中有关大闸蟹个大体肥、身背独特防伪"H"体痕等内容进行了删除。这样，【例5-5-3】通篇看来，给人一种鲜亮而浓浓的印象——甜，它从蟹的众多特点中被抽取出来，铺陈展开，并以此为文眼，把其他文字基本串起来，一气呵成，特色鲜明。

另外，【例5-5-3】中有下划线的地方运用了有螃蟹爬行特征的词语，将其十足霸气地表现了出来，也可以多注意下。

六、"N/5"训练计划：挖掘新手创新潜力

公文写作出新，对于新手来说是件难事。绝大多数文章从写作者角度介绍了如何创新的问题。本文从文字工作分管领导角度，就如何挖掘新手创新潜力提出了"N/5"训练计划。这里的"5"，是要求每名新手5年内文稿创新能力达到岗位要求；"N"被设定为从1到5的自然数，是该新手在文字工作岗位上的年数；如果他到岗1年，那么就是1/5，意思是要求他所拟提纲蕴含的创意至少要有20%保留到定稿；如果他到岗2年，就是2/5，就要至少留有40%创意；以此类推，一直到5年100%。当然，这只是个努力目标，能不能留足，最终要看质量。这里的5年期限也可以因岗制宜，如岗位需要4年完成训练计划，就可以改为4年。以此类推。为了实施好这项训练计划，需要做好以下三个方面工作。

（一）做好学习、储备两项基础工作

一是学习创新样板。不仅要让新手掌握什么样的立意就算创新立意，以及完成这些创意的准备工作和操作过程，更要让他们知道自己与这些样板的差距表现、根源及整改措施。如果分管领导自己这方面的知识储备不足，可以求教于网络、专业书籍，甚至是有经验的写作高手。这样，可帮助新手树立创新目标，使其学有标兵、改有方向。二是储备创新立意。正如前言，普通素材本身往往并不能直接成为

写作的创意,而是需要与工作实际需要相"碰撞",产生的"火花"才有可能用作创意。比如某市规定"年度开工亿元以上项目不少 100 个,实绩未达到市下达目标任务的 70% 的,该项指标得零分"。这句话只能算作传达市里最新目标考核规定,不能算作真正意义上的有价值创意,需要在此基础上进行再加工。后来,我们调研分析发现,本地已开工亿元以上项目 65 个,再开工 5 个就可以达到 70 个的"撞线"目标。那么这 5 个项目,不仅可以理解为全年项目攻坚的重中之重,还可以理解为使此前 65 个项目实现目标得分的"救命稻草"。这些调研分析的内容就是上级目标规定与本地工作实践"碰撞"后产生的创意"火花",才是写作人员需要储备的创新立意。分管领导应有计划地指导新手开展这类调研分析,记下各人体会,收入知识储备库中。

(二)草拟保底、创新两份文稿提纲

对每份重要文稿,可要求每名新手草拟两份提纲。第一份提纲主要用途在于保底,文字表述上可相对稳妥点、详细点,以便于下一步以此为基础进行正式写作。第二份提纲主要用途在于训练新手创新能力,鼓励他们刮一刮"头脑风暴",放胆放量多出一些奇思妙想,错了也不要紧;同时,这份提纲的文字表述也可相对简单点,只要能让人看懂即可,没必要写得太多、浪费精力。草拟两份提纲的好处:毕竟有一份保底提纲,不会过于耽误文稿正常写作;同时,有一份创新提纲可把新手的创新潜力完全释放出来,防止他们为了提纲稳妥通过,而舍弃一些创意的"火花",不敢放手草拟。当然,能否拟写两份提纲还要看时间是否允许,如果任务紧急,就直接弄一份保底提纲,不宜再浪费时间。

(三)开展研讨、总结两次提升行动

一是组织集体讨论提升。有的新手最终会放弃一些好的创意"火花",还有新手有一些好的创意但全篇构思得不够完美,不是他们不想做好,而是文字功力不够,无法克服一些写作中遇到的现实困难,导致半途而废。所以,有必要组织新手每人晒一晒自己的提纲,互相之间评价提纲,分管领导做最后总结点评,说清每份提纲好在哪里、差在何处、哪些创意值得保留,哪些地方能与先前学习的创新样板和积累的创意"火花"对接起来,对一些方向对路但还不够完善的创意进行完善与提升,尤其要对每名新手有没有达到"N/5"年度计划要求进行点评,使新手有价值的创意得以充分表达,学到提升全篇创意的方法,明晰各人在训练计划中所处的阶段和下一步努力方向。二是新手自我总结提升。主要总结四个方面问题:其一是

样板为什么自己用不上、用不全；其二是创意"火花"积累工作有没有问题，积累到的"火花"为什么不好用、不够用；其三是为什么领导能改好而自己写不好；其四是自己的创意留成比例有没有达到"N/5"的年度计划要求。以这四个方面问题为基础，进而分析原因、找到症结、进行整改，并把主要过程和例文记入自己的写作体会，使自己尽快成长起来，确保达到"N/5"年度计划要求。

第六章 破解"布局谋篇难"：
着意画资妙选材 也须结构匠心裁

立意基本确定之后，正式动笔拟写提纲或正文之前，需要对文稿全篇作一个通盘考虑，构思一下大体框架，打一下腹稿，甚至可以记一些关键词，为后道工序打好基础、做好准备。

一、基本要求：若非了然即枉然

（一）通盘考虑要"了然于心胸"

尽管素材已有不少、领导意图已基本掌握，且立意已大体确定，但依然需要考虑诸多方面，仅本章第二个层次列出的就有十多个方面。越是高手，往往通盘考虑得越多，所作准备越多。由于经验相对丰富，高手通盘考虑，往往效率更高。这就要求新手务必下足功夫，把写作文稿所涉及的各方面情况核实清楚，做到"了然于心胸"；有的方面如协调衔接等，连熟手甚至是高手也须谨小慎微、规范操作；否则，不仅文稿写作容易大失水准，甚至还会"马失前蹄"、遭受责罚。

（二）构思框架须"了然于大体"

在这个环节，要注意防止两个极端：一是不宜苛求列出全文结构。这个环节毕竟不是拟写提纲，既然没有拟出提纲，那么又如何列出全文结构？对难度很大的事情不宜苛求。二是不宜完全不考虑结构安排。布局谋篇是古人对这个环节写作任务的经典概括，不仅有深厚的传承，更有实践的需要。如果不需要安排结构，不仅"布局谋篇"这个说法没有了出处，更重要的是后道工序拟写提纲也容易成为"脚踩西瓜皮——滑到哪儿算哪儿"。综合看，这个环节需要对文稿的结构安排大体有数即可，做到"胸有成竹"，但并不需要"下笔成竹"。

（三）注意事项可"了然于撮要"

写作者可以把一些注意事项撮要作一些记录，甚至可以点几个关键词，这样既有利于理清思路、防止遗忘，还便于分享给其他合作写作人员。这些注意事项可以是方法、要求、目的、效果，还可以是人员组织等方面与写作有关的事情。前面一章《洪泽湖大闸蟹有点甜》那篇推介辞的写作注意事项,可写成:"把'甜'字贯穿全文,介绍洪泽湖大闸蟹甜的原因、品质,以及因甜而畅销、获奖情况,继而邀请各方合作。凡与'甜'字相关的素材要保留甚至拓展,完全无关的直接删掉。"前文介绍提纲较多,这里不再举例。写作注意事项如同搞建筑用的"脚手架",在开工前根据需要搭一下方便施工,建筑完工后就拆掉了。而提纲就像建筑里的"四梁八柱",除被修改掉的部分外,其他会一直留在建筑里。实践中,注意事项撮要根据写作需要,既可与拟写提纲同步,也可先于提纲写,还可以不写。

二、通盘考虑:哪有什么提笔就写的高手,不过是凡人的千思百虑

(一)时点趋向

时点趋向是往前写与往后写的问题,也是总结与计划篇幅的分配比例问题。这个问题看似简单,其实不然,这里的文章可大了去。处理不好,稿子就会被推翻重弄。之所以这样,是因为对这个问题的处置,在很多领导看来涉及两个敏感问题:

第一个,领导对文稿所涉及工作以前的措施与成效是否满意。我们曾经为地方领导拟写了一篇镇村建设方面的文章向上汇报,按照通知要求把重点放在总结上,最后却被领导改成以计划为主(见【例6-2-1】),在2000字的篇幅中计划占到1700字。为什么不按上级通知要求写?开始我们不明白其中道理,后来慢慢悟到,原因在于领导对本地这项工作以前的措施及成效不太满意,他想重点汇报自己对这项工作今后的思路和计划安排。通过比较前后两份文稿可知,新稿中的建设思路更科学,重点措施更精准,破解瓶颈更有力。

【例6-2-1】

×××小城镇中心村建设情况汇报(摘要)

近年来,×××在市委、市政府的正确领导下,把小城镇和中心村建设作为新农村建设的一个重要抓手和切入点,大力推进村镇规划和重点项目建设。自2005年6月份开始,对全县11个镇、50个中心村进行规划编制,狠抓项目建设,不断提高镇区基础设施配套水平。×××商贸城居住小区达到了省级村镇文明住宅小区标准;×××建成了市民休闲广场和市民健身广场;×××投资3500多万元建成了渔家花园一期工程,安置渔民564户;×××与县爱国卫生运动委员会

共同对新建的中心村进行改水、改厕试点,有效地改善了老村庄脏乱差现象。同时,涌现了一批先进典型,×××被省授予新型示范小城镇称号,×××、×××被市政府命名为新型示范小城镇。

下一步,我们将认真贯彻落实这次会议精神,学习借鉴兄弟县(区)成功做法,按照"布局合理、设施配套、功能齐全、环境优美"的目标,组织力度再加大,推进速度再加快,迅速掀起新一轮村镇建设的高潮。

一、抓好一个龙头。一是全覆盖。二是显特色。三是严执行。

二、树立两类典型。一是小城镇的典型。二是中心村的典型。

三、破解三个瓶颈。一是突破小城镇建设容易形成"空壳"这个难点。二是解决中心村建设调田这个难题。三是攻克中心村设施配套资金筹集这个难关。

第二个,领导在文稿所涉及工作上是否想表现出足够的谦虚。有时上级领导明明要求下级单位介绍经验,为什么有的下级单位还是以下一步工作安排为主?难道他们这样写上级领导不批评?从本人的实践看,他们一般不会受到批评,反而会得到理解,甚至赞扬,被认为这是一种谦虚的表现。【例6-2-2】就是应某地方党委政府要求而作的经验发言,但全篇931字中只有不到四分之一的篇幅讲过去的成绩,其他大部分篇幅用来展现今后的打算,该单位没有因为介绍经验少而受到批评。相同的文例笔者见过很多,这只是其中一例。

【例6-2-2】

赋能蓄势争进位　砥砺奋发勇向前(摘要)

2021年,在市委、市政府坚强领导下,我们牢固树立"项目为王,环境是金"理念,实干笃行、攻坚克难,较好地完成了各项目标任务。全年实现规模以上工业开票销售208亿元,一般公共预算收入4.75亿元,分别同比增长25%和50%,签约亿元以上工业项目13个,其中10亿元以上项目5个。总投资120亿元的×××项目从签约到开工建设仅用70天,创造了百亿项目落地的"×××速度";×××等18个项目通过省督考开工验收,×××等16个项目通过省督考竣工验收,盘活闲置低效用地1604亩,顺利通过国家知识产权试点园区验收,成功获批省智慧园区。

下一步,我们将认真贯彻本次会议精神,紧扣××××战略,坚持疫情防控与经济发展两手抓,持续开展重特大项目攻坚,奋力实现跨越赶超新目标。

一、招大建强蓄动能。

二、做优载体挖潜能。

三、创新机制激效能。

通过以上两个敏感问题，至少可以看出，时点趋向看似总结与计划的比例处理问题，实则往往会被拔高成态度问题，总结成绩多、计划打算少，会被解读为用稿领导满足于甚至在炫耀过去成绩，对今后工作进取心不强，不够低调、谦虚；而总结成绩少、计划打算多，则往往会被解读为用稿领导不满足于过去成绩，对今后工作进取心较强，较为低调、谦虚。

为此，要处理好这些敏感问题。首先，要弄准上级通知中有关总结与计划的比例要求，对通知内容与要求一定要了解清楚，切不可马虎大意；其次，要在通知要求的基础上，根据本单位工作实际情况及领导风格特点，准确把握总结与计划的比重；就一般情况而言，只能或多或少地增加计划的比重，同时，或多或少地减少成绩的比重；否则，从某种意义上讲，就等于在往领导身上贴"高调""骄傲"这类负面标签。

实践中，往往还是有些领导偏爱展示成绩，在上级明确通知只谈计划的前提下，还是要求写作人员写点成绩。对此，我们往往按这位领导要求把成绩方面的简要文字表述放在文稿中，同时提醒他现场不宜口头表述成绩，以防止引起上级领导批评。

（二）选题大小

王梦奎在《文章写作杂谈》中提出，初学者开始从事研究和写作，最好是"小题大做"，不要"大题小做"。说"小题大做"，并不是说要抓住小事甚至鸡毛蒜皮的事情"无限放大"，而是对重要甚至重大事情，选个小题目来写，把问题说深说透，以小切口实现大突破。如果"大题小做"，一般不容易把握，什么都写，往往会流于大而空。

公文写作选题一般会面临两种情况，都能较好地落实"小题大做"要求。

1.作者自选题。这一般属于作者投稿练笔类别，可以自主选题。如作者对某一选题中的"一""二""三"等三个方面有些自己想法，其中，对"一"想法最多，"二"次之，"三"只算勉强。在"一"中，对"（一）""（二）""（三）"三个方面中，"（一）"想法最多；"（二）"次之；"（三）"只算勉强。那么，完全可以只写"（一）"。理由是选题小不仅能写细、写实，还能写出新意来，这样被采用的概率会成倍提高。如果你写"一""二""三"，容易大而空，写成了"地摊货"，更不容易被采用。当然，写"（一）"必然要下苦功夫，钻得很深，才能写出东西来，但相对更容易被采用,还是很值得辛苦。所以,选题往往比做题更重要。

2. 上级机关或领导定题。有的读者说,这下抓瞎了,只能按题写文了。其实,也不然。任一个题目中都会包括若干个分题目,这些分题目中又会包括多个子题目。平均用力写,在实践中是行不通的。马克思主义的重点论告诉我们,必须紧扣实际工作需要,抓住其中的重点写,其他的方面只能概括说一下,再次的方面没必要说。这种写法,可做到"小中见大""以点带面"。能较好体现这种理念的提纲是"重抓AA,BBB""突出AA,BBB"等句式。这里的A就是B的重点。下面是两篇例文,前者更适合成绩总结;后者更适合计划安排。

【例6-2-3】

一、重抓记录体会,学习积累不断丰富

二、重抓实地走访,调查研究不断深化

三、重抓投稿练笔,写作实践不断拓展

【例6-2-4】

一、突出记录体会,不断丰富学习积累

二、突出实地走访,不断深化调查研究

三、突出投稿练笔,不断拓展写作实践

值得提醒的是,讲选题大小,必须与立意新旧结合起来。如果立意新,选题大一点或小一点都无妨,反正没人写过,怎么写都新;相反,如立意不新,那么选题就必须小一点,扎深点,才可能获得新生命;否则,容易写成"地摊货"。

(三)结构安排

文稿结构安排要突出重点。群众期盼、领导重视、工作亟须等方面的内容应该作为重点,应该"多写""重写""显写""先写",其他非重点内容作相应的让位。"多写",就是篇幅上尽量向重点内容倾斜,有更多的文字量。"重写",就是写问题更精准,写剖析更深刻,写措施更"硬核",真正把重点写成全文的"重心"。"显写",重点内容在标题、开头过渡语、结束语等显眼位置有更多的显示机会,是一般文字工作所共同遵循的原则,公文这方面的特点更为显著,因为公文更加追求明白、晓畅,把重点内容之"肉"埋入文稿之"碗底"的做法,不仅不值得提倡,还要受到批评。如在前文"重抓AA,BBB""突出AA,BBB"句式中,因为A是B的重点,所以A就得到了在标题上显示的机会。"先写",就是重点内容在位置上尽量往前放,如一篇文章有四个层次,那么重点内容就应放到第一个层次里,享受"头版头条"的待遇,因为受众会有"先入为主"的印象。

（四）协调衔接

公文写作中文稿质量低已让写作者烦心不已，还有比这更可怕的是差错，让人谈"错"色变。因为文稿质量低大多会被领导认为是水平问题，可以慢慢提升，而差错尤其是反复出差错，会被领导认为责任心不强，轻者重罚，重则调岗。公文写作中的差错有很多种，其中有一种并非写作者自己努力就能完全避免。它是文稿中所包含政策、议程、措施、细节等因素，与上下左右单位、前后文稿以及实际工作需要，出现的矛盾、脱节乃至简单重复等差错问题，即使做了认真细致的协调衔接工作，也只能最大程度防范重大差错；工作涉及面更广，防范难度更大，而且一般出现重大失误后，即使写作者没有太大过错，在上级追责时往往会被与相关责任人一并处理。对此，笔者建议在四个时点采取相应防范措施，高质、高效地控制风险。

1.筹备阶段应认真调研，防范文稿方向性差错。在重要文稿的起草筹备阶段有必要认真思考，把文稿的起草放到近一阶段的工作大局中去谋划和考量，特别需要认真开展一些专项调研，弄清近一阶段与拟起草文稿相关的重要文件、领导讲话在实践中成效如何？到底是成功还是失败？如果成功，经验在哪里？如果失败，问题有哪些？基层需要什么样的改进措施？有没有必要新出台文稿？新文稿出台有什么需要注意的方面，等等，这些问题不仅要搞清楚，更要实事求是地吸收，不能掩耳盗铃。只有这样，新文稿才能与以前文稿政策衔接、步伐协调。

2.起草前研阅关联素材，防范准备基础性差错。为了搞清相关情况，写作者至少应提前看阅与会议（活动）相关的方案、文件、表格、音视频资料以及所有领导使用的文稿。如果会议（活动）前后还开展一些相关联的培训、观摩等活动，则也要一并了解相关资料，如主要领导表扬什么，批评什么，等等。文稿写作者不能把这些视为可有可无的素材。实际上，它们与所要起草的文稿密不可分，不仅要高度重视，还要在起草的文稿中予以照应、衔接。否则，写作者所拟的文稿与会议（活动）相关素材出现矛盾、脱节等差错是迟早的事情。前些年笔者所在地方的上级党委政府召开了行风建设大会，视频曝光了一些反面问题。而笔者所在地方在召开这个会议时，却播放了正反典型对照比较的视频。尽管笔者反复强调素材看阅要求，但主笔人员在起草这次会议主持词时，还是没有看阅本地会议播放的视频，而是直接套用了上级的主持词，对正面示范典型错误地要求"引以为戒"，形成了差错，受到了领导批评。

其实，看阅基础资料，不仅可以有效避免差错，还可以开拓写作思路，通过对相关素材的解读、分析和延伸等办法,有效解决无话可说、陈词滥调等问题。如能深入研究,可以提炼出一些新观点。退一步讲,即使提炼出的不是新观点,其针对性和实效性也比"空想"得来的文字实在得多。笔者 2003 年受命为地方政府主要领导拟写一篇农村公路建设现场会讲话稿。会议方案上注明了将在观摩公路建设先进地方后就地召开现场推进会,但笔者并没有认真研究会议方案,为了解绝无话可说的问题,还蹲点公路站 3 天写稿子。结果领导用稿时自己发挥,用很大篇幅表扬和推广先进地方的经验做法。这时,笔者才反省到自己没有认真研究会议方案,给予推进会现场足够的关注,造成了大量关键信息的缺失和浪费。

3. 起草中高度重视变数,防范因素联动性差错。刚接手文字工作时,领导时常告诫笔者一定要高度关注变动的地方。笔者开始不信,后来经过无数血的教训深悟了这个道理——几乎所有的差错都与变数有关,变数与其引发的联动变数的不同步是这种差错的根源所在。就拿前文举的两个例子来说,行风建设会议那事显而易见、无须絮言,公路建设会议那事之所以跟不上领导要求,是因为忽视了在一个地方召开现场会与普通推进会的区别与变动。有经验的文字工作者最后审校的地方一定包括过渡语和标题,这里最常见的差错是文稿中讲"我简要强调三点",而实际文稿写的是四点甚至是五点,这种差错出现的大部分原因在于原来提纲写的是三点,后来正文部分拓展成四点、五点,而过渡语没改过来。可见,文稿写作中"一字动、百字摇"真的不是一句虚话,由变数而引发的联动性差错是大家必须防范的重点问题,而一份重要文稿起草往往涉及的变数众多,实际上为写作者埋下了无数的"地雷",稍不留神就会"触雷"引爆,必须高度重视、严阵以待。

如何高效防范这种差错?笔者建议抓好四个环节:

一是参照模板。笔者有次发现分管人员起草重要活动通知竟把新闻记者等基本要素写漏了,后来查明该人员拟稿时没有使用成熟的模板,而是临时自己拟写的。为此,笔者与他准备了多种类型的成熟模板,遇到不同类型的事情,先用对应的模板打个底,这种模板考虑因素最全面,一般不会再漏基本要素,有效防范了低级差错。

二是主攻变数。任何一个会议(活动)都是共性与个性的结合体,模板只能解决共性和低级差错,无法防范个性变动带来的差错"隐患",必须靠写作者主动"排雷",自己查找这次会议(活动)与以往会议(活动)的区别,到底是时代背景、政策环境、事件本身、人员对象、计划议程变了,还是领导的要求以及群众的诉求变了,并把这些变数在文稿中稳妥地体现出来。这些如果做不好,文稿起草就相当于"盲人骑瞎马"，很容易出差错。

笔者在组织部门工作时，有次牵头组织地方党代会，需要为每两位党代表安排一个午休标准间。经过连续数日日夜加班，筹备人员都已疲惫不堪、头昏脑胀。会前深夜即将把党代表住宿安排手册付诸印刷时，笔者突然想到老领导对自己的忠告——材料临印之前一定要重抓一下变数，于是发动大家回头查一查关键变数，竟然发现一枚"核地雷"：一个镇的党委书记刚刚由男性调整为女性，而我们生搬硬套过去的住宿安排手册，把她与一位男性代表安排在了同一个房间里，幸亏及时发现了这一错误。

三是准备预案。对一些重大变数，尽管已超前防范，但往往还是因为一些难以预知的因素导致出问题。如何防范这个问题？笔者的体会是对重要文稿中重大变数带来的隐患多预想几种意外情况，除了在文稿中认真体现外，还要有针对性地做出预案、做好准备。

四是有所侧重。有些读者感到落实前面要求好是好，就是工作量太大了，想知道有没有提高效率的办法。对此，笔者送给大家两个"法宝"：第一个是锁定关键变数，一看哪些变数已由量变发生了质变，那个党委书记住宿安排的例子就是性别上发生了质变；二看哪些变数与文稿起草紧密关联，关联越紧，越要重视。精准把握并体现这"两看"，就不容易出大的差错。第二个是重抓头尾、放开过程。接到写作任务后先集中时间拿出一份高质量的初稿，然后等会议（活动）要正式开始前再把涉及的所有最新素材完整地过次堂，再进行一轮比照、完善工作，及时消除疑似的矛盾、脱节、简单重复等隐患问题。头尾之间的过程可以不用多管，"让子弹飞一会儿"，因为中间过程变数往往很多，特别是周期长的活动变数更多，全程紧跟写作人员精力上不允许；而且变来变去，往往不到最后定不了，全程紧跟的意义不是很大；不如等会议（活动）正式开始前，全面过堂找出变数，一次性完全调整到位，这样时间利用的性价比更高。

4.临用时征求主办单位意见，防范职责错位性差错。专业的文字工作者所写文稿所涉及的业务一般不属于自己本职业务，而属于其他主办单位，这样就形成了写作部门与业务部门的职责错位，也必然造成双方信息不对称，不仅会造成文稿质量不高，更容易埋下差错的隐患，征求主办单位意见也就成了文稿起草工作的标配。笔者在每年地方政府工作报告起草过程中一般会征求重点部门两轮意见，对普通文稿至少在临用前征求一次主办单位意见。在一次宣传活动开始前20分钟，笔者商请活动主办单位审核主持词，该单位负责人看后表示不需要修改。然而，活动中却发现主持词介绍参加活动领导漏了本地一位重要领导。由于笔者会前商请过主办单位审核,后来受到批评的人员是该单位牵头领导。当然,笔者这样说并不是为了推卸责任,而是通过征求主办单位意见,可提醒其对整个活动或会议安排进行再排查、再过细,共同减少工作差错。所以,提请广大读者务必吸取这个教训,履行必要的征求意见程序。

(五)受众对象

起草和使用者都要主动适应不同的角色与场合需要,调整讲话的角度、方式、方法以及语气等,做到胡乔木在《怎样写文件》中所讲的"因人、因事、因地制宜"。

同样一件事,以不同的角色来讲,说法就不同。如:市建设局写总结写成"开展了×××活动",而市政府写总结时就应写成:"组织建设部门开展了×××活动",多了"组织建设部门"。之所以需要这样,是因为对于公文写作而言,领导主要以什么身份参加一个场合,这就决定了他主要以什么视角看待问题,视角不同,就会导致公文在内容、语气、风格等方面的不同。

如何检验文稿在这个问题上处理得好不好?有一个相对简单的方法,就是事先预想一下,有没有文稿的受众会很不舒服。如果有,那就应注意这个问题。当然,有些人因工作不力被适当地批评,他们有点不舒服,那也是正常的。如果不是这方面原因,只是由于文稿起草不当而让这些受众不舒服,那就应调整文稿的角度,并作相应的修改。在写作实践中,大家主要应把握好四类对象的不同:

1.面对上级。应该以谦恭的语气汇报。古往今来,因公开批评上级领导遭贬的事例数不胜数。即使上级发通知让基层多提建议,也应该非常委婉,甚至可以非公开的形式提出,切勿公开批评。有的地方在向上提合情合理的建议时,也用了这样表述:"能否在条件允许的情况下,恳请帮助解决××事项"。

由于身份的定位带来了视角的定位,即使是赞扬上级,也应该选好角度。有一年,本地政府主官要到省里参加一个有关省级政策措施贯彻落实情况的座谈会。起先,我们把网络媒体对省里政策措施的评价照搬到这份座谈会汇报中来。后来,领导要求我们从基层特别是本地角度来看待省政府政策措施,从省里政策在本地落实的实际情况来感受省里政策措施,并以此角度组织这篇文稿,而不是从媒体或其他的角度来赞扬省里政策。

2.面对平级。应该表现出平和低调、就事论事,不宜高调地提一些过高、过空的要求。如班子民主生活会上的发言就应该平等坦诚,不应高高在上。

笔者有段时间在一个设区市创建办挂职，最大的感受是，要把这个单位的职能定位搞准——即使这个创建办是市委、市政府发文成立的，但在其他市直部门和各县区看来，全市类似的临时性办公室很多，脱去"马甲"，其"正身"就是一个市直部门，其主要负责人就是这个部门的主要负责人，不是市委、市政府领导，所以对各县（区）和其他市直部门提要求不宜过硬、过高，不宜过多地说道理和提一些队伍建设方面的要求。如果某个会议确实需要提这方面要求，可以提请市领导去提，而不是由创建办负责同志自己直接提。

【例6-2-5】

生态创建和创模复核是今年全市的必成目标。下一步，全市要以此为重点，工作目标再聚焦，问题导向再突出，机制体系再完善，<u>迎接新挑战，抢抓新机遇，树立新形象，创造新业绩</u>，以"培塑生态名片，守住蓝天碧水，助推经济腾飞"的实际行动支撑××各项事业上水平、跨台阶。

上例中有下划线的部分，是笔者挂职单位主要领导对内部人员提出的"四新"工作思路。为贯彻和体现这一新思路，笔者就将其拟入了市创建办通报。这份通报的主要受众是各县（区）政府和其他市直部门。最终市创建办领导没有采用"四新"表述。事后，笔者反省其"下架"原因在于，尽管这几句话非常好，但他们是对内、对下级单位所提的要求，如果用于对外、对平级单位提要求，内容就显得有些空，且语气偏硬、调门偏高，更符合市领导的口气，也就不再符合市创建办的角色定位。

3. 面对下级。这里，要区分两个概念：一是下级单位。就是管辖的下级地方或相关部门。如：省级政府下的地级市、县、乡政府以及省级部门。对于下级，当然应把工作要求提到位，要求甚至可以更高些，不仅是可以的，而且也是应该的；否则，就无法带好队伍、推动工作、达成目标。此外，对不在会场的单位尽量不要提要求。除非安排其他在场单位将会议精神传达给那些未参会的单位才行；否则，提的要求就不仅"放空炮"，且还显得不严谨。二是群众。毛泽东同志曾讲过："任何人不论官有多大，在人民中间都要以一个普通劳动者的姿态出现。决不许可摆架子。一定要打掉官风。"（《建国以来重要文献选编（第十一册）》，中央文献出版社，1995年1月）有的村居、社区工作者把服务群众当作管理下级。笔者认为，群众应该是基层单位的服务对象，而不是管理下级。不仅在工作上变管理为服务，寓管理于服务，还要在文稿口气上体现这个特点，不能凌驾于群众之上。

4. 面对没有直接隶属关系的群体。如随着市场化的推进，在法无授权的情况下，政府对辖区内企业直接提要求并不合适，还是用一些"引导""鼓励""支持"等词好些。如"要激励企业加大研发投入，加快技术创新步伐，增强核心竞争力"。

笔者学习了多篇学校邀请成功校友回母校为师弟师妹们鼓劲加油甚至是指点迷津的文稿。这些文稿中有的对师弟师妹们提出了期盼和希望，看似没有大错，但细细品味，还是有些"角色尴尬"——既然不是学校的领导，提出期盼和希望还是有些不妥。相比之下，以《如果时光倒流，我将如何做一名大学生》为题，立足自身毕业以来的体会，谈自己如何重新谋划和安排大学时光，可能更加符合身份。

（六）内外有别

从身份定位这个角度又衍生出一个内外有别的问题。这是因为领导的身份出现了"内""外"的巨大反差，所以，才有必要重点注意与强调。

有时领导在某个场合讲话，要求对他的讲话不作外传。那么，这里的"内"，就是那个场合，可能也是最小的"内"；再大点，一个单位是一个"内"；再大点，对于地球人来说，地球就是一个"内"。可见，"内"与"外"是相对的概念，只是划分标准不同，但只要大家都认同这个标准，那么在那个场合、时间和语境中，"内"与"外"的外延相对清晰，也容易区分。但大家写作时往往却会模糊了界线，究其原因，系被相关因素所干扰，降低了判断的敏感度和准确率。为此，大家要增强识别能力，排除干扰因素，做到内外有别。

我们写一篇地方政府主官在招商项目签约会上的主持词时了解到，为召开此会，事先下发的传真电报明确请一位企业老总现身说法介绍本地投资环境。我们在草拟时没有多作考虑，直接沿袭了传真电报的说法。然后，我们发现领导现场没有照读我们草拟的原话，而改为："请投资客商代表某企业某董事长发言"。后来，我们请教领导为什么要这样改。他讲，我们原来的说法有点让老板来演戏的味道。此时，我们悟到：传真、电报是党政机关内部发的通知，属于对"内"文件；而招商会属于对"外"的工作；把内外弄混了，能不出错？所以，请大家不仅要注意对一般内容的区分，还要防范传真、电报等内部文件所挖的"坑"。

还有比传真、电报更需要注意的问题。某年，本地政府工作报告表扬了某项工作全市领先。当然，这种领先是本地有关单位根据自身掌握情况，作出的自我评价，并非市级层面给予的公开明确。我们认为，既然政府工作报告表扬了，就直接引用到了为本地政府主官起草的一份到市里某个会议上的汇报稿中。后来，领导把这项工作改为"在全市处于前列"——明显降低了调门，并教导我们说，政府工作报告属于内部文稿，其内容没有经过市里明确就要慎重拿到上级层面说，文字表达一定要依据充足。所以，即使是政府工作报告这样严谨的文稿内容也要注意引用的内外有别，不能直接"拿来主义"。

（七）明暗有分

这个问题与内外有别有些相近，但也不完全相同。内外有别主要讲的是范围的问题，这里讲的是明显程度的问题。这个问题需要注意的是，有些事情要明确、具体、详细地讲明白，比如发一个普通的工作通知，就需要讲清什么时间、什么地点、什么人，还有什么注意事项，等等。对重要而又太过琐碎的事情，可以附件的形式加以表述，以不影响正文的简洁、明了风格。

但对一些敏感尤其是带有负面性质的事物，要格外谨慎。对一些不需明说、不便明说的事情，可不在文稿中明说，只是点到为止，具体层面不展开，有点古人"微言大义"的意味；实在担心有关单位不能完全理解文稿意图的，可在请示相关领导同意后电话告知，不宜自作主张，直接见诸文字。

笔者这方面有过一个体验。某年，市委、市政府准备召开全市某项创建工作推进会议，需要一个县就网上重大舆情的后续处置作表态发言。我们认为需要在会议通知中注明表态发言的内容，以便该县提前有针对性地准备。然而，市创建办主要领导却表示，网上舆情过于严重，不需要通知表态内容，该县也会心知肚明。结果，该县果真"不用扬鞭自奋蹄"，着重就网上舆情应对作了很好的表态。现在看来，公文写作文字表述也并非所有内容都要"大白于天下"，这依据的不是什么金科玉律，而是实际工作需要。

（八）褒贬轻重

公文写作虽然需要导向鲜明、褒贬分明，但一般真正下笔时，还是需要"表扬多一分"，尽可能多些鼓励乃至表扬，以弘扬主旋律、传播正能量；"批评减两分"，能不批评的尽量不批评；非批评不可的，也要精准把控频率和力度，有时还要转换角度，防止被批评对象"破罐子破摔"，更要避免群体性的"破窗效应"。这里的"贬"不仅包括点问题、指不足，也包括通过带有"负能量""暗物质"的词语来提要求；而"褒"正好相反。具体可采用五种方式：

1."贬"话"褒"讲。把原来点出问题换成正面提要求。如原表述为"目前个别部门还在向组委会办公室要求增经费、加人手。借这个机会，我想强调一下，对已经下发的活动实施方案，原则上不作变更"。后来改为"各有关单位要发扬自力更生的良好传统，主动克服经费不足、人手不够等问题，确保圆满完成各项任务"。

2."重"话"轻"讲。把原来语气较重的话换成语气较轻的话或者语意淡化的修辞手法。如原表述为"克服消极思想：一是克服理想迷失；二是克服急功近利；三是克服贪图安逸"，后来改为"倒掉思想'鞋帮'里的'沙子'，让自己走得更快更远：一是倒掉理想迷失的'沙子'；二是倒掉急功近利的'沙子'；三是倒掉贪图安逸的'沙子'"。"鞋帮"里的"沙子"不是很严重，却让人很不舒服，用来写作消极思想，既委婉说明了问题，也增强了表达效果。

3. "直"话"曲"说。公文正常内容可以"直述不曲"，但若直白表达容易制造矛盾，就必须绕着弯子说。某单位的主要领导想让其他领导班子成员每天汇报一下工作开展情况给他看。这实际上是主要领导加强对副职领导监督的一种方式，或多或少会让一些副职领导感到不太舒服。单位主要领导想就此发份上报通知，如果"直述不曲"，那么上报的目的就应表述为"为了单位主要领导准确掌握每位副职领导每天工作开展情况"。如果真这样通知，那么会显得太直白，而这样写："为了领导班子成员之间相互借鉴每天工作开展情况，促进共同提高。"就少了些辛辣之味，多了许和谐之音。

4. "反"话"正"说。将原来从反面批评、问责的话，换成从正面引导、关爱的角度话，会让人如沐春风。笔者起草过一段话："要通过约束来保护干部。我们一直强调要关爱、信任干部，但关爱不能溺爱，信任不能代替监督。大家要认识到，生态文明建设上的刚性约束机制，既是对生态的保护，更是对干部的关爱；对今天的干部约束得越严，就是对干部的明天关爱得越深。市纪委、监察局等部门要严格按要求参与和组织环境保护综合督察和'督政'工作，对生态文明建设上有'亚健康'问题的单位和人员，通过约谈、诫勉谈话等警示工作，经常性地'扯扯袖子''拎拎耳朵'，使生态事业健康发展，助力党员干部健康成长"。其中，把对干部的约束写成了对干部的关爱，就是"反"话"正"说，充满了人性关怀。

在中国人的语言习惯中，在"虽然……但是……"句式中，"但是"后面的内容才是真正想表达的意思。所以，为减少表达中的"负能量"，可以将这一句式中的内容前后倒装。如这样一句话："虽然指标总分排名全市前三，但仍有个别指标垫底。"换成振奋人心的话，可以说成："虽然个别指标全市垫底，但目标总分排名仍然取得了全市前三的好成绩。"

5. "褒——贬——褒""汉堡"。"团结——批评——团结"方针，是我党处理人民内部矛盾的一条基本原则和方法。与之相应，可以采取"褒——贬——褒"方法，如还拿前面倒装那句话为例，可以写成："去年指标总分排名全市前三，但仍有个别指标垫底。相信通过扬长避短、争先进位，今年一定能取得更好成绩。"

这种写法有点像"汉堡",不仅能把"负能量"包裹得更严些,也让"正能量"弘扬得更足些。

(九)虚实把握

实写,就是相对具体、直接、完整地表述事物本身,"说事"成分多;虚写,主要指"概其本身",或"讲其意义",或"取其别称",或与其他事理并论,"说人""说理"的成分多,具体、直接、完整地表述事物本身少。这不是说虚写就不"说事",只是其更多地从思想认识、打好基础、开拓创新、组织领导、打造标杆、取长补短等角度写事物,这些角度是所有事物都可以选择的角度。所以,从这个层面来看,实写是从个性的角度解读事物多,虚写是从共性的角度解读事物多。可见,两者都在展现事物,只是"取景"方式与范围不同。

影响虚实写法的因素主要有以下几点:

1.篇幅的容量。如果谈项目,实写,主要写抓哪些具体项目、质效、进度等方面要求如何,怎样进行要素保障等,这样,篇幅压缩难度相对较大;而虚写,重点从思想认识、方式方法、组织保障、长效机制等方面,写如何抓项目,篇幅更容易把握。所以,如果篇幅容量大,更适合实写;反之,更适合虚写。

2.内容的性质。素材内容,尤其是一些问题不适宜实写具体的点,只能采取虚写的办法。如笔者在为某市分管副市长拟写创模复核工作讲话时就遇到了这类问题。由于多方面原因,领导要求我们不要写每个创建问题的表现和原因。为此,我们对这些问题进行了虚写,并宏观地提了些要求,请见下例。

【例6-2-6】

(二)省××厅反馈的重点问题整改工作要确保得到上级认可。7月份创建复核省级技术审查结束后,省××厅集中反馈了7个方面重点问题。各县(区)、市各有关单位要按照分工切实加以解决。县(区)层面,各相关县(区)要全面履行主体责任,积极主动完成任务。市级层面,对市区备用水源地建设问题,请市××局、××局共同牵头解决;对城镇污水处理厂污泥处置问题,请市××局牵头解决;对生活垃圾填埋场运行管理问题,请市××局牵头解决。市直相关部门一定要在牵头整改好重点问题的同时,做好向省争取汇报工作,确保取得理解和认可,不影响创模复核省级预评估。

3.载体的类别。不同会议(活动)上的不同文稿,同样谈某项工作的问题,从工作动员会、工作推进会、工作例会、问题交办会到突出问题剖析会上讲问题的文稿,总体上虚写成分越来越少、实写成分越来越多,尤其是突出问题剖析会,一般应该把突出问题的表现形式、影响及原因等说清说透，展现出实写的特点，而其他会议则要按梯次"虚"一些。

4.领导的身份。某年，笔者参与了某市生态文明建设大会市委书记讲话稿（【例6-2-7】，以下简称"书记稿"）的草拟工作和市长讲话稿（【例6-2-8】，以下简称"市长稿"）草拟工作的讨论。一个会议上两位不同身份领导同时讲话，很容易出现内容简单重复、逻辑矛盾甚至角色错位等问题。为了帮大家搞清两份文稿的区别，笔者列出了对比表格（表6-1）。为了方便对比，节省本书的篇幅和大家的阅读时间，笔者统计出了两稿各主要层次的字数。

【例6-2-7】

×××市委书记在全市生态文明建设大会上的讲话（摘要）

一、立足新起点、践行新理念，切实增强发展生态文明的政治思想自觉（计1392字）

二、秉持高定位、追求高质量，牢牢把握推动绿色崛起的关键重点环节（计3522字）

……对于××而言，就是要坚持"生态优先、绿色崛起"战略取向不动摇，落实"四个决不"要求，努力实现"三争"目标，真正使生态绿色成为支撑××科学跨越发展的最大品牌和核心竞争力。"四个决不"，即决不以牺牲环境为代价去换取一时的经济增长，决不走"先污染后治理"的老路，决不以牺牲后代人的幸福为代价换取当代人的"富足"，决不在面临经济下行压力形势下拉开环保"闸门"。"三争"，即苏北争先进，生态文明建设总体保持苏北领先水平，率先建成国家生态市和全国生态文明先行示范区；全省争进位，生态环境质量主要指标每年在全省位次持续前移；全国争特色，形成一批在全国有位置、有影响的亮点工作和创新做法。

（一）善于留白，舞好规划龙头。……

（二）注重治本，转变发展方式。……

（三）坚持为民，提升环境质量。……一要加强化工园区整治。对全市化工园区，在项目准入、产品储运、环境监控和应急响应等方面，实行全方位整治、一体化建设，严格做到"三个一律"，即超标排放的企业一律限期整改，限期整改不达标的企业一律停产整治，低于准入"门槛"的项目一律不得引进，确保整治好、管得牢、保长效。二要……三要……四要……五要……

（四）打牢基础，开展创建活动。……

（五）强化保障，深化改革创新。……

三、强化严约束、落实严责任，合力绘就建设美丽××的精彩现实篇章（计1399字）

（一）关键少数要起到关键作用。推进生态文明建设，各级领导干部责任最大、作用最关键。"关键少数"要起关键作用，首先必须树立正确的"三观"：一是政绩观。市委、市政府将加大生态文明建设在全市科学跨越发展目标考核中的权重，各级领导干部尤其是主要负责同志要切实强化"以推进生态文明建设为荣，以阻碍生态文明建设为耻"的观念，进一步形成"敢抓生态文明是贤人，会抓生态文明是能人，引进落后产能是庸人，纵容污染扰民是罪人"的共识。二是实践观。按照省委提出的生态资源家底清、环境问题症结清、建设生态文明路数清的"三清"要求，切实增强本领，既当好"首席演奏家"，又当好"指挥家"，带领各级党员干部把中央和省里的"设计图"、"路线图"变为××的"作战图"、"施工图"。三是用人观。按照省委"强化鲜明的工作导向和用人导向"的要求，真正在生态文明建设上做到"谁出问题就曝光谁，谁不负责就没地位，谁不作为就换岗位"，加快营造"贤者提、能者上、庸者让、弱者下"的用人格局。

（二）责任主体要做到履职尽责。针对中央层面提出的党政同责、领导干部自然资源资产离任审计、损害生态环境终身追责等责任要求，时任省委罗书记在全省生态文明建设大会上特别强调，"这在江苏必须坚决落实到位"；"主体责任与监督责任要分开，治污职责与环保执法不能混同"；"要坚持党委政府对本地区生态文明建设负总责，环保部门牵头抓督查抓执法，相关部门既要管业务，又要管治污，坚决杜绝推诿扯皮现象"。具体到××，要严格实行在生态市创建过程形成的"各县区属地包干、市直各生态文明建设成员单位条线包干，牵头单位与配合单位共同担责"等成熟机制，环保部门要针对全市突出环境问题，加大督查巡查、执法监管力度。为了加强对生态文明建设工作的组织领导，市级层面已经成立了专项工作领导小组及其工作机构，县区、乡镇也要成立相应工作班子，整合资源，充实力量，发挥好组织、协调和督查的职能。各相关责任主体单位要切实履行好包干主办、配合协办等责任，形成广泛联动、密切协作的强大合力。目前市里正在研究出台今年生态文明建设重点任务行动方案，对近阶段"十大行动"进行项目化，累计排出重点项目224个，每个项目都明确了项目内容、责任单位和进度要求。从今年开始，每半年通报一次进展情况，每年对进展快的单位进行表彰；由于人为因素造成进度差欠年度目标较大的单位要书面向市委、市政府说明原因，并在下一个年度弥补差欠的进度。

（三）奖惩机制要发挥关爱效能。……

（四）舆论宣传要讲好生态故事。……

【例6-2-8】

×××市长在全市生态文明建设大会上的讲话（摘要）

一、充分肯定"十二五"生态文明建设取得的重大进展（计1822字）

一是落实了生态优先理念。……二是优化了生态空间格局。……三是提升了绿色发展水平。……四是完成了污染治理任务。……五是营造了生态建设氛围。……

尽管全市生态文明建设取得重大进展，但对照上级要求，对照群众期盼，仍然存在着一些矛盾和问题，集中表现在三个"较为突出"：……

二、科学谋划"十三五"生态文明建设总体思路和目标任务（计1394字）

加快全市生态文明建设，按照省委、省政府的决策部署，牢固树立、自觉践行新发展理念特别是绿色发展理念，以"打造增长极，共筑崛起梦"为统揽，以科学规划为引领、以污染防治为重点、以结构调整为主线、以风险管控为手段、以生态文化为支撑、以改革创新为动力，加快建设"天蓝风清、水净湖秀、草绿地美"的新××，推动××向着更高层次科学跨越发展奋力迈进。

未来五年，全市生态文明建设的主要目标是：到2020年，城市空间规模得到有效控制，生产空间、生活空间、生态空间布局明显优化，生态红线区域占国土面积不低于21.14%；单位GDP能耗每万元低于0.52吨标煤，万元工业增加值用水量降低到15立方米以下，空气环境质量优良天数比例达到85%；地表水水质优良比例不低于80%，县级以上集中式饮用水水源水质优良比例达到100%，耕地土壤环境质量总体保持稳定，自然湿地保护率达到50%，生物多样性得到有效保护；建成国家生态市和全国生态文明先行示范区，积极争创国家生态文明建设示范市。

围绕上述目标任务，要重点谋划和做好以下六个方面的工作。

一是以科学规划为引领，全面优化国土空间格局。……

二是以污染防治为重点，持续改善生态环境质量。……

三是以结构调整为主线，推动绿色低碳循环发展。……

四是以风险管控为手段，切实保障生态环境安全。……

五是以生态文化为支撑，形成全民共建共享氛围。……

六是以改革创新为动力,健全生态文明制度体系。……

三、扎实做好2016年生态文明建设重点工作(计3359字)

2016年……重点开展"十大行动":

(一)开展化工园区专项整治行动。化工园区既是××经济的重要增长点,也是环保工作的薄弱地带,整治工作迫在眉睫。首先,在综合整治上,要着力做到"四个强化":一是强化园区集中式污水处理能力建设,严格落实"一企一管"明管接入污水处理厂,实行污水集中处理;二是强化集中供热供气系统建设,确保园区企业供热供气管网尽快接入到位;三是强化视频监控平台建设,建立集污染源监控、工况监控、环境质量监控和图像视频监控于一体的园区数字化在线监控中心;四是强化卫生防护距离内敏感目标拆迁安置。其次,在执法监管上,超标排放的企业一律限期整改;限期整改不达标的企业一律停产整治;低于准入"门槛"的项目一律不得引进。最后,在督查问责上,市政府督查室和市环保部门要加强督查、定期通报,对整治工作缓慢或逾期不达效果的,要启动问责机制。

(二)开展大气环境质量提升行动。……

(三)开展水环境质量提升行动。……

(四)开展土壤环境污染防治行动。……

(五)开展环境风险防控行动。……

(六)开展空间优化和生态修复行动。……

(七)开展生态文化培育行动。……

(八)开展体制机制改革创新行动。……

(九)开展产业结构转型升级行动。……

(十)开展生态文明示范创建行动。……

四、全面落实生态文明建设的各项保障措施(计667字)

一要强化组织领导。推进生态文明建设,必须构建党委政府主导、部门协同作战、社会广泛参与的工作格局。市生态办要切实发挥牵头抓总、统筹协调作用,分解落实任务,抓好督查考核。各级党委、政府是本辖区生态文明建设的责任主体,要落实党政同责、一岗双责、"一把手"亲自抓、负总责,构建起一级抓一级、层层抓落实的工作机制,真正把责任落实到位,把压力传递下去。市各有关部门要切实担负起生态文明建设责任,加强协调配合,形成工作合力,确保各项工作落到实处、抓出成效。

二要强化要素保障。……

三要强化项目支撑。……

表6-1

稿件类型	书记稿	市长稿
讲话顺序	后讲	先讲
篇幅	略短（共6313字）	略长（共7242字）
务实（具体业务方面）篇幅	约3800字	约6000字
务虚（讲认识、责任和纪律等方面）篇幅	约2500字	约1200字
五年规划	提出战略取向、定位性的奋斗目标	提出主要指标上的工作目标
是否谈用人导向	是	否
是否谈责任	是	是
是否谈追责	是	是
是否谈奖惩	是	否
语气轻重	重	轻
文字表现力	感染力更强	力求平实
组织推动力度大小	大	小
高度	高	低

从上面两篇例文以及对比表格中，大家不难看出，一般来讲，在同一个会议（活动）上，级别高或排名靠前的领导用稿概括起来讲具备四个特点：一是"表述虚"。"说事"会适当拓展、联系，涉及范围较大，但对所涉及业务工作讲得比较宏观，同样讲化工园区整治，书记稿只设置了一个三级标题，进行简要强调（见书记稿中下划线部分）。二是"篇幅短"。篇幅虽然相对较短，如书记稿为6313字，但有"秤砣虽小压千金"的功效。三是"高度高"。如果会议（活动）所要推动的工作非常重要，甚至会提出未来一阶段的工作战略取向、定位性的奋斗目标（见书记稿中双下划线部分）；思想认识、责任明确、表彰奖惩等"说人""说理"方面强调较多，同样都讲责任主体，书记稿设置了二级标题，进行具体阐述（见书记稿中波浪下划线部分）。四是"要求严"。语言感染力更强，强调责任、奖惩方面的语气比较重，甚至就用人导向进行强调（见书记稿中文字加粗部分）。

与前文相比而言，级别低或排名靠后领导的用稿概括起来讲具备四个特点：一是"表述实"。"说事"不扩大外延，涉及范围较小，但对所涉及业务讲得比较具体、详细，如讲化工园区整治，市长稿设置了二级标题，进行具体表述（见市长稿中下划线部分）。二是"篇幅长"。由于具体、细致，所以篇幅一般较长，市长稿为7242字。三是"高度低"。虽然也提出未来一段时期奋斗路径，但仅限于一般性的工作思路和指标性的工作目标（见市长稿中双下划线部分）；讲思想认识、责任追究和奖惩兑现等"说人""说理"内容较少，如市长稿讲责任主体，连三级标题也没有设置，只是放在段内简要地讲了下（见市长稿中波浪下划线部分）。四是"要求平"。语气偏轻，语言文字平实，尤其没有在用人导向方面提要求。

综上，级别高或排名靠前领导的用稿更有虚写的特点，而级别低或排名靠后领导的用稿更有实写的特点。请大家注意体会与借鉴。

（十）感情色彩

喜庆、治丧等一些特殊活动上的发言和致辞稿，应该多用些富有感情色彩的语言，以增强表现力和感染力。

这里就离别之情和哀悼之情再各举一例。

【例6-2-9】这是离任时的依依惜别之情。以下文稿为摘要。

很快又到了丰城人称为"龙船水"的季节了。是夜，我和几位老朋友和着绵绵细雨，伴着阵阵薄雾，游丰水湖，赏状元楼，登和合塔，竟是如此的美妙和惬意。明天我就要离职履新了。十一年来，我与丰城的父老乡亲、与丰城的山山水水结下了不解情缘；十一年来，我已视丰城为自己的故乡，视自己为丰城人。此番离别，似有千言万语，又不知该从哪里说起。就让我借用三句话以表达我对这片热土的深情眷恋、对全市人民的真诚谢意！这都是我的内心感受，是我的真心、真情和真意。

第一句话：我是丰城人民的儿子，我深情地爱着丰城和丰城人民。这是借用小平同志的一句话来表达我的桑梓之情。……借此机会，我向长期以来关心、支持、理解、信任和帮助过我的各级领导、离退休老同志和各位同仁同事及社会各界人士、丰城的父老乡亲们，表示崇高的敬意和衷心的感谢！

第二句话：为什么我的眼里常含泪水？因为我对这土地爱得深沉。这是大诗人艾青的名句。今天，我和同志们深情告别，和丰城人民深情告别，和这方热土深情告别，我更读懂了它所蕴涵的深情！丰城培养了我，考验了我，锻炼了我。我忘不了在这片热土上和大家工作的日日夜夜，忘不了大家的关心支持，忘不了大家的深情厚爱。……我要感谢大家像朋友、像亲人一样，理解我，支持我，帮助我，维护我。这是我人生中最难忘的一段岁月，是我事业中最宝贵的一段经历，是我工作中最愉快的一段光阴。

第三句话：如果可以选择，我愿意永远做丰城的孺子牛。俗话说："铁打的营盘流水的兵。"我也懂得，事业是永恒的，干部是流动的。……有很多的如果，但我现在最想要的如果就是，如果可以选择，我愿意永远和丰城人民在一起，我愿意不断地修正自己、提高自己，永远为丰城人民服务。

……

巍巍紫云山，草木皆含情。此时的我与同志们深情话别，与丰城人民依依惜别，感情上实在难以割舍，甚至有些伤感。但今后无论走到哪里，我都会以丰城为荣，都会深深珍藏一份丰城情结，永远感念丰城，热爱丰城，情系丰城；丰城的每一步发展，我都会关心、支持；丰城的每一点变化，我都会高兴、喜悦；丰城的每一个胜利与成功，也都会带给我无穷的动力和无限的鼓舞。

衷心祝愿丰城的明天更加美好！

衷心祝愿丰城的人民幸福安康！

衷心祝愿同志们身体健康、工作顺利、阖家幸福！

（十一）深浅境界

王梦奎在《文章写作十二题》中讲，文章有四种境界：深入浅出、深入深出、浅入浅出、浅入深出。其中，深入浅出是最高境界，也最难。没有对所述事物的深刻认识做不到"深入"，没有深厚的文字功底不可能"浅出"。

有的读者可能会问：如果不注意受众对象，任性地使用语言，会有什么样的后果呢？这里说一个小笑话，期待读者们在笑声中有所感悟。古时有个秀才冬天买柴，对卖柴人说："荷薪者过来！"卖柴人听不懂"荷薪者（担柴的人）"，但听得懂"过来"，于是把柴担到秀才前面。秀才问他："其价如何？"卖柴人听不太懂这句话，但能勉强听懂"价"字，于是就告诉秀才价钱。秀才接着说："外实而内虚，烟多而焰少，请损之（你的木柴外表是干的，里头却是湿的，燃烧起来，会浓烟多而火焰少，请减些价钱吧）。"卖柴人因为听不懂秀才的话，于是担着柴就走了。秀才只能在瑟瑟寒风中无奈地摇头。

公务文稿根据受众特点，在专业性很强的场合可用专业名词和术语，如果面对的是普通大众，就应"接地气"，多讲"普通话"，切忌讲生僻、深冷的话。

关于深入浅出，笔者就不"深入"班门弄斧了，怎么做才算"浅出"？笔者理解应有三个标准：

1.听得明白。"满而不溢、亏而不馁的创业精神"不如改为"胜而不骄、败而不馁的创业精神"，更让人容易懂。垃圾分类带有一定专业性，很多人不太懂。有的地方总结推出了"猪猪分类法"，简单易懂：猪可以吃的就是湿垃圾，猪都不要吃的是干垃圾，猪吃了会死的是有害垃圾，卖了能换猪肉的就是可回收物。

2. 感到亲切。用一些与受众特别是广大群众日常生活紧密相关的事物来说明道理，不仅让人容易理解，还倍感亲切。

3. 记得牢固。很多文稿采用主题鲜明的文眼以及缩略语等，重要目的在于让受众容易记住。

（十二）余地掌握

从笔者的实践中看，文稿预留空间一般出于两种考虑：

一方面，怕话说得太死，后期没有操作空间。越是大领导，讲话越是在鼓舞性和倾向性中留有合理的空间。这由他的身份所决定，讲话带有很强的鼓舞性和倾向性，才能组织和引导受众，向着他所希望的方向奋力前进，但如果把话说死，又会将自己逼到死角，最终因为无法兑现而失信于人，尤其在用人等关键问题上更是如此。大家经常听到一些地方主官讲，要"以实绩论英雄""有为才能有位"。这些话听似掷地有声，其实还是有操作空间的。什么是实绩？什么算有为？这些语言都还有操作空间，至少没有量化标准。有的读者对此可能还不太理解。如果这位主官讲"年度目标考核前三名的单位主要负责人予以提拔"，你能否看出两者差距？写作实践中，领导喜欢加一些增加可操作空间的词语，如"原则上""总体上""一定程度""逐步"等。【例6-2-10】中"属于"不如改为"青睐"更有可操作空间、更加准确。

【例6-2-10】

机遇总是偏爱有胆有识、激情澎湃的人，总是垂青视野开阔、思想解放的人，总是属于志向高远、勇创大业的人。

另一方面，定方向，不定具体，以不变应万变。过去有段时间我国各地发放房产证的部门名称未统一，有房产局、住建局、住建房产局、国土房产局等多种叫法。那么上级对这些名称未统一的部门该怎么表述呢？答：各地主管房产发证的部门。这就是以不变应万变。

这种情况还出现在一些应急预案中。下例是两份安全应急工作领导小组成员名单。前者直接把领导小组成员定得很具体，优点是明确到人，缺点是如果其中人员职务、岗位或分工调整了，就要跟着调整名单。后者只定岗不定人，虽没明确到人，但明确到岗，出现应急情况可"按岗找人"，不需要再调整文件，可操作的空间余地就大得多，特别是中央八项规定要求精减"文山会海"后，这种写法得到了更广应用。

【例 6-2-11】

稿一：

组　　长：张××　市委副书记、市长

副组长：李××　市政府副市长

成　　员：孙××　市公安局局长

　　　　　赵××　市生态环境局局长

　　　　　钱××　市经信委主任

　　　　　孟××　市交通运输局局长

　　　　　王××　市财政局局长

稿二：

以市政府主要领导任组长，市政府分管领导任副组长，市公安、生态环境、经信、交通运输、财政等部门主要负责同志为成员。

（十三）吸引力拿捏

再好的内容都要考虑受众的特点及其喜欢的接受方式。有些所谓"高人"，讲了半天，受众反应冷淡，还抱怨受众层次太低，自己"对牛弹琴"。其实，在这个问题上，真正的"牛"，不是受众，恰恰是这些所谓"高人"，是他们清高地上演了一幕幕"牛对人弹琴"的闹剧。那么，如何增强文稿的吸引力呢？可从以下几个方向努力：

1. 平视群众。平视群众，而不是俯视群众。

2. 拉近距离。多讲与受众切身利益相关的人、事，深入挖掘该单位典型人物和典型事件，如文稿在 A 地使用，那么最好多用 A 地的例子，以拉近距离。同时，要注意吸收受众相对集中的意见和建议，尤其要尽可能通过互动交流等方式，提高群众的关注度和参与率。互动交流不仅适用于现场，也可是书面甚至网上（如微信、微博等）；互动不仅适用于事中，也可是事前和事后。

3. 全程把控。除文稿开头要抓住人外，过程中也要稳住人，结尾更要震撼人，既不虎头蛇尾，也不把结尾部分作为"胡萝卜"吊着受众的胃口，过程硬塞了太多废话，现在很多"标题党"文章就有这种毛病。

4. 讲究方法。胡乔木在《怎样写好文件》中点出了增强生动性的几种方法：讲究修辞；有些情绪，如正面反面对照；引用古话，增加些色彩；格式有些变化（曲折、波澜）等。此外，笔者认为，有的场合还可适当用些幽默语言。值得提醒的是，生动性要注意场合和文种的不同，在一些严肃、庄重的场合和重要的工作报告中，不宜滥用生动写法。

5.多用实例。受众更容易接受把道理或抽象要求融入实例，多用实例可有效增强表达效果，尤其是耗时较长的培训活动，更适宜运用例子来吸引受众的注意力。2016年笔者听了一次消防方面的讲座。讲座的开头部分连用了5个火灾实例，"有图有视频有真相"，会场秩序很好，但随着后面的讲座没了实例，受众觉得内容枯燥，会场秩序状况开始下滑。而同年笔者参加的一次党风廉政建设培训，尽管内容更为严肃，但几乎全程以案说法、以例讲纪，会场纪律一直非常好。可见，实例不仅要多用，且要尽量把实例均衡地分到文稿的各部分，以避免出现虎头蛇尾的现象。

（十四）篇幅长短

中央八项规定剑指"文山会海"，特别是中共中央办公厅就解决形式主义突出问题连续下发两份通知后，很多地方对公文"虚胖症"开刀，甚至按分类原则性地规定了文稿篇幅。笔者听到最多的是基层对这一规定的热烈掌声，他们感到现在不仅文件数量少了，文稿也"减肥"了，为他们抓落实腾出了更多的时间和精力。

然而，笔者也听到个别人说，文稿写多长应该根据内容来决定，不宜人为设"条条框框"。他们的反驳有依据吗？有一定依据。关于文章的长短标准，古往今来，无数名人大家确实都在遵循着《庄子》的经典表述："凫胫虽短，续之则悲；鹤胫虽长，断之则哀。"具体到公文写作，就是要根据内容需要，有话则长，无话则短。请允许笔者暂且称其为"内容标准说"。按照这个逻辑，既然内容有需要，那么篇幅就可以名正言顺地长一些。这似乎没有破绽。

然而，再往深究，笔者发现一个大的悖论：如果"内容标准说"管用，为什么公文"虚胖症"屡禁不止呢？笔者认为，"内容决定标准"看似客观，实则却易受制于文稿使用者的主观想法，他认为内容重要，就可以多说。也就是说这个标准能否执行好，主要取决于使用者的"自律"意识。

光是"自律"有用吗？那又怎样解决这个问题？笔者目前所能想到的办法只有一个：在使用"内容决定标准"的同时再使用另一个标准——"受众需求标准"，这个标准的依据笔者在本书第三章做过介绍，既然文稿写作要对受众负责，那么在篇幅上也应该符合受众需求了。

有的读者可能还在怀疑受众的需求真的这么重要吗？笔者用两个亲身体验回答这个问题：一个体验是：本地搞歌舞晚会前一般会邀请地方主官作一个致辞，其实，这份文稿一般不超过3分钟，可谓比较短了，但会场里有人迫切盼望演出，还是觉得领导讲话太长了。另一个体验是：小孩高考分数下来后，笔者参加学校举办的家长填报志愿辅导会；出于对没有经验的恐惧，自己总期盼辅导老师能多说点，于是，两小时的辅导会转眼即逝。

"受众需求标准"说穿了就是"他律"的一种措施。如还有个别领导不认真执行这个标准，该如何处置呢？笔者建议，将压缩"文山"（包括领导讲话时间）成效，长效纳入体制内各单位党风廉政建设考核，邀请群众代表开展评议，逐步把"他律"抓成"铁律"。

三、结构关系：类别不止于常规三种

本章所讲结构，不仅包括文稿的大结构，也包括文章内部各种层次的小结构。很多文章只讲了并列、递进、综合三种基本结构。笔者认为，可以分得更细些，尤其是递进结构可分得更细，有利于读者更好地认识、区别、运用文字组合形式，为各种内容"穿上"更为"合身"的结构。这里重点介绍以下几种关系：

（一）并列关系

反映的是各部分对主题表达具有相近的作用。这种结构最常用，应把重要内容往前放、次要内容往后放，防止内容交叉和重复等问题。

【例 6-3-1】

一心为民的好书记（提纲）

一、班子团结——我来带

二、致富路上——我来领

三、为民办事——我来干

四、弘扬正气——我先行

（二）递进关系

反映各相关内容在事物大小、轻重、缓急、先后、点面、深浅、高低、远近、表里等方面，对主题表达有一个渐进变化的过程，其顺序一般不可颠倒。以下几种属于递进关系：

一是专项工作布置讲话一级标题：提高认识；抓好重点；组织保障；

二是党委或政府工作报告一级标题：去年工作总结；今年主要工作任务；队伍建设；

三是后面层次对前面所有层次的内容进行了包容或升级，有点像套娃，故笔者暂称其为"套娃式"结构，这里提供两个例子，前例重复的地方可看到，后例用代称替代重复的地方，使文字更为简约。

【例6-3-2】本例讲的是学习积累方面的做法。

"1.0版本"：多看理论；

"2.0版本"：多看理论，多记体会；

"3.0版本"：多看理论，多记体会，多做调研；

"4.0版本"：多看理论，多记体会，多做调研，争取多发表文章。

【例6-3-3】本例系唱歌气息练习中的部分动作步骤。

1. 深呼吸3次，保证呼、吸两个动作都要充分。

2. 重复1的动作，呼还是5秒，吸就越短越好。

3. 将2的动作重复三次，只是不呼不吸，屏住一口气（此时气息不动，只有肌肉工作）。

（三）条件关系

反映的是要实现主题，后一个方面必须以前一个方面为条件的组合关系。当然，这也可归为递进关系，是其中的特例。以下几组属于条件关系：

一是学习教育活动方案：组织发动；学习培训；问题查找；整改提升；建章立制；

二是专项工作实施方案：准备动员；组织实施；总结上报；建章立制；

三是专项工作布置讲话中组织保障部分：明确责任；紧逼督查；严格考核；兑现奖惩；

四是事故问题调查处理总结：调查问题；挖出原因；对症处理；总结建制。

（四）因果关系

为实现展示主题需要，对主要原因（主要经验）、重点措施、亮点成绩等依次进行表述。但在一般工作总结中，为了突出亮点成绩，会将其前置，然后再介绍重点措施及主要原因（主要经验），形成了因果关系的倒装。

（五）对立关系

为强调和衬托主题，特意安排存在矛盾、排斥和中和等关系的组合，如：虚心使人进步，骄傲使人落后。

（六）综合关系

对上述多种关系进行综合运用，可以简单理解为三类：

一是单一综合关系。相对简单的综合关系，如：实施"蓝天工程"，加强空气污染治理；实施"碧水工程"，加强水污染治理；实施"净土工程"，加强土壤污染治理；实施"绿盾工程"，加强联合督促检查。前面三个层次是并列关系，它们整体上与第四个层次又形成了递进关系。

二是多重综合关系。常见于党委或政府工作报告，其一级、二级乃至三级标题呈现出多样的组合关系，总体上呈现出多重、复合特点。如很多政府工作报告一级标题总体属于总结去年工作、部署今年工作、队伍建设的递进关系，总结去年工作部分往往采取展示去年工作成绩、总结工作经验的因果关系，队伍建设及部署明年工作部分，往往从多个方面展开，一般还属于并列关系，整个报告整体上呈现出多重综合关系。

三是双层综合关系。这是多重综合关系中的特例，如《中共中央 国务院关于加快推进生态文明建设的意见》，其一级标题序号从一排到九，二级标题序号从（一）排到（三十五），形成鲜明的"双层"特色。请看该文的摘要。

【例6-3-4】

一、总体要求

（一）指导思想。

（二）基本原则。

（三）主要目标。

二、强化主体功能定位，优化国土空间开发格局

（四）积极实施主体功能区战略。

（五）大力推进绿色城镇化。

（六）加快美丽乡村建设。

（七）加强海洋资源科学开发和生态环境保护。

三、推动技术创新和结构调整，提高发展质量和效益

……

八、加快形成推进生态文明建设的良好社会风尚

（二十九）提高全民生态文明意识。

（三十）培育绿色生活方式。

（三十一）鼓励公众积极参与。

九、切实加强组织领导

（三十二）强化统筹协调。

（三十三）探索有效模式。

（三十四）广泛开展国际合作。

（三十五）抓好贯彻落实。

四、一个会议多个议题：讲话稿主干部分合不如分

对一个会议上有两个以上议题的，如 A、B。如 A 包含着 B，则可作为一个议题 A 来处理，只是在其中多讲些 B 就行了。如果两者就是平行关系，那最好主干部分分开讲，其他部分合起来讲。如某领导在全市生态创建创模复核推进暨秋季秸秆禁烧禁抛与综合利用工作会议上的讲话，就是典型例子。

【例6-4-1】

提纲一：

一、通过各方共同努力，全市生态创模和"两禁一用"工作有了新进展

全市生态创模和"两禁一用"工作小结、存在问题和面临的新形势，需要从认识上再提高。

二、通过重抓关键环节，全力打赢生态创模和"两禁一用"工作新战役

在生态创模工作方面，具体要求（略）。

在"两禁一用"工作方面，具体要求（略）。

三、突出责任落实，加强组织领导，确保生态创模和"两禁一用"工作任务圆满完成

提纲二：

一、通过各方共同努力，全市生态创模和"两禁一用"工作有了新进展

全市生态创模和"两禁一用"工作小结、存在问题和面临的新形势，需要从认识上再提高。

二、突出关键环节，厉行真抓实干，确保生态创模工作顺利通过考核验收

目标任务、重点要求、主要措施。

三、突出源头管控，实行标本兼治，坚决打赢秋季"两禁一用"工作攻坚战役

目标任务、重点要求、主要措施。

四、突出责任落实，加强组织领导，确保生态创模和"两禁一用"工作圆满完成

这两份提纲的区别主要集中于，提纲一在主干部分——布置工作部分，一会儿讲生态创模工作，一会儿讲"两禁一用"工作，造成受众有点头晕，同时会造成

这个层次内容明显多于其他层次，结构上显得很不协调；提纲二在主干部分——布置工作部分，把这两项工作分开讲，更清晰、透彻一些。如果采用提纲二的写法，还要看具体工作需要，有些工作密不可分，还有些领导习惯于合在一个层次说，就另当别论了。这两份提纲的共同地方在于总结回顾与组织保障部分都采取了合并写的思路，笔者认为，这有利于节省文字、控制篇幅、值得推广。

第七章　破解"提纲拟写难"：
为粗枝大叶正名

现代人一提到粗枝大叶，一般会等同于粗心大意。然而，粗枝大叶不仅出身不俗，且本意并不如此。《朱子语类》说："汉文粗枝大叶，今《书序》细腻，只似六朝时文字。"王梦奎解释这句话的大意为：这里的"粗枝大叶"只是个比喻，古时用来形容汉代文章的粗犷大气，与六朝文章的华丽细腻相区别，其本意要求注意文章大的轮廓和脉络；粗枝大叶，才能纲举目张。

提纲是文稿的主体框架，既可作为写作参照，也可作为团队合作的平台，还可提请领导审核；不仅非常重要，且可大幅提高写作效率。如果文稿提纲列到了三级标题且通过了领导审核，那么这篇文稿起草的一半工作量就算完成了，所以有"题好一半文"的说法。公文实践中，一般成熟的文字工作者都非常注重提纲的拟订。所以，笔者要隆重地为粗枝大叶正名，遵其本意，为文稿起草精心描绘"粗枝大叶"，努力打造一副铮铮铁骨。

一、共同点：草拟层次标题的"金钥匙"

看了前面很多例文后，大家感到好像什么都可以用来作为公文立意，而往往问题的关键是立意好选，但其下面的层次标题难做。层次标题是层次的"骨架"、立意的支撑，做不好，那么立意就不可能真正立起来，最后只能放弃。层次标题做好了，反过来，可以支撑更多的立意用到公文写作中，使公文立意的角度更多，公文更加丰富多彩。要解决这个问题，笔者建议重点用好共同点这把"金钥匙"。

（一）怎样轻松"破题"：找到一个共同点就可以

不少作者难于草拟层次标题，重要原因在于作茧自缚，把原本可以入题的素材排除在外。下面通过"五看"，让大家看一看可用于草拟层次标题的共同点是如何的广泛。

1.从内容看，除涉及暴力、色情等含负能量的内容外，其他世间事物不论古今，无关中外；不管高雅，还是通俗，只要能找到一个共同点，原则上皆可考虑用来草拟公文层次标题。

先谈"古"。我国古人用金木水火土五行理论来说明世界万物的形成及其相互关系。福建省漳浦县用"金木水火土"构建起共同点，推介本地特色禀赋，形成一组标题："金"：金漳浦、金人文；"木"：花木天堂、生机盎然；"水"：上善若水、如诗如画；"火"：火山奇观、地质公园；"土"：五里三城、最美乡村。类似的还有这样一组有关队伍建设的标题：学习上"为学之道、必本于思"；事业上"人生在勤、不索何获"；团结上"单者易折、众则难摧"。这是用古语构建起的共同点。

再谈"今"。本书其他地方所讲的用当代知名歌曲名、网络流行语及"互联网+"等构成的层次标题，都具有浓郁的现代气息。这里不再重复。

前面的例子都属于"中"，再谈下"外"。前文用英语过去时、进行时、将来时中的时态构建起共同点。下例运用外国墨菲定律构建起共同点。如使用此提纲，不能忘记对每个定律进行必要的解释；否则，受众可能不太懂。

【例7-1-1】

一是运用"冰山理论"，全面查清隐患。二是运用"罗杰斯论断"，做到未雨绸缪。三是运用"二八法则"，突破关键环节。四是运用"套裁效应"，进行统筹兼顾。五是运用"责任分散效应"，压实职责分工。六是运用"赫勒法则"，严格督查反馈。

前面几例已经很"雅"了，那么"俗"得怎样？前文笔者举过把掼蛋写入工业汇报的例子，这里再用一组网络流行词构建共同点，尝试用来做青年人思想工作，因为他们最喜欢听、用这类词语：一是与其老时成了"柠檬精"（主要指羡慕嫉妒恨），不如年少奋发图强；二是少说"我太南了"（主要指太难了），多为困难找办法；三是防止陷入"内卷"（主要指非理性的内部竞争），走合作共赢之路；四是想做当代"后浪"（源于"长江后浪推前浪"，主要指超过前辈的后辈），就要付出辛勤汗水。

除了前面所述，事物形状、气味、种属、等级和性质等方面内容都可考虑寻找共同点，这里再举一个颜色的例子：

【例7-1-2】

"四彩"农业成脱贫"新引擎"

近年来，临颍县逐步完善土地流转机制，统筹使用涉农资金，发展特色农业基地，围绕"红"（小辣椒）、"黄"（烟叶）、"白"（大蒜）、"绿"（蔬菜、花卉苗木)"四彩"农业,着力打造"一区一园""一村一品""一户一业"的产业扶贫新格局。

2. 从形式看,除了汉字外,字母、标点、符号等方面都可考虑寻找共同点,草拟层次标题。

(1)字母。笔者曾把源于外国的智商、情商和逆商用进层次标题,构建出一组"Q"式词组共同点,用于写作实践。

【例7-1-3】

要把加强组工干部能力建设、提高组工干部的能力素质,作为党建工作一项重要内容来抓,用组工干部的高素质确保组织工作的高质量。重点要在"三个Q"上下功夫。

一是勤于学习,开发"IQ(智商)"。一要把知识需求变成学习行动。二要把学习行动变成读书习惯。三要把读书习惯变成终身品格。

二是善于把握,提升"EQ(情商)"。坚持"先做人后做事",关键要把握好一个度,养成良好的"工作情商",努力培养健康的"职业性格"。

三是勇于攻坚,增强"AQ(逆商)"。勇于攻坚,就是要咬定目标不放松。勇于攻坚,就是要直面困难不退却。勇于攻坚,就是要排除干扰不懈怠。

(2)标点。用双引号作标题共同点是非常常见的办法,后文将重点介绍,这里不再展开。

(3)符号。有这样一组层次标题,用时尚要素的融合,构建起共同点:突出"生态+"产业,做大环保经济基础;突出"低碳+"模式,推广绿色生活方式;突出"互联网+"形式,拓展新媒体宣传。刚才讲的是用加号,下面一例"加减乘除"全用上了。

【例7-1-4】

走好群众路线要做好"加减乘除"(摘要)

一、问民之所需,抓好民情走访做"加法"

党的宗旨就是全心全意为人民服务。作为党员干部在任何时候任何情况下,与人民群众同呼吸共命运的立场不能变,全心全意为人民服务的宗旨不能忘,坚信人民群众是真正英雄的观点不能丢。要树立正确的事业观、工作观,在思想上尊重群众、在感情上贴近群众、在行动上深入群众、在工作上服务群众,做到权为民所用、情为民所系、利为民所谋,认真解决好人民群众最关心、最直接、最现实的利益问题，实现好、维护好、发展好最广大人民的根本利益。贯彻群众路线，党员干部要通过"面对面"走访群众、召开群众院坝会、结对帮扶等做法，以党员户、产业户、困难户、信访户为重点对象，用群众语言交流互动，宣传党的政策，听取意见诉求，把群众反映的热点难点问题记入"民情日记"，切实增强树牢群众观点、增进群众感情、践行群众路线的自觉性。

二、帮民之所困，抓好矛盾纠纷排查做"**减法**"

……作为党员干部要经常下基层、进社区、走乡里，听民意、解民忧、促发展。要抓好矛盾纠纷排查，最大限度地消除社会矛盾隐患，妥善解决群众关心的征地拆迁、涉诉涉访、社会保障、劳务纠纷等方面突出问题。要积极研究解决矛盾纠纷的方式方法，学习借鉴好"枫桥经验"等先进经验，有效调动基层和社会力量参与调解。

三、办民之所盼，抓好民生建设做"**乘法**"

四、改民之所怨，抓好"四风"整治做"**除法**"

等号与不等号也可构建共同点，如下面两例，其中不等号的使用适用于对一些错误的想法或习惯进行纠正，带有一定警诫甚至批评的意味，要注意使用场合。

【例7-1-5】等于号。

一是"六稳""六保"加"四进"**等于**稳中求进

二是首季领先加保持优势**等于**全年先进

三是苦干、实干加巧干**等于**完成预定目标

【例7-1-6】不等于号。

面对如此严格的评估考核和如此繁重的工作任务，我们要在组织领导方面细心读题、认真解题，切实理解和把握好以下四个"不等式"的内涵，推动各项任务顺利开展。

一是统筹协调**不能等于**包打天下，要切实强化主体包干责任。与其他"四城"同创工作一样，市生态办、创模办只是统筹协调单位，不可能也不应该包打天下，而应由相关单位履行主体包干责任，具体是各县区实行属地包干，市直各生态创模成员单位实行条线包干，市各生态创模专项工作组实行督导包干，市国家生态市技术评估迎检各部门及责任小组重点实行全程迎检包干，通过各主体责任单位共同履职担责支撑各项任务完成。

二是领导力**不能等于**事无巨细，一切皆亲力亲为，要切实提升组织管理能力。面对量大面广的迎检任务，我们在座的领导干部尤其是党政"一把手"，不能仅满

足于当好"首席演奏家",还要努力当好"指挥家",通过带头干和落实责任奖惩、经费保障和进度要求等关键措施,引领和带动一班人、一群人共同干。

三是困难与问题**不能等于**任务完不成的借口,要百折不挠完成各项任务。……

四是信任与宽容**不能等于**软弱与涣散,要严肃创建工作纪律。在中央全面从严治党的大背景下,为了防止功败垂成,保证5年来胜利成果不受个别单位影响,在此,我重申一下,创建成功后,市委、市政府将对贡献突出的先进单位和个人进行大张旗鼓的表彰奖励。同时,对工作不利影响创建工作的单位及其责任人员,将严格按照市委、市政府"两为"整治行动和"四城"同创问责工作方案进行过程性问责和结果性追责,真正以强有力的倒逼机制促进创建工作开展。

3.从语法成分看,字、词、词组、短句等都可用来构建共同点。

(1)字。下文为我们写作实例,主要共同点是"脉"字,因为它为带状物,所以,用来写运河非常贴切。

【例7-1-7】

一、弘扬运河文化,延续运河"**文脉**"。"大湖文脉"熔铸了××的精神底蕴和文化特质。我们将坚持文化为魂,深入挖掘传承好洪泽湖这个"流动的运河文化",努力实现"一座洪泽湖阅尽××文化之美"。一是抓好遗产保护。二是推进精品创作。三是加大宣传推广。

二、建设绿色廊道,连通运河"**气脉**"。对大运河文化带而言,绿色是其"气息",生态是其"生机"。所以,必须将大运河文化带与江淮生态经济区建设有机结合,实行最严格的生态环境保护制度,推进运河生态保护与修复,建设绿色发展廊道。一是推进运河沿线水生态修复。二是推进绿色水运建设。三是优化提升洪泽湖沿线基础设施。

三、推动发展转型,更新运河"**血脉**"。以大运河文化带建设为契机,发展新业态、打造新载体、培育新动能,以新产业的"干细胞"为我区经济造出新鲜"血液",催生更具持久生命力的运河经济带。一是推动产业融合发展。二是推动特色载体建设。三是推动重点项目建设。

(2)词。名词、动词、形容词、副词、介词等都可以以重复的形式构建共同点,大家不要被词性束缚。

【例7-1-8】机制、工程为较为常见的标题核心词,在此举一例。

一是健全组织**机制**。二是优化服务**机制**。三是完善督查**机制**。四是改进考核**机制**。

【例7-1-9】作为名词重复中的一种，地名重复不仅有排比修辞的效果，且可表达更加坚强的决心和鲜明的态度。所以，值得大力推广。下例中的"合肥"与"答卷"等组合成的词组乃至句子，实际上还起到了段内标题的作用。

大家一定要深刻认识到，这是党中央、国务院和省委、省政府交给我们的一项重要政治任务，是对我们强化"四个意识"、讲规矩守纪律的具体检验，我们必须交出"**合肥答卷**"；要深刻认识到，这是践行新发展理念、落实省市党代会和省委十届二次全会精神的具体抓手，我们必须付诸"**合肥行动**"；要深刻认识到，这是坚持以人民为中心的发展思想，不断增进百姓幸福感和获得感的具体内容，我们必须担负"**合肥责任**"。

【例7-1-10】用于总结时，"明显""显著"等修饰词可用，但要用得谨慎，因为一般工作难以取得这么好的成绩。

一是经济发展**明显**提速。二是项目招引**明显**增多。三是城乡面貌**明显**改观。四是社会事业**明显**进步。

（3）词组（短语）。词组、短语的组织空间更大，用于标题草拟也更自由。

【例7-1-11】

一、<u>以调整为主线</u>，调优结构促增收

二、<u>以项目为抓手</u>，强力推进促增收

三、<u>以创新为驱动</u>，突出科技促增收

四、<u>以政策为准绳</u>，严格减负促增收

【例7-1-12】

首先，<u>确保首季开门红</u>，<u>必须立足于抓早抓快</u>

其次，<u>确保首季开门红</u>，<u>必须立足于抓大抓好</u>

最后，<u>确保首季开门红</u>，<u>必须立足于抓紧抓实</u>

【例7-1-13】

一、<u>发展农民专业合作组织</u>，首要的是立足"三农"工作需要，充分认识其重要性和紧迫性

二、<u>发展农民专业合作组织</u>，核心的是紧扣全年翻番目标，明晰工作思路和重点措施

三、<u>发展农民专业合作组织</u>，必要的是围绕长效管理，拿出过硬的组织措施和保障办法

（4）"之"式结构短语。这是词组、短语中的一种，因为重要，单独拎出来强

调一下。这种句式文采较好。一般情况下，这里的"之"字虽也是"的"字的意思，但所起的效能却远非"的"字能比，有提升档次、更显郑重等强效。

【例7-1-14】

一是<u>大兴</u>从政为民<u>之风</u>。二是<u>大兴</u>务实落实<u>之风</u>。三是<u>大兴</u>优质服务<u>之风</u>。四是<u>大兴</u>崇俭尚廉<u>之风</u>。

其中，还有一种写法，把原有的固定词语拆开来后用"之"字把部分相关内容衔接起来，更显文采，下例就是把"求真""务实"分别拆开来，中间分别加上"以人为本""造福于民"等内容和"之"字。这种写法还有一大特点，就是全文都用这种句式，不仅可构建起共同点，也可突出被拆开词语这个文眼，集中、鲜明地展示主题。但也有点让人费解，主要用于文化程度较高的受众。

【例7-1-15】

<u>求</u>以人为本<u>之真</u>　<u>务</u>造福于民<u>之实</u>

文明城市创建如何坚持以人为本？怎样做到造福于民？近几年来，××市委、市政府把求真务实贯穿于创建文明城市的全过程，在求真务实中坚持以人为本的理念，在求真务实中践行造福于民的宗旨，力求每一个创建举措合乎民意，每一项创建成果惠及百姓，使文明城市创建保持深厚的群众基础，充满旺盛的生机和活力。

一、<u>求</u>体察民情<u>之真</u>，<u>务</u>创建从群众需求出发<u>之实</u>

二、<u>求</u>关注民生<u>之真</u>，<u>务</u>创建为群众排忧解难<u>之实</u>

三、<u>求</u>推动民富<u>之真</u>，<u>务</u>创建谋群众根本利益<u>之实</u>

作为这种写法的延伸，也可把"之"字去掉成题。下例中"努力答好富民题"等四组类似标题实际是在核心词"答题"中加了"富民"等内容，并在"富民"等后省去了"之"字。

【例7-1-16】

一是聚力民生发展，努力<u>答</u>好富民<u>题</u>。二是建设民生工程，努力<u>答</u>好利民<u>题</u>。三是改善民生服务，努力<u>答</u>好惠民<u>题</u>。四是筑牢民生保障，努力<u>答</u>好安民<u>题</u>。

（5）组合。前面所说的两种以上的方法同时运用，这在实践中更为常见。

【例7-1-17】下面一例不仅两级标题之间存在多种重复方法的组合运用，而且一级标题的前半句与二级标题的前半句都讲项目；一级标题的后半句与二级标题的后半句分别对应重复，形成多层、多彩的共同点组合形式，加强了前后照应关系。请通过下划线部分的不同，体会它们的对应关系。

一、突出**项目**建设抓手，把<u>硬化工作目标</u>、<u>强化增量培植</u>、<u>优化投资环境</u>作为贯彻落实好会议精神的主攻方向。

（一）立足**项目**支撑，<u>硬化工作目标</u>。各镇、各部门要在认真学习、深刻领会陈书记报告精神的基础上，认真研究本镇、本部门明年干什么、怎么干？要把全年的目标任务细化成一个个项目、一件件实事、一项项工程，订实施计划，定奖惩措施，定具体责任人，努力形成人人跑项目、个个抓项目、合力攻项目的生动局面。

（二）重抓**项目**推进，<u>强化增量培植</u>。

（三）服务**项目**建设，<u>优化投资环境</u>。

4.从修辞手法上看，只要公文正文写作能用的修辞手法，基本上能用于标题草拟。能用于草拟标题的修辞手法很多，反复的例子比比皆是，这里不多重复。这里每组标题的共同点就是采用了同一种修辞手法。

（1）仿拟。为了重抓项目，很多地方提出领导干部要亲自招商，尤其是主要领导要当好"一号产业招商员"，据此，可以仿拟出"一号项目帮办员""一号进度督导员""一号环境推介员"等。

（2）谐音。就是利用读音相同或相近的特点构建共同点。如关于扶贫工作的一组标题：综合素质上既扶"智"，更扶"志"；重点措施上既授"鱼"，更授"渔"；工作作风上既"身"入，更"深"入。

（3）顶针。如这样一组例文，请注意前一句与后一句相同的地方："一、以项目带动投入。二、以投入带动产出。三、以产出带动发展。四、以发展促进稳定。"

（4）比喻。

【例7-1-18】

原稿：

习近平总书记对党的群众路线教育实践活动（以下简称活动）提出了"照镜子、正衣冠、洗洗澡、治治病"的总要求。每位党员在"照镜子"这个环节，要运用好以下<u>"三面镜子"</u>，照清自己，整好作风，开展好活动。

修改稿：

古人云："以铜为镜可以正衣冠，以古为镜可以知兴替，以人为镜可以明得失。"每位党员要在党的群众路线教育实践活动中，运用好以下<u>"三面镜子"</u>，在宗旨意识、工作作风、廉洁自律上摆问题，找差距，明方向。

（5）设问。就是先提出几个容易为受众关注的问题，然后再一一解答。这种方式引人入胜。这样一组问题可以组成标题："一、为什么要开这个会？二、为什么要开展这项工作？三、这项工作的重点任务是什么？四、如何保障这项工作顺利开展？"此外，某地以农房改善工作为主题的讲话稿中写出以下标题："一、人往哪里去？二、地从哪里来？三、钱由谁来出？"

（6）对比。把具有明显差异、矛盾和对立的多方安排在一起，进行对照的表现手法。某地总结项目招引、服务工作处于"三多三少"状况，即：一是小项目多，大项目少；二是老办法多，新办法少；三是一般性套路多，突破性举措少。

（7）比拟。把事物人格化，把人当作物，把此物当作彼物。如：一是推动城市楼层"长高"；二是推动城市面貌"长靓"；三是推动城市产业"长壮"。又如：一是不设框框"相马"；二是发展一线"赛马"；三是依据实绩"选马"。

（8）引用。王国维论述治学有三种境界："昨夜西风凋碧树，独上高楼，望尽天涯路"；"衣带渐宽终不悔，为伊消得人憔悴"；"众里寻他千百度，蓦然回首，那人却在灯火阑珊处"。此文巧用了三个层次都是古诗词名句的共同点，对应破解理论学习三方面实际问题，使引用也成了经典。

（9）排比。排比的例文很多，这里举两个特点较为鲜明的，其特点有：一是各标题之间构成排比，构不成反复；二是每个标题各有自己的特色，前例第一个是"两感"，第二个是"两再"，第三个是"两性"；后例第一个是"三个认"，第二个是"三个以"，第三个是"三个之"，最后一句双引号内的内容也不相同；三是虽构不成反复，各有特色，但句式和风格大体相同。前例三句之间基本形成对仗，后例三句虽形不成对仗，但句式和风格相近，每个标题都是四句，前三句部分反复，最后一句都带双引号。这种写法是介于完全反复、对仗的写法与完全不反复、不对仗的写法之间的一种过渡写法，其优点是难度小、更自由、更贴近文稿内容，笔者予以大力推荐。

【例7-1-19】

一要深化思想认识，增强文明城市建设责任感使命感

二要聚焦重点任务，推动文明城市建设再提质再增效

三要加强责任落实，提高文明城市建设系统性实效性

【例7-1-20】

一、认清发展规律，认识自身差距，认准有利条件，牢固确立"改革促进发展、发展需要改革"的强烈共识

二、以加快发展为立足点，以创新体制机制为出发点，以五项重点改革为突破点，"大力度、快速度、多形式"地推进改革步伐

三、凝全民之心，举全市之力，倾各方之能，营造一个"全力以赴抓改革，上下联动促改革，各司其职保改革"的浓烈氛围和良好环境

5. 从共同点的位置上看，几乎可以出现在标题中任何点位，是不折不扣的"任我行"。

（1）开头重复。用"坚持""以"是常见之法，既可单用，也可连用，还可不用。

【例7-1-21】下例中，在"以XXX为YYY"的句式中，"XXX"与"YYY"之间关系应该说得通，符合逻辑；如说不通，就不能写入这一句式。

一是坚持以调整为主线，调优结构促增收。二是坚持以项目为抓手，强力推进促增收。三是坚持以创新为手段，突出科技促增收。

【例7-1-22】下例中，在"以XXX为YYY"句式中，多个"YYY"之间有较强的关联关系，能组成一个词或词组，第一组可组成"经纬"，第二组可组成"精气神"，值得收藏与推广。

第一组：以项目为"经"，以责任为"纬"

第二组：以茶水为"精"，以茶香为"气"，以茶叶为"神"

【例7-1-23】下例中，"以XXX为YYY"中的"以"字去掉，甚至双引号也可去掉。

第一组：项目为经，责任为纬

第二组：茶水为精，茶香为气，茶叶为神

【例7-1-24】下例中，"以XXX为YYY"的句式变形为"XXX以为YYY"，这里"XXX"先后为"陈年老窖""沃野水土宝地""龙脉深泉""日月时令""古方"，"YYY"先后为"根""本""精""气""神"，整体看来，此法更添国学古韵，恰如这"陈年老窖"品牌，令人回味无穷。

绵竹地方品牌，浓香型白酒——"唐传道"，尊先人千年酿酒之酒道：复陈年老窖以为根；挑沃野水土宝地以为本；取龙脉深泉以为精；采日月时令以为气；秉古方以为神，百日脱颖，窖藏三载，千锤百炼而面世！

另外，在开头重复用法中用"突出"也较多，只是在使用时要注意，在"突出XXX，YYY"句式中，XXX应该是YYY中的重点，且处于被包含的位置。如下例中"推进改革、扩大开放"是"增强发展活力"的重点措施。

【例7-1-25】

一、突出推进改革、扩大开放，着力增强发展活力

二、突出加快东扩、改善政风，努力创优发展环境

三、突出加强学习、改进作风，切实提高发展能力

（2）中间重复。就是标题的中间语素进行重复。一般多为起修饰作用的副词或形容词，也有用补语进行重复。作为补语的如"抓好XXX，做好YYY，建好DDD，干好SSS"等；作为定语的如下面例文中的"更""一"，其中，在形容词前加"更"字，语意不容易出错，且能快捷构建共同点；"一"字的用法是对难以提炼共同点的名词前都加一个"一"字（有的还可配套加量词），就快捷地构建起共同点，如再深究，可提炼出"X个一"，所以，"更""一"两字都是非常好用的提炼共同点的捷径，值得借鉴。"一"字的用法在后文缩略语中还有介绍。

【例7-1-26】

一是农村经济结构更优。二是农业产业化水平更高。三是农民增收渠道更宽。

【例7-1-27】

一是组织一支技术帮扶指导队伍。二是印发一份技术指导资料。三是备足一批种苗、药肥。四是开好一次减灾增收示范会。

（3）结尾重复。较常见的是"化""性"字，比如规范化、正规化、制度化、经常化，重要性、准确性、可操作性等，这里举一个其他内容的重复例子。

【例7-1-28】

各地、各有关部门一定要高度重视，扎实工作，聚力实现"两年翻番，三年跨越"的目标。要做大现有企业，争取翻番。要落实帮办责任，保证翻番。要严格考核评比，促进翻番。

（4）上级标题与下级标题部分内容重复，下例是我们在省级全域旅游示范区创建工作汇报中的写作实例，先把下级标题的关键词提上来点一下，然后再分开详细说，用作下一级标题的中心词（词组），请注意不同下划线的对应关系。

【例7-1-29】

（一）紧盯<u>人财事</u>，凝聚组织合力。<u>一是压实人的责任</u>；<u>二是强化财的保障</u>；<u>三是加强事的推进</u>。

（二）聚焦<u>点线面</u>，打赢攻坚战役。<u>一是抢占重大项目制高点</u>；<u>二是培育品牌创建风景线</u>；<u>三是扩大综合服务覆盖面</u>。

（三）深耕<u>名特优</u>，培塑地方特色。<u>一是打造融合名片</u>；<u>二是放大营销特色</u>；<u>三是拓展机制优势</u>。

（5）过渡语与下级标题中部分内容重复。下面直接举一例予以说明。

【例7-1-30】

市、县、乡各级党委、政府必须站在改革发展稳定的高度，把农业和农村工作放在更加突出的位置，切实<u>加强领导，真抓实干</u>，采取新举措，开创新局面。

<u>加强领导，真抓实干</u>，必须强化对"三农"问题的认识。

<u>加强领导，真抓实干</u>，必须切实加强农村基层组织建设。

<u>加强领导，真抓实干</u>，必须千方百计加大对农业的投入。

<u>加强领导，真抓实干</u>，必须形成全社会抓农业和农村工作的合力。

（6）间隔重复。就是标题中部分字、词、词组（短语）呈现有规律的间隔重复的现象。如下例中"围绕""加快""化"分别出现在标题开头、中间和结尾重复，很有代表性。

【例7-1-31】

一是<u>围绕</u>第一方略，<u>加快</u>推进工业<u>化</u>。二是<u>围绕</u>招商引资，<u>加快</u>推进经济国际<u>化</u>。三是<u>围绕</u>建设都市圈和特大城市，<u>加快</u>推进城市<u>化</u>。四是<u>围绕</u>建设区域性商贸都会，<u>加快</u>推进服务业现代<u>化</u>。

【例7-1-32】下例中连续两个"以"字句式连用，前文【例7-1-20】第二个标题是三个"以"字句式连用。

一、以招商为要事，以项目为抓手，较好地完成了本年度各项目标任务

二、以招商为目标，以项目落实目标，迅速掀起抓招商、建项目的新热潮

三、以招商为责任，以项目见实绩，确保完成和超额完成全年各项目标任务

（二）怎样才能"定题"：必须找到内在共同点

通过前面"五看"，可"看"到能用于草拟层次标题的共同点真的是随处皆是。那么是不是所有的共同点都能用来草拟层次标题？

笔者的回答是否定的。

能用来草拟层次标题的只有内在共同点。什么叫内在共同点？就是围绕一个共同目标或任务所建立的本质的必然的联系。这种必然联系，像一根"无形绳"，能把这些共同点捆成一个生命有机体，使之能活；又像一面"照妖镜"，把没有必然联系的因素照出来、"踢出群"，使这组共同点更纯净。

如果有人不会找内在共同点，那么请看一篇普通的实施意见文件，其主要层次分别为：指导思想（总体要求）；基本原则；主要任务；时间步骤；组织领导。这组标题并不工整和对仗，甚至还看似没有内在共同点，实际上它们植根于同一项工作的实际需要，这本身就是内在共同点。当然，满足这个条件并不难，仅满足于

此的共同点毕竟略逊文采，所以笔者称其为"基本定题"，一般重要文稿，特别是一些党委、政府年度工作报告，还要在此基础上进行再提炼。这种再提炼只有更好，没有最好。再提炼的根基在于找到最能破解实际问题的内在共同点；它越能解决实际问题，其内在关联度就越高，对主题的支撑就越有力，在此基础上提炼出的标题就越精彩，标题草拟就更接近于"完全定题"。

找到拟写标题的根基之后，下面就是文字提炼问题。除前文介绍过的常用模式外，还有"抓好×××""加强×××""加大×××力度"等句式实践中用得较多。如果觉得这些太过普通，笔者再介绍以下四个层次相对高些的模式。为了便于大家理解，笔者为它们各起了个绰号。

1."这个"是位"老明星"。这是常用模式，多用于现场级别较高的领导，有着重强调的意思。如："强化领导重视这个前提；突破有效投入这个关键；完善规章制度这个保障。"这里要注意的是，前例中隐含着"领导重视是前提，有效投入是关键，规章制度是保障"的内在逻辑关系。如果这个逻辑说不通，就不能用这个句式。

2."重点"堪称"及时雨"。2015年笔者有次只有一天时间要为市委分管领导布置秸秆禁烧工作，拿出约6000字的讲话初稿。草拟过程中有段内容写好了，只是段标题和段内标题没有着落，尤其是段内标题花了近半小时也统一不起来，后来看看时间实在来不及了，突然大脑灵光一闪：能不能在每个段内标题中都加一个"重点"，再在段标题中加上"重点"，这样，不就既统一了段内标题，又呼应了段标题？后来写出如下提纲："二要加大重点防控力度。一是重点关口。二是重点时段。三是重点区域。四是重点平台。五是重点措施"。果真搞定了问题。从中，笔者深深体会到"重点"这个词真是解决标题难统一问题的"及时雨"！因为，只要是领导强调的工作哪件不是重点呢？所以，用来统一标题，既能突出重点内容，又能起到修辞效果，适用性非常高，但也要把真正解决问题的重点因素找出来、"划重点"，不能滥竽充数、不是以非重点充重点。

3."新""更"两字能作"韭菜"割。如这样一组标题"发展获得新突破，改革取得新拓展，党建迈出新步伐"，随着时间推迟几年或用稿领导升迁，写作者很容易找到新因素，把原来的标题换一换，写成如"发展频现新亮点，改革取得新业绩，队伍展示新风貌"这类标题。所以，"新"字标题过段时间就可重复使用，如同过段时间就可割一茬的韭菜，只是一定要写出真正解决问题的新思路、新举措、新业绩，不能"用新瓶装旧酒"。"更"字前面已有例文，这里不再赘述。

4. 双引号可当"火锅"涮。把有内在关联的标题中最出彩的内容找出来，用双引号标起来，引号内的字词可以不必追求工整，也能做成一组有模有样的层次标题。如：围绕"有效投入为第一动力"，加快项目招引建设；本着"想市场主体所想"，打造良好发展环境；立足"把压力传递到位"，完善组织领导机制。因此，可以把双引号称为公文层次标题的"火锅"，什么都可以放进来涮一涮，组成一组标题。但也不能太过大意，这种方式还是必须植根于有破解实际问题的内在共同点；否则，只追求形式上的"拉郎配"，如以下标题，看似工整，而实则为一帮"游兵散勇"，根本不能成文：加强"说媒介绍"；勇于"改革开放"；重抓"体能锻炼"。

二、素材扣题三种方法：从"油水""苏打水"到"菊花茶"

《颜氏家训·勉学》记载，邺下谚曰："博士买驴，书券三纸，未有驴字。"主要说的是有个被戏称为"博士"的读书人写了三大张纸的买驴契约，还没有写到"驴"字。后人形容写文章长篇大论却离题万里，就叫"博士买驴"或"三纸无驴"。

邓拓在《观点与材料》一文中讲，"要把观点和材料融会消化而为一，只有经过创造性的精神劳动才能成功，决不是生拉硬凑、加减乘除就能成功的。在这个意义上说，把观点与材料的关系比喻为绳与钱则不够完善"。对此，笔者理解为，绳可以从形式上把钱串起来，但钱与钱之间，以及绳与钱之间，本身并没有直接的内在联系，只是迫于绳子的裹挟，才勉强在一起；如果绳一抽走，这些钱就又恢复成散钱一堆。正因为此，邓拓才不认可这种"绳钱组合"。

公文是对扣题要求最为严格的文种之一，应该从内容到形式全面扣题，但到底怎么做才算扣得更好？本文拟从一篇例文开始，着手回答这个问题。例文是某市政府工作报告（以下简称"报告"）的初稿摘要，它试图围绕加快新型工业化的主题草拟全文。

【例7-2-1】
一、矢志量质齐升，推进新型工业化。
二、促进农民增收，推动工业反哺农业。
三、强化招商引资，强借外力发展工业。
四、加快功能提升，以工业化推动城市化。
五、拓展财源培植，增强造血功能。综合运用政策手段，大力培植特色产业税源，继续拓宽优势行业税源，不断壮大骨干企业税源，努力提高工业税收比重。

六、提升服务质量，发力创优发展环境。强力推进新型工业化的根本途径，在于招商引资、扩大开放、强借外力，需要优越的投资环境来保证，特别是需要优化软环境。一方面，要突出服务环境优化。另一方面，要突出政策环境优化。

七、多办利民实事，努力构建和谐社会。一是加强惠民保障。二是拓展社会事业。三是创新社会治理。

八、加强队伍建设，大力培育创业氛围。一是进一步转变思想观念。二是进一步转变工作作风。大力弘扬调查研究之风，倾听民声、关注民意、体恤民情，坚持工作推动在基层、总结典型在基层、问题解决在基层。大力倡导求真务实之风，多出实招，多干实事，务求实效。三是进一步推进正风肃纪。认真落实党风廉政建设责任制，加大大案要案查处力度，坚决纠正行业不正之风，从源头上预防和解决腐败问题。政府系统工作人员务必廉洁服务工业企业，既要干事，又要干净，保持一身浩然正气。

各位代表，让我们在市委领导下，依靠并带领全市人民，奋力大干，埋头苦干，以五个文明建设新成就向全市人民交上一份满意的答卷！

实验证明，颜色对人们感知水体味道会有一定辅助作用，如红色会让人感到辣椒更辣，黄色会让人感到咖啡更浓。有鉴于此，为把公文写作中的扣题问题说得深入浅出，笔者用三种日常生活中与色彩、味道有关的水体来打比方，对应介绍三种扣题方法。

（一）"油水扣题法"重形式、轻内容，需要构建"五种关系"

"油水"是一种"色乱味杂"的混合物，"色乱"是因为它属于"乳浊液"，即使沉淀下来，也是油水分离；"味杂"是因为味道的"混搭"，不伦不类。

在公文写作领域，有一种与"油水"很神似的扣题方法，其毛病用一句概括起来就是：太过重形式、轻内容。结合例文讲，它想以新型工业化为主题统领全文，但构建和谐社会等层次写出的实际效果几乎与主题没关系，农民增收、税源培植、推动城市化等层次应该写成如何服务和推动工业化，而例文却写成了工业化如何推动它们，方向基本上弄反了，总体看来主题与很多素材游离甚至相悖，形成了"油水"的关系。

这篇例文看似是个案，实际上在公文写作领域这种现象并非个例，起草者一厢情愿定了个主题，然后把杂七杂八的素材往里堆，正如有句网络流行语说的那样——"不管你信不信，反正我信了"。当受到的质疑乃至批评多的时候，又往往采用"扣题不够油来凑"的套路来掩耳盗铃。这里的"油"是指表达主题的文眼，如例文中的"工业"。例文本着"油多不坏菜"的想法，在农民增收、税源培植、推动城市化等层次点了不少文眼，试图让文眼混个"眼熟"，强化受众对文眼的印象，可谓"油头粉面"。不管有多少人热衷于此，笔者还是要泼些凉水。因为主题对素材没统领关系，如同油与水不能相溶，倒再多的油，油与水最终还要分离，"油多不坏菜"、强行拉近素材与主题距离的做法也就难免沦为"拉郎配"，这与前文所说绳与钱的关系本质上一致，所以，"油水扣题法"实质上就是"绳钱组合"的翻版。

治疗"油水扣题法"毛病的主要"处方"在于真正拉近素材与主题的关系。这种关系不是生造出来的，而是本质、必然的联系。从文字上转换表述角度，是笔者工作之初学到的一个小窍门，后文也有部分内容需要采用这种方法。笔者通过实践逐步悟出了一个道理，凡能转换角度的素材实际上都与主题本来就有本质、必然的联系；否则，就无法转换角度。当然，联系的紧密程度会因主题与素材的不同而有所不同。一些读者，特别是少数新手，为了构建这种关系，经常抓耳挠腮。为此，笔者结合例文，介绍主题与素材的五种关系。当然，不是每个意群都要构建这五种关系，但至少应有一种。

一是一致关系。这是用得最多的关系，最常见的表现为主题与素材的总分关系，就是素材属于主题的分解。例文想达到的效果就是建立起主题与各个层次的一致关系，只是对内容的把控与充实工作没做好，造成对主题有较强支撑作用的素材太少。

二是烘托关系。系用甲暗示乙，如果例文不直接对工业化发展提要求，而是讲工业化的新背景、新形势及上级的新要求等内容，包括周边地区工业化发展步伐如何快速等，就可以归到烘托关系这一类。

三是反衬关系，系用甲的好对比乙的不好，或用甲的不好对比乙的好，营造一个强烈反差。如果例文用周边地区工业化的先进对比本地方的落后，就可以归到反衬这一类。

四是因果关系。例文中招商引资，特别是工业招商这个"因"，可以得到工业发展这个"果"。所以，招商引资这个层次与主题的关系是很紧的。而农业、财税、城建这些层次，只有定位于如何服务和推进工业化，才能由它们的"因"带来工业发展的"果"；而例文因果关系颠倒了。

五是条件关系。例文中软环境和政府作风是工业化的必要条件，所以，这些层次与主题的内在关系是很紧的，可以保留，但要认真打磨好。

重形式、轻内容的"油水扣题法"是行不通的，那么重内容、轻形式的扣题方法是不是就完美无缺？请看下面的内容。

（二）"苏打水扣题法"重内容、轻形式，需要在"三处"加强点题

苏打水，因为作为溶质的苏打溶到了水里，光从颜色上很难判断是什么水体，降低了人们对苏打的感知度，有时喝了两口也不敢贸然确定，还得借助其他手段才能核实。

公文的一大特点就是直白和晓畅，不应该有太多的疑惑和隐讳，然而与苏打水神似的扣题方法却比比皆是，这种方法习惯于多花功夫寻找与主题有内在关系的素材，把能支撑主题的素材罗列出很多，但不太注重表达效果，如例文中创优发展环境层次，明明本身与工业化关系密切，却不在标题中点明工业，"把肉埋到了饭里"，让受众很难看出其与主题的关联。再有，例文中队伍建设中正风肃纪那个小层次只有一句话点到了工业，满足于"蜻蜓点水"，让受众印象较浅。为了读者好理解，笔者就称这种扣题方法为"苏打水扣题法"。

此法实际上走向了"油水扣题法"的反面，总体上比后者要好得多，毕竟基本上写出了与主题有较紧关系的内容，只是在形式上扣题不紧，龙基本画好了，点睛不足，有点皇帝女儿不愁嫁的高冷与傲慢，影响了公文的表达效果。

为了弥补这个版本的缺憾，笔者在这里介绍三个点题的位置：

一是标题。各级标题是透视公文主题的"第一窗口"，多数公文标题，特别是法定公文中的完全式（"发文机关+事由+文种"）标题，其中的"事由"，一般即是该文的主题。有主、副标题的公文，主标题一般就是主题。例文中只有小部分的层次标题与工业相关，其中还有几个方向写反了，层次标题质量总体上属于不及格的格次。

二是开头过渡语。在文稿或一个大层次、大段落的开头部分，应该起句立意、落笔入题，如例文中创优发展环境层次中的过渡语部分，阐明了其必要性，引导受众更加重视这项工作。

三是结尾。成功的文稿，有的先说原因、后说结果，也有的先发出设问、然后再解答。尽管过程有所不同，但往往殊途同归，会在结尾点出主题。然而例文说是要推进工业化，但结束语却没有点题，可以改为"以推进新型工业化的新业绩向全市人民交上一份满意的答卷"。

总体讲，"苏打水扣题法"是"绳钱组合"的反向版，还应采用更好的方法。

（三）"菊花茶扣题法"形式与内容并重，需要"三审三查"泡制

菊花茶既能看到灿烂菊花，又能品出香浓菊花味，可谓"形显味醇"。能与此茶媲美的公文扣题方法，在找到主题与素材内在关系的基础上，再在形式上尤其是在标题、重要过渡语和正文等各个部分把这种联系拉紧，不仅把这种联系表达出来了，还反复出现文眼，使观点与材料丝丝入扣、主题与素材水乳交融，可以有效解决"钱绳组合"的不足，相当于把"绳"换成了"铜条"，把"铜条"与"铜钱"焊在了一起，紧紧相融、不可分割。笔者称这种方法为"菊花茶扣题法"，需要实施"三审三查"步骤。

1.审主题，查"菊花干（音为gān，下同）"好不好。对于菊花茶来说，菊花干是这杯茶的"统帅"，其以花序完整、身干、颜色鲜艳、气味清香、无梗叶、无碎瓣、无霉变者为佳。所以，挑选菊花干是一个技术活。对公文来讲，明末清初王夫之说"意犹帅也"，这里的"意"指主题。拿到一篇待审的文稿，首先要做的工作就是审一审扣题的对象，看一看文稿的主题是否立得住？能否统领全文？

总体看来，这篇例文想以新型工业化主题统领报告，主题切口和包容性都偏小，而报告涉及面太大，农民增收、城建、和谐社会等层次内容是报告的规定项目，不写不行，但很难写出推进工业化的充沛内容，较为明智的选择是更换主题。

如果更换主题，可以顺着"新型工业化"中的"新型"这个字眼，以"创新"为主题，不仅相对容易写，而且整体效果也会更好些。此外，不管哪方面工作，出发点都是为了群众谋利益，所以，报告也可以"为民"为主题，从富民、利民、便民、惠民、安民等方面进行阐述。在"创新"或"为民"的主题统领下，可把新型工业化放到工业那个层次中集中写。如果仍然觉得推进新型工业化力度不够，还可在其政策出台、保障措施等方面加些力度。

需要提醒的是，新型工业化这个主题只是不太适合于报告这种文体，却完全可以用到政府组成人员全体（扩大）会、政府常务会等重要会议领导讲话中，因为这些会议文稿选题空间大，不像报告那样规定内容太多。

如果报告不更换主题，只有从素材、形式两个方面下一番苦功夫、硬功夫，才能实现菊花干对菊花茶的"一统江山"。

2.审素材，查"菊花汁"浓不浓。喝菊花茶，主要享受的是菊花汁。写公文，就要坚持内容为王，充实对主题表达有作用的素材，做到"党同伐异"。"党同伐异"的词性偏向贬义，但在素材服务和服从于主题这个问题上，就要拿出些狠劲，才能逼出精品力作。

"党同"就是例文中的工业发展、招商引资、创优发展环境层次内容是直接服务于新型工业化的,就是"同党",当然需要"党同",不仅要保留,还要作一些扩充、拓展、深化,直到量和质能满足表达主题的需要。由于本文篇幅所限,这里就不作充实展示了。

"伐异"就是例文中对表现主题几乎没有作用,甚至在起反作用的,应该转换表述角度,让其为主题所用,不能用的应该坚决予以删除,以确保主题的绝对权威。如构建和谐社会层次标题及其下属的标题可以改为:"坚持富民惠民,构建保障工业发展的和谐社会。一是掀起全民创办工业热潮。二是增加群众工业就业岗位。三是发展服务工业的社会事业。四是构建支撑工业的社保体系。"推动城市化的层次标题及其下属标题可以改为:"深化城市更新,提升承载工业能级。一是城市规划为工业留足空间。二是开发园区为工业建强平台。三是基础设施为工业配套服务。"

3. 审形式,查"菊色"纯不纯。菊花茶茶水的颜色应该与所放菊花干一致,色泽清澈明亮。公文主题不仅应占据文稿要处,更应贯穿全文,使全文尽展主题之形、体现文眼之色。具体采取三项措施:

一是"枝干(音为gàn)插菊"。在标题、过渡语、结束语等显要位置,对文眼之"菊"多描绘、多强调。如例文创优发展环境的层次标题,可以改为"提升服务质量,创优工业发展环境",重点在原标题中"插"进"工业"这个文眼,可以推动层次内容更加聚焦于工业发展,集聚起更强的工业发展合力。

二是"画花点菊"。就是在表述内容的过程中,"花"画好了,不能忘记在关键的地方点下"菊花"这个文眼。本文文眼是工业。这些文眼如同一颗颗自带"隐形钢丝"的"螺丝钉",一头连着主题,一头拴着素材,使主题和素材形成更为紧密的关系。例文队伍建设中正风肃纪部分可以改为:"认真落实党风廉政建设责任制,加大对涉及工业企业的大案要案查处力度,坚决纠正工业项目招引、审批、建设方面的行业不正之风,从源头上预防和解决腐败问题。"其中增加了含有工业文眼的画线部分内容,可以使主题与素材原来有些游离的关系变得密不可分。

三是"甘草换菊"。在中药中甘草属于常见药,味甘性平,虽有多种药效,但药性不强,常用于辅助、调和用药。一些素材对于主题有些支撑作用,但强度不够大,有点类似甘草,需要把其中与主题关系不够紧的部分换成紧的内容。如例文队伍建设中转变工作作风小层次部分内容属于"万金油",可用于各项工作保障,对工业发展有针对性的保障作用则不够明显,可以调整为"通过问卷调查、投诉受理等渠道，剖解政府系统服务新型工业化动力不足、服务不优、效能不高等问题，有针对性地健全和完善作风建设政策措施和规章制度，切实推动政府工作人员在工业招商一线转变作风，在服务企业基层提升效能"。经此调整，素材对于主题的针对性支撑功效得到大幅增强。

总之，在主题与素材的关系问题上，"油水扣题法"只是从形式上做了"拉郎配"的工作，没有从根本上解决问题，应该全力制止。"苏打水扣题法"从内容上解决了问题，但有"把肉埋在饭里"的不足，难给受众深刻的印象，也不宜提倡。"菊花茶扣题法"从形式到内容都较好地服务和强调了主题，非常契合公文的特点，值得大力点赞和推广。

三、标题拟写的注意事项：十条"黄金法则"

笔者立足多年实践，总结出标题拟写十条"黄金法则"，其中不少属于自己创新见解，但到底其"含金量"如何，不仅恳请广大读者亲身品鉴，更期待广大读者论证探究，携手打造出成色更足的"黄金标题"。

（一）标题与内容的关系处理上应借鉴根雕工艺

根雕工艺讲究"七分天成，三分人工"，主要利用根材的天然形态表现艺术形象，辅助进行人工处理修饰。笔者认为，公文写作应坚持内容为王，标题应由内容自然生成。所以，标题提炼与内容挖掘的精力分配应学习根雕工艺，追求"七分天成，三分人工"。写作者应把主要精力放到追求内容与时俱进、务实管用上，只要真的做好了这项工作，那么这些内容必然新颖。在此基础上，开拓思路，打破框框，尽可能地把内容中的亮点和重点，通过标题这个"橱窗"展现出来，既不要"把肉埋到饭里"，也不要脱离内容做标题，这样，必然写出好内容、好标题。

（二）层次划分需要"表述不交叉、不重复"，而非绝对的"内容不交叉、不重复"

2018年国务院政府工作报告对政府工作的建议中，第一个层次讲"深入推进供给侧结构性改革"，第五个层次"大力实施乡村振兴战略"中又讲"推进农业供给侧结构性改革"。可以将农业供给侧结构性改革放到供给侧结构性改革中去讲，但报告没有这样做，是因报告讲供给侧结构性改革时，一字没提农业供给侧结构性改革，为后者预留了空间。很多地方政府工作报告分别讲推进项目建设与实施民生实事，其实这两部分内容也有很多交叉之处，但受众也不觉得乱。这实际上揭示出一个规律——公文写作主要遵循的是"表述不交叉、不重复"，而非绝对的"内容不交叉、不重复"。因为很多概念本来就有多种解读角度，只要不明显违背周知公约，就可按写作者设计的角度进行解读、归类、划分层次。如不能正确把握这个规则，就容易使自己画地为牢、写作受限太多。

（三）"层级"与"层幅"安排要合理适度

所谓"层级"，就是纵向的标题层次数，原则上不超过3级，最多不超过4级，如【例7-3-3】的最大层级为3级，出现在从"1"到"4"的地方。所谓"层幅"，就是在同一个层次内并列的标题个数，原则上3个起步，但不超过8个；如【例7-3-3】的最大层幅为4个，分别为4个一级标题（从"一"到"四"）和三级标题（从"1"到"4"）。声明一下，"层级""层幅"两个概念系笔者为说清这两个问题而临时命名的概念。

层级与层幅分别反映文稿的纵向和横向尺度，可根据实际需要相互转换。下例原来需要拟9个一级标题，也就是标题层级为1级，标题最大层幅为9个，层幅过大，结构太过扁平，文稿显得松散。后来通过3个数字缩略语作为一级标题，先概括一下，然后再各自展开3个分标题，标题由1×9变到3+3+3，总数没有变化，但标题层级升为2级，标题最大层幅减为3个，还使文稿纵向立了起来，整体精干多了，文稿层次更合理、结构更协调。

【例7-3-1】

今年以来，在新一届市政府刚刚开局，疫情和洪涝灾害接连而至的情况下，各项工作保持了良好的运行态势。主要成绩可以概括为"三个胜利""三个提升""三个突破"。

"三个胜利"：一是经济主战场实现"双过半"，其中工业技改投入、实际利用外资、全社会固定资产投资、成建制劳务输出同比增长四成以上，固定资产投资100万元以上招商项目、县（区）工业园区新开工固定资产投资500万元以上项目实现倍增。二是抗击疫情的胜利。以非常之策，应对非常之疫，建立了横向到边、纵向到底、覆盖全市的防治系统，有力、有序、有效地控制了疫情。三是抗御洪灾的阶段性重大胜利。立足抗大洪、救大灾，科学调度，严密布防，及时排险，经受住了超过1991年的特大洪水的严峻考验，最大限度地保护了人民群众生命财产安全。

"三个提升"：一是……；二是……；三是……

"三个突破"：一是……；二是……；三是……

（四）标题拟写应"先粗后精"

如果遇到标题难拟的情况，可以把最想表达的关键词点出来，不必太讲究工整对仗，自己能看明白就可以；然后就着这些关键词草拟标题。标题初步拟好后，如果不清楚下面写哪些内容时，也可以点出关键词，然后依托这些关键词反向推敲标题是否准确。为了让领导、自己及其他组稿的人员能迅速了解提纲的主题大意，有时需要写出能体现本段主要内容的简短过渡语，甚至写出写作要求并用括号括起来，以区别于其他内容。

【例7-3-2】下例是我们起草的区政府组成人员（全体）扩大会议讲话提纲。由于本地因大湖而得名，所以提纲一级标题中双引号内的内容都选取了与湖及船有关的元素，既表现了争先干劲，也体现了本地特色。

×××在区政府组成人员（全体）扩大会议上的讲话（提纲）

一、坚持高质量发展"航向标"，攻坚提升目标完成业绩

（请写作人员自己立足掌握的素材，对目标指标分类提要求，比如先进指标、落后指标、新增指标、加分指标等）

二、决战要中之要"主航道"，攻坚提升跨越发展质效

（把当前中心工作融进去）

（一）突破工作重点。招商、重特大项目、工业产业、园区平台等。

（二）打造特色亮点。旅游、城区建设、三农、改革试点、创新创优项目。

（三）攻克瓶颈难点。列入攻坚范围的事项、征收拆迁、要素保障等。

（四）做实民生盼点。

三、筑牢责任担当"压舱石"，攻坚提升工作组织化程度

（一）以家国情怀涵养责任担当。立足于岗位，植耕于事业。要有矢志干大事、展宏图的磅礴情怀，干难事、拔钉子的无畏情怀，干实事、解民忧的民本情怀。

（二）以过硬作风支撑责任担当。"中梗阻"整治，全市最优环境整治，形式主义、官僚主义整治等。

（三）以严明奖惩保证责任担当。

（五）标题拟写应"高低轮回"

一般先拟总标题，然后再依次拟一级、二级、三级、四级标题。当然，有的文稿在拟提纲阶段只需要拟到二级、三级，也未必一定要拟到四级。这轮主要是解

决高级标题能否统领低级标题的问题，强化全文主旨。此轮结束后，还应该由低级再向高级审视一遍，主要解决低级标题及其所辖内容能否支撑高级标题的问题，强化内容支撑。这种由高到低、由低到高的轮回审视，可以使全文整体性、系统性更强。

（六）标题拟写修改应"同属同级联动"

经过笔者反复验证，为提高写作效率，减少不必要差错，应把同一个上级标题辖下的同一层级标题，放在一起（最好是一页里），进行比照着拟写、修改，这样，其中一个修改，其余的往往可以直观、高效地联动修改。以【例7-3-2】为例，三个一级标题是在总标题辖下的同一级标题，应该放到一起拟写、修改。在第二个一级标题"决战要中之要'主航道'，攻坚提升跨越发展质效"辖下的四个二级标题也应放在一起拟写、修改。

在提纲拟写阶段执行上述法则比较简便，因为那时全文篇幅较短，提纲内容基本上集中在一起。难的是文稿基本成形的修改阶段，有的文稿同一级别标题相距好几页纸，甚至十多页，放到一起就不便捷了。这时如需要大幅修改标题，可把要修改的所有标题复制到一个临时文档，与基本成形的原稿通过电脑WPS进行"并排比较"，实行比照着修改。在临时文档中统一改好标题后，再把标题复制回原稿，这样操作看似烦琐，实际上可真正实现跨多页通盘考虑、高效修改，减少差错；否则，WPS编辑更为烦琐、效率低下，且因篇幅较长、首尾难顾，往往会造成"为改错而出错"的现象。

（七）总结部分一般用陈述句式，而不用祈使句式，而布置工作部分恰恰相反

下例中，第一个一级标题总结过去工作，其前两句看似祈使句式，实则描述过去重点措施，后一句是陈述句式，该标题总体上呈现出陈述句的特点；后三个一级标题全部布置工作，用的是祈使句式。尽管第一个与后面三个一级标题采用了不同句式，但仍然在结构、风格上保持了相近，为的是标题文字上的协调美。

【例7-3-3】

×××在全市招商引资暨园区建设过堂会上的讲话（摘要）

一、聚焦工业园区，聚力引进项目，全县大开放、大招商、大发展的势头很好

（一）1—9月份全市招商引资的总体情况。（总的数据、参加历次签约会的

总体情况）

（二）全市招商引资呈现出四个主要特点。1. 精力向招商聚集。2. 客商向本地聚集。3. 项目向园区聚集。4. 劳动力向企业聚集。

（三）全市招商引资和园区建设存在的主要问题。

二、着眼富民强市，放眼战略全局，进一步深化对招商引资和园区建设的认识

三、突出工作重点，突破关键环节，乘势而上加快招商引资和园区建设

四、举全市之力，倾各方之能，迅速掀起会战园区、大干招商的新热潮

（一）推行企业化的运作机制。

（二）推行紧逼式的督查考核。

（三）推行追赶型的工作效率。

下面【例7-3-4】中，尽管文稿中有一段"7月份以来，……总引资额达×亿元"总结的内容，但综观整个层次内容，仍以解决思想认识为重点，而不是以总结成绩为重点，所以，其标题仍可视为祈使句式。

【例7-3-4】

一、提高认识，提升觉悟，以强烈的紧迫感和责任感推进镇工业集中区建设

7月份以来，各有关责任镇能积极行动，克服困难，精心组织，在短短的2个月时间内使镇工业集中区建设取得了一定的进展，初步实现了开好头、起好步的预期目标任务。大多数镇初步编制了工业集中区规划，×××、×××等镇已完成了详细规划。大多数镇已着手开展基础设施建设，"五通一平"面积达××亩。×××、×××等×个镇成功引进了×个项目，总引资额达×亿元。

县委八届十次全会提出了振兴镇域经济的鲜明号召。振兴镇域经济的主抓手在建设镇工业集中区。我们要站在战略和全局的高度，充分认识镇工业集中区建设的重要地位，进一步统一思想，提高认识，切实增强工作的紧迫感，提高落实的责任感。

（一）镇工业集中区建设是振兴镇域经济的本中之本。

（二）镇工业集中区建设是应对周边地区竞相发展的重中之重。

（三）镇工业集中区建设是在新一轮发展中实现进位争先的要中之要。

（八）文稿篇幅从长到短，其标题中的短句个数及字数总体上相应由多到少

一般文稿篇幅较短，那么标题的句数和字数可以相对少些；反之，亦然。不可想象，一篇只有600字的文稿起了3条各有80多字的一级标题。然而，把这三

条标题放到 2 万字的文稿里,就容易被人接受。这可以用人穿衣服来理解,个子高、身体胖的人穿的衣服尺寸也大;反之,尺寸就小。

下例中,每个标题由两个短句组成,连标点符号共 20 个字,一般可以各引领 400—700 字的内容。

【例 7-3-5】

一是继续创优发展平台,积极承载重大项目。

二是继续深化招商引资,加速集聚重大项目。

三是继续打造最佳环境,全程推进重大项目。

四是继续加大政策激励,全力驱动重大项目。

下例中,每个标题由 4 个短句组成,连标点符号平均 56 个字,一般可以各引领 900—1800 字的内容。

【例 7-3-6】

一、落实大会精神,学习山东经验,就要统一敢想、敢干、敢闯的思想,在打造优良环境、破解发展瓶颈上下功夫

二、落实大会精神,学习山东经验,就要统一抓大企业、大产业、大集团、大市场的思想,在放大资源优势、培植强势产业上下功夫

三、落实大会精神,学习山东经验,就要统一建设湖滨生态旅游城市、加速城市化进程的思想,在推进城建项目、培育城市竞争力上下功夫

四、落实大会精神,学习山东经验,就要统一争创一流、率先发展的思想,在调动各层各级积极性、激发全民"三创"活力上下功夫

（九）标题级别从高到低,其句数、字数一般相应地由多到少

同一份文稿中,级别高的标题统领的文字肯定比级别低的标题多,所以,按照前一条法则,其句数、字数一般也应相对多一些。这还可用人穿衣服来理解,越是外衣越宽大,越是内衣越窄小。这方面的例子很多,就近的有【例 7-3-3】。但并非所有文稿和层次都完全遵循第八、第九法则,有的出于格式需要等原因也有例外,但总体上应遵循这个大方向。

（十）重要文稿提纲经领导确认后再拟写正文

对重要或工作量大的文稿,拟好提纲后,最好不要先动笔,而是尽量提请领导审核把关后,再正式动笔写正文。这样,可以少走弯路。否则,有时连重写加班的时间都没有,不仅疲于奔命,还会贻误工作。

四、标题拟写的注意事项：各尽其妙才是妙

（一）标题格式

公文标题一般分为五级，其字体大小、类型和标注方式等都存在较大格式区别，这是为了高效、精准地区分文稿各层次，不可混用；如果混用了，就容易造成受众误解，反而降低接受效率。

文稿标题又称为总题目、总标题，用2号方正小标宋编辑字体。大部分公文的总标题只有一个标题，如《×××在全市安全生产工作会议上的讲话》，也有的总标题分为主标题和副标题，如【例7-4-1】，还有的总标题下面要写单位（人）及时间。主标题往往执行文稿标题格式，副标题、写稿单位（人）及时间往往执行二级标题格式，用3号方正楷体并加粗编辑字体，且居所在行的中间。

正文里的层次标题一般分为四级。

一级标题一般采用"一、""二、""三、"格式，汉字数字加顿号，注意不是点号，行首空2个字符后开始拟标题，一般标题最后不加标点符号，用3号方正黑体编辑字体，后面的正文部分一般另起一行空2个字符后开始。

二级标题一般采用"（一）""（二）""（三）"格式，汉字数字前后用括号括起来，不能再加顿号、点号，一般行首空2个字符后开始拟标题，用3号方正楷体并加粗编辑字体（同文稿副标题编辑格式）。二级标题的末尾可以加句号，也可以不加。后面的正文部分可以另起一行空2个字符后开始，也可以直接接着标题后面开始。

三级标题一般采用"1.""2.""3."格式，阿拉伯数字后加点号，注意不是顿号，一般行首空2个字符后开始拟标题，如在段内则不需要行首空2个字符。

四级标题一般采用"（1）""（2）""（3）"格式。阿拉伯数字用括号括起来，括号后面不能再加顿号、点号，一般行首空2个字符后开始拟标题，如在段内则不需要行首空2个字符。

三、四层级标题与正文的字体都用3号方正仿宋编辑。

为了展示各级标题的级别、使用的标点符号等要求，下例对字号进行了缩小处理，但字体遵循了格式要求。由于本书其他例文需要遵循普通书籍字体编辑格式，所以，不再按下例格式编辑，请予谅解。

【例 7-4-1】

强化力度　优化服务　加速推进四季鹅产业化进程（主标题）

——在全市四季鹅产业培育推进会议上的讲话（副标题）

×××（用稿单位或人）

（20××年×月×日）

一、深化认识，统一思想，大力提升四季鹅产业的重要战略地位（一级标题，下同）

（一）加快推进四季鹅产业化，是壮大主导产业，发展特色农业的现实选择。（二级标题，下同）

（二）加快推进四季鹅产业化，是发展高效农业，促进农民增收的有效途径。

（三）加快推进四季鹅产业化，是实施农牧结合，优化种植业结构的突破口。

二、明确思路，突出重点，强力推进四季鹅产业化进程

（一）奋斗目标。

（二）发展思路。

（三）工作重点。

1.实施园区建设工程，加大示范带动力度。（三级标题，下同）（1）做优园区规划。（四级标题，下同）（2）拓展园区规模。（3）提升园区质量。

2.实施大户培植工程，加速壮大产业规模。

3.实施良种繁育工程，加快推进技术创新。

4.实施种草养鹅工程，建立三元种植结构。

5.实施龙头带动工程，提高产业化经营水平。

三、加强领导，落实责任，为推进四季鹅产业化提供坚强保证

（一）强化领导责任。

（二）实施政策驱动。

（三）切实搞好服务。

（四）完善目标考核。

（二）文章标题

文章标题又叫总标题，是全文的"灵魂"所在，对全文有着统领的作用。近几年出现的所谓"标题党"，通过拟写一些与内容严重脱离的标题引人眼球，这也从另一个侧面说明了文章标题的极端重要性。为此，要对文章标题格外重视。

相对于其他文体，公文的文章标题更加平实，更加开宗明义，一般采用格式：发文单位＋关于＋×××××（工作内容）的＋文种。

文字相对精彩且提炼难度较高的是主标题，拟写主标题一般出于两种情况：一是重要的工作报告一般既有主标题，又有副标题；二是重要的发言稿，一般只有主标题，没有副标题。

文章标题应是以最恰当、最简明的词语揭示文稿主题和概括正文内容的简明词语。基本要求是：一是紧扣中心思想，概念明确，高度概括文稿的主要内容，使人一见题目，即能知道文稿要讲些什么，应避免使用含义笼统的词语；二是言简意赅，切忌太长，尽量用最少的字词反映最深刻的内容；三是鲜明、生动，使人一见题目就产生了阅读兴趣。

文章标题一般应充分展示文稿中的"文眼"和全文的核心思想，对全文起到"画龙点睛""鼓劲提神"等作用。在实际拟订时应分类对待，尤其要注意文稿用途，如介绍经验、对外宣传、内部动员报告，则文字的调门可高些，以便让受众深受触动；如向上级汇报，则风格应平实些，尤其是中央八项规定出台之后，更应努力做到务实平实。

某年我们拟写淮安市创模复核工作报告的文章标题，原来为：

【例7-4-2】

矢志生态优先　　加速绿色崛起
让美丽淮安建设走在美丽江苏、美丽中国建设前列
——淮安市国家环境保护模范城市复核工作报告

提前来指导的省里专家说，"让美丽淮安建设走在美丽江苏、美丽中国建设前列"这句话，在淮安市内提出，可振奋人心；放在媒体上宣传，也可提高感染力和美誉度，但如用在迎接上级验收报告中，容易让上级验收组感到太过高调，因为不太容易做到。为此，我们将其从主标题中拿掉，放到"下一步努力方向"中。后来总标题改为：

【例7-4-3】

坚持环保优先　　建设美丽淮安
——淮安市国家环境保护模范城市复核工作报告

鉴于"环保优先"这种提法稍显陈旧，同时，临近省级评估验收时，党的十八届五中全会将绿色发展理念上升为"五大发展理念"之一，于是我们又将总标题改为：

【例7-4-4】

坚持绿色发展　建设美丽淮安
——淮安市国家环境保护模范城市复核工作报告

再举一例。2020年5月，笔者所在淮安市时任市委书记提出该市要争当江苏高质量发展"快班"中的"特长生"，并写入年底市党代会报告。年底，笔者所在区党代会报告提出，要打造长三角地区知名旅游目的地城市，实施工业强区、旅游富民"双轮驱动"战略。次年1月，我们接到市里通知，起草贯彻市"两会"精神的领导署名文章。如何在通知规定的1500字内把最能代表所在区的元素展示出来？是我们头疼的问题。后来，我们采用这样的主标题——"培塑知名旅游'目的地'争当旅游发展'特长生'"，把"培塑知名旅游'目的地'"（区里发展定位），作为贯彻市委争当"特长生"要求的主要抓手，这样不仅贯彻了上级要求，还体现了本地旅游富民战略，也把本地最大亮点展示了出来。

【例7-4-5】

培塑知名旅游"目的地"　争当旅游发展"特长生"（摘要）

市八届人大五次会议上的《政府工作报告》坚决贯彻新发展理念，聚焦现代服务业提质增效，要求深化全域旅游示范区创建，加快重大文旅项目实施、特色旅游示范点以及精品线路培育，为我们做好全年文旅工作指明了方向，提供了遵循。

2020年，我们将认真贯彻落实市"两会"精神，确立"长三角地区知名旅游目的地城市"的发展定位，全力实施"旅游富民"战略，以创建国家全域旅游示范区为引领，以淮安方特开园运营为契机，"引燃"旅游特色品牌，力争年游客接待量600万人次，旅游综合收入80亿元，增幅分别达40%、30%。放大"美丽清纯洪泽湖"名片效应，培育"洪泽记忆""洪泽印象"等文化品牌，力争年文化产业增加值占地区生产总值比重达3%以上。

"点"上抓培植。

"线"上抓延伸。

"面"上抓拓展。

"外"上抓营销。

（三）一级标题

一级标题是文稿的主干，必须"粗壮有力"。如果文稿篇幅超过1万字，可采用三句甚至四句以上的标题，字数也可增加，以增加容量和气势；如篇幅较短就宜用简短标题，甚至不用标题。不管几句标题，一般字数不宜超过50个。

一级标题为四句式，如下例：

【例7-4-6】

一、提高认识，提升觉悟，以强烈的紧迫感和高度的责任感，进一步把思想统一到镇工业集中区建设上来

二、突出重点，突破关键，用创新的思维和扎实的措施，进一步掀起镇工业园区建设的新热潮

三、聚精会神，聚力主攻，靠务实的作风和团队的精神，进一步推动镇工业集中区建设顺利实施

一级标题为三句式，如下例：

【例7-4-7】

围绕经济建设中心，紧扣加快发展主题，国民经济实现较快增长。

一级标题为两句式，如下例：

【例7-4-8】一级标题中第一个标题实际上为"第一，坚持规划引领，着力提升新型城镇化建设水平"的变种，所以，这类标题还应归类为两句式标题。

××在城镇化建设工作会议上的讲话（提纲）

近年来，我们坚持立足周口实际，充分发挥新型城镇化"一发动全身"的带动作用，以中心城区建设为龙头，以县市城区建设为节点，以小城镇建设为纽带，加快完善城镇基础设施建设，强化城镇产业支撑，全市新型城镇化推进力度不断加大，城镇化水平不断提高。概括起来，主要表现为"三个明显"。

结合国家和省推进新型城镇化的指导性文件，通过前一阶段的充分调研，我们形成了今天会议上印发给大家的《关于科学推进新型城镇化的实施意见》征求意见稿，这个文件将是指导我市科学推进新型城镇化的纲领性文件，明确了总体要求和重点任务，如何把文件完善好、贯彻好、执行好、落实好，推进我市新型城镇化建设实现新突破、再上新台阶，我们要做到"五个坚持"。

第一个坚持，是坚持规划引领，着力提升新型城镇化建设水平。

第二个坚持，是坚持梯次发展，加快构建新型城镇化建设体系。

第三个坚持，是坚持产城融合，为新型城镇化提供强力支撑。

第四个坚持，是坚持建管并重，打造和谐宜居的优美环境。

第五个坚持，是坚持改革创新，切实转变城镇化发展方式。

一级标题为一句式，如下例：

【例7-4-9】作为任职发言，此稿篇幅不长，选用了一句式标题。

刚才会上宣布了组织上对我的任命，在此我衷心感谢组织对我的信任和关心，感谢各位领导对我的器重和厚爱。这次任职对我来说，不仅是一种认同和接受，更是一份希望和重托，让我有机会在一个更高的平台，为公路养护事业服务，为公路养护事业添彩。同时，也是一次巨大的挑战和考验。我将把今天作为一个新的起点，尽快进入新角色，勤勉尽职，扎实工作，有所作为。任职表态发言稿。在此，我做四个方面的表态：

一是"勤学"。在今后的工作中，我将坚持在学中干，在干中学，把党的十八大精神贯穿于工作的全过程，解决工作中存在的突出问题。在提高学习能力上下功夫，以科学理论来武装头脑、指导实践、推动工作。在提高工作能力上下功夫，按照科学发展观的要求，不断提高实际工作能力和水平。在提高工作落实能力上下功夫，进一步明确抓落实的标准、重点和程度，确保各项工作任务落到实处。

二是"务实"。……

三是"团结"。……

四是"廉洁"。……

同时，对于我个人的一些不足，希望领导和同志们随时批评提醒，我一定认真加以改进，绝不辜负组织、领导和同志们对我的信任、希望和重托。

以下这篇任职发言篇幅更短，没有使用标题。

【例7-4-10】

今天组织上任命我为×××。

首先，我衷心感谢×××的信任和关心，给予我这个展现自我、实现人生价值的平台，感谢各位领导的器重和厚爱，感谢大家对我的信任和支持！

任命我担任这个领导职务，不仅是对我的一种认同与接受，更是×××对我的希望和重托。坦率地讲，担任×××职务对我来说一切都得从头开始，因为作为×××的领导，层次更高了，工作站位更高了，工作职责更大了，工作思路更广了，对于这些不同的变化，我都必须从头学习，必须向在座的各位虚心地学习，向实践学习，敬请各位领导、各位同事多予支持和帮助。

在今后的工作中，我坚决服从×××领导的决策决议，在思想上、政治上和行动上与组织保持高度的一致，同时加强学习，严于律己，恪尽职守，勤奋工作，尽快完成角色转变，发挥好副职的参谋、助手作用，坚决维护、执行××长的各项决策，工作中做到"到位不越位"，与班子其他成员搞好协调配合，积极献言献策，尽自己最大的努力为单位事业的发展作出自己的贡献。我有决心，在××的正确带领下，在各位同事齐心协力的支持下，我们一定会完成好各项工作任务，向××交上一份满意的答卷。

当然，标题的句数及字数多少，只是原则上与所辖内容多少成正比关系，但并不能完全绝对化。一些篇幅很长的文章的一级标题也有用一句式标题的，有的甚至不用标题。需要注意的是，这些不用标题的文稿一般在每个大的语意相对独立的层次的开头，会写出一些提示性词语，让人一看便知层次的划分，如"全会提出""全会强调"等，甚至直接用"全会"开头，这些都表明了这是一个层次的开始。为了让受众看得更清楚，有的甚至用不带序号的标题。

有无序号并不是问题的关键，关键在于，层次之间有无通过一定标志性的语句把层次分得很清晰；即便没有标志性的语句，只要每个层次语意独立，自然就形成了层次隔离，标题实际上会成为可有可无的存在，但公文作为一种面向大众的文体，有标题尤其是带序号的标题，可让受众更加快捷地理解文稿层次及内容，所以，笔者还是提倡尽量安排标题。

（四）二级标题

篇幅较长的文稿或在二级标题下的内容篇幅较长（见例文），一般可采用两句式标题；如篇幅较短，一般采用一句式标题。不管几句标题，总字数一般不超过20个。

【例 7-4-11】

一、关于去年宣传思想工作的几大特点

（一）抓学习，深化理论武装头脑。进一步健全了县乡党委中心组学习制度。……结合县委、县政府的重大决策和中心工作、实施中国湖城发展战略等组织了学习讨论。创新学习方式方法。采取"请进来、走出去"的方式，先后多次邀请省市专家学者来鄱进行授课；组织科级干部赴沿海发达地区学习城市建设、农业现代化和开放型经济知识等，还组织了15名理论工作者到北京大学马列主义学院学习。注重实践学习，把课堂搬到实际工作现场，把理论学习、研究工作、解决问题有机结合起来，通过到实地参观考察以及理论征文和研讨活动，提升学习效果。为检验各地学习成效，去年年底，对全县党（工）委中心组学习情况进行了督查、督学，全面了解了全县理论学习情况，有效推动了全县理论学习。

（二）抓导向，坚持正确舆论引导。……

（三）抓活动，营造浓厚社会氛围。……

（四）抓特色，擦亮宣传工作品牌。……

（五）抓产业，推动文化事业发展。……

（五）三级、四级标题

如三级、四级标题所辖内容较少，可不用标题；如用标题，一般用一句式标题，标题字数三级标题一般不超过14个字，四级标题一般不超过10个字。

（六）段内标题

解决的是在一段话内分层次的问题。这种层次既可列出标题，也可不列；如用标题，一般为一句式，且比四级标题更短。

1."明"标题。有两种情况：一是用"一是，二是，三是""第一，第二，第三，""首先，其次，再次，""一方面，另一方面"等具有明显层次感的序列字眼。二是用"（在）××上（方面）"结构，如【例7-4-13】。这种标题有些过于简单，尽量少用。

【例7-4-12】本例标题下过渡语里的内容与段内标题是完全对应的。为了让读者看得更清楚，笔者用不同下划线进行了标注。【例7-4-13】也是这样。

二要立足创新求突破，围绕重点抓推进。完成新目标，实现新跨越，唯有以创新为突破口，全力推进新规模、开发新产品、应用新技术。一是以新规模促进新发展，多方筹措资金，切实加大投入，迅速扩大县镇骨干企业规模，壮大主导产业，推动整个工业发展；主动引导农民投入，指导农民种养，帮助农民购销，迅速做大做强水产、四季鹅等特色农产品基地规模。二是以新产品推动新增长，加强与科研院所的合作，培植自己的研发力量，加快开发一批附加值高的新产品，提高市场竞争力。三是以新技术谋求新效益，推广应用信息技术和高效种养技术，提高质量，节约投资，降低成本。

【例7-4-13】

二要立足创新求突破，围绕重点抓推进。完成新目标，实现新跨越，唯有以创新为突破口，全力推进新规模、开发新产品、应用新技术。在新扩规模上，多方筹措资金，切实加大投入，迅速扩大县镇骨干企业规模，壮大主导产业，推动整个工业发展；主动引导农民投入，指导农民种养，帮助农民购销，迅速做大做强水产、四季鹅等特色农产品基地规模。在新品开发上，……在新技术应用上，……

2."暗"标题。段内每个小层次没有"明"标题的显著特征，但有相对统一的特征，还是能让读者辨认出标题。因为这种标题的特征本来就不够明显，对所辖内容的统领性也弱，如果中途语意被打乱，受众就更容易感觉层次混乱，所以小层次内内容最好"一逗到底"，最后用句号结尾。其中间如果实在需要再分层次，也最好用分号，而不用句号，如【例7-4-14】中"推动整个工业发展"与"主动引导农民投入"之间就是这样。

"暗"标题有两种情况：一是头部设标题，如【例7-4-15】中"以新规模促进新发展""以新产品推动新增长""以新技术谋求新效益"三句话，实际上就是在起着标题的作用。如果实在没有标题可写了，也可直接拿"要""需要""应"等字放在层次的开头，以强化语气、引起关注，如【例7-4-14】。二是尾部设带有标题特征的语句。在每个小层次的结尾处用统一而鲜明的句式收尾，且点了本层次的主题，使受众清晰各个小层次间的界限，如【例7-4-16】中每个小层次末句都有两个"新"字，句子结构、字数等都相近，这就带有了标题特征。带有标题特征的结束语句字数也可比常规段内标题多些。

【例7-4-14】

二要立足创新求突破，围绕重点抓推进。完成新目标，实现新跨越，唯有以创新为突破口，全力推进新规模、开发新产品、应用新技术。**要多方筹措资金**，切实加大投入，迅速扩大县镇骨干企业规模，壮大主导产业，推动整个工业发展；主动引导农民投入，指导农民种养，帮助农民购销，迅速做大做强水产、四季鹅等特色农产品基地规模。**要加强与科研院所的合作**，……提高市场竞争力。**要推广应用信息技术和高效种养技术**，……降低成本。

【例7-4-15】

二要立足创新求突破，围绕重点抓推进。完成新目标，实现新跨越，唯有以创新为突破口，全力推进新规模、开发新产品、应用新技术。以新规模促进新发展，……以新产品推动新增长，……以新技术谋求新效益，……

【例7-4-16】

二要立足创新求突破，围绕重点抓推进。完成新目标，实现新跨越，唯有以创新为突破口，全力推进新规模、开发新产品、应用新技术。多方筹措资金，……努力以新规模促进新发展。加强与科研院所的合作，……努力以新产品推动新增长。重点推广应用信息技术和高效种养技术，……努力以新技术谋求新效益。

3.无标题。正如前言,无标题并不代表层次可以混乱,相反,其要求层次分得更为清晰、可感;否则,受众就会感到层次混乱。如【例7-4-17】中的"规模""产品""技术"与过渡语遥相呼应。

【例7-4-17】

二要立足创新求突破,围绕重点抓推进。完成新目标,实现新跨越,唯有以创新为突破口,全力推进新规模、开发新产品、应用新技术。多方筹措资金,切实加大投入,迅速扩大县镇骨干企业规模,壮大主导产业,推动整个工业发展;主动引导农民投入,指导农民种养,帮助农民购销,迅速做大做强水产、四季鹅等特色农产品基地规模。加强与科研院所的合作,培植自己的研发力量,加快开发一批高附加值的产品,提高市场竞争力。推广应用信息技术和高效种养技术,提高质量,节约投资,降低成本。

第八章 破解"正文拟写难":
等着"桃花朵朵开"

对文稿写作,应该做到辅助写作与正式写作各环节、质量与效率各层面、文稿各部分写作都要好、都要"红",所以,笔者为本章起了题目叫"等着'桃花朵朵开'"。

一、文稿助写:用研析性表格把数字"搭"成想要的文字

很多人认为只有拟写提纲、正文才是写作。笔者从写作实践中感受到,很多准备工作已经具备了一些写作特点,如本书在第四章介绍的"4511"情况摸底表。然而,此表的主要功能还是收集高"含金量"的素材,写作辅助功能较弱,所以还属于普通式报表;而这里要介绍的研析性表格,对综合性文稿来说,则具备了更强的辅助写作功能,甚至可以理解成以表格的形式呈现多份文字表述版本,方便了写作者直观地比挑。这里重点介绍一下,也再次呼请更多的读者投身到这个陌生而又重要领域的研究与探索中。

综合文稿一般是指单位半年以上周期的综合性报告或主要领导讲话,其以单位的党委(政府)工作报告为主要代表,能写好这类报告,那么就基本具备了写好其他综合性文稿的能力。本章所讲的综合文稿,正是这类公认的非常难写的"大稿子",其涉及的数字往往多如牛毛,不用数字说明不了问题,但哪些用,怎么用,真是让写作者大伤脑筋。这就需要找到一种高效、便捷、精准的方法,来破解综合性文稿的数字运用难题。经过与普通式报表的实践比较,笔者认为,研析性表格可以有效避免普通式报表的短板,胜任数字较多的综合性文稿的辅助写作。在研析性表格中,"研析"是调研与分析,用来确定表格大体方向;"表格"是直观展示研析成果的"橱窗";这表中的数字就像一个个"积木",可以被直观地"搭"成多种文字表述,经写作者选择、提炼后最终形成写作者想要的综合性文稿。

(一)两种文稿写法的比较

假设某省所辖设区市的总数为9个,其中某市政府工作报告中有关2020年经济实力方面的内容初稿写为"GDP、一般公共预算收入和全体居民人均可支配收入

分别为343.65亿元、20.3亿元和31062.1元,增幅分别为3%、1.2%和5.0%"。如果单以简练的标准来评价,初稿质量也还算凑合。

然而,当大家看到修改稿后,就会明白初稿的水平还是比较低的:"GDP实现343.65亿元,一般公共预算收入和全体居民人均可支配收入分别突破20亿元和3万元关口,GDP人均值、一般公共预算收入增幅和全体居民人均可支配收入增量均处于全省第二位次。"原因在于:修改稿字数与初稿大体相当,而内容更为丰富,特别是点明了在省内的排名。

(二)两种写法的表格依据比较

依据普通式报表(表8-1),只能写出前文所述的初稿,基本没有比选、提炼和提升的空间。

表8-1

指标	GDP	一般公共预算收入	全体居民人均可支配收入
实现值	343.65亿元	20.3亿元	31062.1元
增幅	3%	1.2%	5.0%

而研析性表格(表8-2)尽管集中于GDP、一般公共预算收入和全体居民人均可支配收入的省内排名,但为写作者提供了更多的直观性、多维度半成品素材,把多种可能性直接铺陈在写作者面前,表格中每一个数值如同一个个"积木",方便了写作者开展创造性的摘取、串连、整合,"搭"成多种文字表述。

表8-2

主要指标	完成情况		
	GDP	一般公共预算收入	全体居民人均可支配收入
总量	343.6亿元	20.3亿元	31062.1元
总量全省排名	5	5	3
增量	13.7亿元	0.3亿元	1492.8元
增量全省排名	7	6	2
增幅	3.0%	1.2%	5.0%
增幅完成省目标占比	95.7%	102%	109%
增幅全省排名	4	2	4
人均值	12.1万元		6124元
人均值全省排名	2		4

以表8-2为依据可以形成以下3种表述方案:方案1:GDP的增幅和人均值,一般公共预算收入的增幅和人均值,全体居民人均可支配收入的总量、增量和增幅等7项指标均居全省前四;方案2:GDP的人均值,一般公共预算收入的增幅,全

体居民人均可支配收入的总量和增幅等4项指标均居全省前三；方案3：GDP人均值、一般公共预算收入增幅和全体居民人均可支配收入增量处于全省第二位次。

方案多了，才有比选的可能和必要。由于某市所在省份下辖了9个设区市，那么方案1把全省前四作为亮点进行强调就意义不大了。方案2看似比方案3多说一个排名第三的指标，但却把更有含金量的3个第二隐藏了，而且还增加了文字量，精练程度不够。经过综合考量，还不如直接采用方案3。这就是前文修改稿相关表述形成的主要过程。

（三）两种表格的功能对比

通过前文比较，特别是对表8-2实际运用的多方案比较，可以看出，普通式报表没有办法带来直观的多样化、高质量数据支撑，写作者主要依赖苦思冥想来催生"灵感"，不仅过程痛苦、效率低下，还无法保证质量。而研析性表格只需要写作者在把表格认真设置好后，当好数字的"搭建工"就可以基本解决问题了。具体差距见表8-3。

表8-3

比较项目	表格类型	
	普通式报表	研析性表格
思维方式	串联思维	发散思维
操作流程	由于前期思考和酝酿不够充分，每次根据当前想法要几个数字；拿到数字写出文稿后，觉得不满意，再重新要；加上其他因素的影响，写稿过程中需要多次对表格和文字表述进行大幅甚至伤筋动骨般的调整	尽量一次性把所要的主要数字栏目全部列入表格，空在那里，请业务牵头部门（以下简称"业务部门"）提供；除非出现特殊情况，写稿过程中一般只需要对文字表述进行微调即可，不需要大幅调整
要表次数	一般不同写作者、审核者累计请业务部门提供或填写表格6次，中途突遇特殊情况最多可达8次	一般情况下，一旦表格栏目设置好，一次性就可以把需要的数字全部要过来，中途突遇特殊情况最多再要2次也就可以了
基层负担	相关业务部门被多次要求提供数字，每次要在单位内部履行逐级审核程序，才能发给写稿单位，基层负担沉重，虽有怨气而不敢言	虽然第一次提供数字较多，但后期基本上不需要多提供数字，反而有效减轻了基层负担
写作效果	只能简单、直接地把报表中为数不多的数字录入文稿，所拟文稿文字粗浅、提炼不足，难以把数字中所蕴含的主要特点反映出来，很难给受众留下深刻印象，也很难顺利通过审核；想要达到理想效果，还需要多次重新收集数字、提炼文字	把想要的数字一次性全部要过来，数字不仅量大，更可以直观地展现在写作者面前，方便了摘取、比选、提炼，把数字中所蕴含的主要特点用简约、精准的文字表现出来，让人印象深刻，很容易获得各方好评
写作体验	每次要数字，看似很轻松，但实际上每次都伴随着写作者绞尽脑汁重新构思、提炼文字，多次反复折腾，还担心通不过领导审核，写作过程较为痛苦	虽然第一次设置表格较为费劲，但后续的工作效率较高，不仅可以节省大半时间，而且不用太担心文稿通不过审核，写作过程相对轻松

（四）主要环节注意事项

在制作、使用的主要环节注意把握要领，确保收到预期成效。

1. 调研分析。在所有环节中，本环节处于导向和核心的位置，基本决定了用哪些数字以及怎样用的问题，此环节抓好了，就等于成功一半。写作者在设置表格前，对写作方向应有一个基本预判，弄清收集什么样的数字、如何设置表格才能让受众和领导双满意。对于受众而言，特别是一些普通群众，他们最关心的是就业、就医、就学、生态环境质量等方面的数字变化；对于领导而言，如他年底前刚履新，那么当年的工作总结就不宜调门过高，对成绩中数字的深度挖掘和提炼就应该少一些，使文字表述显示得平实一些；如他一年基本干满，则相反；如五年规划中的大部分年度由他主政，那么五年总结的调门也可以高一些。还有，最能体现单位成绩的并不是数字的纵向比较，而是横向排名，如无特殊情况，应该将其列入表格。以上只是一些调研分析的常见考量，很多数据有着最能反映自身变化的标准。调研分析环节要充分考虑这些因素，并在表格中设置出栏目，予以体现。

2. 制表填表。根据前期调研分析结果，依据"适当宽裕且不浪费"原则，把可能用到的数字栏目设置进表格，既不能栏目过少，无法实行多方案比选；也不能把完全不可能用到的数字栏目纳进去，人为增加填表部门负担。空表制好后，如果表格相对简明，就直接发给业务部门填表；如果表格及其栏目较多，填写难度较大，可以邀请相关部门进行一次研讨，说明自己制表的初步想法。不管采取哪种方式，都要注意听取各方建议，修改完善表格。

3. 依表拟稿。在这个环节，比选的不仅是在同一张表格内的数字，还可以是不同表格内的数字。后者由于本文篇幅所限没有涉及，但原理是相同的。

4. 因变修改。写作过程中，如果出现以下三个因素，需要对表格进行大幅修改：一是领导要求对文稿进行实质性调整；二是写作主旨发生根本性的调整；三是填表业务部门前期提供的预估数字与后期拿到的实际数字出现实质性差距。与之相应，还需要重新制表、填表、拟写文稿。这些都是必须认真完成的程序，不能因为怕烦、怕苦而偷工减料；否则，可能出现严重后果。

5. 征询完善。在领导基本认可文稿且未正式使用前，需要对文稿广泛征询建议和意见。"一字动，百字摇"，文稿中一处调整往往会带来其他部分的数字乃至大段文稿要作相应调整。如时间来不及，还可能忙中出错。所以，除非出于前一环节所述三个因素，一般在征询完善环节，不宜再对数字乃至文稿进行大幅的修改。

二、文稿组写:既要质量,又要效率

(一)写稿的组织工作

文稿起草的分工一般有以下几种形式:一是对篇幅短小且不重要稿件可不必分工,直接指定一人独立草拟。二是对相对紧急、重要且大多数参与者情况不熟的文稿,可由一名情况相对熟悉的人员上机操作主写,其他3名左右人员站在旁边参谋,可称为"1+3"小组形式,不一定只建一组,可以建很多组,对文稿的不同部分同时写。这种形式的好处是可以同时集聚多人的智慧,时间短、效率高,缺点是文稿质量不是太高。三是对于非常重要、篇幅较长的稿件可实行分工协作,先安排少量人员拿出提纲草稿,然后集中所有参与起草的人员进行讨论修改,上报相关领导审定后,对提纲中的各层各级明确具体草拟人、综合汇总人。为了保证任务完成,一般牵头起草的领导还应根据需要,通过召开会议或下发通知等形式,将任务布置下去,要求在规定时间内完成草拟任务。然后由少量人员(最好是拿提纲的人员)进行汇总统稿。这种形式也可分组推进,但不像前面那种几人一起上机操作,而是一人一机操作,写好后发给本层次综合统稿人员。这种形式不仅人员利用效率更高,质量也往往更高,但对综合统稿人员的责任心和文字水平要求较高,同时时间周期也更长。对这一形式,笔者提供下例,请重点注意其分工部分。

【例8-2-1】例文中二级以上标题层次汇总人相当于组长、小组长。

在全市大干四季度工作动员会上的讲话(提纲分工)

(全文综合汇总人:杨××、陈××)

(过渡语)(杨××)

一、充分肯定成绩,认真排查不足,切实增强"冲刺九十天、全省争先进"的紧迫感(各科室提供素材,由杨××汇总)

成绩和不足。

二、聚力主攻招商,全力突破项目,迅速掀起"冲刺九十天、全省争先进"的新高潮(陈××汇总)

(一)紧逼推进招商引资。(钱××)一要在领导招商上求突破。二要在战略性招商上求突破。三要在外资招商上求突破。四要在载体建设上求突破。

(二)着力强推项目建设。(陈××汇总)一要在工业项目上:评审项目要抓开工、在建项目要抓投产、达产项目要抓扩产。(钱××)二要在农业项目上:种养项目，加工项目，订单项目。（崔××）三要在服务业项目上：旅游休闲项目，餐饮住宿项目，网络销售项目，物流运输项目，金融保险项目。（马××）

（三）加快城乡建设步伐。（顾××）一要坚持高起点规划。二要坚持高质量建设。三要坚持高水平管理。市容市貌、拆违、保洁等。

（四）努力建设和谐社会。（程××汇总）一要全面完成民生工程。（程××）二要创建诚信洪泽。（程××、马××）三要切实维护安全稳定。（安全：钱××；稳定：杨××）四要组织好换届选举。（董××）

三、严格目标管理，奋力赶超，合力营造"冲刺九十天、全省争先进"的好氛围（王××）

（一）立足目标解放思想。

（二）瞄准目标提速赶超。

（三）对照目标严格考评。

（四）谋划目标确定明年项目。

（二）"三明治"式组稿

管理学中"酝酿效应"主要讲，一个人心里总是苦思冥想一件事，往往突然有一天会有重大收获。对于文稿中的难、易部分的草拟顺序，每人习惯不一样。笔者喜欢"三明治"式的组稿方式。先尽最大可能挖掘潜能，把难的部分当前所能想到的内容尽量表达出来，文字可以粗糙一点；然后，接受鲁迅"写不出来的时候不硬写"的建议（见于《答北斗杂志社问——创作要怎样才会好》），再写较为容易的部分。其间，笔者的大脑实际上还在思考着那段难的内容，就是在利用前文所说的"酝酿效应"，换句话说，就是让思维的"子弹"飞一会儿，有时运气好，会突然脑洞大开，灵感一下子就来了。这时需要立即把灵感的主体内容记下来，防止遗忘。等相对容易的部分基本写完后，再来全力攻坚难的部分。这种"难—易—难"的草拟方式，是不是有点像夹心三明治？这样，不仅可以利用"酝酿效应"，还可以增强写作的信心，防止创作思维和激情"卡壳"。有经验的考生拿到试卷后会快速浏览一下最难的试题或作文题，让大脑先思考起来，然后答其他试题，最后再答最难的试题或作文题。这与笔者所提倡的方法在内在原理上是相通的。

此外，开始阶段不要过于担心篇幅不足，往往写着写着思路会越来越宽，篇幅也会越写越长；如果开始阶段过于追求篇幅，往往不仅会影响写作效率，还会导致篇幅超长。

（三）最后统一规范编辑排版

由于各层次内容来源不同，在字体和行间距、页面排版等方面可能不太一致，建议待各层次草稿大体写好后统一规范排版。对成稿前所写内容，可以把字体等格式大体编辑一下，能用格式刷的可以简单刷一刷，只要不影响认读、写作就可以了，没有必要太过注重排版，尤其不赞成写一段就精心排版"梳理打扮"一番，这样会在这个细节上浪费大量时间。

（四）提高文字输入效率

针对电脑打字速度比较慢、错误多等问题，笔者主要采取以下三个办法，提高了打字效率约四成，降低了错误率近五成。一是实现文字输入"盲打"。把空压出的订书针用透明胶带贴到了键盘按键上，新增6个触点（分别在"4""7""C""M""delete""shift"键上），同时使用键盘原有的"F""J"触点，做到了对公文写作常用按键精准定位、准确按击，实现了接近100%的"盲打"。二是使用快捷方式，主要是复制、剪切、粘贴、撤销、保存、打印、查找、替换等常用快捷方式。另外，WPS并排比较、电脑分屏等技巧也可提高多份资料比照操作效率。三是缩短鼠标到主键盘区的距离。目前普通键盘会造成鼠标到主键盘区的距离较远，需要右手经常在这样一个较远距离中来回往返，积少成多，进而浪费写作时间。把鼠标垫垫高到与键盘基本持平的位置，这样，也可提高一些打字效率。这类小改进，对普通电脑使用者意义不太明显，但对于专业的文字工作者来说，通过上千次甚至上万次的重复操作，将显现出较大区别。

三、文稿撰写：各部分各美其美、美美与共

本章写作以党委（政府）工作报告为主体，又没有完全拘囿于此，逐个说明，介绍注意事项，助力读者写出精彩。

（一）称呼语

称呼语在公文文稿中各部分均可见，开头、结尾更为常见。使用称呼语要注意的问题主要有：一是开头点到具体人时，文中、结尾一般不再照搬，而用统称。如，某省委副书记带队到基层调研，开头可说："尊敬的×书记，各位领导"，文中和结尾只称"各位领导"。如开头用统称，那么后面就继续用统称。二是2012年中央八项规定出台以后，对体制内领导称呼语前不再加"尊敬的"，前面那例就表述为"×书记，各位领导"。三是文中用称呼语的情况不多，如用，一般用在需要提醒注意、表示强调或层次过渡、语义转换等地方。如下例中，"各位代表（1）"

出现在"十二五"期间工作回顾向 2015 年工作回顾的过渡部分,"各位代表(2)"出现在工作回顾向自身建设的过渡部分,"各位代表(3)"出现在工作回顾向表示感谢的过渡部分。

【例 8-3-1】

这是某地政府工作报告总结部分摘要。

一、"十二五"期间工作回顾

……

各位代表(1),刚刚过去的 2015 年,全县上下始终保持奋发有为的精神状态,攻坚克难,开拓创新,全面完成县十四届人大四次会议确定的各项任务,为"十二五"发展画上了圆满的句号。

呈现了"进"的发展态势。

保持了"快"的推进速度。

打造了"新"的竞争优势。

各位代表(2),在加快经济社会发展进程中,我们以推进政府机构改革为契机,进一步加快职能转变,加强自身建设,着力提升行政执行力和政府公信力。坚持依法行政,……自觉接受人大法律监督、工作监督和政协民主监督,人大代表建议、政协提案办理满意率均达 95% 以上。认真落实中央八项规定精神,……

各位代表(3),"十二五"发展的成就来之不易、令人鼓舞,经济建设取得的每一项成绩、社会发展实现的每一个进步、城乡居民得到的每一处实惠,无不凝聚着全县人民的心血与汗水,无不饱含着方方面面的关心与支持,无不见证着大湖儿女的坚韧与智慧。在此,我谨代表县人民政府,向各位代表、各位委员,……表示衷心的感谢,并致以崇高的敬意!

(二)过渡语

公文开头部位变幻莫测,有时扑面而来;有时当起向导;有时发起设问……;它们"出场"的频率非常高,不仅出现在文稿总标题的下面,还出现在一级、二级甚至是三级标题后面,如下例画线部位。

【例 8-3-2】

2017 年 ×× 省政府工作报告(摘要)

各位代表:

<u>我代表省人民政府,向大会报告工作,请予审查,并请省政协委员提出意见。</u>

（在总标题之后）

一、2016年工作回顾

过去一年，面对错综复杂的国内外经济形势，在党中央、国务院和省委的坚强领导下，全省各族人民齐心协力、努力奋斗，取得了经济社会发展的新成绩，省××届人大×次会议确定的目标任务圆满完成，实现了"十三五"良好开局。（在一级标题之后）

一年来，我们全力稳定增长，经济发展总体稳中向好。

一年来，我们坚定不移促改革，发展活力持续释放。

一年来，我们深化对外开放合作，开放水平持续提升。

……

在取得成绩的同时，我们的工作也存在着一些问题和不足：从长远看，区域间发展不够平衡、人均经济水平较低；从当前看，经济企稳向好的基础还不牢固，下行压力依然较大。

二、2017年主要目标任务

……

三、2017年重点工作

第一，大力促进经济稳定增长。实现稳定增长，是保证经济社会持续健康发展的前提。当前稳增长就是要稳投资，夯实产业支撑，引导和扩大消费，促进外贸回稳，形成多重拉动。（在二级标题之后）

一是着力扩大有效投资。把项目推进作为扩大有效投资的主要抓手，继续推进"项目年"活动，扎实抓好700个全省重点项目和100个省级重点推进项目。（在三级标题之后）加快×××、×××等项目建设，建成××至××客运专线。力争××、××等项目开工。抓好××个重大产业项目和省重点工业项目建设，促进××等建成项目达产达效。推进××个重点签约项目落地。

尽管经常能混个"脸熟"，但它目前还面临着一个身份的尴尬——没有一个确定的名字，对其叫法主要有8种，其中叫开头语的居多，那么，到底应该叫啥名？

应该称为序言、引言、导言、前言吗？序言是写在著作正文之前的文章，引言是写在书（文章）前面类似序言（导言）的短文，导言是著作前的概述部分，前言是写在书（文章）前面的文字。以上四"言"名称、功能相近，更有一个共同的特点，都不在文稿的正文之中，而本文所指却在正文之中，所以，仅凭这一差距，这四"言"就被全部淘汰、集体"无言"了。

应该称为导语吗？常有人借用新闻消息术语称其为导语，可以推动公文写作把亮点和重点展示在文稿开头，但相较于新闻消息主要满足读者"一睹为快"的职能，公文开头部分的职能更多，仅用一种展示亮点和重点的写法已无法满足实际工作的需要。如例文中"我代表省人民政府，向大会报告工作，请予审查，并请省政协委员提出意见"就不是导语的写法，可见，称为导语是不妥的。

应该称为帽段（帽子）吗？从统领下文的角度称其为帽段（帽子），似乎也有道理。但实践中，如经常出现的"在取得成绩的同时，我们的工作也存在着一些问题和不足"这样的语句，虽然强调的重点放在了"我们的工作也存在着一些问题和不足"，但大家因此而无视"在取得成绩的同时"的存在，也难免掩耳盗铃了，毕竟它概括了前文成绩部分。对此，有的读者可能还认为这只是个例，不具有代表性。那么，再请看【例8-3-3】。例中"过去已经载入史册"就是承接了上文工作总结部分，而这个工作总结不仅包含了成绩，也包含着不足。一般的帽段（帽子）只能罩住下文，哪有罩住上文的道理？所以，把"过去已经载入史册，未来需要实干描绘"这类文字称为帽段（帽子）也不够恰当。

【例8-3-3】

同志们，<u>过去已经载入史册，未来需要实干描绘</u>。2016年是全面贯彻落实党的十八届五中全会精神、实施"十三五"规划的开局之年。要按照市第十次党代会第五次会议总体要求，综合考虑各方面因素，今年全市经济社会发展的主要预期目标是：……

说到这里，可能大家已能基本明白，再称其为开头语也不妥当，因为，帽段（帽子）与开头语的意思差不多。但如果还有读者不理解怎么办？请允许笔者将前文【例8-3-2】中的工作总结部分压缩到一段，见【例8-3-4】。

【例8-3-4】

一、2016年工作回顾

过去一年，面对错综复杂的国内外经济形势，在党中央、国务院和省委的坚强领导下，取得了经济社会发展的新成绩，省××届人大×次会议确定的目标任务圆满完成，实现了"十三五"良好开局。一是全力稳定增长，经济发展总体稳中向好。二是坚定不移促改革，发展活力持续释放。三是深化对外开放合作，开放水平持续提升。<u>在取得成绩的同时，</u>我们的工作也存在着一些问题和不足：从长远看，区域间发展不够平衡、人均经济水平较低；从当前看，经济企稳向好的基础还不牢固，下行压力依然较大。

从【例8-3-4】不难看出,"在取得成绩的同时,我们的工作也存在着一些问题和不足"这句话,是工作总结向问题查找的过渡语,不仅不是什么帽段(帽子)和开头语,就是一个段内过渡语。这类文字从基本功能上讲,就是一个过渡语!之所以,它在【例8-3-2】中处于段头的位置,仅仅是因为内容较多,为了方便受众阅读而采取了分段的办法,但这不能改变其过渡语的角色本位。

公文文稿是一个"骨肉"相连、"气血"相通的整体。要实现这种连通,就需要一些具有承上启下作用的语句进行过渡,使相邻的层次衔接得更紧。能起这种过渡作用的文字,当仁不让的就是过渡语。实践中,很多写作者为了写出一个响亮的开头部分,经常过多地关注其与下文的关系,而忘记了其与前面标题以及其他内容的关系,造成扣题不紧、过渡不畅。所以,把开头部分的基本功能回归于过渡语,不仅能解释开头部分其他称谓所不能解释的诸多疑问,还能提醒写作者更加注意扣题和谋篇布局等问题。

可能还有爱钻研的读者又问:既然它是一个过渡语,为什么又要求它起到开好头的作用?

对此,笔者认为,过渡语也必须深深地耕植于它所处的语境中,立足于在文稿中的站位来行使过渡职责。那么,处于段内位置的过渡语,只要完成转接顺畅的职责就可以了。而处于开头部位的过渡语,保证转接顺畅才算基本职能,要全力开好头,有时还要打响开头炮。工作中,大家常听到一句话叫"屁股指挥脑袋",就是说不管你处在什么位子,只要在其位、谋其政,既不缺位、也不越位就可以了。过渡语也是如此吧。正因为如此,我们可以根据过渡语所处的语境,把它们分为开头过渡语、句群过渡语、段内过渡语等,这样,就能既使它们有一个统一的属名称,又体现出各自所处语境的不同,适应色彩缤纷的文稿需要。

文稿这部分写作应主要克服和防止在需要过渡语的地方没有安排,使语意的流动出现"断路",让受众感到生硬和突兀。有的文稿的毛病是过渡语与正文不匹配,使文稿斜戴了个很不合头的"帽子",要么太大,要么把部分头露在外面,画面有点搞笑,所以保证匹配度是首先的要求。还有,就是要努力让这个过渡语更精彩,给受众更深刻的印象,给下文更好的铺垫。

1. 开头过渡语。"万事开头难",公文写作也不例外。公文标题向正文主体过渡的部分处于开头部位,其写作也难免于"难"。高尔基说过:"开头第一句是最困难的,好像在音乐里定调一样,往往要费很长的时间才能找到它。"人际关系学里有个"第一效应"定律,主要讲第一印象非常重要。"起句当如爆竹,骤响易彻。"

第一印象不好，受众就会不满意。如果受众是上级领导，对你的开头表述不满意，轻者对你印象不佳，重者当场打断你的表述，要求按照他的要求重新表述。果真这样，那就不是"故事"，而是"事故"了！

对于公文写作"开头难"，笔者刚接触文字工作时，就被分管领导提醒多加留意、总结，也因此开启了自己近20年的对这部分写作知识的积累和分析征程，并汇总出十种写法及注意要点，部分写法又进行了细分，为读者提供了剖解公文写作"开头难"的十把不同"钥匙"，每把"钥匙"可以有效解决相应的难题。值得提醒的是，笔者这里所做的实例汇集相对齐全，其他地方不易找到，建议做好收藏。

（1）说明缘由法。即在开头讲明制发文稿的缘由，以揭示行文的必然性和合理性。这非常重要，直接关乎这篇文稿或文稿所推动的活动（会议）能否"出生"，尤其是"中央八项规定"要求控减"文山会海"之后，只有理由充分，才能有"准生证"，也才有受众重视的必要。以笔者的实践看，自己所服务的领导临场发挥最多的地方就是会议召开原因。

原因一般可以用"因为""由于""鉴于""出于……考虑"等与原因有关的词语引出，如"今天我们紧急召开这次迎检交办会议，主要因为：一是本月18日—20日，省环保厅将对我市生态城市创建复核工作进行省级评估。二是我市7个涉农县（区）中目前有3个通过生态城市创建考核验收，3个通过生态城市创建技术评估。一旦这3个县（区）通过考核验收，市本级就具备接受国家级生态城市技术评估的条件"。

也可以不用与原因有关的词语，如："随着国民经济情况的逐步好转，在人民群众物质生活相应提高的同时，广大群众对文化生活也提出了要求。……"说明的原因是群众有要求。"经中央批准，今年县、乡两级选举的日常工作由民政部门负责。但是在确定民政部门人员编制时，没有选举工作这项任务。为了做好这项工作，需要给民政部门增加必要的编制……"说明的原因是实际工作有需要。这些都可以作为公文起草的原因。

还可以交代行文的根据，以保证拟文的法定权威性，一般多用"根据""遵照""按照"等作为语言标志。用作行文根据的，通常是党和国家的某项方针政策、法令法规，上级的文件指示精神，某个重要会议的决定，某位重要领导的指示、批示等。例如，"当前已到了打赢脱贫攻坚战的攻坚时期，根据《中共中央 国务院关于打赢脱贫攻坚战的决定》要求，现就推进脱贫攻坚工作制定以下指导意见"。

（2）明确目的法。即在开头交代行文的目的、目标、任务或意图，开宗明义，以便受众掌握文稿的意图，如下面两例，也可以使用"为""为了"等标引，如："为进一步加强疫情防控期间医务人员防护工作，切实保障医务人员身心健康，现下发通知如下"。

【例 8-3-5】

这次会议，主要目的是贯彻落实股份公司经营工作会议精神，认识企业经营工作面临的形势变化，进一步统一思想，确定目标，落实责任，明确措施，确保完成投资经营目标任务，为完成今年的新签合同额计划和实现企业的持续发展奠定基础。

【例 8-3-6】

四是加大招商力度。要进一步把干部群众的注意力集聚到招商引资、项目建设上来，举全市之力，集全民之智，全力出击，快引项目，争取实现全年招商引资 10 亿元目标。

（3）阐明意义法。阐明某项工作、地方、时间点等的重要性，引起高度重视，进而展开文稿。这也是一种常见的方法，在实践中有四种具体方式。

一是正向式。就是从正面讲重要性，如："工业是财源经济、富民支撑"，说明工业这个行业很重要。"2019 年是新中国成立 70 周年的大庆之年、喜庆之年，做好今年的工作意义特别重大"，说明这个年份很重要。"北京是首都，全国的首善之区"，说明北京这个地方很重要。

二是递进式。由远及近地讲到主题上，这里"远"的东西要与"近"的东西有本质的内在联系才行。这其实是正向式的一种，由于特色明显，才单列出来。

【例 8-3-7】

二是严肃纪律要求。工作靠干部，干部靠组织，组织靠纪律。

三是起兴式。用一个与主干内容有一定相似、相通或相关之处的事情来起兴，引到想说的内容。这其实也是正向式的一种，由于特色明显，才单列出来讲。

【例 8-3-8】例文想把稳定摆到与发展同等重要的位置上，意在强调两者不可偏废。

五要全面提高维护稳定的本领。加快发展富民是第一要务，维护稳定安民是第一要责。当前，我们正处于改革发展的关键时期，这一时期既是"黄金发展期"，又是"矛盾凸显期"。

四是反向式。从反面讲危害，让人感到做不好不行。如："制约社会事业发展的主要因素就在于体制不新、机制不活，体制和机制上的深层次问题不解决，社会事业就难以得到突破性的发展。"

（4）概述摘要法。通过简要、精练的语言把主要内容甚至是精华表述出来，目前收集到了以下四种具体方式。

一是缩略式。用缩略语将下文主要内容概括起来，并放到过渡语中。

【例8-3-9】

五、加强精神文明建设。深入开展"五讲四美三热爱"活动，推动精神文明建设向纵深开展。"五讲"，就是要"讲文明、讲礼貌、讲卫生、讲秩序、讲道德"；"四美"，就是要"心灵美、语言美、行为美、环境美"；"三热爱"，就是要"热爱祖国、热爱社会主义、热爱中国共产党"。

二是概括式。用简明的语言概括叙述一项工作的主要情况。会议纪要的开头对会议召开的人员、议题和时间等进行简单概述，调研报告的开头对调研的主题、人员、时间和方式等进行概述。下例中三个"以……为……"句式较为常见，适合新手练笔。

【例8-3-10】

一、去年所做的主要工作。一年来，我们认真贯彻落实党的十五届五中全会精神和省关于经济工作的重大决策和部署，以加快发展为主题，以改革创新为动力，以招商引资和项目建设为抓手，解放思想，开拓进取，扎实苦干，完成和超额完成了市十一届人大四次会议所确定的主要目标任务。

三是引用式。常用"按照'XXX、YYY'的战略目标"或"以'XXX、YYY'为原则（方针）"等句式，这里的单引号（正常写作时用双引号就可，在本文语境中须用单引号）可加可不加，但单引号内的内容必须是重要会议、权威单位或重要领导提出的重要战略、目标、思路、要求、原则和方针等，而且在一段时期内具有一定稳定性，不会朝令夕改，而前文概括式里"以……为……"句式内的内容是写作者自己概括的，这是两者的重要区别。

【例8-3-11】

实施乡村振兴战略，要坚持农业农村优先发展，按照产业兴旺、生态宜居、乡风文明、治理有效、生活富裕的总要求，建立健全城乡融合发展体制机制和政策体系，加快推进农业农村现代化。

四是撮要式。把主体内容中的核心语句甚至文眼用几句话说出来，比前文缩略式表述更传神，比概括式抓取得更精准，比引用式拟写得更灵活。所以，这是一种相对更好的表述方式，要把握好以下两点：

一要体现特点，就是把最能体现工作特点的内容反映出来，写出与以往及其他单位不同之处，做到这点，才是关键。下面两例都是对人大工作的总结，【例8-3-12】相对较平淡，没有反映出工作特色。【例8-3-13】《2016年全国人大常委会工作报告》第三自然段主要讲了坚持党对人大工作的领导。一般写法会把工作要点拆分开来写，融入所做的主要工作中，也就是例文的分述部分，做到"润物细无声"，但该例把工作要点拎出来，集中放到过渡语中，先声夺人，起到"平地一声雷"的效果。

当然，凡事都要因事因人而异，如工作本身成效平平，或者领导不建议用这个风格，则不宜借鉴此法。

【例8-3-12】

在市委的领导下，认真贯彻党的十七大精神，深入贯彻落实科学发展观，切实履行宪法和法律赋予的职责，各项工作都有新的进展，为推动全市经济社会又好又快发展做出了积极努力。

一、坚持依法履行职责，加快推进科学发展

二、突出建立和谐××，加快推进社会全面进步

三、突出民主法制建立，加快推进政治文明

【例8-3-13】

参见《2016年全国人大常委会工作报告》

二要认真提炼。将特点找了出来，能否写好又是一大问题。【例8-3-13】提炼得非常好。由于这个问题非常重要，这里再举个例子，意在建议读者对此多加用心、多出精品。某市市委工作报告的开头过渡语写道："这次会议的主要任务，是进一步动员全市上下认清形势，自加压力，团结创新，务实争先，分秒必争，<u>以思想大解放、招商大突破，向全面小康目标迈出坚实步伐</u>。"其中画线部分既是报告主标题的内容，也是全文主要内容的集中诠释。

（5）表明态度法。需要表明态度的事项有以下几种：

一是上级机关宣布新的人事任命，当事人需要在公开场合表态是否拥护组织决定和人民选择，如：××在新任某省省委书记时表态："中央决定由我任省委书记，这是习近平总书记的重托和党中央的信任，我深感责任重大、使命光荣。我一定尽心竭力、忠于职守，与全省广大干部群众一起干出优异的成绩，回报习近平总书记，回报党中央，回报这片红土地。"

二是上级机关或其他有关单位、个人，对某个单位下达整改要求或提出建议

意见时，该单位需要对此表态。如：2018年3月20日，某市人大常委会党组、市人大常委会机关针对某省委巡视组指出的问题，召开整改部署会，相关负责同志在讲话开头部分表示，对巡视指出的问题将全盘接收、坚决整改、不打折扣。

三是对一些需要批复、转发、批转、印发的文件，发文机关需要在开头就表明自己的态度。如："你局《关于××安全事故调查处理方案的请示》（××发〔2009〕×号）收悉，原则同意你们的方案。"还有一些批转性通知，如："《关于×××通知》已经×××会议研究通过，现转发给你们，请认真执行。"其中，"×××会议研究通过"就是一种表态。

（6）问题解答法。即用一问一答的方式来写开头。这种方法如运用得当，将一下子把读者紧紧吸引过来，如1985年8月25日《人民日报》刊登的《沉下去，干实事——绛县转变干部作风的调查》，开头这样写："四五年前，绛县还是山西省运城地区的一个贫困山区县，可是，去年这个县人均收入达到415元，比1980年翻了两番多，跃居全地区十三个县、市之首。为什么在短时间内会发生如此显著的变化呢？一个重要原因，就是这个县的干部转变了作风，深入群众。"

（7）释义说明法。就是从对相关概念的解释入手，并在解释中向主体内容过渡。这种写法不能只作解释，不作过渡；否则，会让受众感到过渡生硬、文气受阻。

【例8-3-14】

三是机关要尽心尽力办事。任何机关都是办事机关，"办"字中间是个力，一个"力"字见责任、见担当，两边两点水可理解成工作要下力气、多流汗；如果先前不流汗，以后就可能要流泪。

（8）礼仪问候法。一般出于欢迎、欢送、祝贺、表彰、答谢、慰问、哀悼等仪式需要，在文稿的开头写出相应问候语。

例如，中共中央、国务院、中央军委贺电神舟六号载人航天飞行成功："值此神舟六号载人航天飞行获得圆满成功之际，中共中央、国务院、中央军委特向担任这次飞行任务的英雄航天员，向所有参加这次任务的广大科技工作者、干部职工和解放军指战员，表示热烈的祝贺和亲切的慰问！"

（9）引出正文法。主要是因一些约定俗成的规则而设置，看似实际意义不大，但必不可少。

一些致辞、主持类讲话还会从天气、季节、地点、场所、时代氛围等因素入笔，引出正题。有的还会用一些诗词、对偶句放在前面加以烘托。要注意这些诗词、对偶句一定要通俗易懂，不能让人费解，而且也要与主体内容有关联，才能起到烘托和铺垫的作用；如果毫无关联，就会形成"烘而未托""铺而无垫"的尴尬局面。

【例8-3-15】

历添新岁，春满河山。新中国七十年锦绣画卷，中交人匠心独运绘蓝图；新时代逐梦路任重道远，中交人勇毅前行著华章。在这个辞旧迎新的美好时刻，我们谨代表公司党委和领导班子向全体中交人及家属、离退休同志致以衷心的感谢和诚挚的问候！向长期支持公司发展的各级领导和社会各界朋友致以新春的祝福！

（10）综合使用法。使用前面所述方法、方式中两种或两种以上的方法，如："在实体经济发展中，质量是资源配置、科技创新、生产质量、消费质量、管理能力等因素的外化，是一个地方硬实力的体现；质量也是价值理念、文化观念、制度环境、分配机制等因素的外化，是一个地方软实力的展现。为全面提升供给体系质量，加快推动××高质量发展，根据《中共中央　国务院关于开展质量提升行动的指导意见》精神，结合本地实际，现就开展质量提升行动提出如下实施意见。"从上面这段文字中可看出阐明意义法、明确目的法和说明缘由法的综合运用。

2.语境与语境之间的过渡语。由于公文受众的广泛性和素质的差异性，为了能让绝大多数受众理解公文，公文非常注意不同语境之间的过渡和提示。

原则上，在语境变化之处，都可安排过渡提示语。但由于有的层次语境转折非常清晰，不需要安排过渡提示语；有的层次语境变化虽较大，但受众已非常熟悉这种文体及其语境变化，所以，也可不再安排过渡提示语。

对于层次内（实际上也包含句与句之间）的过渡。由于句与句之间的过渡已有很多资料介绍，尤其是一些连词的用法已对这个问题作了较多介绍，所以，笔者这里重点介绍一些既能用于句子之间过渡，又能用于句群之间过渡的词语。

（1）表示并列关系的有"（与此）同时""另外（此外）"等。

【例8-3-16】

今年来，我局以争扛"三面红旗"为抓手，强化目标考核，严格实行重点工作任务交办、督办制。<u>与此同时</u>，我局还引入竞争激励机制，实行优胜劣汰，有力地推动了交通工作开展。

【例8-3-17】

各地、各部门要按本次会议要求，迅速抓好年终岁末各项工作，尤其是扶贫慰问工作要立即抓好落实。<u>此外</u>，春节将近，安全工作也不能有丝毫松懈，必须紧抓在手,警钟长鸣。

（2）表示递进关系的有"在此基础上……（还）……""不仅如此……还……""加之"等。

【例8-3-18】

我平时把自己认为好的公文文稿分类收集了起来。<u>在此基础上</u>,我还对自己记忆深刻的内容用自己容易懂的语言记下了体会。

【例8-3-19】

<u>不仅如此</u>,妈妈还给了你明亮的眼睛,让你去观察世界;给了你灵敏的耳朵,让你去倾听世界;给了你健壮的双腿,让你去走遍世界;给了你灵巧的双手,让你去改造世界。这些,难道不是礼物吗?

【例8-3-20】

这起交通事故发生在一个狂风暴雨的夏天午夜,加大了事故的救援难度。加之,当时的救援装备非常落后,最终他的命保住了,但双腿没了。

（3）表示承接关系（后一事承接前一事）的有"于是（乎）""对此"等。

【例8-3-21】

时近中午,太阳吐出热辣辣的火舌,部分体弱的同学开始跟不上队伍。于是,班长宣布到树林中休息调整。

【例8-3-22】

近年来小区里发生了多起春节期间居民从楼上往下扔放鞭炮（把点着了的鞭炮往楼下扔）的行为。对此,今年春节前物业管理部门提前在小区大门入口处张贴了禁止这种行为的通知。

（4）表示因果关系的有"因此""为此""故而"等。

【例8-3-23】

蒲松龄过的是清寒士子的生活,他兼理家务,可谓温饱,因此,他可以专心著书。

（5）表示转折关系的有"然而"等。

【例8-3-24】

面对一个老人失足掉进路旁的护城沟,有人立即报警,有人指责老人太不会自我保护,有人在批评政府防护措施不到位,更有人拿出手机拍照发朋友圈,然而,就是没有人伸手救人。

（6）表示总括上文和概括性的结论的有"总之（总而言之）""通过以上……"

"综上所述（综上）"等。

【例 8-3-25】

但偶尔也翻看了几篇青年作者的作品，有的写了他们个人不幸的遭遇，有的反映了某一段时期的现实生活，有的接触了一些社会问题……总之，这些作品或多或少地揭露了某一个时期我们社会生活的真实的侧面。（巴金《绝不会忘记》）

【例 8-3-26】 "通过以上……"这种句式，可以把放在前面的目标性总述语言，改为放在后面的概括性总述语言。这种句式尤其适用于内部没有明确层次标题的段落，可在其结尾处说一下这些措施总的目标或成效，起到明显的提示作用。

改前：

扎实推进专项社会事务管理体系建设。<u>围绕进一步增强政府服务社会功能的目标，解决群众关注的重点、难点，甚至是"堵点"问题。</u>XXX。YYY。ZZZ。

改后：

扎实推进专项社会事务管理体系建设。XXX。YYY。ZZZ。<u>通过以上措施，解决群众关注的重点、难点，甚至是"堵点"问题，进一步增强政府服务社会功能。</u>

（三）过去工作回顾的主体部分

这个层次与后文总结、汇报和述职报告等常见文种拟写注意事项中的很多内容重复，这里不再说明。这里只先开出一个简单的"负面清单"，提醒各位不能说空话、套话、假话，不能记流水账、面面俱到，不能主次不分、重点游离。

（四）体会与经验

体会与经验是以感受、体会、启发等关键词导出的、对前一阶段工作所进行的经验总结。对体会与经验出现的形式，笔者积累了以下四种。

一是直接说明是"体会"。

【例 8-3-27】

回顾过去的工作，主要<u>体会</u>是：

任何时候，都必须坚持以农业增效、农民增收为中心，加快发展农业和农村经济不动摇。……

任何时候，都必须坚持加强引导与示范带动相结合，推动农业结构调整。……

任何时候，都必须坚持贯彻落实党在农村的方针政策，推进农村各项改革不断深入。……

任何时候，都必须坚持以增强凝聚力和战斗力为目标，加强农村基层组织和干部队伍建设。……

任何时候，都必须坚持统筹兼顾、整体推进，促进农村"三个文明"协调发展。……

二是以"经验"的形式出现。

【例8-3-28】

一年的探索，为今后发展积累了经验，增强了信心。实践启示我们：必须始终以解放思想为先导，开拓创新锐意进取。我们把中央和省里的精神与本地实际紧密结合起来，在宏观调控中寻找机遇，通过制度创新发挥内外部优势，用改革的办法突破体制机制障碍，为加快发展增添了新的动力。必须始终以经济建设为中心，量质并举加快发展。……必须始终以市场机制为取向，整合资源集聚要素。……必须始终以人民需求为根本，全面建设和谐社会。……

三是以"体会与经验"的形式同时出现。

【例8-3-29】

总结2003年工作的主要体会和基本经验是：必须始终坚持并不断升华"不论先干"、超常发展的指导思想，强力推进新一轮思想解放和新一轮经济发展；必须围绕一切为了人民、一切依靠群众、一切善待百姓"不论先干"；必须扭住全部奋斗目标以加快富民为核心、全部盱眙精神以推进创业为核心、全部加快发展以主攻工业为核心实现超常发展。

四是虽然文中不出现体会和经验的字样，但仍然能看出其就是体会与经验。

【例8-3-30】

回首五年，我们经受住了历史的考验和发展的检验，完成了由恢复增长向创新发展的跨越，我市的改革开放和现代化建设事业进入了一个新的发展阶段。面向未来，谋求发展，我们感到有以下五点必须始终坚持：

一、必须始终坚持以经济建设为中心，牢牢把握发展主题，用发展统一思想，用发展凝聚力量，用发展解决前进中的困难和矛盾。……

二、必须始终坚持以改革开放为基本点，全面推进大开放大开发，在招商引资、体制创新和环境创新上求突破。……

三、必须始终坚持以改善投资环境和人居环境为着力点，加速推进城市化进程，构筑区域发展的新平台。……

四、必须始终坚持以提高人民群众生活水平为出发点和落脚点，积极实施科教兴市战略，协调发展各项社会事业。……

五、必须始终坚持"两手抓，两手都要硬"的方针，准确把握改革、发展、稳定三者的关系，充分发挥各方面的积极性，努力克服和消化不利因素。

从上面体会与经验中，笔者总结出，体会与经验是对前一阶段工作措施中带有普遍指导意义的内容的提炼或升华，来源于这些工作措施，又高于这些措施，而不能等同于这些工作措施。体会与经验有基本特征：这些体会与经验以后还要坚持或弘扬；为了坚持或弘扬，文中一般写有"必须"或"要"等字眼。如果不再需要坚持或弘扬，那么也可以反推出这些内容不是体会与经验。以下两例乍看与体会和经验很像，但对照体会与经验的基本特征，可归为工作措施总结，而非体会与经验。

【例8-3-31】

五年来，本届政府坚持"五个注重"，保持了××发展的良好势头：注重科学发展。我们通过不断强化科学发展理念，实现应势而动；不断完善科学发展政策，谋求乘势而上；不断健全科学发展举措，争取好中求快，形成了聚精会神搞建设、一心一意谋发展的浓厚氛围。注重改革创新。……注重务实为民。……注重统筹协调。……注重依法行政。……

【例8-3-32】

回顾过去一年的工作，我们始终注意把握以下三点：一是坚持在实践中不断丰富和完善发展思路。按照生态立市战略的内涵要求，立足市情，着眼发展，坚持不懈围绕生态抓经济，围绕绿色创品牌，围绕小康建家园，构建三大经济体系，打造两大品牌，建设小康家园，丰富了市域经济发展思路，找准了实施生态立市战略的着力点，在不断探索和实践中，推动市域经济步入了发展的快车道。二是坚持在改革创新中全力加快发展步伐。……三是坚持在维护稳定中努力开创新的发展局面。……

（五）存在问题

问题部分最容易写出"问题"。为此，笔者对此格外重视，在第六章第二个层次"通盘考虑"中"明暗有分""褒贬轻重"，第九章第二个层次"文稿板块架构"中"存在问题部分"及第十章第二个层次"汇报"中"问题、困难等敏感信息的把控"等多处，从多个维度介绍了问题、困难与批评等的写作思路和注意事项。

（六）形势（机遇与挑战）

目前笔者收集到两种方法写形势分析、把握机遇与挑战。

方法一：绝大多数文稿采用的方法，在指导思想、总体思路和努力目标等之前分析形势。这里写的形势，一定是对本单位影响重大的因素，有的文稿还把影响写了出来，这些因素与影响也应是本单位作出指导思想、总体思路和努力目标等重大决策的重要依据，如下例。

【例8-3-33】

今年是党的十七大召开的喜庆之年，也是全面落实市第三次党代会战略部署的开局之年。综观当前形势，我们正面临难得的发展机遇。国家持续实施偏紧宏观调控政策，必将促进发达地区的产业和资本加速转移。省委、省政府继续加大对××的扶持力度，把"帮助××实现更大突破"写入省第十一次党代会报告，扶持工作上升到新的阶段；××工业园区正式启动，南北挂钩合作进入了新的层次；"三创活动"深入开展，全民创业热潮正在蓬勃兴起；建市十年打下了坚实的基础，整体环境得到质的跃升，××的发展跨入了新的历史时期。我们一定要牢牢把握机遇，不断开拓创新，在全面奔小康、建设新××道路上迈出更加坚实的步伐。

今年全市的指导思想是：……

今年全市经济社会发展主要预期目标是：……

方法二：没有明显的分析形势特征，在指导思想、总体思路和努力目标之后，直接写如何把握机遇与挑战。我们从2021到2023年，在区政府工作报告写作中，就采用了这种方法，既避免了与同级党委工作报告的简单重复，节省了分析形势的大量篇幅，又体现了这几年本地政府工作报告一直倡导的"狠抓落实"这一不变主题，如下例。

【例8-3-34】

区政府工作的总体思路是：……

今年全区经济社会发展主要预期目标是：……

奋进新征程、开启新实践，我们将锚定航向不动摇、矢志攻坚不懈怠，具体把握好以下四个方面：

矢志把准航向，攻践行科学路径之坚。……

矢志勇挑大梁，攻区域争先进位之坚。……

矢志守正创新，攻识变应变求变之坚。精准识变，既要抢抓长三角一体化发展、优化疫情防控等多重机遇叠加，也要在风高浪急的国际环境、艰巨繁重的国内改革发展稳定任务等背景下，变压力为动力，化挑战为机遇。科学应变，顺应上级新部署和群众新需求，争取更多项目进入上级"盘子"，努力将本地经验提级为行业标准，确保上级扶持资金、要素供给、督查激励的份额超过市均。……

矢志磨砺作风，攻抓落实求实效之坚。……

（七）指导思想

指导思想，有的文稿也称其为基本思路、主要任务、总体要求，有的甚至没有名称；指导思想系对今后一阶段工作的纲领性和总体性安排，字数一般在180—450字之间，文字表达较为简练和概括，主要应防范与形势分析对接不紧、文字冗长、提炼不够、对下文没有起到统领作用等问题。笔者目前收集到以下几种写法。

一是冠名为"指导思想"。

【例8-3-35】

全市农村工作的<u>指导思想</u>是：全面贯彻落实中央和省市关于农村工作的部署和要求，围绕市委八届三次全体（扩大）会议和市十一届人大五次会议提出的工作目标，以增加农民收入为中心，坚持推进结构调整，坚持深化农村改革，坚持加强农村基层组织和干部队伍建设，促进农业增效、农民增收和农村稳定。主要目标是：实现农业增加值8.6亿元，增长6.2%；乡县区工业增加值25.8亿元，增长8.1%；新增农村私营企业126户，新增个体工商户2万户，新增从业人员4万人；劳务输出4万人；农民人均纯收入达到3640元。

二是冠名为"基本思路和任务"。

【例8-3-36】

政府工作的<u>基本思路和任务</u>是：……加强和改善宏观调控，着力调整经济结构和转变增长方式，着力加强资源节约和环境保护，着力推进改革开放和自主创新，着力促进社会发展和解决民生问题，全面推进社会主义经济建设、政治建设、文化建设、社会建设。……

三是冠名为"总体要求"。

【例8-3-37】

今年是新一届政府的届首之年，也是全面建设小康社会的开局之年。围绕未来五年的奋斗目标，今年政府工作的<u>总体要求</u>是：……认真落实市委九届四次全体（扩大）会议和本次会议确定的各项任务，实施"三大转移"（工作重心向沿江、新区、园区转移），突出"四个重点"（载体建设、项目建设、体制创新、环境创新），全力推进大开放大开发，坚定不移地走新型工业化、农业产业化、城市现代化和经济市场化的道路，协调发展各项社会事业，进一步提高人民生活质量，促进社会主义物质文明、精神文明和政治文明全面进步。

四是没有名称，直接过渡进入。这种写法笔者不予推荐，因为无法让受众认识其重要意义,不利于其更好地贯彻落实。

【例8-3-38】

今年是全面完成"十五"计划、衔接"十一五"发展的关键一年,也是我省加快"两个率先"、全面建设小康社会的重要一年。政府工作要……主动顺应宏观调控新要求,围绕富民强省、"两个率先"目标,积极调整经济结构,加快转变增长方式,大力推进改革开放,全面发展社会事业,切实改善人民生活,努力构建和谐社会,促进全面协调可持续发展,确保全面建设小康社会的顺利推进。

(八)奋斗目标

奋斗目标是对今后一阶段工作所要达到的成效、效果和愿景等进行凝练和精彩表述。容易出现的主要写作问题有:一是表述不准确,所提目标要么太高,造成届期内无法完成;要么目标太低,缺乏激励性;为此,一般宜用"更加"或"新"等字词来修饰,以增加操作空间。二是文字表述混同于普通正文文字,精练性和精彩度不足。

奋斗目标一般放在指导思想之后、工作主要着力点之前,也有的与指导思想甚至是工作主要着力点融合在一起,写法多种多样,宜因地制宜、因文而异。笔者主要收集到以下写法。

一是总体描述。采用描述性的语言,甚至提炼成朗朗上口的几句话,对未来一段时期奋斗目标进行表述,如"总量翻一番,财政争双百(原意为200亿元),建成特大市(城市),实干奔小康(小康社会)"。

二是总体描述+具体目标。下例既有"经济增长强劲、人民安居乐业、社会安定和谐、生态环境优美、充满创业活力的新兴城市"的总体描述,又有"五个更加"具体目标。

【例8-3-39】

按照这一指导思想,通过五年的努力,我们要把××建设成为"经济增长强劲、人民安居乐业、社会安定和谐、生态环境优美、充满创业活力的新兴城市"。具体是实现"五个更加"的目标:

综合实力更加壮大。确保经济总量跨上"双八平台",即到2010年,地区生产总值突破800亿元,年均增长15.6%,财政总收入突破80亿元,年均增长25.4%;二、三产业增加值占GDP比重达85%,产业结构进一步优化,跨越突破取得阶段性成果。

人民生活更加宽裕。……

区域发展更加协调。……

创业氛围更加浓烈。……

社会建设更加和谐。……

三是总体要求+分年度目标。在总体要求后，分年度表述努力目标。有的文稿不写总体要求，直接分年度表述努力目标。

【例8-3-40】

要科学规划，迅速启动，早成气候，做到一年打基础，两年求突破，三年上水平。

【例8-3-41】

一年成雏形；二年连成片；三年形成带。

四是用数字支撑。这种写法没错，但由于没有像前文那样描述，受众不容易理解这些数字，更难以起到鼓劲加压的作用。

【例8-3-42】

主要奋斗目标是：完成工业产值38亿元，销售40亿元，利税3.9亿元，入库税金8100万元，分别增长18.8%、19.4%、14.7%和19.1%。

五是预期目标+指标设置说明。为了受众理解目标数字，这里加了指标设置说明，这还具备了形势分析的功能。

【例8-3-43】

经济社会发展的主要预期目标是：全省生产总值增长11%左右；地方一般预算收入增长12%以上；居民消费价格涨幅控制在4%左右；外贸出口增长15%；城县区居民人均可支配收入增长8%，农民人均纯收入增长6%；城县区登记失业率控制在4.5%左右。

以上预期目标，是在全面分析宏观形势、综合考虑各种因素的基础上，本着既积极可行又留有余地的原则提出的。综观国内外形势，我们正处于必须紧紧抓住并且可以大有作为的重要战略机遇期。全球经济和贸易持续增长，外部环境总体上比较有利。国内经济仍处于新一轮增长周期的上升阶段，宏观环境进一步改善。我省已进入工业化、城市化、经济国际化互动并进的黄金发展期，经济自主增长活力不断增强，支撑快速发展的基础更加巩固。同时也要看到，世界经济存在不确定因素，经济发展环境有不少新情况新变化，我省经济生活中一些深层次矛盾有待解决。我们要始终保持清醒头脑，变挑战为机遇，化压力为动力，振奋精神，迎难而上，开拓进取，扎实工作，努力实现又快又好发展。

(九)工作主要着力点

工作主要着力点是为实现指导思想、奋斗目标所采取的较为凝练的"硬核措施",写作主要应注意三个问题:一是紧扣指导思想、奋斗目标,不能游离,不能搞成"两张皮";二是作为重点措施的"主心骨",要能引领重点措施,但不能重复于重点措施;三是篇幅应比指导思想、奋斗目标长些,又比重点措施短得多,不宜篇幅太长。

并非所有文稿都要写这个部分,应因地制宜、因文而异。笔者所收集到的实例主要有以下几种情况。

一是冠名为"把握几个重点"。

【例 8-3-44】

做好今年的工作,必须着重<u>把握好以下三个方面的重点</u>:一是始终坚持把工业强市作为实现更大突破的第一要务。……二是始终坚持把创新创业作为实现更大突破的动力源泉。……三是始终坚持把社会和谐作为实现更大突破的不懈追求。……

二是冠名为"抓好几个方面"。

【例 8-3-45】

全面完成今年经济社会发展的各项任务,在工作指导和部署上,<u>要突出抓好三个方面</u>:一是着力搞好宏观调控。……二是着力推进改革开放。……三是着力建设和谐社会。……

三是冠名为"把握几点原则"。

【例 8-3-46】

实现经济社会发展的目标和任务,需要<u>把握以下几点原则</u>:坚持稳中求进,促进经济平稳较快发展;坚持好字优先,加快转变经济发展方式;坚持改革开放,注重推进制度建设和创新;坚持以人为本,加快以改善民生为重点的社会建设。

四是冠名为"把握几项政策原则"。

【例 8-3-47】

实现今年经济社会发展的目标和任务,必须<u>把握好以下政策原则</u>:一是稳定、完善和落实政策。……二是加强和改善宏观调控。……三是大力提高经济增长质量和效益。……四是更加重视社会发展和改善民生。……五是以改革开放为动力推进各项工作。……

五是冠名为"基本思路"。

【例 8-3-48】

五年发展的基本思路是：

……坚持又好又快发展，大力提升经济生活品质。……

以名城强市建设为抓手，弘扬人文精神，繁荣社会事业，大力提升文化生活品质。……

以法治××建设为手段，推进民主科学决策，大力提升政治生活品质。……

以改善民生为目标，坚持以民为先，创新社会管理，大力提升社会生活品质。……

以城市化带动为载体，坚持市市联动、城乡统筹，大力提升环境生活品质。……

以增强政府执行力与公信力为重点，加强作风建设，提高服务效能，为建设"生活品质之城"提供坚强保障。……

六是冠名为"重点抓好以下几方面工作"。下例原稿字数约4200字，为压缩篇幅，选登了提纲。这是笔者收集到的最长实例。对其篇幅过长，笔者表示坚决反对。

【例 8-3-49】

为实现上述目标，今后五年要重点抓好以下几方面工作。

（一）着力推进城市化，加快构筑大都市框架。

（二）着力进行经济结构战略性调整，形成较有竞争力和××特色的大都市产业。

（三）着力深化改革和扩大开放，增强经济发展的动力和后劲。

（四）着力实施可持续发展战略，提高人民生活质量。

（五）着力转变政府职能，提高行政管理水平。

七是不取名字，直接叙述。

【例 8-3-50】

实现上述宏伟而艰巨的目标，必须在工作实践中锐意进取，勇于探索。

——以开放促崛起。……

——以开发促升级。……

——以开拓促创新。……

——以开明促发展。……

（十）下一步主要措施

下一步主要措施，有的又叫下一步主要计划（打算、安排）。在以计划为主的文稿中，下一步主要措施一般是文稿内容的主体，占据着文稿最多的篇幅，如党委（政府）工作报告的计划部分；但在以总结为主的文稿中，下一步主要措施的篇幅就会少得多，采取相当于"过渡语+提纲"的写法，如【例8-3-51】；有的甚至连提纲都没有，只是过渡语式的几句话，如【例8-3-52】。所以，对篇幅的把握不能教条，要因应上级要求、文稿特点和实际工作需要等而确定。

【例8-3-51】

下一步，我们将以这次省级评估工作为新的起点，抢抓新机遇，迎接新挑战，牢固确立"绿水青山就是金山银山"的理念，更加坚定地举生态文明大旗，走绿色发展道路，利用环境保护来优化经济发展，推动经济转型，实现发展和保护的协调共赢。进一步把部省要求作为最新标杆，坚决打好大气、水、土壤污染防治三大战役，加强执法监管，把守法变成新常态，不断提高环境管理系统化、科学化、法治化、市场化和信息化水平，加快推进生态环境治理体系和治理能力现代化，努力形成政府、市场、公众多元共治的环境治理体系，持续提升环境质量，更有效地防范环境安全风险；进一步认识到环境就是民生，把群众满意作为永恒追求，强化宣传引导，拓宽群众参与渠道，切实解决好群众关心的热点和难点问题；进一步把组织创新作为长久抓手，始终围绕问题导向，不断创新和健全体制、机制，切实落实地方政府环境责任，探索和完善工作体系、监测体系和责任体系，努力把淮安建设成为环境优美、经济发展、社会和谐、人民安康的美丽城市，为建设"经济强、百姓富、环境美、社会文明程度高"的新江苏作出应有的贡献。

【例8-3-52】

下一步，我们将对省级评估中发现的新问题，一如既往地定人定责定时限，高质高效推进整改工作。

下一步主要措施的拟写主要应防范四个问题：一是篇幅把握不当的问题，更准确地讲，主要是篇幅不足的问题。因为篇幅不足，容易被上纲上线解读为态度不端正、不谦虚。所以，一定要把篇幅写足。二是与工作主要着力点简单重复，甚至雷同的问题。这个问题源于对两者的分工不够明确，对实写与虚写技法掌握不够好。三是前文有问题、后文没针对性破解措施的问题。这是公文写作中一个常见病，需要时时把两者对照着查看。四是措施含金量不足的问题。需要把问题找准，更需要切实提升措施的科学性、针对性和实效性。对这个问题，笔者在第九章第二个层次"文稿板块架构"中"下一步主要措施部分"里,用了6000多字的篇幅尝试破解,建议读者多加留意。

(十一)队伍建设

这部分在不同类别的文稿中的表现形式不完全相同,在党委(政府)工作报告中一般表现为队伍建设;在领导讲话稿中一般表现为组织保障。关于后者,笔者在第十章第三个层次"讲话稿"中"组织保障"部分进行了重点介绍,这里不再重复。

除了共性要求外,由于文种不同,其队伍建设也呈现出细微的差距。

1.党委工作报告中的队伍建设。相对于政府工作报告,党委工作报告队伍建设一般讲党的建设,总体上灵活性更大,这种特点越到基层越明显。党委工作报告队伍建设"说事"居多,主要讲宣传、组织、纪律、统战等方面内容;在此基础上,也会融入一些"说人"的内容,如加强学习、开拓创新、工作作风、民主建设和精神状态等方面,如下例。

【例8-3-53】

事业发展,关键在党、关键在人。要全面贯彻新时代党的建设总要求,加快构建党建统领整体智治体系,为率先走出争创社会主义现代化先行省市域发展之路提供坚强政治保证。

一要永葆绝对忠诚政治品格。坚持把政治建设摆在首位,增强"四个意识"、坚定"四个自信"、做到"两个维护",始终胸怀"两个大局"、心系"国之大者",确保在政治立场、政治方向、政治原则、政治道路上同以习近平同志为核心的党中央保持高度一致。坚持和加强党的全面领导,充分发挥党委议事机构职能作用,把党的领导贯穿全市工作的各领域各环节,不断提高把方向、管大局、保落实能力。严明党的政治纪律和政治规矩。抓紧抓实"七张问题清单",形成"问题发现靠党建、问题发生查党建、问题解决看党建"新格局。

二要淬炼坚如磐石理想信念。深入学习贯彻习近平新时代中国特色社会主义思想,学深悟透习近平总书记对绍兴工作重要指示批示精神,与时俱进擦亮驻村指导员、社区党建"契约化"共建、"民情日记"等"金名片"。实施传承红色基因薪火行动,厚植爱国情怀。建立完善党史学习教育长效机制,加强宣讲员队伍建设,打响"越讲越响"宣讲品牌。全面落实意识形态工作责任制,有效防范化解各类意识形态风险,牢牢掌握意识形态工作的领导权主动权。

三要构建坚强有力战斗堡垒。贯彻落实新时代党的组织路线,以提升组织力为重点，全面实施"红色根脉强基工程"，迭代升级基层党建"五星"系列创建，推动基层建设全面进步、全面过硬。巩固提升新业态、新就业群体党建工作试点成果，推动新兴领域党建工作体制机制更加优化。深化学校、公立医院党委领导下的校长和院长负责制，健全内部党建管理体制。加强基层党组织带头人队伍建设，全面实施"领雁计划"，推动广大党员在各项事业发展中争当标杆、争作表率。严把党员发展入口关，强化党支部对党员的教育、管理、监督和服务，不断提升党员队伍先进性、纯洁性。

四要锻造全面过硬干部队伍。……

五要涵养风清气正政治生态。……

六要汇聚团结奋进磅礴力量。……

由于宣传、组织、纪律、统战等方面的党建工作成为党委工作报告队伍建设的"标配"，即便"说人"比例高的文稿，如【例8-3-54】，其也在开头过渡语中概括地"说了点事"，点一下"强脑"（对应宣传工作）、"强干"（对应干部工作）、"强基"（对应基层党建工作）、"强堤"（对应纪检工作）四项工程后，再全面铺开"说人"。

【例8-3-54】

发展的差距在时光流逝中拉开，奋斗的激情在时间拼抢中勃发。在未来五年激情燃烧的岁月里，我们要围绕"率先全面达小康、迈向基本现代化"目标，全方位推进"创先争优"活动，全面加强党的建设，通过实施"强脑"工程，加强思想理论武装，将全市上下的神提起来、气鼓起来、劲聚起来；通过实施"强干"工程，加强干部队伍建设，形成"凭德才用人、凭项目用人、凭实绩用人、凭公认用人"的鲜明导向；通过实施"强基"工程，加强基层组织建设，将不同类型基层党组织和党员的智慧、力量凝聚到抓发展、抓经济、抓项目上来；通过实施"强堤"工程，加强党风廉政建设，以党风带政风、促民风，让全市风更正、气更顺、劲更足。要持续深入地推进"创先争优"活动，引导和激励全市党员干部，以更多的投入、更大的作为，将蓝图变现实，以无愧于党、无愧于民、无愧于××的伟大实践和崭新业绩，为××争光，为党旗添彩。

（一）始终坚持把"率先"作为第一取向，不断激发争先进位攀新高的志气。在更高的历史起点上推进××崛起赶超，是持续跨越高平台上的更高目标。全市党员干部要始终站在发展的最前列，高点定位，奋勇当先，开创全面追赶跨越的新局面。

把率先的思想打牢。以敢为人先的勇气、昂扬向上的风貌，确立率先的工作目标，落实率先的工作举措，争创率先的工作业绩，真正把率先的理念贯穿于追赶跨越的过程中，体现在率先发展的成效上。

把率先的使命认清。未来五年，我们要实现率先全面达小康的目标，开启迈向基本现代化的征程，这既是市委全部工作的主题，也是我们对全市人民的庄严承诺。大家务必要认清这个大局，认清责任使命，反骄破满，乘势前进，奋力推动××科学发展、赶超发展、为民发展走在全市最前列。

把率先的目标咬紧。要牢固树立发展的首位意识，结合全市奋斗的总目标、总要求，高起点确定各县区、各部门、各领域的奋斗目标，细化实化明年的工作任务，以首战必胜保全程领跑。

（二）始终坚持把"创新"作为第一特质，继续保持攻坚克难求跨越的锐气。……

（三）始终坚持把"实干"作为第一要求，着力凝聚团结拼搏同心干的士气。……

（四）始终坚持把"勤廉"作为第一品格，牢固树立清廉为民干事业的正气。……

2.政府工作报告中的队伍建设。以学习、创新、务实、为民、依法和廉政等内容出现的频率较高，总体上以"说人"为主，但还是推进了很多实实在在的工作，可理解为以实写的方式"说人"。这个特点从国务院2008年政府工作报告可见一斑。

【例8-3-55】

进一步加快服务型政府建设（摘要）

我们要牢记全心全意为人民服务的宗旨，坚持为民、务实、清廉，扎实推进政府自身建设和管理创新，努力做到为人民服务、对人民负责、受人民监督、让人民满意。

（一）恪守为民之责，强化服务理念。

（二）坚持依法行政，提高服务效能。

（三）坚持学以致用，增强服务能力。

（四）加强作风建设，狠抓工作落实。

（五）自觉接受市委领导和人大、政协监督，不断深化政务公开。

（六）坚持从严治政，加强廉政建设。自觉遵守各项廉政建设规定，大力开展廉政文化建设教育活动，健全惩治和预防腐败体系，从源头上预防腐败的发生。大力提倡勤俭节约，反对奢侈浪费。认真落实"一岗双责"和行政首长问责、重要情况通报和报告、政府投资监管、经济责任审计、述职述廉、诫勉谈话等制度，加强对财政资金运行、国有资产保值增值、重大项目建设等重点环节和部位的有效监督，用制度管权、管人、管事，防止行政权力滥用，努力做到权为民所用、情为民所系、利为民所谋。

（十二）结束语

对于结束语，有两个问题需要提醒：第一，不是每篇公文都需要结束语，很多公文如主持词，一般不写结束语。第二，结束语的基本功能不是一味地强调、升华主题，而是辅助前文更好实现主题，起协调、平衡的作用，应紧紧根据每份文稿表现主题的不同需要，看一看全文最缺什么就在结束语这里写些什么：如全文主题的重要性说得不够足，就强调重要性；如实现主题的措施说得不够有力，就简要强调一下；如有一些重要问题说漏了，也可补充一下。所以，拟写结束语时要对全文进行一次"回头看"，据此决定该如何落笔，而不是一门心思看如何强调、升华。结束语根据不同标准可以分出三类。

1. 按行文方向分类。主要有两种：

一是上行文的结束语一般用"将"。如："盘大盘强工业是经济工作的重中之重。我们将按照全省经贸大会的部署，学习借鉴兄弟县（区）经验，凝心聚力，扎实苦干，确保全年工业产销效增幅快于去年，快于全市，努力以工业经济的跨越式发展，推动国民经济的快速健康发展。"

二是下行文的结束语一般用"要"。如："同志们，大力发展四季鹅特色产业，是加速推进我市农业结构调整的重中之重，是实现富民、富县、富市目标的重要战略举措，我们一定要认清形势，振奋精神，抢抓机遇，加快做大做强四季鹅特色产业，为把××早日建设成为全省鹅业强市，实现致富农民、富裕农村的目标而努力奋斗！"

2. 按组成结构分类。主要有六种：

一是纯号召式。一般用于简短的会议或无需再动员、说道理的情形。

【例8-3-56】

同志们，大家一定要迅速行动起来，加大落实力度，切实担负起维护稳定的政治责任，为维护全市改革、发展和稳定的大局作出应有的贡献！

二是意义+号召式。这是最为常用的一种形式。先强调一下会议主题的重要性,然后再发号召或提希望。

【例 8-3-57】

同志们,农业结构调整、劳务输出、发展建筑业、清财化债和计划生育工作都是事关农村改革、农业发展、社会稳定的重点工作。各县区、市直各部门一定要与时俱进,真抓实干,开拓进取,全面开创农业和农村工作新局面!

三是形势+号召式。形势一般有两种:一种是严峻形势,如【例 8-3-58】;另一种是新的形势,如【例 8-3-59】。

【例 8-3-58】

同志们,完成今年的目标任务要求非常高,压力非常大,时间非常紧,部分指标离目标要求差距还比较大。希望全市在市委的坚强领导下,解放思想,与时俱进,团结创新,务实争先,为实现"十一五"的首战告捷而争分夺秒,为实现全面建成小康社会的宏伟目标而努力奋斗!

【例 8-3-59】

同志们,××正处于一个新的发展时期,上级组织对我们有更高的要求,群众对我们有更多的期盼,发展的任务激励我们,周边的竞争催逼我们,美好的前景召唤我们,广大干群也正以新的姿态、新的精神面貌,迎接新的挑战。让我们继续高举创新的大旗,沿着加快发展、科学发展的大道,凝心聚力,真抓实干,使××大地更加活力迸发,使发展大潮更加汹涌澎湃,使美好明天更加灿烂辉煌!

四是催人奋进式。一般先讲些催人奋进的语言,以鼓舞士气,然后再发号召或提希望。

【例 8-3-60】

同志们,沧海横流,方显英雄本色。回首过去,××的成就令人振奋;展望未来,××的前景催人奋进。让我们在省委的领导下,大力弘扬××精神,以更加奋发有为的精神状态、更加和谐进取的干事氛围、更加求真务实的工作作风,解放思想,同心同德,开拓进取,为实现"十一五"首战告捷而争分夺秒。

五是点明目的式。在结尾处说明这次会议的目的,然后再提希望或发号召。

【例 8-3-61】

今天,市四套班子来欢送大家,明确责任,提出要求,既是给大家增添信心和力量,更是为大家壮行。希望同志们牢记重托,肩负众望,不虚此行,争取硕果累累。

六是呼应主题式。这里有两种情况：第一种，本文稿是主报告，自己呼应会议的主题，如【例8-3-62】；第二种，本文稿不是主报告，强调或呼应会议主报告的主题，如【例8-3-63】。

【例8-3-62】

本次市党代会绘就了"建设特大市，开启现代化"的宏伟蓝图。目标使人鼓舞，机遇催人奋进。让我们更加紧密地团结在以习近平同志为核心的党中央周围，在习近平新时代中国特色社会主义思想指引下，在省委、省政府的坚强领导下，紧紧依靠全市人民，再接再厉，同心同德，开拓前进，为高质量培塑特大城市，全面开启现代化建设新征程而努力奋斗！

【例8-3-63】

全面推进事业单位改革是市委、市政府贯彻落实党的十六大精神的一项重大决策。全市上下一定要按照市委、市政府的总体要求，以高度的政治责任感和严谨细致的工作作风，精心组织，扎实推进，确保事业单位改革工作健康顺利进行。

3.按发起号召的特征字眼分类。主要有六种：

一是"相信"式。一般先说新的形势或背景等，然后再以"我（们）相信"来发出号召。

【例8-3-64】

同志们，新的形势逼人奋进，新的目标催人奋发。我相信，只要全市上下紧扣目标，迎难而上，加快节奏，奋力拼搏，我们就一定能完成和超额完成市委八届三次全会确定的目标任务，以新的业绩迎接党的十六大的胜利召开！

二是"希望"式。注意讲话者的身份是否适合，防止引起受众不悦，"希望"一般用于上级对下级，具有居高临下的意味；对不相隶属的对象，最好用"期待""期盼"。

【例8-3-65】

同志们，质量、品牌建设和对外开放工作，事关企业的兴衰成败，事关全市经济发展的大局，是我市新世纪新阶段应对入世竞争、实现加快发展十分重要而艰巨的任务。希望全市上下……切实增强机遇意识和忧患意识，解放思想，与时俱进，齐心协力，真抓实干，努力使我市的质量品牌建设和对外开放工作迈上新的台阶，为实现富民强市新目标作出更大的贡献。

三是"让"字式。有与受众共同努力的意味，是一种平行视角。

【例 8-3-66】

同志们，沧海横流，方显英雄本色。回首过去，XX 的成就令人振奋；展望未来，XX 的前景催人奋进。让我们在省委的领导下，大力弘扬"创新、务实、团结、争先"的 XX 精神，以更加奋发有为的精神状态、更加求真务实的工作作风、更加和谐进取的干事氛围，解放思想，同心同德，开拓进取，为实现"十一五"首战告捷而争分夺秒。

四是"一定"式。有强调的意味。

【例 8-3-67】

同志们，农业结构调整、劳务输出、发展建筑业、农民增收和农村环境综合整治工作是事关农村改革、农业发展、社会稳定的重点工作。各县（区）、各部门一定要从讲政治的高度，与时俱进，开拓进取，务求实效，全面开创全市农业和农村工作新局面！

五是"既然……就……"式。

【例 8-3-68】

同志们，在跨世纪的征途上，既然党和人民赋予我们光荣而艰巨的任务，我们就应该勇敢地肩负起历史重任，以饱满的热情、必胜的信心、创新的精神、务实的作风，全力以赴，扎实苦干，为完成和超额完成全年工业经济各项目标任务而努力奋斗。

六是"只要……就……"式。

【例 8-3-69】

同志们，防汛防旱牵系发展，影响全局，责任重大。只要各县区、各部门思想上高度重视，行动上狠抓落实，工作上讲求实效，我们就一定能够夺取今年防汛防旱工作的全面胜利，为全市改革开放和经济发展作出新的更大的贡献！

第九章 破解"问题解决难"：
文章功用不经世 何异丝窠缀露珠

本书各章节总体上遵循了公文写作的一般流程，而把务求实效、解决问题单列成篇，不仅较为少见，也容易破坏读者对全书流程整体性的认识，但笔者经过几番纠结之后，最终还是选择目前的布局。因为务实管用、解决问题是公文的"灵魂"所在，没有它，那么公文就是"行尸走肉"，正如黄庭坚所发出的千年质问：文章如果没有经世、济世、治国的功用，那与蜘蛛网上点缀几滴露珠有什么区别呢？

一、游隼捕猎视角：紧扣解决问题才是"王道"

古人写作有"凤头、猪肚、豹尾"的"六字法"。目前，自然界还没有按照这六字长成的动物。即使有，也未必能称王。因为自然界已有一位真实的"王者"，在相近体重的动物中，占据着食物链的顶端，甚至对大几倍的老鹰也敢攻击，堪称"鸟中战斗机"，它就是阿拉伯和安哥拉的国鸟——游隼。游隼经历了大自然"进化剪刀"亿万年的修剪却越剪越勇，而人类已知著名公文也仅有区区几千年历史，不用说亿万年，或许一万年后就会流传甚少。能流传者，也定顺应了自然法则。笔者沿着古人"六字法"对"公文仿生学"的探索脚印，也怀着对大自然的敬畏之心，尝试从游隼捕猎角度，审视一下公文写作主旨及常见问题。

（一）主旨设置必须紧盯问题解决不游离

游隼捕猎的主旨在于解决饥饿问题，公文写作主旨也应锁定于解决实际问题，不能偏移与分散。

1.调研征询要广泛。游隼捕猎前一般从高处在方圆一平方公里范围内寻找猎物。大家在写作前也应扩大范围把问题找准确、弄清楚，对重要文稿以及时间允许的文稿，还应克服困难先行调研。如果实在无暇调研，可以先由工作主办单位拿初稿，然后由文秘部门修改。当前，有的主办单位假借拿初稿之机，过分强调自身工作重要性，帽大一尺要政策，把自己任务推给别人。对此，文秘部门应该通过电话等便捷方式，征求文稿所涉及的主要受众，包括重点单位领导、基层代表等的意见，也可请教专家，既防止主办单位掺入私利，又能把主要问题找出来。

2. 对象范围要聚焦。游隼只会集中精力攻击一个猎物。每篇公文也应选定一个问题，甚至多份文稿"围攻"一个问题，以确保取得成功。而现实中很多文稿要么没有选定问题，要么问题太多，最终一个都没有解决好。一般讲，问题切口大，素材容易收集；切口小，素材须下苦功夫。有人因此避重就轻，选择大切口，也造成了笔力分散。还有文稿提出："全力招商引资，全力建设项目。"既然全力招商引资，怎么还有力气建设项目？明显是病句！

3. 解决问题要彻底。游隼常把猎物撕成小块，再逐块吃掉。现实中很多公文解决问题不彻底，主要在于：第一，根源没抓准。河道污染在河里，但问题的根子却在岸上。如果公文文稿把整治的重点放在了河里，必然造成整治"打水漂"。第二，措施没压实。有的文稿布置工作没有明确责任单位、完成时限，相关单位可多干，也可少干；可早干，也可迟干，这样如何实现预期目标？第三，过程没跟进。有的文稿布置工作没有强调过程督查，直到出现严重后果才来"秋后算账"，这会儿即使算账再严厉，对已结束的工作本身又有多大的直接作用？

4. 排除干扰要有力。只要真正解决问题，不可能遇不到干扰。一方面，抗压要有"定力"。游隼有"空中子弹"之称，俯冲时速接近400公里，要承受25个g的重力加速度，是宇航员极限值的近3倍。现实中不少文稿没有应有的抗压定力，而是通过责任状等措施，把压力"下转"、把责任"甩锅"；另一方面，清障要有"战力"。游隼有独特的瞬膜，克服了高速状态下的视力障碍，现代战斗机在进气道中设置了类似游隼鼻骨的装置。现实中不少公文面对各种障碍，只是发发口头号召"给我上"，没有喊出"跟我上"，更没有做好榜样、教授方法、强化激励和营造好氛围。

（二）内容安排必须服从问题解决不夺主

游隼可以说就是为捕猎而生的，每一个部位不仅必要，而且没有过度。而现实中有些公文文稿对前文"六字法"的理解有过头之处，存在喧宾夺主、影响主旨的现象。

1. 开头不能过度包装。雄游隼吸引雌鸟的办法是捕猎，而不是华丽的羽冠；如果有羽冠，不仅影响速度，还容易被对手牵制。古乐府诗是"凤头"之说的模板，《孔雀东南飞》等代表作的开头也不过两到四句话，简短而明快。有些现代公文将"凤头"误解为开头越华丽越好，甚至硬抄新闻导语的写法，有的开头拔高过度而脱离正文，让受众质疑文稿解决问题的真实性，因为虚假而脆弱，长成了文稿中的"细脖子鸟"，捕捉小鱼小虾尚能将就，争霸长空就逊色多了；还有的开头对精彩之处堆积过度，不仅让受众轻视了正文解决问题措施的实效性，而且感到全文头重脚轻，长成了文稿中的"大头鸟"，别讲捕猎，连自己飞起来都费劲。

2. 主体不能贪多超重。游隼的"肚子"部位高度集成，在身体总体积和体重中的占比非常低，以更利于飞行与捕猎；甚至作为动力"引擎"，其翅膀占比也没有老鹰大，以更利于俯冲加速。现实中不少公文把正文"猪肚"误解成越大越好，造成文稿篇幅过长。前些年，中办连续下发两份通知，剑指公文"虚胖症"。很多地方随即原则性地规定了各类文稿篇幅，但不少基层在执行中突破原则的现象较多，如同牛栏关猫。为此，一方面，要摒弃过去"有话则长、无话则短"的提法，改为"有话要短说，无话则不说"；另一方面，要细化规定、织密栅栏，跟进督查、查处违纪，切实把突破原则的现象控制好。

3. 结尾不能苛求粗壮。无论是"隼尾"，还是"豹尾"，基本功能都是协助身体完成动作；只要协助好了，就是好的，不能苛求一律粗壮；如给游隼配上"豹尾"，那么它就飞不动了。同理，不能把公文的"豹尾"误解为越粗壮越好，一律强调、提炼和升华，而应根据每份文稿解决问题的不同需要，看一看全文最缺什么就写什么。这与主持词服务于主报告以及中医进补，在道理上是相通的，人参虽好，但应因人而异，不能人人同补。

（三）表现形式必须服务问题解决不浮华

游隼羽毛修饰与捕捉技巧等都紧扣捕猎实际需要，平实之中显机锋。公文写作也要按鲁迅所说的"有真意，去粉饰，少做作，勿卖弄"方法去写。

1. 特征定位坚持适用至上。游隼羽毛颜色接近于天空，成了"保护色"，极其适合常年"空中作业"。相应地，公文特征定位应该适合解决问题需要，"到什么山唱什么歌"的含意，不仅包括唱什么样的歌，也包括怎么唱歌。场合变了，也会带来主题表现形式特征跟着调整，口气调门、感情色彩、雅俗浅易、明暗虚实等都会发生大的甚至是质的变化。同样是谈解决问题，对下属为要求，对上级则为汇报，区别必然很大。如弄错了，轻者闹出笑话，重者必受惩罚。

2. 结构安排坚持实用为本。一要比例恰当。相比于其他鸟类，游隼的喙、爪占身体的比重较大，更利于撕杀。同理，公文中解决问题最有力的地方也应多说，其他地方就应少说，甚至不说；否则，就会比例失调。二要布局合理。游隼的喙、爪位置突出，更利于发起快速攻击。相应地，公文应该把解决问题最有力的文字放到标题、开头过渡语、重点层次及结尾等显要位置；否则，就会让受众有重点不突出的感觉。三要通体流畅。游隼之所以俯冲速度快，系因翅膀没有增加阻力的沟槽，尾巴和翅膀向后折起，形成了通体流畅的"子弹"。同理，公文应该文气流畅，前文说的问题后文没有呼应、标题未能对所辖内容起到统领作用、内容交叉矛盾等问题应予以纠正和防范。

3. **写作技巧坚持够用就行**。游隼经常从高处俯冲下来，利用加速度的强大动能猛击猎物，整套动作干净利索，没有虚招、花招。同理，公文写作应把心思放到解决问题上，一般公文只要能真正写出顺应时代的解决问题的措施，就一定新颖和管用，就一定能实现文稿主旨，不需要在技巧上花太多心思。即使用技巧，也应坚持够用就好，不能也不需要过头，如在使用修辞手法时，应多用消极修辞，而非积极修辞；否则，会让受众感到华而不实、缺乏可信度。

二、文稿板块架构：全程贯穿解决问题的"不变主责"

虽然要把问题导向贯穿于公文写作的全过程，但也并不需要对各章关于这个问题的要求写个遍。因为有的篇章有关这个问题已有所涉及，这里选择一些主要阶段再作些强调。

（一）征询民意阶段

不仅要弄清群众最大的需求是什么，还要弄清哪些需求可以迅速解决，哪些需求短期解决不了，但可纳入长期规划或计划逐步实现，并真正付诸实施。这样，可以分类处置、有序推进，让群众的长期愿景可期、短期直观可感。

（二）领会领导意图阶段

深刻领悟领导写作授意中的主要问题：他对哪些问题耿耿于怀，他想通过这篇文稿重点解决哪些问题，他准备通过什么办法解决问题，解决问题的目标是什么，解决问题需要哪些组织措施，等等。

（三）临写素材收集阶段

本书第四章第一个层次建议大家带着"四类问题"收集素材，就是为了体现问题导向，这里不再重复。

（四）立意阶段

因为文稿的根本使命是为了反映民声、解决民忧，所以文稿的立意不仅应追求新颖、鲜明，还应更加注重实效。同时，新颖和鲜明本身也应该服务于解决问题和提高实效。

立意应该紧扣工作中存在的问题，尤其是应直击迫切需要解决的问题；否则，就背离了追求实效的初心。

笔者所在地2016年10月由城郊县调整为市辖区，这时农业面临的最大问题是如何调整方向的问题。当地党委、政府果断适应形势需要，作出了由传统城郊农业向都市农业示范区转向的决策。这一年相应地成了当地农业发展的"转向年"。大方向确定后，如何掌握具体的目标和标准？这又成为当地迫切需要解决的问题。为此，2017年初，当地党委、政府通过农业农村工作会议报告等重要文稿，提出建设"四好"（好产业、好产品、好景观和好生态）都市农业示范区（简称"示范区"）的立意，并配套出台了7份相关政策文件。这一年成为示范区建设的"启动年"。2018年初，当地党委、政府又一次分析形势后认为，经过一年建设，示范区如同一个小伙子，个头和骨架有了，但主要问题在于有些单薄、不壮实，最需要通过强有力的举措和一大批项目来突破现状，实现强肌、增肉、壮体，于是，当地通过农业农村工作会议报告把该年确定为示范区建设的"突破年"，重点实施"五大工程"，聚力实施"双百"项目行动计划（项目约百个、投资约百亿元）。

从该地农业发展思路的演变过程可以看出：一是文稿的立意必须始终紧扣最紧迫的问题来谋划；二是最紧迫的问题也一定会因时因地而演变，很多时候问题的基本面没有变，只是某些领域和特征发生了变化。所以，立意的"落笔点"也应随之而变、与时俱进。总之，立意就像"火车"，问题像"轨道"，立意应始终沿着问题行进。

（五）草拟正文阶段

把解决问题、务求实效贯彻到以下三个部分。

1. 总结过去部分。当前，广大群众对一些单位的工作总结反感的主要原因在于报喜不报忧，遇到问题往往施展"轻功"，甚至来个"蜻蜓点水"。个别单位不仅对下，有时对上也玩这一套，往往会被上级领导当场打脸："成绩就不要多说了，你就重点谈谈XX、YY等的完成情况吧。"

那么这里的XX、YY会是什么？笔者认为至少应该包括以下内容：一是上级下达的主要目标任务和重大决策；二是自身主要计划、承诺的重大目标或实事。

2. 存在问题部分。对存在问题部分的拟写，一般在文稿中的篇幅占比不大，但非常敏感，写还是不写、写多写少、写哪些方面、写轻写重等，都要谨慎处理；否则，不仅文稿通不过，还容易受到批评。古往今来，正反两方面的例子举不胜举。

第九章　破解"问题解决难"：文章功用不经世　何异丝窠缀露珠

存在问题的表述有多种形式。这里试着按其"辣味"由轻到重的顺序，作些说明，以供读者参考。

（1）文稿没有单独段落谈问题，只是在提要求的部分对问题整改直接提要求，将其化为常规工作，【例9-2-1】甚至对问题整改实行"提级督办验收"，不可谓不严厉，但还是没有改变"辣味"不足的状况。

【例9-2-1】

当前，我市整改工作已进入攻坚阶段。各级各部门要扛牢政治责任，紧盯重点难点问题，强化举措、实抓实改，确保反馈问题清仓见底、整改到位。要加强督办验收，采取"村问题乡验收、乡问题县验收、县问题市验收"方式，实施提级督办验收，持续巩固拓展整改成果。要持续深化脱贫劳动力务工就业和产业发展促增收专项行动，扎实做好基础工作，推动全市巩固拓展脱贫攻坚成果和乡村振兴不断取得新成效。

（2）文稿没有单独段落谈问题，只是在文稿中说外单位存在一些问题，要求本单位引以为戒。其实，本单位这类问题或许也有，甚至更严重，只是为了表述不过于尖锐，才这样处理，以外地问题敲打本单位，实行"敲山震虎"，提醒本单位人员不要重蹈覆辙。

【例9-2-2】

近段时间以来，9月28日，宜兴发生重大交通事故，造成36人死亡；9月29日，浙江宁波锐奇日用品有限公司发生火灾，造成19人死亡；10月3日，我市××县××有限公司发生火灾，造成6人死亡，连续发生的安全生产事故，暴露出安全生产工作的漏洞，也造成人民群众生命财产重大损失和极其严重的社会影响。为此，我们要清醒地认识当前和节日期间的安全生产形势，充分认识安全生产工作的艰巨性、复杂性，认真吸取各地各类事故的深刻教训，始终保持警钟长鸣，坚决克服松劲思想和厌战情绪，切实增强做好安全生产工作的紧迫性和责任感，全面落实各项工作措施，确保节日期间社会安定和谐。

（3）文稿没有单独段落谈问题，只是在提要求的部分通过"针对XXX、YYY等问题"等，顺带点一下问题，如【例9-2-3】。此外，还有这种情况：在文稿中设置一个"总体（基本）情况"的层次，在里面讲目前主要进展，主要谈取得的成绩，也顺便点一下不足，这也属于较为"轻柔"地点问题，如【例9-2-4】。

【例9-2-3】

要针对目前存在的外出人员少、引进项目少等问题，迅速采取措施，重点要组建招商小分队，主攻资本富积区，登门招商，全力招引。

【例9-2-4】

今年以来，道路建设等项目超过序时进度，绿化建设等多数项目达到序时进度，安置房建设等少数项目未达序时进度。

（4）运用对比方式，既讲成绩，也讲不足，实际上带有全面总结的意味。这类是前面【例9-2-4】的特殊情况，只是运用了对比手法，由于在不足前面添加了相同分量的成绩，实际上有效"稀释"了问题的"辣味"。目前笔者积累到三个版本，结合例文予以介绍。

【例9-2-5】最基础的写法，故称为"基础版"。

目前比较突出的问题，主要有三个方面：一是园区软件比较"硬"，而硬件建设比较"软"。二是项目个数比较多，而规模项目比较少。三是项目签约比较快，而开工建设比较慢。

【例9-2-6】对问题进行数字缩略，故称为"缩略版"。

存在着"四多四少"现象，即：一是小项目多，大项目少；二是一般的项目多，税源性项目少；三是意向性协议多，签约落地项目少；四是招商老办法多，新办法少。

【例9-2-7】用"掩盖"句式写不足，故称为"掩盖版"。

骨干工业企业的快速发展掩盖了面上企业的增速缓慢和少数企业的运行困难；招商项目洽谈、签约频繁、协议引资数额较大掩盖了到位资金偏少、工业项目占比偏低和建设周期偏长；清税、补税增加的财政收入掩盖了税性收入增长不快。

（5）文稿中有专门的段落讲存在问题，但在讲问题时，只是提要求，讲需要进一步完善提高等类似的话，没有点出具体问题所在，这种写法相当于"甜辣椒"。之所以这样写，系因写作者既想引起相关方面重视，又不想表述过于尖锐。

【例9-2-8】

二、存在的主要问题

××单位需要进一步加大人力和机械投入，加快管线迁移进度，确保不影响道路建设整体工程实施。

（6）文稿中设有专门的段落讲存在问题，但表述较为委婉，一般说存在××的倾向、苗头或者偶有（有时还有）××的现象等，以降低表述上的"辣味"。尽管如此委婉，也算是直指问题了。

【例9-2-9】

在遵守党的政治纪律方面，自己思想上是坚定的，行动是自觉的。但认真查摆，也存在一些不容忽视的问题。比如，对社会上散布的一些带有自由化倾向的不正确言论，对社会上流行的一些低级趣味的信息，只是做到不信不传、置之不理，有时没有及时理直气壮、旗帜鲜明地进行批评和抵制。

（7）文稿中设有专门的段落讲存在问题，表述不加修饰，力求原汁原味。这种写法"辣味"较重，也是运用较多的写法。

【例9-2-10】

主要存在五个问题：一是国家生态县区创建进展不快。7个涉农市区中，××县、××区通过国家生态市区考核验收，××县通过国家生态县技术评估、尚未通过国家生态考核验收，××区、××区等尚未通过国家生态市区技术评估。二是环境基础设施运行管理水平不高。部分乡县区污水处理厂配套管网覆盖率较低、在线监控设备缺失、长效运行管理机制不完善，有的甚至处于"晒太阳"状态；城乡垃圾收运处理体系还有待完善，局部城乡环境脏乱差；危险废物焚烧处置能力明显不足，还有部分危险废物暂存在企业，尚未建设危险废物填埋场所。三是环保能力不强。对照国家生态市创建和国家环保模范城市复核标准，基层环境监察、宣教、信息能力建设等方面还无法满足要求，人员、设备配置存在不足。

（8）不仅设有专门的段落讲存在问题，而且在讲完问题之后，还深挖根源，并提出整改措施。这类文稿看似问题表述"辣味"非常重，但往往是学习教育自我剖析材料常见格式，是正常工作开展需要，只要当事人态度端正，认真查摆问题、原因，做好后期整改工作就可以了，一般不会有负面影响。相类似的还有，民主生活会上与会人员互提的批评意见。

【例9-2-11】

××群众路线教育实践活动自我剖析材料（提纲）

一、存在的主要问题

（一）理论学习不够实。（二）群众观念不够牢。（三）基层情况不够清。（四）工作作风不够实。

二、问题的成因

（一）政治理论学习不深入。（二）主观世界改造缺主动。（三）践行群众路线少实践。

三、整改的措施

（一）加强学习，增强群众观念。（二）强化调研，摸清基层情况。（三）求真务实，改进工作作风。（四）深入实际，提高服务能力。

（9）问题通报。针对某一类现象或一个人甚至一批人存在的问题，编发专题问题通报，不仅讲问题到人到事，还要求面上引以为戒，提出努力方向。有的还讲问题危害以及对相关责任人的党纪政纪处分。这无疑是普通公文中"辣味"最重的了，一般还配套处理措施。

【例9-2-12】

关于六起违规违纪典型问题的通报（摘要）

第二批党的群众路线教育实践活动开展以来，各地各单位……取得了明显成效。但在全市上下转作风、扬正气、树新风的良好氛围里，仍有个别人对中央、省、市的三令五申置若罔闻，心存侥幸，顶风违纪，在社会上造成了不良影响。为严明纪律，加强警示教育，现对近期各地查处的6起典型问题予以通报，广大党员干部要切实引以为戒。

1.温州市海洋与渔业局工作人员×××违反上班纪律问题。……

……

以上通报的问题，违反了作风建设有关规定和党的群众路线教育实践活动的相关要求，对这些典型问题的严肃处理，充分体现了市委反对"四风"和抓效能建设的鲜明态度和坚定决心。各地各单位要……全体党员干部特别是领导干部要……各地要……确保党的群众路线教育实践活动取得实实在在的成效。

看了上述内容，有的读者可能要问："就一个问题的表述，为什么会有这么大的差距？"

据笔者理解，差距主要源于以下几个方面：一是工作本身存在问题的多少及严重程度。这是客观存在，也是一个基础。这个基础存在较大差距，当然会造成问题表述上的差异。二是上级要求是否严格。上级对有些文稿排查和剖析问题的要求非常严肃，有的甚至还安排专班和人员进行把关，查摆不到位，不予放行。三是领导在目前岗位上任职多长时间。笔者初写问题时常被批评。有次分管领导"引导"说，如果领导刚刚履新，写问题"辣味"可适当重点，既符合上级严格要求，也顺便衬托领导日后业绩；如领导多年没"挪窝子"，就不宜太"辣"，因为这样就显得领导要么没能力，要么没尽职。按照分管领导的"引导"，我试了几次，虽有例外，但批评总体上少了些。四是领导个人的风格偏差。有的领导喜欢多说问题，有的则不喜欢，这由他个人风格的差异而引起。

3.下一步主要措施部分。在问题弄准之后，下一步就需要锚定这些问题，提出务实管用的措施，以收到"木体实而花萼振"的效果。由于实际工作中问题太过繁杂，没必要也不太可能——提出针对性措施，只能就这些措施的共性特征作一些概括和提炼。笔者认为，措施要务实管用，需要把握好以下几个方面。

（1）统筹处理好"三个关系"。统筹处理好改革、发展与稳定三者之间的辩证关系，学会用改革的办法、发展的措施和稳定的恒心，共同解决各类问题。目前公文写作所采取的各项措施基本上在这个范围内。

发展是目的。大发展会遇到小问题，不发展就会成为大问题，要在发展中解决遇到的矛盾和问题。这些有点像绕口令，但也道出了发展与解决问题的内在关系，启示大家抬头向前看，带着发展的眼光看问题、想办法、找对策，滚动制定和实施五年规划、年度计划，增强开展工作的前瞻性和计划性。同时，这里的发展是经济、政治、文化、社会和生态"五位一体"系统、全面的发展。

改革是动力。要发展就必须改革。1978年以来，改革一直是我国发展的动力源。大家解决一切问题，都应首先想到用改革的办法去化解，哪里有问题，就应在哪里考虑改革；何时有问题，就应在那时改革。

稳定是前提。改革和发展都需要稳定的社会环境作保证。要最大限度地把改革的深度、广度和发展的速度，同改革、发展方案的稳妥、协调，以及社会可以接受的程度结合起来。一项措施，哪怕出发点再好，出台前一定要考虑是否会引发面上失衡。笔者所在地方有个乡镇未经上级同意擅自提高了部分基层涉农服务人员补助标准，看似做了一件好事。而其他乡镇同类人员就以此为参照，要求所在乡镇同步提高待遇，而有的乡镇实在拿不出这笔钱，造成了大规模的群访事件。群访发生后，区政府一方面垫资帮那些财力不足的乡镇同步提高了补助标准，另一方面也严肃批评了擅自提高补助标准的乡镇，明令下不为例。目前，全国对项目的实施及重大政策的出台，已采取事前社会稳定风险评估措施。这是个好机制，应该好好应用和逐步拓展。

（2）树立新发展理念。创新、协调、绿色、开放、共享，不仅是发展应该遵循的新理念，也是公文写作应该学习的方法论。

一是创新理念。一方面，要运用创新思维，拓展创新方法，尽量写出新意；另一方面，要解决好创新与创优、传承的关系。如果把创新比喻成"火车头"，那么创优就是火车的"车身",传承就是火车的"车轨"。创新是创优、传承的开路先锋;无此,无法实现大的突破。但几乎所有创新、创优中都有传承的成分;无此,创新、创优将失去基础。介于创新与传承之间的就是创优,它虽不是开创者,却是主体,数量要远远多于创新。成熟的公文文稿中往往是用一个创新立意统领全篇,但主体还是创优渐进,因为工作实践还是那些,会有渐进,不可能经常性地突变。公文写作需要把握好创新、创优、传承三者关系,保持适度配比。

二是协调理念。着眼于全面,强调的是平衡性、协调性和可持续性,力求通过统筹补齐短板。从大的方面讲,我国当前推进的统筹城乡发展战略,就是协调理念的宏大实践。从小的方面讲,在多个单位间建立联席会议制度就是协调理念的组织运用。从写作方面讲,前文所讲结束语的功能就是协调理念在公文写作领域的具体应用。

三是绿色理念。不仅包含绿色发展、生态文明的要义,还包括成本核算的内涵,提醒世人不仅要把事做成,还要把账算好;不仅要算经济账,还要算生态账、社会账;不能只盯着一时一处的蝇头小利,而应立足一个单位乃至一个国家长远利益和整体利益,考量问题、拿出对策。落实到公文写作,不仅要写出高质,还要写得高效,这也是对绿色理念的应用。

四是开放理念。对外开放是我国的基本国策。这里的开放不仅包含经济上的对外开放,还包括对内开放、对人的开放,乃至信息、服务和商业模式等的开放。工作实践中,以公示为代表的开放措施,还是防止"暗箱操作"的好办法。"开门写报告",广纳各方建议意见,就是开放理念在公文写作领域的应用。

五是共享理念。共享(分享)经济的优势在于资源拥有方可利用闲置资源获得收益,资源使用方能以较低成本获得资源。我国共享业态发展的时间虽然不长,但已快速地渗透很多行业和细分市场。比如,交通共享、住宿共享、资金共享、饮食共享、物流共享,甚至城市间饮用水源共享等。笔者对领导作出的重要文稿修改,组织主笔人录入公共文档,发到内部QQ群,实行"一人得体会、大家都学习";同时,要求每篇写作定稿也发到QQ群,形成共享文稿资源库。

(3)运用"五种办法"。下一步主要措施应综合发挥行政、法律、市场、社会和互联网等多种方法开展工作、化解难题。

一是行政推动。能够使组织的政策、法律和上级的意图快速地向下贯彻,有利于行政管理系统的集中统一。同时,运用行政指令方法,上级也可针对下级的工作情况,及时灵活地发出各种指令,使行政管理中出现的新情况、新问题得到及时处理，尤其是对一些突发事件的处理，更显示出这种方法灵活快捷的优点。同时，行政方法也有不足，需要配合其他方法，综合施策才能收到更好效果。

二是法律方法。当前一些人信"官"不信法、信"访"不信法的现象还存在。然而，依法治国是党领导全国各族人民治理国家的基本方略，法律手段也是解决很多矛盾和问题的基础方法和快捷通道。各类组织和个人都应对法律怀有敬畏之心，遵守法律、依法办事，不断提高运用法治思维和法治方式化解矛盾和问题的能力。

三是市场手段。当前，我国政府与市场的关系定位是，市场在资源配置中起决定性作用，更好发挥政府作用。市场手段不仅可以解决经济问题，还可以有效解决社会问题等，以竞争的优胜劣汰为手段，实现资源充分合理配置和效率最大化，比如，通过公开拍卖防止低价处置、权力寻租问题。

四是社会组织。党的十八届三中全会通过的《中共中央关于全面深化改革若干重大问题的决定》明确要求："正确处理政府和社会关系，加快实施政社分开，推进社会组织明确权责、依法自治、发挥作用。适合由社会组织提供的公共服务和解决的事项，交由社会组织承担。"应在发挥好传统社会组织作用的同时，积极发挥中介组织、社会团体、基金会、民办非企业单位以及各类群众团体等新社会组织的作用，实行"政府掌舵，社会组织划桨"的机制，把部分社会服务通过政府购买的形式让社会组织提供，尽快实现"小政府、大社会"的格局。

五是互联网平台。有人讲，互联网是人类一次信息技术革命。其实，其影响已经超越了技术领域，"开放、平等、协作、快速、分享"的互联网精神，正在深刻地影响人类社会的各个方面。中央层面适时提出"互联网＋"的号召，就是旨在推广和普及互联网运用。在下一步主要措施中也应更多地考虑运用互联网，按照互联网思维推动工作。现在有些地方党政机关"谈网色变"，生怕出些差错被互联网"捅"出去。其实，这是一种"懒政"行为。如主动学习和掌握互联网知识，按照互联网思维办事，就不仅不会受害，反而会大大获益。有的地方通过优化网上窗口服务，变"群众跑腿"为"信息跑腿"，就是利用互联网为群众服务。

（4）实施"六个步骤"。这是解决常见问题的六个步骤，也是公考的经典措施。一是调查了解问题或事情的基本情况。二是分析问题的原因。三是拟出措施，包括解决问题的常规措施和奖惩措施，对违纪、违法、犯罪的行为还要采取相应纪律和法律措施。四是拿出的措施报经领导同意后再组织实施。五是总结提高，总结问题解决中的经验与教训。六是建章立制，把经验与教训上升为制度甚至法律，防止问题反弹。

（5）实现"四由四到"升维。解决问题一般实行事项上由急到缓、空间上由点到面、效果上由表到里、时间上由近到远四个维度渐次推进、循序渐进。能把这"四由四到"升维好，不仅可以把文稿写得更全面、更深刻、更持久，运用到公考上也可拿到高分。

这里以湖南长沙"4·29"特别重大居民自建房倒塌事故的处理为例，解释一下"四由四到"的内涵。事故发生后，先主要搜救受困和失踪人员，控制关联责任人员；搜救基本结束后，再主要转入事故原因调查等阶段，这就是事项上的由急到缓。由事故发生地——长沙市发端，到湖南省乃至全国，开展以自建房为重点的房屋安全大排查、大整治、大提升，这就是空间上由点到面。由开始阶段的事故调查、原因分析到管理漏洞查找、整改措施出台，这就是效果上由表到里。总结整个事件，完善相关规章制度、法律法规，定期不定期督查，防止问题反弹，就是时间上由近到远的升华。

（6）压实"五大要素"。下一步主要措施特别要明确责任主体、质量要求、完成时限、督查推进、奖惩措施等五个方面基本要素。很多文稿中的措施看似很好，主要毛病就在于未明确布置的事情由谁负责，何时完成，质量与督查的要求是什么，做好怎么样，做不好又怎么样。从实践情况看，只要这些基本要素不明确，工作就难以真正有效开展。

为让读者直观地感受到这些要素的重要性，笔者以某位市领导就同一项工作所提的两种要求为例。

【例9-2-13】

方案一：

我们将根据这次会议的要求，再发动、再落实、再加力，重点抓好两方面工作：一方面，进一步落实增收项目。坚持以增量补价格、以科技补效益、以调整促增收，迅速排细落实四季度农民增收项目，主攻水禽，扩养秋蚕，提高水产放养密度和水稻管理水平，突破农村劳务和私营个体经济。另一方面，进一步落实秋播调整规划。继续按照兴建园区、聚集大户、推进规模、配套服务的思路，集中思想、集中精力狠抓秋播农业结构调整规划落实，加快农产品规模基地建设，确保重点调整项目实施到位。

方案二：

我们将根据这次会议的要求，明确市委农工部牵头，市农业农村局协助推进，市委组织部、市纪委监督，把全市任务分解到各县区、乡镇、村居，市县乡机关干部挂钩到村，帮助落实农民增收项目和秋播结构调整项目，确保完成全年农民人均增收 2000 元，力争达到 2400 元。

把以上两种表述方法 PK 一下：方案一篇幅较长，看似更加高大上，"两个方面"更显"周密"，三个"以字句式"（"以增量补价格、以科技补效益、以调整促增收"）更显"层次"。然而，此稿没讲清责任主体、监督主体、完成时限和工作目标，推动工作的实际作用远不如篇幅较短的方案二。经过 PK，结果不言而喻，前者相对"假大空"，后者相对"短精实"。既然一半的篇幅就能布置好工作，为什么要浪费领导和受众的宝贵时间？

为了把以上"五大要素"讲清楚，下面作一下介绍：

一是责任按主体分类。大体有党政、企业、社会（社会组织）和个人等四类，这几类主体一般在同一件工作上责任性质不同，如前文所讲，对安全生产，我国目前实行的是地方负属地责任，企业负主体责任，部门负监管责任；按期限分类，大体有工作责任（工作完成责任即结束）、年度责任、任期责任（如市长离任经济审计）和终身责任（如环保项目审批终身追责）；按对象分类，就更多了，如河长制、湖长制、路段长制、网格长等；按交办形式分类，大体有领导讲话（见【例9-2-14】）、正式文件（见【例9-2-15】【例9-2-16】）、交办单（表）（见【例9-2-16】的附件表）和责任状（见【例9-2-17】）等，其中，责任状这种形式可以使用，但不能搞得过多、过滥，也不能以此完全代替工作落实，更不能以此把责任"甩锅"给下级，为自己逃避责任找借口。

【例9-2-14】本例把责任在领导讲话中点明。

×××在××××净化任务交办会上的讲话（摘要）

昨天，县委、县政府利用两个半天、一个晚上，安排了城区硬化、绿化和亮化检查，近期还要对乡镇环境卫生进行一次检查。下面，我讲四句话：一要快速。今天已经是21号，离第五届中国××节开幕只有6天时间，省级文明城市创建工作也将进入验收阶段，而城市环境卫生又是一项最为基础的工作。会后，各乡镇、各部门、各单位要围绕各自的净化任务，迅速行动，抓紧落实。二要真改。……三要保持。……四要尽责。各单位要根据今天会上下发的责任分工，全面做好工作。节庆办要做好牵头组织工作，城管局和相关镇要做好卫生保洁工作，公安局、交通局要维持好秩序，纪委、监察局要做好督查和备案工作。

【例9-2-15】本例中段末有个括号，其中把责任讲明，排在第一位的是牵头单位,后面为责任单位。

对超额完成化解钢铁、煤炭过剩产能目标任务量的省(区、市),在安排工业企业结构调整专项奖补资金时给予梯级奖补,用于职工分流安置,鼓励地方促进产业结构调整和培育新动能。(财政部、国家发展改革委、工业和信息化部、人力资源和社会保障部负责)

【例9-2-16】本例文末有附件,请合起来看。

区政府办公室关于进一步做好争取上级激励支持工作的交办通知(摘要)

……经区政府常务会研究,现就进一步做好争取上级激励支持工作,提出如下交办要求:

一、进一步提高认识,奋力抢抓机遇。……

二、进一步吃透政策,主动对接争取。……

三、进一步落实责任,确保取得实效。各单位要实行目标倒逼机制,迅速成立专门工作班子,明确责任人,迅速行动,积极争取,确保政策落地生效。各单位要在责任分解交办表(见附件)的基础上,进一步细化完善目标和措施,各项目责任主体中排在前面的单位为牵头单位,后面的单位为责任单位。牵头单位要统筹推进对接落实工作,责任单位要安排部署好具体工作,牵头单位和责任单位要强化协作配合,共同破解难题。各单位主要领导为第一责任人,要亲自抓。

附件:

争取上级激励支持重点项目责任分解交办表(摘要)

项目名称	时限要求	责任单位	主要责任人	分管负责人
农村电子商务	2017年创成省级示范园区	商务局开发区××街道	×××	×××

【例9-2-17】

责任状(摘要)

为科学、有效地应对学校突发传染病,避免食物中毒等突发公共卫生事件,最大限度地降低其危害,确保师生身体健康、生命安全,保证学校正常的教育秩序,促进教育和社会稳定,根据《中华人民共和国传染病防治法》等有关法律的相关规定,特制定学校卫生及突发公共卫生事件防控目标责任状。

1.落实责任,明确责任,各处室主任为直接责任人。

......

7. 强化责任追究。

本责任状一式三份，学校、分管领导各一份，中心学校一份存档。此责任书自签订之日起生效。

××学校校长：　　　　　　　××处室主任：

二是质量要求、完成时限。这两个要素一般可以结合起来提要求；否则，表述不够完整，也不便于工作开展。提要求时，完成时限、质量要求应尽可能"两化"（量化和细化）。

所谓量化，就是尽可能把定性改为定量。如某地政府工作报告提出"加快推广应用沼气"。这种提法看似没错，但什么叫"加快推广"？做到什么程度能算"加快"？所以，应尽可能少用这种表述，应改成"今年推广应用沼气1000座"这类量化表述。

所谓细化，就是完成时限应尽可能细化到大阶段里的分阶段。还以沼气建设为例，如仅以"今年推广应用沼气1000座"来开展督查，也有些问题，那就是不知道序时进度要求如何。所以，在分解全年任务时，可以按"紧前不紧后"的原则，把任务分到四个季度，其中一、二、三季度各完成300座，四季度完成100座。

刚才所说的量化和细化是对像沼气建设这样容易拆分量化的对象，如果全年的任务是一个完整、不可直接拆分的工程，如全年建成一座大楼。又该如何量化和细化？只要开动脑筋，办法总比困难多。可把这个项目的进度计划细化成如下：1月前完成项目审批手续、资金筹措并开工建设；2月下旬前建设出正负零；6月底前完成土建工程七成；9月底前完成土建工程；11月前完成装修和设备安装；12月上旬前投入使用。

为了形象直观地展现量化和细化，可以采用进度表和甘特图等方法，正因为此，才有"挂图作战、倒排工期"等说法。

三是督查推进。之所以需要明确监督主体，是因为领导难以高效、及时掌握布置工作开展实际情况，就需要明确督查主体负责督查工作，既推进工作开展，也掌握工作情况，通过通报、汇报等形式，以便领导掌握情况。这里也可有以下几种情况：第一种情况，一般只明确一个督查主体负责督查，并及时向领导汇报工作。这是最为常见的情况。第二种情况，明确多个平级督查主体，同时对一个对象开展督查，各自向领导汇报。这些督查主体之间也有一个竞争、制约关系，看谁督查得更精准、更深入。这将倒逼这些督查主体更高效地开展工作。第三种情况，在明确一批督查主体督查各自对象的同时，再明确一个主体，对这批督查主体进行再督查。这适合督查主体比较多且监督对象不同的情况。如中央向全国各省级地方各派了一支督查组，根据需要可再安排一个主体对这些督查组进行再督查。

四是奖惩措施。就是提前明确工作做好了怎样奖励，做不好怎样处罚，解决多干与少干一个样、干好与干坏一个样的问题。对奖励，可采取职务提升、职级晋升、奖金发放、费用增加、荣誉授予、外出考察、出国交流、培训提升、宣传推介等多种方法。对处罚，可采取通报批评、提醒谈话、职务调整、党政纪处分、法律追责等多种方法。

三、实践文例启示：深耕解决问题的"六个点位"

近年来，我们不仅在理论上进行探讨，也在以下六个"点"上进行了探索实践。一方面，这些"点"是比较难写的方面，也是对实际工作推动作用较大的点位；另一方面，我们写作时又尽可能注重实效，使文稿解决问题更深入。

（一）群众诉求点

由于人民是公文写作的中心，写作者应该站在领导的角度对受众负责，所以，我们在写作中坚持把群众诉求点作为主要落笔点，倾听民声、反映民意、化解民难。我区有一段时期项目质效低于周边县区，是群众特别是老干部、人大代表、政协委员等群体意见相对集中的问题。为此，我们从2020年到2023年，连续4年在区政府工作报告中，专门设置三级标题，推动项目质效提升。在2021年报告中，甚至写出了有关总结经验和教训、补齐项目审核短板等方面的表述，得到了社会广泛好评，时任区长在区政府常务会议上表扬报告起草组敢于担当、直面问题。2021年报告相关表述如下：

【例9-3-1】

突破项目质效。针对项目质效不高以及规模以上企业减少等问题，健全评审把关机制，既从"投资强度、税收额度、链条长度"等方面严格把关，**更从近年来低质效项目中吸取经验和教训、全面补齐审核短板、完善合作手续**。健全考评兑现机制，推行工业企业亩均税收综合试点，对项目进行跟踪帮办和问效，对履约质效高的项目，及时兑现优惠政策；对履约质效不高的项目，及时提醒督促、帮助脱困。健全置换提升机制，综合运用行政、经济和司法等渠道，帮助企业采取资产重组、技术改造、厂房出租和项目置换等方式，在确保完成"三年清理置换行动计划"年度任务的基础上,力争应换尽换、能换早换。

除了在写作内容上更加注重民意表达外,我们还在文稿标题、结构、用辞等方面,让表现手法更可触摸、更可感知,推动政府相关部门更有力地顺应民意、保障民生。在下例中,我们把涉及群众的事项分别用"提信心""添舒心""更暖心"作层次标题,把这"三心"嫁接到"让百姓获得感更有质感"这一中央要求中,形成主标题,使全篇文字表达更有民本厚度、更显民生温度。

【例9-3-2】

让百姓获得感更有"三心"质感(摘要)

省长的报告送来了沉甸甸的"民生大礼包",明确了着力推进共同富裕,更富成效打造高品质生活,答卷振奋人心,蓝图心向往之。我们将坚持以人民为中心的发展思想,以真心践初心,让百姓的获得感更可持续、更有质感。一是发展增收**提信心**。二是提升品质**添舒心**。三是优化服务**更暖心**。

(二)领导关注点

写领导关注点,从领导的角度看,这不仅是重点的内容,也是实在的内容;从写作者的角度看,往往这不仅对单位业绩提升作用较大,文稿也容易通过领导审核。

2013年2月,新任淮安市委书记提出"包容天下,崛起江淮"的新淮安精神。2015年,笔者所挂职的淮安市环保局新任局长提出了"搏进位、争先进"的要求。2016年初,我们受命为市委书记起草全市生态文明建设大会的讲话稿。除在工作内容上突出领导关注点外,我们拟写了一段以下内容:"对于淮安而言,就是要坚持'生态优先、绿色崛起'战略取向不动摇,落实'四个决不'要求,努力实现'三争'目标,真正使生态绿色成为支撑淮安科学跨越发展的最大品牌和核心竞争力。'三争',即苏北争先进,生态文明建设总体保持苏北领先水平,率先建成国家生态市和全国生态文明先行示范区;全省争进位,生态环境质量主要指标每年在全省位次持续前移;全国争特色,形成一批在全国有位置、有影响的亮点工作和创新做法。"其中,"生态优先、绿色崛起"是对"包容天下,崛起江淮"新淮安精神的生态诠释。"三争"是"搏进位、争先进"的放大升级版,分别契合了市委书记和市环保局局长的理念。目前仍能通过网络搜索到淮安市"生态优先、绿色崛起"和"三争"的提法。

（三）目标锚定点

目标是指引工作的"风向标"，也是推动工作的"总抓手"，其完成情况更是决定单位绩效乃至领导升迁的重要因素。所以，我们坚持对照上级下达的目标草拟文稿，使文稿有了更实在的"主心骨"，推动工作的实效性更强。同时，这也是以文字推动目标完成的好办法，使文字与目标形成相辅相成的关系。我们还践行目标化思维，多次把常规工作以"目标"的形式展现在文稿中。前文介绍过一篇类似的文稿，由于这种写法好写好用，领导较为满意，所以，重要的事情说三遍，这里再介绍一篇，以加深大家印象。以下这篇是我们草拟的领导半年讲话，全篇以目标为主线，把重点工作分成五块，各块都起了个"围绕'YYY'目标"的标题，这样扣目标的主题更紧凑，其中"YYY"系根据这块内容提炼而成，并非上级真的下达了这个目标指标。

【例9-3-3】

×××在区委十一届五次全会上的讲话（摘要）

今年以来，全区上下紧紧围绕建设现代化湖滨生态旅游新城"突破之年"各项目标任务，进一步解放思想、迎难而上，经济社会呈现出运行平稳、质量提升的发展态势。上半年取得的成绩实属不易，但也要清醒地看到，推动高质量发展还面临一些困难和挑战。一是对标市下达目标，部分指标差欠序时较多。二是对标上级要求，部分工作完成压力较大。三是对标周边县区，部分指标差距明显。

全区上下要紧扣"五区一极"发展定位，以高质量建设现代化湖滨生态旅游新城为根本遵循，聚焦高质量，聚力抓落实，统筹推进、协调开展下半年稳增长、促改革、调结构、惠民生、防风险各项工作，**确保圆满完成"突破之年"各项目标任务。**

一、围绕"优结构、快转型"目标，提高实体经济发展质量。

二、围绕"加快动能转换"目标，提高改革开放质量。

三、围绕"富农强农惠农"目标，提高乡村振兴质量。

四、围绕"建设生态水韵××"目标，提高城乡要素供给质量。

五、围绕"共享改革发展成果"的目标，提高民生保障发展质量。

同志们，全区上下要以铁一般的信仰抓贯彻，以铁一般的担当抓执行，以铁一般的作风抓落实，支撑各项目标实现突破。一是聚焦目标精准落实。二是明确责任促进落实。三是全程管理保障落实。

（四）项目主攻点

项目是重中之重、难中之难，当然会成为工作主攻点，尤其是实行项目化思维之后，重点工作都可以抓项目的方式来推进，这样，项目化不仅成了工作主攻点，也成了措施方法论。下文系我们写的以项目为主线的文稿，主题鲜明，重点突出。

【例9-3-4】

项目为引擎　誓夺"双过半"
——×××在全县"双过半"会议上的讲话

今天会议的主要任务是，组织动员全县上下，以实干为动力，以项目为引擎，迅速掀起"大战五六月，大干四十天"的热潮，更好更快地推动经济社会发展，确保完成和超额完成"双过半"任务，为锁定全年胜局打下更加坚实的基础。

一、以项目为抓手，积极探索创新，全年"双过半"有了坚实的基础

二、以项目为支撑，加大攻坚力度，更好更快地实现"双过半"

一是招引各种重大项目。二是培育百亿元产业项目。三是实施高效农业项目。四是兴上大湖名城项目。五是推进民生实事项目。

三、以项目为中心，优化要素配置，为"双过半"提供必要的保障

一是瓶颈要素快破解。二是帮办服务塑品牌。三是目标管理促增效。

（五）工作薄弱点

工作薄弱点特别是明显的短板，不仅会影响目标考核结果和单位长期发展，有的甚至还会导致领导被问责。所以，我们在写作中十分重视破解本地工作薄弱点，对重点问题不惜笔墨，剑指积弊。2005年，我们针对政府运行不规范、不高效的诸多问题，草拟出题为《建设规范高效政府　增创加快发展优势》的讲话稿。该稿全文12000多字，讲制度等方面规范建设的内容有近万字，讲发展稳定等方面内容有2000多字，不仅是一篇特色非常鲜明的讲话，更是一篇直面政府运转问题的讲话。

【例9-3-5】

建设规范高效政府　增创加快发展优势
——×××在县政府全体（扩大）会议上的讲话（摘要）

县政府决定召开这次全体（扩大）会议，主要目的是，贯彻落实省、市政府

全体（扩大）会议精神，以建设规范高效政府、增创加快发展优势为主题，切实加强政府制度建设，强化依法依规管理，全面规范行政行为，为全面建成小康社会提供有力的制度保障。

一、建设规范高效政府，对增创加快发展优势具有重要意义

（一）建设规范高效政府，是确保如期实现全面小康目标的迫切需要。（二）建设规范高效政府，是确保在加快发展中争先创优的迫切需要。（三）建设规范高效政府，是确保建设人民满意政府的迫切需要。

从我县政府自身建设的现状看，与规范高效的要求、加快发展的要求和老百姓的期盼相比还有一定的差距。具体表现是多种多样的，突出表现在"五个不够"：一是决策程序不够规范。二是依法行政不够严肃。三是行政效率不够快捷。四是管理权责不够明晰。五是权力运行不够透明。

二、明确建设目标任务，构建规范高效政府的"四梁八柱"

各级政府领导对政府自身建设的基本要求，用一句话概括，就是要依法、规范、透明、高效。建设规范高效政府，必须用制度完善决策、用制度改进管理、用制度提高效能，让政府从纷繁复杂的事务中解脱出来，从审批经济的模式中解脱出来，从以我为主的体制中解脱出来，真正成为服务的主体，营造良好发展环境的主体。具体讲，就是要"明确一个目标，树立两种理念，强化三项制度，突出四个重点"。明确一个目标：通过加强规范高效政府建设，建立起行为规范、运转协调、公正透明、廉政高效的行政管理体制，推动加快发展。树立两种理念：一要用正确的政绩观来评判工作。二要用经营企业的理念来运作政府。强化三项制度：一要严格执行政府工作规则。二要建立健全闭环管理制度。三要完善廉政建设制度。突出四个重点：一要切实提升决策水平。二要大力推进依法行政。三要不断扩大政务公开。四要努力提高行政效能。

三、践行规范高效理念，展现实实在在的富民强县业绩

规范行政只是手段，根本目的是促进经济发展，推进富民强县，实现高效行政。要把规范高效政府建设的各项要求贯穿到我们正在做的各项重点工作上，体现在增创发展优势、创造实实在在的发展业绩上来。一是在招商引资项目上展现规范高效。二是在促进农民增收上展现规范高效。三是在推进城建城管上展现规范高效。四是在构建和谐社会上展现规范高效。

（六）基础夯实点

"一枝独秀不是春，百花齐放才是春"。"一枝独秀"与"百花齐放"之间相隔

的往往是问题成堆、投入浩大的基层基础工作。可见，基层基础工作的难度之大。2023年3月，在外地统计部门工作的同学联系笔者，说他们单位基层基础工作多次受到上级表彰，近期上级通知上报一篇争取评为先进单位的文稿；单位领导担心文稿上报后评不上先进，请笔者帮助作些提升。笔者看了原稿后，就评选先进方面，建议他们单位近期对工作补短板、强特色，确保硬件过硬；就文稿提升方面，与写作人员商量后分析到，基层基础工作处于全部工作的"根基""底部"，可以沿着"强基""固本""夯底"这个方向，尝试做一组层次标题，以更好表现主题。于是，我们一起对原稿部分层次做了调整与优化，新拟出一组由"底基""底柱""底板"为内核的层次标题，在主标题中设置了"底牌"作为呼应，并延伸到"铸成品牌"，得到了该单位领导的肯定。

【例9-3-6】

原稿提纲：

实干笃行　强基固本
推动统计基层规范化建设迈上新台阶

一、坚持统筹谋划，切实扛起"双基"建设政治责任

一是加强组织领导。二是配强统计队伍。三是强化经费保障。

二、坚持多管齐下，推动基层统计工作规范运行

一是健全完善工作制度。二是常态开展宣传培训。三是营造依法统计环境。

三、坚持使命担当，精准有力服务高质量发展

一是凝聚担当力量。二是创新服务载体。三是护航中心大局。

修改稿提纲：

努力把"底牌"铸成"品牌"
推动统计基层规范化建设迈上新台阶

一、政治责任压实，事业发展的"底基"更强固

一是加强组织领导。二是建强统计队伍。三是配强经费保障。

二、履职重心下沉，服务大局的"底柱"更牢靠

一是紧扣中心任务谋服务。二是创建信息平台优服务。三是融合党建活动促服务。

三、规范建设前移，拒虚防假的"底板"更厚实

一是宣传培训抓在前。二是规章制度建在前。三是法律约束挺在前。

四、方法思路升级：十个思维启发解决问题"新路径"

如果没有桥、船等工具或者游泳等技能，那么过河就只能是一句空话。思维方法就是过解决问题之"河"的重要工具和技能。笔者从自己积累的上百个思维方法中，挑出并展示10个，力求帮助读者拓展解决问题的新思路、新体验。需要解释的是，由于学养不够，其中有一些思维方法因笔者一时未找到规范的名称，就自己临时先起了个"小名"，恳请各位深入探究，帮助找到应有的"大名"。

（一）弯道思维

弯道是超车的难得机会。"弯道"现在往往被理解为政府政策、国内外市场行情、互联网平台等方面的变化，变化越大，弯度就越大，所提供的机会就越大。任何一个大的变化，都孕育着前所未有的机遇。目前的网络销售巨无霸就是利用了互联网这一难得的"弯道"机遇，成功地超越了传统零售巨头。但这些机遇既不能轻易把握，更不能一劳永逸，需要始终准确识变、科学应变、主动求变，才能把握机遇、永立潮头，才能不被对手超越。

近些年大热的"风口"一词，其实质就是"大弯道"。雷军说："站在风口上，猪都能飞起来。"笔者认为，面对"风口"，应该"迎风"飞翔。但没"风"时，也不能被动"等风"，既可以积极"唤风"，还可以借势"造风"。

（二）互联网思维

笔者把一些以馒头店打比方解读互联网理念的文章，与《互联网思维独孤九剑》一书中相关内容进行了融合，诠释一下"互联网思维"所包含的九个具体思维。

有一家馒头店，将自己的目标消费群体定位为工薪阶层，按其需求提供馒头，在更换新品前能征求其意见，这就是"用户思维"。

店家资金短缺，找客人借一圈，宣传说"只要你借给我钱，我就送你一碟小咸菜"，这是众筹，属于"社会化思维"。

店家多年来坚持只做一种馒头，这叫"简约思维"。

店家多年来坚持用本地地道绿色小麦作原料，全过程纯手工制作白面馒头，这叫"极致思维"。

店家通过对顾客大量的意见量化分析，得出很多顾客期待吃上本地五谷杂粮馒头的结论，随即又开发出这款新品种。其中分析和运用数据的方法叫"大数据思维"，上新品种的方法叫"迭代思维"。

随着顾客越来越多，店家决定把隔壁的铺子也租下来打通，形成更大的销售平台，这就叫"平台思维"。

店家后来利用庞大的顾客粉丝群，在馒头店的旁边又开了百货店，实现了跨界经营，这就叫"跨界思维"。

再后来，店家发现自己与同行间的竞争优势有些削弱，便宣布顾客在这个店里吃饭，馒头免费白送，其他物品和服务正常收费，使客流量大增。附近的其他商家看到馒头店这么多的客流量，便要来馒头店的门口发传单，馒头店1天收费用1万元，这就叫"流量思维"。

最后，馒头店连同百货店开遍了全城，店里除了馒头不要钱，其他都要钱，还收着广告费。这叫新时期的"互联网+馒头店"。

当前，互联网带来的不仅是一种先进技术，更是一种高端平台，甚至是一场深刻革命。对于互联网，目前企业整体开发利用程度要高于党政机关；在党政机关系统内部，高层态度积极程度要明显高于基层。所以，对于党政机关，尤其是基层党政机关来说，运用与实践"互联网思维"，可谓"路漫漫其修远兮"。

（三）营销思维

当前，各地政府非常注重运用企业化、市场化的思维来营销政府资产、资源，目前这些营销方法如果按利益组织分配的水平，大体上可分出前低后高的四个版本。

1.0版本："羊毛出好羊毛价。"如把一块好地卖出符合市场行情的好价钱。这是最原始也是最常见的营销策略，只要严格按照相关规定，避免"暗箱操作"和权力寻租行为，基本上能实现预期目标。

2.0版本："羊毛出在羊身上。"如地方政府招引客商投资一般有两种基本模式。第一种是客商只有一个项目，这个项目前景非常好，地方政府给予约定的优惠政策。这实际上是客商用未来的收益来补偿政府，政府优惠出去的"A羊毛"由这只"羊"用未来长出来的"B羊毛"来还给政府。第二种是客商共投资工业与房地产两个项目，政府优惠给客商房地产项目的"A羊毛"则由客商的工业项目所长的"B羊毛"来补偿，偿还者最终还是客商，与第一种模式是殊途同归。这两种模式中，"B羊毛"一般多于"A羊毛"，这才是地方招商引资能够滚动开展的内在逻辑。

3.0版本："羊毛出在牛身上。"近年来全国很多地方以优惠条件的"羊毛"来吸引人才。这些"羊毛"最终由谁来埋单呢？是这些人才与地方政府为他们提供的岗位的结合才是那只弥补地方政府"羊毛"的"牛"。

4.0 版本："羊毛出在牛身上，由马来埋单。"较为经典的案例是前些年川航牵头构建的川航、客车厂家、客车司机和川航乘客之间的营销关系。乘客只要购买该川航五折票价以上的机票，就可以免费乘坐客车进入市区或机场。这批免费客车，由川航以低于市场售价的价格买入。客车厂家可以用这批车做免费售车广告。川航再以高于市场价的价格，卖给有经营意愿的客车司机，并给其每位乘客 25 元的提成，一个多赢的商业模式就此形成。这里面，乘客得到的免费接送的"羊毛"，看似由客车司机这些"牛"们提供，实际上由川航和客车厂家这两匹"马"提供。

目前，一些地方特产营销政府投多收少、难以维系，协会缺乏抓手、手中无钱，企业眼光较浅、不愿投入，总体看来轻营重销，没有建好良性循环、滚动发展的内生机制，必须加快打造政府坚持加大投入、协会持续牵头运作、受益企业接力出钱出力的营销利益"共同体"。

（四）嫁接思维

山西省黑茶山国有林管理局"购买式造林"模式主要是，通过招标竞价发包给职工，由其组织造林、护林、育林工作，其实质是政府由"养人做事"向"花钱做事"的改革，也是政府购买服务在造林工作上的"嫁接"，不仅提高了林木成活率，还降低了经济成本。安徽省黄山市竦塘村"寄养式扶贫"模式主要是，将贫困户认购的黄牛寄养在专业的养牛基地，其内核属于政府购买服务在扶贫领域的"嫁接"，大大提升了贫困户的经济收益。难以置信的是，植物界的嫁接是利用植物受伤后具有愈伤的机能来进行的。社会学意义上的嫁接可实现优势互补、价值增值，值得大力推广。

（五）横向思维

主要解决三个问题：一是为了解决在事物内部难以突破的问题，必须从外部更广阔的范围内寻找解决方法。"他山之石，可以攻玉"就是这种思维。二是为解决一种事物优势不够明显的问题，把两个以上事物融合到一起，造出一个新事物，实现"$1+1 \geq 2$"的效果。如矿灯帽就是把手电筒安装到了安全帽上。三是多个条线同时发力，目前各地都在推行的并联审批，以及我国新航母分段建造等也在运用这一思维。这种思维还值得更加广泛地研究和推广。

（六）模块化思维

这一思维使一个货物集装箱，从卖家生产车间到陆路运输车辆、海运船舶、港口直到买家车间等各环节，都能流畅运转和自由组合，不会因为柜箱尺寸不统一而更换车间大门、运输工具等关联物品，从而使物流成本实现了革命性的下降。这个概念看似"高大上"，其实古今中外都有很多成功例证。我国秦朝统一度量衡和货币，当代开展的"标准化良好行为"试点企业创建等都是实行模块化管理的好办法。纵观这些模块化的办法，在准备或起步阶段可能费时又费力，但一旦达到预期使用条件，往往会带来效率的划时代跃升。为此，需要不遗余力地谋划、推广这种思维方式。

（七）时间思维

这个思维主要针对时间利用低效的问题，其目的不完全是节省时间，而是高效地利用时间，提高时间使用效率。可以这样说，时间管理是当前人类社会一大课题，很多事物、机构甚至产业的功能其实都与此有关。一是节省时间，如学校帮人节省学习时间，饭店帮人节省做饭时间，交通工具帮人节省行走时间等。二是延长时间，如医院帮人延长生命存活时间。三是管控时间，如监狱就在帮助国家管控违法、犯罪分子的时间甚至是其生命，防止他们再危害社会。四是经营时间，如一些时间管理软件和中介机构、经济人等，在帮助受托人经营时间，使其更好地发挥效益。五是消费时间，如文化、娱乐等行业帮助顾客把节省下来的时间，再以他们喜欢的方式消费掉，甚至还有场所供顾客发呆之用，让其大脑享受一段空白和清静。六是透支时间，常见的经济借贷行为就是今天花明天的钱。可以预见，以后时间利用的竞争将更加激烈和深入，各相关行业都应该尽早准备和谋划，争取在新的厮杀中笑到最后。

（八）乘法思维

4×4 与 4+4+4+4 的结果相同，但其内在运行的逻辑却不同，4×4 是第一个 4 里的每个 1 都变成了 4，而 4+4+4+4 是 4 个 4 串连相加；也就是说 4×4 中有 4 个主体，而 4+4+4+4 只有 1 个主体；这相当于说，前者是四核，而后者是单核。不仅如此，由于主体个数的巨大区别，还造成其运行效率的巨大差异，前者运行效率明显高于后者。核裂变就是典型的乘法效应，释放出指数级能量。大家可以运用"乘法思维"，通过有效的激励奖惩机制，不仅使每名员工都成为一个坚强的战斗堡垒，还以此为基点裂变出更多的相同功能的个体，正确运用"乘法思维"的案例是"以商招商"以及抖音等手机软件激励用户发展新用户的方法，以获得"滚雪球效应"，值得大力推广。错误运用"乘法思维"的案例是传销，应该加以坚决防范和打击。

（九）内动力思维

"分粥规则"说的是，经过前面多次实践失败后，最终采取由分粥人最后领粥的办法，实现了组织追求分粥公平和分粥人自己不吃亏的完美统一。"犯人船理论"说的是历史上英国政府曾雇佣私人船只运送犯人去澳大利亚，起初按上船犯人人数与船主结算运费，结果犯人死亡率较高；改为按上岸活着的犯人人数结算运费后，犯人死亡率大幅下降。"降落伞规则"说的是，"二战"初期，某国空军降落伞合格率未达标。后来军方让生产商亲自上飞机测试降落伞质量，带来合格率升为100%。从中可见，只有把组织的目标实现情况与相关方的切身利益直接挂钩，触发其内在的自发控制，促其由"要我做"转变为"我要做"，这样的制度才是好制度。

（十）压舱石思维

空船时船的重心较浅，不利于抵抗颠簸，遇到惊涛骇浪之时更易翻船；如果用上压舱石，那么船的稳定性将大幅增加。"井无压力不出油，人无压力轻飘飘。"压力来自哪里？可以自加压力，但这仅适用于一些自觉性特别高的人；对绝大多数人来说，还需要外部压力，把责任压给他。

第十章 破解"文种特点把握难"：
赤橙黄绿青蓝紫 谁持彩练当空舞

在拟写正文那一章，本书对政府（党委）工作报告的草拟注意事项进行了简要介绍。由于篇幅有限而其他常见文种较多，这里，只能简要介绍一下其特点，期待读者抓住要领、把握特征，真正描绘出各个文种的独特色彩。

一、总结：选好参照才能比较、提炼出亮点

总结，作为一种应用文体，可理解为"文稿之母"，是其他多种文稿的基础。写好总结是公文写作的基本功。

（一）亮点的写作

总结既是最常见的一种文种，也是最常用的一个方法。如政府工作报告虽然文种不算工作总结，但其大量篇幅是对过去工作的总结。笔者过去有位分管领导非常重视总结，开始笔者不太理解，直到自己牵头写材料，才明白一些原因——总结直接关系到一个单位成绩的表述，直接影响单位领导的形象。

尽管笔者全力说明总结应该及时更新，但可能仍有个别读者认为"天下文章一大抄，今年只把去年抄"。2015年、2016年，国务院政府工作报告经济工作总结部分（见【例10-1-1】【例10-1-2】），尽管属于同一届政府，写的同样是经济工作，时间间隔才一年，但两份报告写法却不同。这再次说明"世界上没有两片树叶完全相同""万能的通稿就是废稿"。只要反映的是一个单位的真实情况，那么这两份总结就会有明显差距；相反，只要似曾相识，那么这两份总结就至少有一份偷工减料。

【例10-1-1】2015年国务院政府工作报告部分内容。

一年来，我国经济社会发展总体平稳，稳中有进。"稳"的主要标志是，经济运行处于合理区间。增速稳，国内生产总值达到63.6万亿元，比上年增长7.4%，在世界主要经济体中名列前茅。

就业稳，城镇新增就业1322万人，高于上年。价格稳，居民消费价格上涨

2%。"进"的总体特征是，发展的协调性和可持续性增强。经济结构有新的优化，粮食产量达到6.07亿吨，消费对经济增长的贡献率上升3个百分点，达到51.2%，服务业增加值比重由46.9%提高到48.2%，新产业、新业态、新商业模式不断涌现。

中西部地区经济增速快于东部地区。发展质量有新的提升，一般公共预算收入增长8.6%，研究与试验发展经费支出与国内生产总值之比超过2%，能耗强度下降4.8%，是近年来最大降幅。

【例10-1-2】2016年国务院政府工作报告部分内容。

经济运行保持在合理区间。国内生产总值达到67.7万亿元，增长6.9%，在世界主要经济体中位居前列。粮食产量实现"十二连增"，居民消费价格涨幅保持较低水平。特别是就业形势总体稳定，城镇新增就业1312万人，超过全年预期目标，成为经济运行的一大亮点。

结构调整取得积极进展。服务业在国内生产总值中的比重上升到50.5%，首次占据"半壁江山"。消费对经济增长的贡献率达到66.4%。高技术产业和装备制造业增速快于一般工业。单位国内生产总值能耗下降5.6%。

发展新动能加快成长。创新驱动发展战略持续推进，互联网与各行业加速融合，新兴产业快速增长。大众创业、万众创新蓬勃发展，全年新登记注册企业增长21.6%，平均每天新增1.2万户。新动能对稳就业、促升级发挥了突出作用，正在推动经济社会发生深刻变革。

总结写作的最基本要求，是通过全面细致地分析数字、前后对比、提炼概括等办法，真正写出过去工作的主要亮点。具体需要做好以下四点：

1.围绕"需要多少亮点"，选好调门定方向。先进和落后的地方往往都有一堆"最"字桂冠，似乎不分伯仲，但把两者一一对照，落后的地方在GDP、财政收入、人均可支配收入等主要指标上往往就会落荒而逃。这里所说的"最"字桂冠用的是借代辞格，指的是各种特色优势、优胜成绩和荣誉称号。既然这些地方如此落后，为什么也有一堆"最"字桂冠？这里面原因很多，其中一条在于评价一个单位的维度很多，这个维度挖不到"最"字桂冠，可以换一个维度再挖，甚至一些劣势的另一方面往往就是优势，如经济落后的地方生态环境遭受污染的概率就要小得多，绿色指数往往就会相对高些；交通相对闭塞的地方充满秘密感，文旅资源的开发潜力往往就会大一些。所以，这种现象用仿拟辞格讲，就是"只要功夫深，'最'字挖一升"。

既然一般单位都能挖出很多"最"字，那么总结写作亮点提炼像不像很多新手认为的那样,"韩信用兵——多多益善"且拔得越高越好?其实,不然。一份总结挖出的"最"字多不多,这取决于对这篇总结的调门的定位。影响这个定位的因素主要有三个:一是群众满意率。如果该地群众满意率比较高,那么调门高点,多总结出一些"最"字,群众大多可以接受;否则,不如降低调门,把总结写得平实一些,以清淡"素颜"示人,少挖一些华而不实的"最"字。二是主要目标排名。这个因素与上级领导对本单位的印象关联度更高,如主要目标位次在兄弟单位中的排名靠前,那么调门高点问题不大;反之,上级领导会认为工作业绩不好却硬要往脸上"贴粉"。三是领导任职时间。时间长,调门就可以高些;反之,应低些。

2.围绕"如何找出亮点",设好表格当助写。笔者还是推荐使用研析性表格,具体请看第八章第一个层次"文稿助写"相关内容。

3.围绕"怎样表达出亮点",做好比较与提炼。很多新手认为亮点是自己的大脑想出来的,这从大方向上讲并没有错误,因为亮点提炼确实需要思维运用,但能否更深入地展示出亮点来源和提炼过程?笔者认为,亮点是在比较的基础上提炼而成的;有什么样的比较,才有什么样的提炼,进而才有什么样的总结。有句流行语讲"没有比较,就没有伤害",用到公文写作领域,可以仿拟为"没有比较,就没有总结"。简而言之:"无比较不总结。"

那么怎样进行比较?笔者立足于目前手上的实例,对比较与提炼作了简单分类,期待更多的读者来丰富和拓展。

(1)不同时间之间的比较与提炼。主要是时间段、时间点之间比较,其中"最"字一般是在时间段内提炼出来的。

一是时间段的比较与提炼。可以是一月、一季、半年、一年、三年,还可以是五年(五年规划期、一届五年任期)等时间段与其他时间段的比较。环比是表示连续2个统计周期(比如连续两个月)内的量的对比。同比一般用在相邻两年、相同时间段内的量的对比,如今年3月与去年3月比。连续多年比较一件事情,如"连续5年获得'公安执法先进市'称号",意在突显这项工作长期先进。不同周期之间的比较,如"2021年的完成量接近于2019年、2020年两年完成量的总和",意在突显2021年完成量飞速增长。

二是"最"字的比较与提炼。有"创历史之最""为历史上最××""为近×年新高""开历史先河"等带有"最"字及相近内涵的表述。如"去年建成绿色通道900公里,是我市历史上拓植规模最大、推进速度最快的一年""去年固定资产投资增速为21.7%,为近五年新高"。

三是时间点的比较与提炼。就是不同时点（一般是两个时间段的期末时点）数值的比较，如"'十三五'末的 $PM_{2.5}$ 浓度值比'十二五'末下降了20%"。

（2）不同单位之间的比较与提炼。这些单位虽然不同，但应该是在区域、级别、性质等某些方面有相近点，甚至是相同点，这样才有可比性；否则，即使比较出差距也没有太大现实意义。这里的比较可以是一个单位与另一个单位比，如"去年A市经济发展快于B市"；也可以是一个单位与多个单位比，如"去年我市规上工业增加值增幅为全省最高""去年我市规上工业增加值增幅高于全省平均值""作为全省唯一的试点地区，我市专项整治工作开展的效果不仅影响着本市，还将影响全省"。

（3）在同一时间、同一单位前提下，与其他参照物之间的比较与提炼。这里的参照物可以是以下几种情形：

一是已经确定的任务。首先是取得预期成效类，如"顺利完成阶段性任务""取得积极进展"等；其次是取得重大突破类，如"实现（取得）历史（实质）性突破""突破关键性瓶颈""反腐败斗争取得压倒性胜利"等。

二是上级下达的指标。一般目标的完成率，可以表述为"占目标（任务）××%"；如恰好完成100%，还可表述为"全面（圆满）完成上级目标"；如完成率超过100%，也可写为"超目标××%"。如"全年完成招商引资额105亿元，占省下达目标的105%，超省目标5%"。

三是超过30%的贡献份额。如果占了33%左右，可以表述为"三分天下有其一"；如果占了一半左右，可以表述为"占据'半壁江山'"；如果占了66%左右，可以表述为"三分天下有其二"。

四是另外一个占比。就是用一个占比与另外一个占比进行比较，为了突显与这两个占比相关的工作做得好（差）。如"我国用占世界7%的耕地，养活了占世界22%的人口"。

五是超过10%的增速。如果增速达到了10%，可以说成"实现两位数的增长（率）"；如果增速达到了100%，就可说成"实现三位数的增长（率）"；某一个数翻几番，就是这个数乘以2的几次方，如10亿增长为20亿，就是 10×2^1，可说成"实现倍增（翻番、翻倍）"；10亿增长为40亿，就是 10×2^2，可说成"实现翻两番"或"增加了3倍"。

六是另外一个速度。就是说某个事物的一个速度与另外一个速度一样快或慢，为了突显某个事物与这两个速度相关的状态的好或坏，如"某国物价上涨率与选民支持率下降一样快",意在强调这个国家陷入了比较糟糕的状态。

七是带有里程碑意义的关口。如"财政收入总量首超百亿元,增量首超十亿元"中的"百亿""十亿"就是两个带有里程碑意义的关口,有的也会说成"首破百(十)亿元大关"。

八是完成同一个成果所耗费的资源。如"第一个万亿元GDP增量用了10年,第二个只用了4年,第三个只用了一年半",说明用时越来越短、发展越来越快。再如"第一个万亿元GDP增量消耗了2万吨水,第二个消耗了1万吨水,第三个消耗了4000吨水",说明单位耗水量在下降。

九是普通受众头脑中一个容易理解的概念。把一些难以理解的数字与一个常人能理解的概念进行比较,让人更好地理解与记忆,目前笔者只收集到两个标志性词语,分别是"相当于""平均"(有时也可省略)。如"10年来,全市累计复垦新增土地50多万亩,相当于半个新加坡的国土面积","去年,我市累计招引亿元项目370个,(平均)每天招引1个"。

4.围绕"切合领导意图",选好位置做展示。能体现领导对这篇文稿写作意图定位的,不仅是写多少亮点,还有亮点展示位置。位置不同,受众感知亮点的效果的差距很大。这里,笔者把文稿比喻为"饭",把亮点比喻为"肉",来说明这个问题。如果领导想正常展示亮点,就可将其放到文稿内部,"把肉埋在饭里"。如果领导希望多展示亮点,更好地增强信心,就可将其放在最显眼的位置,包括标题、开头过渡语等部位,实现"把肉摆在饭头上"。下例在开头过渡语中,拿出全文四分之一左右的篇幅写主要亮点,然后再写主要措施,使成绩得到更好展示、干劲得到更好激发。类似的还有【例8-3-13】。

【例10-1-3】总结摘要

今年以来,面对复杂严峻的外部环境和多重超预期的困难挑战,区委以迎接党的二十大、学习宣传贯彻党的二十大精神为主线,认真贯彻党中央和省市委决策部署,全面落实"疫情要防住、经济要稳住、发展要安全"的重大要求,高效统筹疫情防控和经济社会发展,统筹发展和安全,团结带领全区各级党组织和广大干部群众,紧紧围绕"工业强区、旅游富民"突破年目标任务,创新突破性举措,打造突破性亮点,取得了一系列振奋人心的突破性成果。这一年,我们着力推动工业强区,台华新材料、源涌绿色纤维、中电光谷生态经济示范园等一批重大产业项目、重点科创项目成功落户,百亿级制造业项目实现零的突破,国家高新技术企业、省级以上"专精特新"企业获批数创历史新高,纤维新材料等主导产业突破成势,高质量发展动能进一步积蓄。这一年，我们始终坚持旅游富民，"透湖工程"展现千年古堰的美丽风光，"示范样板"释放百里画廊的生态魅力，东方欲晓激活滨湖旅游的"一池春水"，洪泽湖大闸蟹节养殖户站"C"位、唱主角，旅游富民已经成为促进共同富裕的重要路径。这一年，我们精心雕琢滨湖之城，"精致工程"外修"颜值"、内提"气质"，"城市家具"既有"靓度"、更有"温度"，洪泽湖大道改出了顺畅、改出了民心，11个老旧小区改造让"老居民"享受到"新生活"，2586套安置房交付托起了群众"安居梦"，精致理念融入城市经营理念，内化于市民文明素养。这一年，我们聚力实施乡村振兴战略，大力推动镇街个性化发展，朱坝墩南土地整治入选部级试点，"岔河大米"获批国家农产品地理标志，东双沟特色园区、中心镇区、新型社区融合发展，蒋坝农家小院"沉睡资产"加快华丽转身，老子山天际线、水岸线更加清朗，各个镇街特色更加鲜明、成果更加丰硕，个性化考核成为镇街可持续发展的"奠基石"、干部能力水平提升的"磨刀石"。

一年来，区委聚力重点突破带动全局发展，经济社会发展呈现出"大局稳定、动能增强、预期改善"的良好态势。

我们以"敢为善为、勇挑大梁"的担当，全力稳住经济基本盘。……

我们持之以恒实施"双轮驱动"战略，加快产业链式发展。……

我们大力推动城乡融合发展，着力打造富有特色魅力的品质空间。……

我们用心用情保障和改善民生，扎实推进共同富裕。……

我们坚定不移推进全面从严治党，巩固发展"我敢干、我会干、我能干成"的良好局面。……

（二）写法的种类

根据内容构成总结出以下四种。

1. 概括表述+重点措施。这是最常见的写法。概括表述是对一类事物作整体性描述，想表述准确、新颖难度比较大，需要全面、系统地占有素材，并进行精准表述，用数字加以佐证。一般公文的标题属于概括表述，但很多流于空泛，并未完全"合身"，应注意防范。重点措施，要在众多措施中找有代表性的讲一讲，不能什么都讲；还可夹带一些数字，但数字密度也不可太高；否则，就更显得琐碎。

【例10-1-4】2016年国务院政府工作报告总结部分内容。

三是聚焦提质增效，推动产业创新升级。制定实施创新驱动发展战略纲要和意见，出台推动大众创业、万众创新政策措施，落实"互联网+"行动计划，增强经济发展新动力。一大批创客走上创业创新之路。完善农业支持政策，促进农业发展方式加快转变。针对工业增速下降、企业效益下滑，我们一手抓新兴产业培育，一手抓传统产业改造提升。启动实施《中国制造2025》，设立国家新兴产业创业投资引导基金、中小企业发展基金，扩大国家自主创新示范区。积极化解过剩产能，推进企业兼并重组。近三年淘汰落后炼钢炼铁产能9000多万吨、水泥2.3亿吨、平板玻璃7600多万重量箱、电解铝100多万吨。促进生产性、生活性服务业加快发展。狠抓节能减排和环境保护，各项约束性指标超额完成。公布自主减排行动目标，推动国际气候变化谈判取得积极成果。

2. 特色抓手+重点措施。下例中的"三百工程"是某地某年推动招商引资的特色抓手，以其为题，再写一些重点措施和成效，既新颖别致，又切合实际。如标题还写"招商引资成效较好"，尽管没有什么大错，但不够准确，更没有反映年度特点。

【例10-1-5】

"三百工程"圆满完成。凝心聚力，突破招商引资，金宇机械、伟松电子等291个项目正式签约，新引进固定资产投资500万元以上项目177个，合同引资额超100亿元，佰宇轴承、宝丰工量具、新海电子二期等114个项目竣工投产，金钟默勒电器、万奇电气等154个项目开工在建。

3. 重点措施+典型例子。重点措施加一些有代表性的例子，例子中可根据需要写些数据。使用这种方法的情况主要有两种：一种是重点措施比较少，也较无力，需要其他办法"加持"；另一种是例子较有代表性，可起到以点带面的作用。实践中也可能是这两种情况的综合。下例中画线部分为典型例子。

【例10-1-6】

镇班子成员结对帮带。镇蹲点包村的两套班子成员同时结对所蹲点村的大学生村干部，根据镇村实际情况，帮助大学生村干部理清创业思路，选择项目，办理手续，做好场地、水、电等方面的协调，每周与大学生村干部谈心1次。<u>万集镇党委引导大学生村干部×××种植食用菌，协调县食用菌种植协会为其提供技术、场地、销路等方面的服务，×××联合其他6名大学生村干部进行连片种植，现在已发展成为食用菌种植基地，形成了"大学生村干部+协会+基地"的创业模式，基地年产食用菌可达20吨。</u>

4. "串珠词"+重点措施。就是把零散的做法用文字串起来。笔者挂职期间有次与另外两位同事临危受命，要为市长起草向省级验收组的汇报。我们写作的时间只有一个晚上，而且现有素材情况是：省级相关部门直接抓到县区级部门，而市级基本上没有推进这项工作，只能找到基层一些零散的做法和成效。这种紧急情况下，我们便紧急采用大量的"扶持""鼓励""促进""推动""指导"等带有组织性质的"串珠词"（见下例画线部分），把基层的零星措施像"珍珠"一样串起来。虽然这些零星措施并不显眼，且并非市本级直接所为，但经过这么一串，也显得较为充实，至少比以前内容空洞要好得多。第二天一大早将修改稿报到市里后顺利通过。所以这种写法有时也能应应急，尤其适合本单位没有比较管用的措施，而下属单位也只有一些零星措施。当然，如果时间相对充足，还是建议按常规方法来写。

【例10-1-7】

<u>推动</u>××等县区建立健全县级报账制、项目预决算制、专项资金审计制等规章制度，<u>指导</u>××等县区出台专项资金管理考核验收办法，对考核得分排名靠前的镇村，予以奖励；对不合格的，采取通报批评、追缴已拨付资金等处罚措施。

二、汇报：针对性是"生命线"

（一）汇报写法的主要特点

如果说总结是自己出题目自己回答的话，那么汇报一般就是上级单位的"命题作文"。汇报一般是根据上级单位的通知或上级领导的要求进行汇报，即使被要求全面汇报，也应根据上级的最新战略和政策导向等进行有针对性的汇报。针对性是汇报的显著特征。一份缺乏针对性的汇报，如同一支迷失了方向的部队，很难实现战略目标。所以，针对性是其"生命线"。

这里可能有一个问题，就是准备汇报的事项中还有些目前没有太大实效，甚至还没有付诸实施。其实，这并不要紧，如果已有措施，并有实效，那是最好，如实汇报就行；如果还没有实际行动，就重点写些想法和计划措施，但要写得让上级领导感到，真的已经用心思考、真的已经拿出措施、真的确保完成任务。当然，汇报过后，就应抓紧实施这些措施，千万不能总是停留在汇报上；否则，"跑了和尚跑不了庙"，上级领导会认定汇报人口是心非，最终要对他"打板子"。

汇报所针对的"靶子"大致有以下几项：

1. 正式通知。如果有明文通知，那么首先要据此写作。这也最为常见。反过来讲，上级单位需要下级汇报时，也应该主动、提前明确汇报什么、如何汇报等相关要求，以方便下级单位准备。当然，突击督查检查除外。

2. 上级领导对下级单位的一对一指示要求。对下级单位来讲，这类要求应成为汇报的重点甚至是主线。

笔者遇过一个类似情况。有一次，我们接到通知，说有位省领导将来本地调研农业生产，便按照惯例为本地领导草拟了一份涵盖农业各个方面的汇报材料。报给领导审阅时，他问："这位省领导以前有没有来调研过？如果来过，主要讲过什么？"我们说不太清楚。领导就让我们把这些情况了解清楚后重新拟稿。我们核实了解到，4年前这位省领导来过本地调研，并要求依托独特的水资源，发展相关产业。为此，我们改变了原来汇报面面俱到的写法，聚焦省领导当年的指示要求，重点写本地如何利用水资源发展水产业。于是，新稿顺利通过领导审核，并进入汇报环节。省领导高兴地表示："没想到我4年前所讲的原话你们还能记得如此清晰，而且还努力打造成本地主导农业，也确确实实地带动了农民增收。"调研接待结束后，领导也表扬我们写作思路调整得很到位。此例再次证明，汇报的"生命线"不在于全面性，而在于针对性。下例就是这份汇报修改稿的提纲。

【例10-2-1】

发挥水优势　做足水文章
积极推进"三水"高效农业规模化（摘要）

我们××县四面环水，河网密布，水域宽阔，全县水陆总面积××平方公里，其中水域面积××平方公里，占××%，人均水面1.3亩，素有"水乡泽国、鱼米之乡"的美誉。××××年××月××日，省委×××视察××，提出了××要**发挥水优势，做足水文章，**发展"三水"**特色产业**的要求，这完全切合我县实际。因此，我们立即转换思路、转变方法、转移重点，积极走水路、念水经、唱水戏，全方位拓展水产养殖、水禽养殖、水生蔬菜种植等"三水"**特色产业**，取得了较好成效。到××××年底，全县实现特种水产养殖9.95万亩，其中螃蟹养殖5.6万亩，分别比××××年增加0.55万亩、5.3万亩，渔业总产值达5.84亿元，已超过粮食总产值（粮食总产值5.79亿元）；水禽饲养量900万只，比××××年增加350万只；"三水"**农业总产值**12.8亿元，带动农民增收3.1亿元，分别比××××年增加2.3亿元、0.9亿元。

一、近年来培育"三水"**高效农业**所做的主要工作

（一）抓结构调整。（二）抓产业化经营。（三）抓品牌建设。（四）抓帮扶服务。

二、今后培育"三水"**高效农业**的主要工作安排

（一）着力培育三个产值超10亿元的高效特色产业。1.高效水产养殖。2.高效水禽养殖。3.高效林板具一体化。

（二）着力打造两个营业收入超10亿元的农业物流园区。1.洪泽湖水产物流园。2.淮安粮食物流园。

（三）着力盘强一批已经投产的"水字头"市级以上龙头企业。

（四）着力抓好一批在建在手的"水系列"5000万元以上重点农业项目。

3.上级单位及其主官最新主要战略部署和工作侧重点。对此，即使上级单位不作明确要求，下级也应在适当的时期内主动汇报本级的贯彻落实情况。

2021年初，我们接到市里要求本地汇报当年重点工作措施的通知，通知并没有限定汇报内容。所以，我们就选择那些既能体现本地坚决贯彻上级决策，又能展示本地自身亮点的内容，对其他工作则一笔带过。下例中"围绕"后面引号内的内容要么是上级重大提法，要么是上级重要战略定位，其中，"特长生"是时任市委书记对全市奋斗目标的最新表述，"两新一特"是市里确定的工业主导产业，"绿色高地、枢纽新城"是市党代会对全市发展定位的最新表述。这种写法更容易让市领导感到，笔者所在地方能主动贯彻落实上级决策部署，自觉立足大局谋发展、定措施、求实效。

【例10-2-2】

××区关于2021年度重点工作情况汇报（摘要）

今年，我区将紧紧围绕市委、市政府"绿色高地、枢纽新城"发展定位，策应"四个淮安"建设，大力实施"工业强区、旅游富民"双轮驱动战略，全面开启长三角地区知名旅游目的地城市建设。

（一）围绕"两争一前列"，矢志目标争先进位。

（二）围绕争当"特长生"，推动旅游产业"井喷"。

（三）围绕培育"两新一特"产业，实施"工业强区"战略。

（四）围绕"绿色高地"定位，增加生态产品供给。

（五）围绕"枢纽新城"目标，放大交通区位优势。

在做好重点工作的同时，统筹做好疫情防控、安全生产和民生实事等常规工作，确保实现经济发展和安全稳定"双胜利"。

4.换位思考，推测上级领导最有可能的关注点。作为写作者，往往最怕的不是接到上级汇报的通知，而是通知中并未注明汇报重点。这也最能考验写作者能力。这就需要换位思考，学着站到来听取汇报的上级领导的角度看本单位，推测他最有可能关注哪些事，然后有针对性地汇报。

实践中，写作者可能会推测到上级领导有多个关注点。这些关注点有上级单位确定的战略任务、下达的主要责任目标和部署的重点工作，以及主要领导以往对本单位所提的指示要求等。

如何在这些关注点中选择切入点？笔者认为可以在上述众多的备选关注点中用群众期盼和关注的"筛子"再来"筛一筛"，把群众热切期盼和高度关注的关注点作为汇报的重点，这样，切中上级领导真正关注点的概率就会大幅提升。这样做的原因在于，公文写作的中心是人民，特别是党的十八大以来，全国各层各级领导干部立党为公、执政为民的意识越来越强，所思所虑与群众期盼和关注的契合度越来越高。

这里，笔者讲述一个亲身经历的实例。2013年底，某市环保局数名中层以上干部因为违纪违法受到处理。其后一段时间，该单位部分干部职工工作积极性明显下降，自信心明显不足。市人大代表、政协委员、网民、媒体等社会各界对该系统的评价处于历史低谷。就在这段时期，新任市长来该局调研。此时摆在该局面前可以汇报的事项有很多：最重要的任务——市政府向公众承诺当年完成国家级生态市创建任务；最紧急的任务——上级下达的年度目标任务完成；最基本的职能——环保执法、环境质量提升；最棘手的问题——因部分人员违法而导致的人手不足。类似的问题还有不少。那么，在有限的时间内到底应重点汇报什么？最后，该局汇报全文约5000字，提纲如下：

【例10-2-3】

凝心聚力　克难攻坚
重塑环保新形象　创造环保新业绩（提纲）

近年来的主要成绩和存在的问题及困难（累计600字）

当前和今后一段时间，重点抓好以下工作。

一、以坚定的信心重塑××环保新形象

站在新的历史起点上，作为当代的××环保人，我们感到光荣和骄傲，更感到责任和压力，我们有信心完成各项目标任务，为建设"美丽××"、推进科学跨越发展作出新的更大贡献。我们的自信源于国家的坚定意志和坚强决心。我们的自信源于市委、市政府的高度重视。我们的自信源于社会各界的关心支持。我们的自信源于有一支优秀的干部队伍。

二、以更加清晰的思路彰显××环保新特色

实现新目标、重塑新形象，迫切需要切合××环保实际、科学清晰的工作思路作引领。我们在广泛调研、集思广益的基础上，对原有工作思路进行充实、丰富和完善，提出了打造"五型环保"的工作思路，走出一条具有××特色的环保之路。一是打造学习型环保。二是打造开放型环保。三是打造创新型环保。四是打造服务型环保。五是打造廉洁型环保。

三、以重点工作的落实创造××环保新业绩

今年全市生态环保工作的指导思想是：认真贯彻落实习近平总书记对江苏工作的新要求、全省环保工作会议以及市"两会"精神，坚持以两大创建为主线、以改善环境质量为中心，以服务发展为要务，全面完成各项环保目标任务，全力提升生态文明建设水平。（一）以两大创建为主线。（二）以改善环境质量为中心。（三）以助推发展为要务。

四、两点建议（约240字）

该局这次汇报取得预期效果，市长当场给予了表扬。遗憾的是，笔者没有参加文稿起草。事后，笔者向拟稿人员进行了请教。此稿的成功在于，相对于普通汇报，该稿增加了信心提振、形象重塑等社会关注的热点内容，削减了近年来的成绩甚至今后工作计划等方面的内容。所以，还是那句话，"针对性是汇报的生命线"，其余皆为浮云。

（二）问题、困难等敏感信息的把控

汇报中到底要不要如实反映一些基层在实际工作中遇到的问题或困难，并有针对性地提出一些亟须解决的请求？

对此，笔者提供一些参考建议：一是谨慎从事。向上级汇报困难、问题等敏感内容要慎之又慎、慎之又慎！没有把握，免开尊口。二是注意场合。公开场合尽量少说，甚至不说，也可单独向上级领导汇报，尤其是一些不便公开汇报的事情，更要单独汇报。三是讲究方式。上级领导最反感的是自己不想办法，一遇困难就找上级，甚至以困难相要挟，以达到本单位小团体甚至是某些个人的目的。所以，汇报者首先要立足自力更生，尽可能自己解决问题；实在不得已，再向上级请求支援。即使这时汇报，仍然要先简要汇报自己所做的努力，然后再汇报自己的困难。四是把握标准。在公开场合向上级反映的问题或请求一般有如下标准：一是这些问题或请求是上级能解决的；否则，不宜提。因为即使提了，也解决不了，不如不提。二是不公开提也能解决的，就不要公开提，因为没必要提。三是语言表述客观、委婉，措辞不宜激烈。

三、讲话稿：力求多打破一些"旧框框"

领导讲话稿，是各级领导在各种场合发表带有宣传、指示、总结性质讲话的文稿。这是党政机关、企事业单位较为常见的一种应用文体，也是检验起草者文字功力的一个重要文种。当前，讲话稿的写作应该在符合身份特点的前提下有更多的创新，更多地打破过去的"旧框框"，更多地散发出时代的气息、泥土的芬芳。

（一）提纲框架重点要破解"三段论"

应打破"提高认识—重点工作—组织保障""三段论"的"旧框框"的束缚，写出四段甚至五段、六段的讲话稿。"三段论"是一个经典，但用多了，也就成了"枷锁"，为此，笔者大声疾呼多一些同行大胆地写，也多一些领导大胆地用，共同努力打破这个"枷锁"。

"三段式"也有"变种"，一般有两种：一种是"提高认识—重点工作—组织保障"，一般适用于新布置工作；另一种是"过去工作总结—今后重点工作安排—组织保障"，一般适用于已布置工作的推进。不仅有"变种"，有些创新，而且基本上能适应常规两种工作需要，容易造成一般的写作者、领导不想追求创新。还有人不会创新，离开"三段式"就不会写了。还有人想创新，但担心画虎不成反类犬。

领导讲话一般包括"工作总结""提高认识""布置工作"和"组织保障"四个部分。"布置工作"一般可以分为"明确目标""把握原则"和"重点工作"等内容。"组织保障"一般可以分为"加强领导""明确责任""协调配合""督查检查"等内容。"提高认识"有时可概括后放到"工作总结"中的"问题查找"之后顺便说下，"工作总结"有时也可放入"提高认识"。所以，完全可以根据工作的实际需要、领导的身份以及在会议（活动）中讲话位次，组合出多种结构模式。同时，层幅不宜超过6个。

这里，笔者试着以一份某市食品安全创建方面的工作文稿为例，做出从低到高的四个版本的文稿提纲，并把每个版本的特点、适用对象和会议重要程度作些简要介绍。有三点需要提前说明一下：一是所谓领导层次，是一个相对概念，就是用稿领导与出席会议最高领导之间的比较。如市长与市委书记同开一个会，那么市长只能使用版本较低的文稿；但市长与市委副书记同开一个会，那么市长就使用版本较高的文稿。二是总体上讲，版本越高，使用文稿的领导层次越高，业务等实写内容说得越少，提高认识、组织保障等虚写内容说得越多。三是版本的安排还与工作的紧迫性与重要性紧密相关，如果工作不是太紧急或太重要，就要请级别较低的领导用版本较低的文稿；反之，就请更高级别的领导用更高版本的文稿。

1.1.0版：工作总结+布置工作。此版中"工作总结"单列，意在表明工作取得了一定的阶段性成绩，需要总结回顾一下工作；"提高认识"没单列，意在表明紧迫性、重要性不是太强；"组织保障"没单列，意在表明使用者级别较低。综上所述，这篇文稿一般比较适合级别低的领导，在年度食品创建工作总结布置会上使用，如市食品安全创建办公室主任（一般由市市场监管局长兼任）与分管副市长（也可是市政府副秘书长，下同，不再重复）一同参加此会，由市食品安全创建办公室主任使用；如果副市长与市长一同参加此会，也可由副市长使用。

【例10-3-1】

一、关于去年工作

取得的主要成绩，存在的主要问题，含极少量的提高认识内容。

二、关于明年任务

含极少量的组织保障内容。

2.2.0版本：工作总结（由存在问题过渡到提高认识）+布置工作+组织保障。这版中"工作总结"与前版差不多；"提高认识"没单列，意在表明紧迫性不太强，可以列在"工作总结"之后一并表述；"组织保障"单列，意在表明使用者比前版级别要高一些。综上所述，这版一般比较适合级别相对较高领导（如副市长）在食品安全创建工作年度总结布置会上使用。由于紧迫性不强，所以，这类会议一般不需提请市长等更高级别领导参加。

【例10-3-2】

一、肯定成绩，增强创建责任感

习近平总书记反复强调农产品质量和食品安全的极端重要性。省委对食品安全工作高度重视，明确提出要把××建成全国农产品和食品消费最安全、最放心的地区。××历届市委、市政府对食品安全始终高度重视，采取了一系列重要措施，打下了良好的基础。特别是去年以来，我市把食品安全列为全市各项工作的"底线"，摆上基础和核心的位置，坚持深化改革和加强监管两手抓，全方位加大工作力度，全市食品安全形势持续稳定向好，"食安××"品牌引领行动初见成效。

但由于种种主客观原因，目前全市食品安全形势依然严峻。监管基础工作依然薄弱，社会诚信机制不完善，部分企业食品安全主体责任落实不到位，特别是极个别地方"假冒伪劣""非法添加""违禁超限"等问题仍然突出。对这些问题，一定要高度警觉，采取得力措施认真加以解决。

这是一项上级支持、群众拥护，利在当今、功在后世的大事、要事、好事。要通过创建、巩固我市食品安全工作成果，解决存在的问题，推动我市食品安全工作再上新台阶、再创新水平。

二、突出重点，增强创建精准度

（一）层层开展创建，形成整体合力。（二）实施品牌引领，打造"食安××"。（三）实行严格监管，促进市场规范。（四）强化科技支撑，提升监管效能。

三、加强组织，增强创建保障力

（一）加强专班健全。（二）加强开拓创新。（三）加强考核奖惩。（四）加强机制建设。

3.3.0版本：工作总结＋提高认识＋布置工作＋组织保障。这版中"工作总结"就是纯粹的简要回顾，不需要再讲存在问题与提高认识；"提高认识"单列，意在表明紧迫性有所提升，但排在"工作总结"之后，意在表明紧迫性仍不是最强；"组织保障"单列，意在表明使用者级别较高。综上所述，这篇文稿一般比较适合级别相对较高领导（如副市长、市委副书记、市长）在食品安全创建工作年度总结布置会上使用。由于创建工作紧迫性不是最强，所以，这类会议一般不宜提请市委书记等更高级别领导参加。

【例10-3-3】

一、肯定成绩，去年工作呈现新亮点

二、认清形势，思想认识要有新提升

一要认清年度目标，切实增强担当感。今年市政府把创建国家食品安全城市列入了政府工作报告，如果创建不上，无法向全市人民交代。二要认清竞争态势，切实增强危机感。今年，我市与××、××、××、××一起，被确定为全省五家创建国家食品安全城市试点市之一。这次创建"五争二"，竞争很激烈，要求标准很高。三要认清自身不足，切实增强紧迫感。但由于种种主客观原因，目前全市食品安全工作还存在不少问题，创建形势依然严峻。

三、突出关键，重点工作要有新突破

四、精心领导，组织保障要有新加强

4.4.0版本：提高认识＋远期谋划（规划）＋近期工作＋责任明确＋机制建

设。这种样式中"工作总结"没单列，而"提高认识"单列，意在表明过去即使有成绩，但在严峻的形势面前，仍然不宜过分强调，而应强调认识提升；"远期谋划（规划）"单列，意在强调今后三到五年的工作；"责任明确""机制建设"把前面版本常有的"组织保障"给分了，意在表明文稿使用者级别比前面所有版本更高；在这种情况下，为了保持结构的平衡，"近期工作"的篇幅不宜太长。综上所述，这篇文稿一般比较适合市长甚至是市委书记，在全市食品安全创建工作启动大会上使用，而且此人须为本次会议上讲话的最高领导；如果市长与市委书记同时出场讲话，那么两位领导讲话稿可以作一个分工，重新安排结构，具体可参考第六章第二个层次"通盘考虑"中有关"虚实把握"相关内容。

【例10-3-4】

一、认清形势，思想认识要有新提升

回顾过去一阶段食品安全工作取得的成绩，对作出贡献的单位和个人表示感谢！

各级各部门要充分认清所面临的新形势，增强责任意识，迅速启动三年创建征程。一要认清创建目标，切实增强责任感。市政府把创成国家食品安全城市列入了政府三年工作目标。如果创建不上，无法向全市人民交代。二要认清竞争态势，切实增强危机感。我市与××、××、××、××一起，被确定为全省五家创建国家食品安全城市试点市之一。这批创建"五争二"，竞争很激烈，要求标准很高。三要认清自身不足，切实增强紧迫感。但由于种种主客观原因，目前全市食品安全工作还存在不少问题，群众对食品安全工作还不满意，必须借助创建工作迅速改变局面。

二、谋划目标，三年创建要有新定位

三、突出关键，今年工作要有新突破

四、恪尽职守，责任主体要有新担当

五、立足长效，机制建设要有新成效

这里提供了四个版本的提纲，致力于打破"三段式"讲话的"模板"，但从某种角度看，这四个版本也属于分工相对明确的"模板"，是"模板"就难免限制写作创意。到底应如何写，还是那句话，一定要根据实际工作需要。以4.0版本提纲为例，如果这项工作过去业绩辉煌，需要表扬一番，就可以单设一个层次"工作总结"；"责任明确"这块也可以融入"机制建设"，写成"健全责任机制"层次。总之，提请读者结合实际加以取舍与改进，以适应千变万幻的工作形势需求。

（二）提高认识部分重点要破除"判断句"

提高认识，一般处于讲话稿的第一层面，能否写好，不仅关系到整篇文稿能否吸引人，还关系到后面的文稿如何展开以及文稿所推动工作能否取得预期成效。

这个层次一般以"提高认识"的形式出现，有时还以"切实增强紧迫感和责任感""充分认识×××的重要性和紧迫性""在×××方面统一思想，提高认识"等多种标题形式出现，但不管如何出现，其主要目的在于推动受众提高认识、增强意识。

这个层次容易出现的主要问题是过于呆板，表现在两个方面：一是形式呆板，总是以判断句形式出现，也是最应避免使用的一种模式，不仅因为太过普通，更因为有的内容就不适合做成判断句。二是并不是每份文稿都需要写提高认识，也不是每份文稿都要在正文的第一个层次写提高认识，有的可放到开头过渡语，更不是每份文稿都要单列一个大层次写提高认识，而应根据实际需要灵活处置。

【例10-3-5】本例在"提高认识"这个层次即将讲完之前，对该层次进行总结，简要提出下步要求（见画线部分），向下一个层次过渡，有着承上启下的作用。这是常见写法，后面例文不再重复。

1. 做好农业农村工作是一项严肃的政治任务。
2. 做好农业农村工作是一个重大的发展课题。
3. 做好农业农村工作是一个紧迫的现实要求。

总之，面对新任务、新课题、新要求，我们必须进一步增强抓好农业农村工作的责任感和紧迫感，解放思想，与时俱进，围绕"三先"目标，增强"三种意识"，努力提高农业和农村工作水平。

除了判断句式外，还有多种选择，应学习根雕技术，就地取材，适度提炼成既有针对性，又有些特色性的文字表述。句式不仅可以，而且应该多样，取舍的标准只有一个——只要能提高认识就行，其他因素不需要考虑太多，更不能为了做成判断句，而生拼硬凑。本书有【例4-1-1】等很多例文的提高认识部分写得较为灵活，请大家注意收集，这里再举四例：

【例10-3-6】

一是我市创建工作具备良好基础，必须坚定信心。

二是当前创建工作存在突出问题，必须迅速整改。

三是外地创建工作已有摘牌先例，必须引以为戒。

【例10-3-7】

1.越是面对良好成绩，越要咬紧牙关不自满。

2.越是处于冲刺阶段，越要认清差距不疏忽。

3.越是面临"总考"试卷，越要提高站位不懈怠。

【例10-3-8】

一是中央和省级有明令要求。

二是基层和人民群众有热切期盼。

三是实际工作中有亟须改进之处。

【例10-3-9】

首先，要时刻不忘我市所处的特殊地理位置，牢固确立警钟长鸣的忧患意识。

其次，要时刻不忘我们所担负的特殊使命，牢固确立顾全大局的责任意识。

再次，要时刻不忘所面临的特殊防汛形势，牢固确立未雨绸缪的防范意识。

从内容上讲，除了直接阐述相关工作重要性和必要性外，还可以讲述形势的紧迫性，进行工作总结以及点明问题。具体有以下五种写法：

1.直接阐述相关工作的重要性、必要性。这是最常见的表述。这句式是常见判断句的变种，也比其略好些。

【例10-3-10】

充分认识加强城市管理是优化投资环境、实现萧山更好发展的重要保证；

充分认识加强城市管理是提高居民生活质量、实现群众愿望的迫切需要；

充分认识加强城市管理是提高城市品位、实现城市可持续发展的内在要求。

在讲重要性方面要注意体现政令畅通，尤其对上级特别强调的工作，一定要讲清讲透上级对这项工作的态度，才能更好保证党和国家政令畅通。鉴于习近平总书记对生态文明建设的高度重视及党中央一系列战略举措，有一次笔者在为市委书记草拟的生态文明建设会议讲话稿中，将提高认识层次标题拟为"认清新形势，切实增强抓好生态文明建设的'政治自觉'"。在单位内部征求意见时，有人认为把"政治自觉"与"生态文明建设"联系起来提调门过高。为此，笔者去掉了"政治自觉"字样，标题改为"立足践行新发展理念，切实增强做好生态文明建设的紧迫感和责任感"。然而，市委层面核稿时认为这个标题高度太低，很难增强全市领导干部思想认识。最后，还是将"政治自觉"恢复写入了标题。

2.既可从正面讲重要性、必要性，又可从反面阐述做不好的后果。

【例10-3-11】

（三）唯有引进项目、引进资本，才能加快发展。没有招商引资进展，可以肯定地讲，就没有经济的发展，一切就将无从谈起。招商引资停滞，经济就停滞；招商引资落后，经济就落后。所以，招商引资事关发展稳定大局，事关富民强市进程，事关恩泽子孙后代和全面小康社会的实现。

3.介绍多方面因素，增强受众紧迫性。这些因素可以是上级即将开展的检查、督查、验收及最新政策规定、措施要求，也可以是目前存在的不足。

【例10-3-12】

一是国家级生态市技术评估迫在眉睫，容不得我们自满厌战。

二是周边地区行动迅速、成效显著，容不得我们陶醉骄傲。

三是创模复核省级评估后督查即将开展，容不得我们麻痹懈怠。

四是今年中央一系列生态文明建设重要决策相继出台，容不得我们迟疑观望。

4.通过讲问题来阐明工作紧迫性，要求增强紧迫感和责任感。讲问题天然地就是为了提高认识的目的之用。正因为此，有的文稿把这方面内容放大到单独一个大层次。问题从哪里来？既可从对照上级要求和群众期盼中找，更可从对照兄弟单位中找，这种方法在笔者印象中领导认可率是最高的。

【例10-3-13】

（二）当前创建工作存在突出问题，必须迅速整改。应该说，我市目前在环境质量及环境安全风险防范方面仍有硬伤，环境基础设施建设规范运行及环保管理工作依然存在薄弱环节，特别是4个涉农县区还没有通过国家级生态市区考核验收，是制约市本级创建工作的突出瓶颈。"木桶理论"告诉我们，一只木桶能盛多少水，往往并不取决于最长的那块木板，而是取决于最短的那块木板。各地各部门要强化问题导向，突出在"补短补软补缺"下功夫，进一步拉长短板，提高创建工作整体水平。

【例10-3-14】

（一）区域竞争日益激烈，需要我们对标查找、负重前行。今年以来，在签约超50亿元项目数量上，A市、B市、C市分别为120个、109个、98个，而我市才83个。在竣工超10亿元数量上，B市、D市、E市分别为209个、185个、169个，而我市才150个。在营商环境评价得分上，A市、C市、F市分别是81.3分、79.2分、76.5分，而我市只有72.6分。为此，我们切实需要进一步对标先进、查找不足、奋起直追，切实加大项目招引、帮办、服务力度，全面加强营商环境建设，确保全年项目考核排名进位升级。

5.通过工作总结来讲述形势的紧迫性。一般不会为了总结而总结，其最后一般会讲形势的紧迫性或现实问题的严重性。

【例10-3-15】本例从总结入手，肯定了创建工作成绩，从"但"字这里开始笔锋一转，转入对形势的分析上来，号召不能陶醉于已取得的成绩，要增强做好创建工作的紧迫感。

（三）越是面对良好成绩，越要咬紧最终目标不自满。在全市上下的共同努力下，在创模复核方面，新建了一批环境基础设施，解决了一批关系广大群众切身利益的环境问题，全市环境质量从整体上得到了新提升。在生态市创建方面，我市在苏北第一家建成省级生态市，并被省环保厅向环保部推荐接受国家生态市技术评估；金湖市、清浦区、洪泽市通过国家生态市区考核验收，盱眙市、淮安区和淮阴区通过国家生态市区技术评估，涟水市通过省级生态市考核验收。应该说，我们越来越接近生态创建最终目标，但创建目标尚未最终实现，创模复核迎检工作更是迫在眉睫。各地、市直各有关部门千万不能陶醉于已取得的成绩，一定要咬定最终目标，戒骄戒躁，一鼓作气，争取圆满完成生态创建创模复核的目标任务。

（三）组织保障部分要破除"四件套"。相对于党委、政府工作报告，专项工作部署中的组织领导只是为专项工作提供组织保障，目的上的相对单一带来写法上更为自由、灵活，完全可以写出一个五彩缤纷。然而，目前，很多文稿常局限于"加强领导""明确责任""协调配合""督查检查"四项内容，也就是常说的"四件套"。

要打破这个格局，首先要从组织保障这部分的功能谈起。这部分说是文稿其他部分的组织保障，其实还有补充、完善、提升等功能，有点类似结束语对前文、主持讲话对主报告（含讲话）的功能。功能的束缚打破后，过去很多不敢写进来的东西就可以自然写进来了。在此基础上，还可以进一步解放思想，凡可以作为公文全篇立意来源的创意，一般也应作为组织保障部分的立意来源。笔者在平时素材积累中，除了收集前文"四件套"的内容，还在《组织领导》文件夹里，单列《健全组织》《建章立制》《领导带头》《调研决策》《转变职能》《增强活力》《宣传发动》《执行落实》《勇于创新》《担当作为》《依法行政》《矢志攻坚》《管理效应》《兑现奖惩》《务求实效》等30多个专题子文档，进行素材收集和写作实践，建议广大读者予以借鉴。

领导讲话提高认识部分主要解决"为什么"的问题，下一步措施部分主要解决"做什么"的问题，组织保障部分主要解决的是"怎么办"的问题，从功能定位和实践现状上看，这部分名为"组织保障"不太准确，容易把写作者引导到"四件套"的老路上，可尝试使用"保障服务"这个名称，期待同仁们探索完善。

思路打开后，很多读者又将面临新的难题，这么多创意，怎么选择？

作为全文的重要组成部分，组织保障部分必须服务文稿主题，服从全篇的布局需要。从内容上讲，它必须为整篇文稿所推进的工作提供保障服务；从篇幅、文风等形式上讲，它必须与其他部分相协调，力求浑然一体。所以，大家在选择时可以参照上述要求进行精挑细选，找到一个称心如意的创意。这里，笔者以"责任分工、督查考核、兑现奖惩"为内容，为大家汇编了六种写法，帮助拓展思路。

1. 用全文的文眼来串。组织保障这部分必须服从全文统一风格，当然首先应该从文眼上加以体现。这里以项目来串提纲如下：

【例10-3-16】

一是责任分工要以<u>项目</u>为主板。

二是督查考核要以<u>项目</u>当重点。

三是兑现奖惩要以<u>项目</u>论英雄。

2. 用上级新提法和新要求中的关键字眼来串。对组织保障这部分，如能体现上级的新提法和新要求中的关键字眼，不仅可以出新，更可以贯彻上级精神，一举两得。写这类标题要注意时效性，否则，就失去了新鲜感。下例标题中的"严"与"实"，是对"三严三实"专题教育的体现。

【例10-3-17】

创建工作没有局外人。各地各部门要增强大局意识，把创建工作作为开展<u>"三严三实"专题教育活动</u>的重要载体，既分工负责、各司其职，又紧密配合、协同作战，推动各项工作顺利开展。

一要<u>严</u>以明责出<u>实</u>招。

二要<u>严</u>以督办促<u>实</u>干。

三要<u>严</u>以奖惩求<u>实</u>效。

类似的情况还有很多。2019年10月，党的十九届四中全会通过了《中共中央关于坚持和完善中国特色社会主义制度、推进国家治理体系和治理能力现代化若干重大问题的决定》。次年1月，我们在区政府工作报告自身建设中写了一组带"治"字的层次标题。

【例10-3-18】

抓落实　做实事　切实加强政府治理能力建设

把抓落实、做实事作为政府践行初心使命的主要职责，勇于攻坚，敢于作为，加快推进政府治理体系和治理能力现代化，努力建设务实、高效的服务型政府。

重视德治，长抓教育引导。

科学善治，强抓目标争先。

推进法治，重抓制度建设。

强管严治，狠抓正风肃纪。

3. 用机制为串。这种写法一般比较适合需要加强工作规范或需要建立长效机制的文稿，不太适合临时性工作的布置。

【例10-3-19】

一是健全主体责任机制。

二是健全督查考核机制。

三是健全兑现奖惩机制。

4. 用落实来串。一般来讲，对于前文布置的工作任务都需要通过抓落实来实现。所以，可以从抓落实的角度来写，尤其是布置过多次、成效不够明显的工作更需要通过重抓落实来推进。本书前文还介绍过全文写抓落实的例文，请结合起来理解。这里再举一例：

【例10-3-20】

一是落实责任分工。

二是落实督查考核。

三是落实兑现奖惩。

5. 用责任来串。经过前文布置了大量工作任务，到了组织保障部分，非常需要把责任明确清楚，所以，用责任来串也就有了内在需要。此法较为适用于十分严肃或纪律要求较高的工作，对于一般工作则显得有些过于严格了。

【例10-3-21】

一是强化工作主体定责。

二是强化督查考核尽责。

三是强化兑现奖惩问责。

相似的实例还有：

【例 10-3-22】

落实安全生产责任是安全生产工作的组织保证。各部门、各单位要以 4 月份全市安全生产大检查为契机，建立健全和完善安全生产责任制，明确在安全生产工作方面的责任，切实做到一级抓一级，一级对一级负责。

一要严格领导班子安全生产全员责任。

二要严格重大隐患整改责任。

三要严格重大危险源监控责任。

四要严格安全生产的主体责任。

6.从表现手法方面落笔，用具备一定排比、反复等修饰效果的字眼或句式来串。这种例子最多，这里举两例。

【例 10-3-23】

一是责任分工要突出"明"。

二是督查考核要突出"紧"。

三是兑现奖惩要突出"严"。

【例 10-3-24】

一是抓细责任分工。

二是抓紧督查考核。

三是抓实兑现奖惩。

四、会议（活动）发言：上级"钦定"的写作文体

由于上级单位希望通过这类文稿收到正面带动、反面警醒的作用，所以，会特别指定某些下级单位或个人作这类发言。由于担心文稿质量写得不到位，一般还会安排人员在态度、内容、篇幅和格式等方面进行把关。会议（活动）期间，上级单位领导会组织和带领各相关方面现场听取发言。由此可见这种文稿受到的重视程度非常之高。为了更加鲜明地表达发言单位（人员）的心声，原则上发言文稿需要拟写主标题。具体有以下几种类型。

（一）重点单位发言

写这类文稿，是由于某个单位对于某项工作而言非常重要，甚至其就是这项工作的牵头单位或主要责任单位，所以上级才会安排这家单位发言。正因为如此，这家单位就需要围绕如何履行职责，就下一步工作进行发言。从这个角度讲，这类发言有点表态发言的意味，但没有自我批评意味，只是因为职责重要而已。

【例10-4-1】

作为实施"干部创事业"工程的牵头单位,我们将与市委、市政府战略部署思想上同心、工作上同向、行动上同步,扎扎实实做好以下三方面工作:

一、营造大氛围,形成大环境,为全民创业提供良好的发展环境和优质高效的服务

二、深入大调查,采取大行动,为全民创业搭建坚实的创业平台和桥梁

重点做好四方面工作:一是进村入户,进行大范围的调查摸底。二是建章立制,做到有章可循。三是建档立卡,做到有档备查。四是定向帮扶,全力支持全民创业。

三、坚持大督查,注重大落实,确保"干部创事业"取得实效

一是全面公示促落实。二是督促检查促落实。三是专题例会促落实。四是典型带动促落实。五是考核奖惩促落实。

同志们,进军的号角已经吹响,进攻的方向已经明确,让我们携起手来,在市委、市政府的正确领导下,以高昂的斗志、实干的精神、务实的作风,集中精力,全身心投入"三项实践"活动和"干部创事业"工程中去,为全面实现"××"的宏伟目标,提供坚强有力的组织保证和人才支持。

(二)经验介绍发言

也叫经验交流发言。之所以需要写这类文稿,是因某项工作成效相对突出,有必要在会上介绍经验,对面上工作起到示范、推动的作用。这类文稿的拟写主要应注意两个问题:一是要把真正的经验介绍出来,把比兄弟单位好的做法及成效写出来,做到可信、可学和可推广。这是这类文稿的关键。当然,也有单位害怕经验外泄使自己失去先进性,就用一些含金量不高的做法应付发言,还有单位真正做法中存在违规甚至违纪问题,不敢泄露内幕,被迫用一些编造出的"经验"应付发言,这些现象也是有的。二是要尽量低调、谦虚,最好把主要功劳归于上级正确领导、团队共同努力,不能因为介绍经验就翘尾巴了,不能把功劳完全归于自己,更不能把自己未做到的事情当作经验介绍。

这类文稿有三种写法:一是全篇主要介绍经验和做法,行文平实、朴素、谦虚,可以在最后讲还有不足,还将更加努力,如【例10-4-2】;也可以不讲不足,直接表示将更加努力。二是用小部分篇幅介绍经验和做法,拿出大部分篇幅表示将在过去成绩的基础上百尺竿头更进一步,努力取得更大成绩。这将显得低调和谦虚。本书第六章第二个层次"通盘考虑"中"时点趋向"对这种看似反常的现象进

行过分析,并举过例子(【例6-2-2】),这里不再赘述。三是把打算掺到经验中去写。如果会议(活动)举办方坚持要求这份文稿主要介绍经验,而发言人还想低调,笔者认为,可以尝试在每条经验中掺些下步打算。如【例10-4-3】【例8-3-28】相比,主要变化在于经验后面多了些下步措施,开头过渡语和各层次标题也相应作了些微调(如把"必须"换成了"坚持"),这样,全篇看似以介绍经验为主,但不仅夹带了不少下一步措施,更通过"在此基础上",把前面的经验做法也当作了下一步措施的内容了,从这个角度看,全篇都在讲下一步措施,可以巧妙地把低调发挥到极致。当然,如果组织方还是不同意这样写,那么就只有采取第一种方法了。

【例10-4-2】

当接到参加今天经验交流的安排后,我感到惶恐不安,也很惭愧。说实在的,真的是没什么地方值得交流,我跟在座各位一样,做的是分内的事。自汶川大地震以来,发生在灾区和我们身边许许多多的大爱义举,彰显出的崇高人性和亲情,让我受到了从未有过的震撼和感动,心灵得到了净化和洗礼,回顾过去的工作,反思自己,我觉得做得还很不够,今天借这样一个机会我就把在工作中碰到的事和我的一些个人想法与大家探讨一下。

一、感恩知足,始终保持工作激情。……

二、自识不足,不断充实自我。……

三、爱岗敬业,创造性地开展工作。……

对照身边先进的人和事迹,按照领导的要求和工作职责,我感觉在各方面还有不小的差距。今后还要不断学习,尽职尽责地工作,争取取得更好成绩。最后,我要感谢一直以来给予我鼓励和无私支持的各位领导和同志们,谢谢!

【例10-4-3】

回顾一年来的工作,我想与大家分享、共勉以下几点:一是坚持以解放思想为先导,开拓创新锐意进取。我们把中央和省里的精神与本地实际紧密结合起来,在宏观调控中寻找机遇,通过制度创新发挥内外部优势,用改革的办法突破体制机制障碍,为加快发展增添了新的动力。在此基础上,我们还将进一步对标先进地区,查找自身不足,在补齐短板上解放思想,在破解瓶颈上开拓创新,全力打通制约××发展的"任督"二脉。二是坚持以经济建设为中心,量质并举加快发展。……三是坚持以经济建设为中心,量质并举加快发展。……四是坚持以人民需求为根本,全面建设和谐社会。……

（三）表态发言

表态发言一般有两种理解：一种是广义的表态发言，意思是就某项工作表明态度的发言，这与前文重点单位发言相似。另一种是狭义的表态发言，专指某单位（个人）某项工作落后或出现了较重以上程度的问题，就如何改变目前状况所作的发言；会议（活动）组织方安排这样的发言，有对发言单位进行批评，对其他单位进行警醒的意味。这种文稿应主动写出本单位（人）出现的问题及其不良影响，问题特别严重的还要挖出原因乃至思想根源，并一定要拿出切实可行的措施，坚定表示整改到位。当然，这还不是检讨书，需要防止混淆。表态发言重在写出下一步如何做，检讨书重在写危害和影响，反省检讨原因。下例是狭义的表态发言摘要。

【例10-4-4】

在今年1—2月份巩固"创卫"成果集中考核中，我乡排名落后，影响了全市"创卫"工作的巩固提升。回顾1—2月份的"创卫"工作，我们存在的主要问题：一是XX、YY社区卫生保洁差，散乱垃圾多，社区道路出入口及坑塘内大量垃圾长期积存。二是ZZ西侧生活垃圾大量积存，影响学生健康。三是乡政府公厕管理不到位，有卫生死角。

针对上述问题，我乡党委、政府高度重视，逐项分析，认真反思。问题的主要原因：一是思想认识不到位。没有把巩固"创卫"成果工作作为落实科学发展观、推动经济发展的重要举措去认识，也没有把巩固"创卫"成果工作摆到应有的位置。二是管理不到位。责任不够明确，抓落实不力。三是督察责任落实不到位。乡里对社区卫生检查不力，要求不高，制约不严。

下一步我们将痛定思痛，以此次会议为动力，提高思想认识，采取有力措施，狠抓工作落实，努力把我乡巩固"创卫"成果工作提升到一个新水平。一要统一思想，提高认识。……五要加强宣传，营造氛围。采取多种形式，加大对群众的宣传教育力度，促使他们增强卫生意识和环境保护意识，努力养成良好的卫生习惯。

（四）一般性单位发言

这里的一般性单位，系指该单位既不是牵头单位，也不是重点单位；既不是先进单位，也不是落后单位。近年来，尤其是"中央八项规定"出台之后，为了压缩会议时间，这些单位常被安排进行发言材料书面交流，很少进行现场发言，甚至被取消了发言。这类发言在写作上与重点单位发言相似，只要把自己职责如何履行好表述清楚就可以了，没有特别之处。

五、述职报告:"班子"和"班长"的五点区别

述职报告是一个单位领导班子及其主要领导一段时期主要政绩的直观反映,很多单位还由主要负责人向全体参会人员报告,并通过多种形式接受各方评议与监督。很多写作者为此经常连续多天日夜加班,数易其稿,苦不堪言。导致这种现象的主要原因,不仅在于主要领导高度重视这类文稿,也因为写作人员没有完全掌握写作要领,特别是很多新手容易造成单位班子报告与班长报告要么高度雷同,要么相互游离,引发单位主要领导不满意。目前,业内很多人研究了述职报告与工作总结的不同,却少有研究班子报告与班长报告的区别。笔者通过多年的写作实践,感到这两份报告之间的关系应该是"和而不同",就是在大方向保持一致且相互呼应基础上的有所不同和各有侧重。笔者将两者相互联系中的五点区别予以分享,期盼对广大读者特别是新手们有所帮助。

(一)写作要求不同

就是在上级有关述职报告拟写的通知中,一般会对班子与班长报告的拟写提出不同的要求:有的明确班子或班长应该突出报告一些内容,有的明确部分内容必须单独成段,有的直接明确班子报告叫述职报告,而班长报告叫述职述学述法述廉报告,等等。从中可以看出,两份报告在写作通知要求上的区别非常明显,这些区别性的要求最容易也最应该掌握,写作者动笔之前必须把这些通知要求找来,细细研读,全面把握,不清楚的地方务必向有关单位咨询清楚后再动笔,千万不能照搬过去的要求,避免走不必要的弯路。

(二)内容范围不同

尽管班子与班长的主责主业应该也必须高度一致,但一般来讲,班子报告内容相对更全面一些,班长报告相对集中一些。某地近年政府班子报告就"履行主职要务"写了"突破项目攻坚;强推新型工业;打造现代农业;培育全域旅游;深化改革开放;加快城乡统筹;致力绿色发展;增强民生福祉;构建和谐社会"九个层次。而该地同年政府班长报告只写了"一抓目标争先进位;二抓项目攻坚突破;三抓产业转型升级;四抓惠民安民保障"四个层次,把前面九个层次的内容集中起来写。这主要是因为班长个人的精力毕竟有限,只能抓"触一发而动全身"的大事要事,对其他虽然重要但自己无暇亲自上手的工作,会安排给其他副职领导。这样,便造成这部分工作难以成为班长述职的重点。由于涉及面更广,一般来讲,班子报告比班长报告的篇幅会更长一些。

（三）主体特征不同

班子报告主要展现的是一群人、一个领导集体乃至一个单位的特征，重点反映怎么做的、有什么效果，强调的是全面履职尽责情况。而班长报告主要展现的是一个人的特征，在重点反映怎么做的、有什么效果的基础上，增加反映怎么想的，强调的是个人示范引领作用发挥情况。下例中两份报告提纲反映的内容基本相同，而班长报告标题中"带头钻研""争当表率""树好形象"则显示出更为明显的个人示范引领作用。

【例10-5-1】

班子报告：

一、认真学习积累，提升整体素养

二、全面履职尽责，完成全年目标

三、严格法纪约束，建设规范政府

班长报告：

一、在学习积累上带头钻研

二、在恪尽职守上争当表率

三、在法纪自律上树好形象

（四）反映侧重点不同

班子报告重点反映班子采取的主要措施、过程及成效，而班长报告更重视认识和思路形成过程，如下例班长报告中"保障人民生命安全，在重大疫情考验面前践行了以人民为中心的宗旨观念"就反映了思想认识。班长报告简化了一般措施，只说核心举措。下例中班子报告讲措施"对389名密切接触者、次密切接触者全部进行集中隔离，实施居家医学监测2023人，对重点城区80多万人组织开展三轮全员核酸检测，组织群众生活必需品供应"，而班长报告只写了"现场组织、指导、督促开展集中隔离、居家监测、核酸检测和生活保障等工作"。班长报告淡化了普通成效，只谈亮点业绩；如说太多，不仅篇幅不允许，也有为自己太过表功的嫌疑。下例中班长报告对班子报告中"绝大部分工业企业生产、建筑工地建设秩序良好，社会大局保持稳定"进行了删减。

【例10-5-2】

班子报告：

从发现首批确诊3例阳性病例当日24时起，实行市区防控措施，切断一切离市通道，除运输药品、居民生活品等急需物品的车辆以及特勤车辆外，其他车辆不得出入。对389名密切接触者、次密切接触者全部进行集中隔离，实施居家医学监测2023人，对重点城区80多万人组织开展三轮全员核酸检测，组织群众生活必需品供应，绝大部分工业企业生产、建筑工地建设秩序良好，社会大局保持稳定，连续14天没有新增阳性病例，经省疫情防控指挥部批准已顺利解除风险等级。

班长报告：

针对本市新冠疫情迅速扩散的风险较大，提请市政府常务会紧急研究，保障人民生命安全，在重大疫情考验面前践行了以人民为中心的宗旨观念，决定在市主城区实行防控措施，现场组织、指导、督促开展集中隔离、居家监测、核酸检测和生活保障等工作。连续14天没有新增阳性病例，经省疫情防控指挥部批准已解除风险等级。

（五）相互关系处理不同

班长是领导班子中的班长，为此，班长报告不能只顾"秀"自己的业绩，忘了班子，写作上要以个人印证、引带班子措施和成效。之所以要印证，是因为班子反映的是共性作为，班长是典型代表；如果典型代表身上都没有共性作为，那么，受众就会怀疑共性作为是否真的存在。之所以要引带，是因为班长对班子其他成员有领导和带动的职能，用班长引带班子作为或成效，非常切合班长与领导班子之间关系定位。下例中班长报告虽然更注意展示个人作用的发挥，在讲全年成绩时也没有抢了集体功劳，而是写出"全年与班子其他成员共招引……"。与此同时，班子是以班长为首的班子。班子报告不能因为表现集体而"淹没"了班长的功劳，而应该对班长的主要作为或成效予以照应，有的述职报告甚至会直接讲班长的作为。下例中班子报告招商引资部分讲"市长多次赴省发改委协调重大项目立项事宜"，就是在照应班长报告相关内容。所以，应对两份报告同步拟纲、同步起草、同步打磨，确保相互照应、"和而不同"。

【例10-5-3】

班子报告：

出台招商引资过程性激励和长期性奖励政策，月月召开进园项目汇报会，对没有项目的单位主要负责人实行离职招商。在长三角、珠三角组织了太仓、滨湖、东莞招商说明会，邀请近千名客商与会，成功签约亿元项目94个，总投资89亿元。建立和完善经济服务网格化机制，由市领导领办、招引单位主要负责人帮办重点项目，绩效记入年度个人实绩档案，市长多次赴省发改委协调重大项目立项事宜，推动项目手续办理。全年共招引亿元以上项目162个，总投资1209亿元，其中超10亿元项目57个，50亿元以上项目21个。

班长报告：

多次召集会议，研究招商引资激励机制。提议并组织了3次招商说明会，每次发布主旨演讲。领办重大项目4个，亲自参加洽谈，协调解决问题，全部完成年度计划，其中对总投资60.2亿元的×××项目，6次带队跑省发展改革委，推动项目成功立项。全年与班子其他成员共招引亿元以上项目162个，总投资1209亿元，其中超10亿元项目57个，50亿元以上项目21个。

六、主持词：决定活动（会议）成败的现场脚本

主持词是主持人于活动节目（会议议程）进行过程中串联节目（议程）的语言，不仅其本身不能出差错，还要与活动（会议）开展相吻合。

（一）基本注意事项

主持词既然起串联作用，就非常需要对前后节目（议程）充分了解、流畅衔接。这是主持词最基本的职责。可能很多读者没有高看主持词，因为其文字不多，文采要求也不高，在整个活动（会议）的文稿中似乎处于服务和从属的地位。但其他文稿体现的是起草者的文字功力，写不好最多会被批评文字水平差，而主持词体现的是起草者的责任心，写不好会导致整个活动（会议）失败，必然造成负面影响，后果严重的，相关责任人员将被问责。

为什么会这样？因为主持词实际上是一个活动（会议）的现场脚本，整个活动（会议）会在主持词的指引下展开和实施。所以，大家一定要引起高度重视。

比如，有个项目开工仪式的主持词开场部分讲："刚才，我们一起见证和参加了我市50个亿元项目的集中签约仪式，现在又欢聚一堂参加这次重大项目开工仪式。"这至少说明两个背景：一是在这次重大项目开工仪式之前确实有过50个亿元项目的集中签约仪式；二是这两个活动之间有联系。这个联系可能是时间相接、人员相近，也可能是其他方面的联系。总之，必有联系；否则，没有必要在这次活动上讲前一次仪式。有人问，能不能不提前面仪式？不能，因为提了，可以更好营造大抓项目、大干快上的氛围。

再如，有个会议主持词结束部分说："下面，我们先休息十分钟，再接着召开×××会议。"下一个会议的主持词开头就说："下面，我们接着召开×××会议。"如果前面会议已介绍过与会对象，且与会对象没有大变，那么，下一个会议主持词就不需要再介绍与会人员了。

所以，写主持词最重要的一条，就是要将其放到整个活动（会议）的全局中去考量。如果就这篇主持词而写主持词，不仅很难写好，而且极易出现衔接不紧、对接错乱等问题。如何在操作层面防范这些问题？要把相关活动（会议）方案、领导致辞等其他所有相关资料都拿来看一看，甚至还要到现场踩点、参加彩排，仔细推敲使用主持词的领导在活动（会议）中所有活动（议程）轨迹，像放电影一样，逐个环节过堂几遍，从中排查差错隐患，提前做好"排雷"。我们于2017年在参与组织一个市领导参加的活动过程中，发现主持词中介绍的人数与主席台上领导的站牌数不一致，于是提醒主办单位再次核实，得知有位领导因事不再参加活动，而主办单位没有及时告知主持词起草者。如不能及时排除此"雷"，将造成极坏影响。

（二）拟写活动类主持词的注意事项

拟写重要活动的主持词，要在做好前文基本注意事项的基础上，再注意把握各部分特点要求。

1.抬头。如果有上级重要领导或外单位重要嘉宾在场，则要说一下他们的姓氏和职务。到底是否要点，要从主持人的角度看，这些人的身份是否非常重要；非常重要则应点，否则，就统称"各位领导"或"各位嘉宾"，也可并用。

2.活动目的。表述要简明扼要，一般放入开头过渡语。

3.人员介绍。一般情况下，如果有上级领导或外单位嘉宾在场，则要介绍一下他们的姓名和职务。对于本单位的领导班子成员也应逐一作个介绍。如以上人员人数众多，就只逐一介绍主席台或其他显要位置上的人员，概括介绍其他人员。还要注意，体制内活动一般把职务放在姓名后面，或称为同志，如：市委常委、组织部×××部长或市委常委、组织部部长×××同志；而与客商一同参加商务、经贸类活动，则可在职务、姓名后面加"先生（女士）"，如：市委常委、组织部部长×××先生。这里面的讲究很多，请大家注意总结。

4.议程介绍。可以采取"先简要，后完整"的顺序进行介绍；不然，会让人觉得重复内容太多、太啰唆。有时为了节省时间，也可不介绍议程，直接进行议程。

5.议程进行。对一些重要活动的颁奖、签约、播放PPT及视频、签订责任状、现场直播及录播等容易出乱的环节，应提前组织彩排；否则，很容易出现差错。如领奖、签订责任状等议程涉及的单位众多，就可分批进行；再多，就可选一些代表在现场进行，其余在会后进行。责任状现在可实行上台签状、上台递状及在座位上签状会后收取等多种方法。

【例10-6-1】

下面，进行活动的第二项议程，对×××年度先进集体、先进个人进行颁奖，分五批进行：

第一批，请先进集体代表×××县、×××区、市财政局、教育局、物价局、建设局、经贸委、劳动局、旅游局、总工会主要负责人上台领奖；

……

由于时间关系，现场颁奖到此结束。请未上台领奖的受表彰单位和个人，会后到市委办统一领奖。下面，让我们以热烈的掌声对获奖的先进单位和先进个人表示衷心的祝贺！

6.对接和提醒领导。不仅应提醒使用主持词的领导应做什么、讲什么，还应提醒活动有哪些内容，让他提前心里有数，并做好细节提醒和隐患防范。

下例系笔者早年草拟的本地水上运动会开幕式主持词。这个活动邀请了部分国家和省级部门领导以及几十家媒体，并采取现场直播形式，一旦出错，将直接上网，因此不允许出现一丝差错。由于活动期间领导（也就是下例中的AAA）忙于接待，没有更多时间熟悉活动流程和主持词内容，这就要求我们尽可能草拟出一份周密、易懂、提示性强的主持词。为此，我们将需要领导做的动作或要说的话用以下划线标出，对需要领导了解的其他内容用括号括了起来，并根据前期彩排情况，对特别需要领导注意的事项又进行了文字说明，在活动正式开始前，又用简短的语言向领导进行了汇报和提醒。

【例10-6-2】

AAA在×××水上运动会开幕式上的主持词（摘要）

（×××年×××月×××日上午8：00）

（播音员：下面，有请本次运动会组委会主任AAA同志主持开幕仪式，掌声欢迎！）

【请AAA走到主持人立式话筒前进行主持】

尊敬的各位领导、各位嘉宾，女士们、先生们，同志们、朋友们、父老乡亲们：

×××运动会开幕式现在开始！

……

请运动员、裁判员入场！

【请AAA暂时回到主席台座位上，观看运动员、裁判员入场仪式】

（播音员介绍入场运动员、裁判员、代表方队情况：

……

好，我们的裁判员、运动员代表，豪情满怀地登上了开幕式的水上舞台，他们正等待着"冲刺"的发令枪声。）

【当运动员、裁判员入场仪式结束后，请AAA再走到立式话筒前继续主持】

……

请全体起立，升国旗，奏国歌。

……

升会旗，奏会歌。

……

请坐下。

……

下面，有请运动会组委会名誉主任×××致辞！

……

下面，请运动员代表宣誓！

……

下面，请裁判员代表宣誓！

……

下面，让我们以最热烈的掌声欢迎×××先生致辞并宣布运动会开幕。

……

【待×××先生宣布开幕后，请AAA邀请×××一同回到主席台原座位】

尽管做了很多准备工作，并向领导进行了当面汇报和提醒，但领导毕竟也是普通人，由于当天需要考虑的事情实在太多太繁，运动员、裁判员入场仪式结束后，并没有按主持词提示及时上台继续主持。针对这个隐患，笔者事先蹲在领导所在主席台座位的正前方，当发现领导没有及时上台主持时，立即以起身方式提醒（其他观众都坐在椅子上）。领导看到笔者突然起身后，立即警觉地看了下主持词，随即按其提示走上主持席，一个隐患就此成功化解。为此，建议写作者都要做好问题预判，拿出处理预案。

（三）拟写会议类主持词的注意事项

这类文稿不仅要做好前文所述主持词（包括活动主持词）的注意事项，还要有较强的文字功夫，重点做好以下环节。

1. 会议总结。主持人对与会议召开相关的情况进行总结。可总结的内容非常丰富，笔者目前收集到的有以下几种。

（1）对会议内容进行总体概括、评价。有的还交代会议召开的背景及会议的重要性。

【例10-6-3】

这次会议既是一次总结表彰会、鼓劲加压会，也是一次任务再明确、重点再突出的经济工作动员会和全年目标落实会。

【例10-6-4】

在全市由基本小康向宽裕型小康过渡的新阶段，在当前经济快速发展、改革不断深化的关键时刻，市委召开这次工作会议，突出省委工作会议提出的"加快发展县域经济，加速壮大县乡财政"这一具有全局性、战略性、长期性、紧迫性的主题，总结分析上半年主要工作，明确下半年主要目标和重点要求，超前谋划明年的发展方向、目标任务和关键措施，进一步明确加快全市经济发展的内容、方法、手段和机制，使全市上下的努力方向更清晰、奋斗目标更明确、工作重点更加突出、领导精力更集中。这次会议，既是一次工作总结会、部署会，也是加快发展县域经济，加速壮大县镇财政的动员性、前瞻性会议，是促进全市经济更快、更高、更好发展的重大举措，是全面实现富民强市两大目标的重要步骤，是迈向新世纪、实现新跨越的必要准备，具有重大的现实意义和长远的战略意义。

（2）对会议筹备情况进行总结。

【例10-6-5】

市委对开好这次会议非常重视，作了充分的酝酿和准备。从3月份组织的"三讲"教育开始，就广泛听取、收集基层干部群众的意见。6月初以来又组织市四套班子领导深入基层、调查研究、排找问题、寻求对策，掌握了大量的第一手资料。7月7日下午和8日上午，市四套班子就如何贯彻落实好省委工作会议精神，进一步加快发展、壮大财政进行了集中研究。前两天，又分14个组观摩了22个先进典型单位，增强了理性和感性认识。

（3）对会议议程和会上下发资料等进行回顾和概括。其中最主要的是，根据工作需要和时间允许程度，评价主要领导报告（含讲话等，以下简称"主报告"），概括主要内容构成，点出重要意义、深远影响和预期作用。这种评价应客观、适度，既体现对主要领导的必要尊重，也为后面提出贯彻落实要求打好伏笔；反对过度的"拔高"，更反对别有用心的"捧杀"。

【例10-6-6】

会上，下发了市委1-3号文件，宣读了有关表彰决定，举行了现场颁奖和签状仪式，××县、市招商局等6个单位围绕如何完成全年目标，作了很好的发言，刚才，市委×××书记作了一个非常重要的报告。报告总结了上半年招商会战、富民拆迁等八大亮点，明确了下半年"六个三"重点任务，要求以率先的理念抓项目，以顽强的作风抓落实，为我们下半年及至明年工作指明了方向、明确了重点、交代了方法。报告突出了抓项目、争一流的主题，体现了跨越发展、和谐发展的要义，是我们在今后一段时期内必须始终把握和紧紧遵循的工作思路。

2.主持讲话。主持讲话就贯彻落实工作提要求，一般在会议的主报告之后，也可拓展到以前重要会议的主报告，但这些主报告必须为同一位主要领导所做。一般主报告人是"一把手"，而主持人一般是排名紧随其后的"二把手"，领导职位身份的高敏感度造就了主持讲话的高关注度，其写作可谓"雷区"重重，其中不乏矛盾之处，让人左右为难，稍有不慎，容易引发外界误解，甚至引发领导不和，所以可以称之为"在雷区的舞蹈"。

（1）避开"四个雷区"，破解写作难点。实践中不少主持讲话触了这样或那样的"雷"，实际上是由于写作者没有真正把握写作要领，尤其没有精准"识雷"、高效"避雷"。

一是避免"游离主题"，做到"和而不同"。能否紧扣主报告精神，往往会被解读为主持人是否紧跟主报告人的路线、思路，重要性不言而喻，应该"和而不同"，"同向"而不"同话"，主要防止两个极端：一个是"同而不和"，不敢越雷池半步，一句与主报告不同的话也不敢说，让人感到味同嚼蜡；另一个则是"离而不和"，极度自由，扣题不紧，甚至把会议主题抛到了脑后。

二是避免"调门太高"，做到"亮而不艳"。主持讲话"亮点"打造如何，是主持人水平和敬业精神等的体现，但太过"华艳"，往往也会被解读为与主报告暗暗"掰手腕"。所以，其对人对事的定性与安排，对人事、奖惩等敏感问题的表述等，既要创造精彩，也要中肯适度。

三是避免"篇幅太长"，做到"要而不烦"。主持讲话应以简要为基本要求，其篇幅应该明显短于主报告；相反，往往会被解读为与主报告抢风头。如会议召开时长已经超过一个半小时，或会议已进行到饭点、深夜，或现场有很多观众站在雨地里等特殊情况，就更不适宜再多说。

四是避免"内容太空"，要做到"实而不虚"。有的主持讲话为体现"和"，

"穿靴戴帽"太多,夸完主报告好,又夸工作重要,到底怎么办说得太少;有的主持讲话为了谋求简短,工作号召多、具体要求少,如要求上报会议精神落实情况,却没有明确上报时间和接受单位,使基层无法操作,使主持讲话内容太空,沦为"打酱油"一族。

(2)用好"九种方法",注意使用要求。在这里,笔者从与主报告的关系角度,提供了主持讲话写贯彻落实要求的九种方法。建议大家在借鉴使用时,把握好使用的条件、要求和注意事项;否则,就容易落入前文所说的"雷区"。

一是主要阐明主报告的意义。这适用于非常重大的会议,而非一般会议,其落脚点要放到为主报告提出的奋斗目标和中心任务等统一思想上来,不应为了写意义而写意义;否则,就太"虚"了。

【例10-6-7】

市委八届三次全会提出了以加大招商引资力度为核心的"四加"战略,不仅对招商引资和园区建设具有直接的推动和促进作用,而且对全市各项工作都有着重大而积极的影响;不仅对当前经济建设具有决定性的作用,而且对全市长远发展都有着深层次的影响。通过传达学习、讨论宣传,要形成三个方面的共识:一是加快富民强市,必须实施"四加"战略;二是实施"四加"战略,必须主攻招商引资;三是主攻招商引资,必须切实改进发展环境。

二是主要对主报告精神提出学习、讨论、传达、贯彻等要求。这里要注意两点:其一,一般适用于重要会议,可以是半年或全年的大会,甚至是部署三到五年工作的重大会议。一般性会议用不了这个。其二,一定要紧扣主报告的主要精神和实际工作需要来写,实现紧密融合;否则,就游离主题了。其三,如主报告提出的思路措施带来的成效暂时不理想时,主持人可以表明主报告的决策思路是集体决策的结果,也是正确的,并要求与会人员今后重抓落实、聚焦执行,切实把主报告的精神贯彻到位。这实际上是主持人为主要领导分担决策责任,减少和防范与会人员对主报告决策思路的怀疑,更好地把与会人员的思想和行动引导到贯彻落实主报告的精神上来。这种写法肯定会得到主要领导的高度肯定,对于两位领导之间和谐、团结起到积极的促进作用。这是笔者经历近20年的文字工作即将离任时才在领导启发、指导下探索出的写法,建议一些新手体悟其道,如【例10-6-9】。

【例10-6-8】

在学习、讨论上,要解答好三个问题。一是如何推进"两化一招"核心战略,充分认识××书记报告提出的"两化一招"战略,对市域经济发展所具有的龙头带动作用,认真研究如何加快实施,全力组织突破。二是如何突破"七项重点工作",围绕××书记报告提出的七个方面重点工作,认真谋划如何着眼全局,立足本职,组织突破,搞好服务。三是如何强化"三项工作要求",围绕××书记报告提出的三项工作要求,检查本地、本单位还存在哪些不足和问题,原因在哪里,如何抓紧整改。

【例10-6-9】

去年我市高质量考核结果与先进地方之间还存在不小的差距,同时我们在重特大项目招引、个性化考核等多个方面实现了历史性突破和实质性进展,说明市委、市政府的发展定位、思路是正确的。一分部署、九分落实,当前我们最需要的是快执行、真落实。大家要增强对发展方向的定力和对工作推进的盯力,切实把各项决策部署抓到位、抓出彩,推动质量发展"跨越赶超"。

三是主要对主报告精神进行强调。这里的强调是紧密结合工作实际,对会议主要精神进行再阐述、再提炼,不是简单地重复;否则,就会造成"同而不和"。同时,还要注意这里有创新与延伸的成分,但不是太多;否则,就可以归入第四种类型了。

【例10-6-10】

贯彻落实会议精神,必须紧扣主题,把握关键,促进重点工作尽快突破。这次会议,市委、市政府把富民强市作为统揽全局的大目标、大战略摆上了前所未有的位置。××书记的报告,通篇贯穿了富民强市的主题。奏响这一时代强音,关键要在增强综合实力、壮大市县财政、增加群众收入、创优发展环境四个方面谋求突破。

四是主要对主报告精神进行延伸。这里的延伸与前文的强调相比,发挥的成分更多一些,需要沿着主报告的精神,往更深的方面进行了延伸和拓展,但不能游离主报告,也不宜调门过高,越过职位身份的限制。

【例10-6-11】××市生态文明建设大会上的主报告中提出"全国争特色,形成一批在全国有位置、有影响的亮点工作和创新做法"的原则性目标,具体要求没有展开,下例进行了延伸和拓展。

注重项目特色,在生态文明建设上培育更多的××品牌。抓重点项目,不仅要抓足数量,还要抓出特色。对水生态城市建设等一批在全省甚至是全国率先探索试点的自选性项目,要充分发挥本地得天独厚的产业、人文、区位以及资源等优势,勇于创新,善于嫁接,努力培育更多的"××创造";对化工园区整治、水环境流域补偿、环境网络化监管等上级规定的项目，也要充分地接地气，拿出针对性强、实际效果好的措施，努力把群众公认培育成××的鲜明特色。

五是主要对与主报告相关的重要内容进行研析。研究与分析，其实可归入前一种延伸之中，之所以单列，系因这种方法对主持讲话乃至平级"二把手"领导文稿写作非常重要。这里的平级"二把手"是指与"一把手"级别相同，但处于主要领导班子中第一副职位置的领导，如市长（兼市委副书记）对于市委书记，国企总经理（兼副董事长）对于董事长。主持讲话乃至平级"二把手"领导的文稿较为难写，难就难在既不能说得太空，但又不能说定性、定调、定思路的话；既不能无所作为，又不能越位乱为。那么，就主报告精神的贯彻落实作一些研究与分析，是一个文字空间很大、措施有力有效且不容易"踩雷"的写法。如某主报告提出新年目标考核"争取进入全省先进方阵"的奋斗目标，主持讲话写作者研究分析后发现，该市上年目标指标排名情况呈现"橄榄型"结构，要实现主报告提出的奋斗目标，就必须形成"倒金字塔型"的架构，并由此拟出下例。这种写法，即便说话重些、表述深些，但系紧扣主报告精神贯彻落实，主要展现研究分析成果而写成，主要领导一般不仅不会有意见，反而会赞同主持讲话。

【例10-6-12】

去年，我市93个省考核指标中，26个指标排名前列、占比27.9%；45个指标排名中游、占比48.4%；22个指标排名靠后、占比23.7%。这是一种典型的两头小、中间大的"橄榄型"结构，也是我市年度考核总排名处于全省中游的原因。今年初，市委报告提出了新的一年目标考核要"争取进入全省先进方阵"的奋斗目标，我们要深入总结分析目标考核得失，扩大优势、补齐短板，努力形成"倒金字塔型"的指标架构。

六是主要对主报告内容进行适当补充。找出主报告可以补充的空间，在主持讲话中进行适当补位。这里的补充要适度、合身，符合工作需要和职位分工；否则，就容易引发争锋的嫌疑。

【例10-6-13】某市生态文明建设大会上主报告就创建国家级生态市，对今后五年工作提出了要求，但对近期工作没有明确要求。下例就提出了近期工作要求，对主报告进行了补充。

突出创建载体，推动生态文明建设顺利开展。各地、各相关单位要抓住今年春季中央和省级层面敲定年度工作计划的有利时机，跑部跑省，争取汇报，尽早地来××实地检查评估、考核验收；对需要市内各地、各单位做好的工作，会后要迅速分条线布置、交办下去，超前做好各项准备工作。

七是主要对主报告所部署任务进行保障服务。要保证主报告所部署任务顺利贯彻落实，往往需要从组织架构、精神状态、作风状况、工作纪律、督查考核及经费渠道等方面给予保障，这就为主持讲话体现"和"的理念提供了广阔空间。

【例10-6-14】

转变作风抓落实。贯彻落实市"两会"精神，必须坚持抓紧抓早抓实，转作风攻重点克难点，全力推进今年的各项工作。各级各部门要继续巩固拓展群众路线教育实践活动成果，用好的作风保障各项工作更好落实。

八是主要将主报告精神的贯彻落实与当前其他重点工作相结合。难点在于能否结合好，不能说要结合，而文字上却没有结合，造成了实际上的游离主题。

【例10-6-15】

注重抓好结合。加强作风建设，不能就作风抓作风，也不能放下其他工作抓整顿，而应该以全市重点工作的实际成果来推动作风建设，重点要做到与推动全局工作相结合、与招引项目相结合、与推动全民创业相结合、与惠民安民相结合。

九是综合运用前文所讲的两种以上方法。如下例就是传达、贯彻、延伸等多种方法的综合运用。

【例10-6-16】

下面，我就贯彻落实本次会议精神，再讲四点意见：一、迅速传达会议精神，进一步凝聚思想共识。二、注重项目特色，培育更多的××品牌。三、突出创建载体，推动生态文明建设顺利开展。四、坚持改革创新，建立健全制度体系。

七、会议纪要：重点在"要"字上见真章

会议纪要是企事业单位、群团组织等用于记载、传达会议情况和议定事项的公文，最基础的要求是不能写成会议记录，重点应在"要"字上下功夫、见真章，反映会议主要议程、结论和其他需要展现的重要内容，这些内容中需要成为相关单位人员办事依据、遵循的部分更要明确表达。具体应注意以下几点：

一是纪要而不是全记，只是把本身重要且各参会人员尤其是领导相对关注的内容写出来，特别是会议的议程等梗概要能反映出来，其他内容要根据工作需要详略得当，一些会上讨论的如经济发展计划和财政预算计划执行情况等具体内容，以及涉及人事方面的保密性内容，应一提而过或用"等"字略过，还可以把相关详细材料作为附件一并归档，没有必要把内容全部写到纪要中来。

二是主要反映会议形成的定论以及主要领导的意见，其他领导或人员的发言如被会议采纳也可以写进去；否则，可以不写进去。但在会议记录上要详细记录下来，以供备查。

三是要通过录音笔等把讨论讲话全部保存下来，会后对照会议记录，把领导的意见表达完整（有时根据工作需要，还要作必要且适当的延伸或拓展，当然最终要得到与会人员及主要领导审核认可）。

四是对一些敏感而又重要的议题，要向相关单位充分了解前因后果后再动笔，不可贸然落笔。

五是多用"一要，二要""首先，其次"等词语来分层次，少用分号来分层次。

六是采用第三人称叙述方式，常用以下引导语作为一段或一个层次的开头，予以灵活、准确使用："会议听取""会议同意""会议批准""会议认为""会议指出""会议明确""会议要求""会议重申""会议强调""会议决定""会议号召"等。

【例10-7-1】

×××信访领导小组会议纪要（摘要）

××××年2月26日，县委常务副书记、县信访工作领导小组组长×××主持召开了今年第二季度县信访领导小组会议，现纪要如下：

会议通报了XXX、YYY等群众关心的热点问题。

会议认为，一季度我县信访工作成绩值得肯定。但与去年同期相比，信访总量明显增大，集体访批次人数成倍增长，信访形势不容乐观。

会议指出，二季度信访工作要以化解矛盾、减少集体访、解决长期缠访为核心，以二季度信访总量比去年同期下降为目标，认真履行职责，按"分级负责，归口办理"原则，各自做好工作，确保一方平安。一要抓"热点"，维护群众利益。……五要抓督查，促工作。

会议决定，1.……2.……

会议还研究了ZZZ等其他事项。

八、工作通知：一份周密的通知如同一份简短的领导讲话

通知的类别很多，其中工作通知较为难写，实际应用也较为广泛。为此，这里重点谈下这类通知。依据笔者多年体会，一份内容周密、表述到位的工作通知，

对工作的推动力度相当于一份简短的领导讲话，而且与领导讲话相比，更具有存档备查和提升效率的优点。同时，如果领导对起草者的初稿不满意，往往也会对起草者，要么认为不用心，要么评价水平太差——连一份通知都草拟不好。其实，起草难度真的较大。所以，大家对此要高度重视。

为方便读者理解，笔者结合一篇例文（【例 10-8-1】），说明一下工作通知主要应回答好的问题。这些问题与前文临写素材收集要问的"四类问题"有些相似，只是相对简单而已。这也再次说明，不管要拟写的文稿是否重要，一些必要的程序和准备工作还要做到位。

一是为什么要发文？就是发文依据，例文开头过渡语中 × 市长的指示要求就是该通知的发文依据。

二是需要受众做什么？这些要求事项之间的相互关系可理解为三种：其一是串联。例中市直部门排查点评在县区自查自评的基础上开展，也就是说第 2 条要求以第 1 条为条件，两者在上报时间上也有先后顺序，分别是 5 月 27 日、5 月 30 日。这是这篇通知的精彩之处，也是实现难度较大的地方，后文也为其提供了公共邮箱等条件。其二是并联。例文第 3 条要求讲的是周报，而第 4 条讲的是以前问题销号，这两项形成了相互平行的并联关系。其三是混联。例文一篇文稿中既有并联，又有串联，可理解为混联。

三是怎么完成交办任务？对做得好的与不好的有无说法？对此，例文第 5 条提出将给予全市通报和过程性问责。

四是有无需要与以前、正在及将来实施的措施进行衔接的方面？例文第 3 条明确"不再需要上报 5 月 28 日的周报"，说明此前已要求周报，为了避免重复上报，特地做此明确。不仅如此，例文第 4 条也解决了与以前相关要求的衔接问题。

五是受众有无困难需要帮助解决？为了解决市直部门无法掌握县区自查自评表的问题，例文第 2 条要求县区把自查自评表发送到一个公共邮箱，并公开了密码，这样市直部门就可以自行下载。同样，为了解决各单位没有相关资料电子版的问题，例文第 6 条告知可从公共邮箱中下载。

【例 10-8-1】

关于深入开展重点问题"双查双评"工作的通知（摘要）

5 月 15 日，× 市长明确要求各县区、市直各相关部门对照创建标准，把存在的主要问题全面查清查实，做到横向到边、纵向见底，在此基础上，拟定出实实在在的迎检保障措施；同时，再次强调从下次全市生态创模环保工作例会开始，市生态办、创模办要对各县区和市直各相关部门存在的重点问题，分单位进行逐一点评通报。为了贯彻落实好×市长指示精神，切实查清查实各类创建问题，现就深入开展重点问题"双查双评"（县区自查自评、市级排查点评）工作有关事项通知如下：

1.请各县区（含园区）着重对可能影响本地乃至全市创建工作的重点问题进行"回头查"，填写《县区生态创模工作重点问题自查自评推进表》，将表格电子版于5月27日前上报市生态办、创模办邮箱（AAA@163.com，密码×××，与下文邮箱相同）。

2.请市直各相关部门要与部省对口部门进行充分沟通、争取，提前掌握好验收标准的具体尺度和要求，在此基础上，通过座谈排查、重点督查、随机抽查等多种方式，全面清查可能影响全市生态创模创建工作的主要问题，并结合各县区自查自评上报的重点问题（请从市生态办、创模办邮箱自行下载），在5月30日前对各县区、市直各相关部门生态创建和创模复核重点工作的主要进展、主要问题等进行排查点评，并提出下一步主要要求、主要建议，填写重点问题总体以及分单位排查点评推进表。

3.本次上报材料作为市生态办、创模办淮生办发〔20××〕××号、淮创模办发〔20××〕××号文件中要求的周报内容。这次上报材料的市直各相关部门不再需要上报5月28日的周报。

4.5月7日全市例会交办的工作任务确已完成的，由主办单位申请销号。

5.这次未能按淮生办发〔20××〕××号、淮创模办发〔20××〕××号文件要求上报材料的，将在全市通报。凡因自查自评或排查点评不力、督办整改不力，被部省相关部门、专家以及市级明察暗访发现的，将给予过程性问责。

6.需要上次例会通报（含PPT），淮生办发〔20××〕××号、淮创模办发〔20××〕××号文件，自查自评推进表，排查点评推进表等资料电子版的，请到市生态办、创模办邮箱自行下载。

九、突发舆情：以"治水"之道处置

近年来，党政机关在突发舆情的处置中，经常出现一个现象，一件本来不起眼的事件由于处置不当，引发事态急速扩大，甚至成为比原事件更火爆的负面"网红"。可见，对突发舆情中发布的文稿和信息，要高度重视、倍加小心。笔者出生并长于水乡，对水感情深厚、印象深刻，感到水与舆情有很多相似之处，突发舆情往往如从天而降的滔滔洪水，网民分散言论又如若干涓涓细流。为此，提议用"治水"之道来处置突发舆情。

（一）超前研判常"测水"

治水的基础工作是水文监测。处置舆情，也应建立和实施舆情研判机制，做好日常舆情预警监测，不能偏安于流缓浪平的和谐地区，而要敢于和善于捕捉公众关注的热点问题，尤其要到社会矛盾的"险滩"和"急流"中收集和监测舆情，这样才能捕捉到更有价值的信息，为后期处置争得主动。

（二）设置议题巧"调水"

治水有水利调度规划；应对舆情，也当设置议题。在处置突发事件时，要一并设置议题，超前、合理安排发布的时机和进度，努力让这一议题成为引导社会舆论走向的"强磁场"，而不是被社会舆论"旋涡"裹挟着走。

（三）把握要领疏"洪水"

洪水贵在疏导，废于堵截。所谓疏导，包括两层含义：一是以民意为导向，对舆情所涉及的工作本身，进行调查、弥补和追责，把事情做好，让涉事群众满意。这是基础一环。二是要善于利用微博等新兴媒介，发挥其强大舆论宣传力，及时发布真实、权威信息，实现舆论的正确走向。所谓堵截，就是违背舆情处置规律进行人为干预，极容易在旧的舆情没有化解好之前又人为地引发新的舆情。

疏导应重点注意"七不"：一是不能擅自作为。现在一般的单位都有专门负责舆情应对的部门或机构，未得到主要领导授权，任何人或部门不能随意接受采访或提供资料。现在仍有一些小报记者采取诱骗、恐吓等不正当方式误导相关涉事人员，应该引起相关方面予以重视，规范采访报道行为。二是不能情绪失控。不管面临什么情况，处置人员都不能发飙、"秀肌肉"，以强势威胁弱势。三是不能慌不择辞。应对媒体质询，一定要深思慎言，再急也不能省那点说话时思考的时间。四是不能过早下定论。为防止前后不一致，在突发事件的原因、责任等主要因素尚未查明的情况下，不宜过早妄下定论，而应多提供一些既定事实，让公众自己下结论；对处置完结的时限等刚性表述，也应尽可能留有余地，说一些"正在抓紧调查、欢迎提供线索"等话语。五是不能说假话。真话可以少说甚至不说，但说出去的话必须是真话，切不可说假话。假话一旦被揭发，局面极有可能完全失控。六是不能不分场合。这是这类信息发布中的常见毛病。七是不能感情冷漠。网民诟病同样较多的是，一些单位在发布一些涉及弱势群体的信息时，用词看似客观、冷静，实际上让人感到冷血。比如，在发布一名高中男生意外身亡时，说成"一名男子经抢救无效死亡"。这种表述的出发点在于防范公众的同情心被激发后会更多关注这个事件，但这种表述，一方面，往往欲盖弥彰，越想遮盖，越会引起网民集聚"围观"；另一方面，用词的冷漠本身还容易激怒公众。其实，不仅在发布信息时，在事故处理现场等公共场合，都应注意这个问题。

（四）快速科学冲"清水"

洪水一来，泥沙俱下，欲其清澈，必须用清水冲刷。对待舆情，更需快速回应，用权威、公正的信息以正视听。这里有四条"黄金法则"。一是第一时间应对是个宝。实践反复证明，对突发事件，快调查、快公布才是"王道"。当"驼鸟"以拖待变，往往得不偿失，容易造成局面失控。二是第一份新闻通稿最重要。最初的新闻通稿要公正、权威，经得起推敲。三是业务细节不熟别"死磕"。如对业务具体细节不太熟悉，可安排相关专业人员一同面对媒体，切忌"单刀赴会"，被问得张口结舌，再点一炮"我是当领导的，不可能每件事都知道具体"，那就更糟了。四是信息发布平台要精心选择。回应方式的选择应考虑多重因素，对大多数事件应该去中介化，直接用自己的微博、微信公众号等新媒体平台把事情说清楚。对公众可能疑心较重的事件，也可以通过其直接上级出面发布信息，则更具有权威性和公信力。对一些体制内平台发布效果不好的，还可以由第三方通过合适的方式"透露"出去，这种方法看似偶然，其实是精心策划的结果，也能收到一定的效果。

（五）清障补堤化"积水"

疏导化解积存洪水，清除障碍、补堤堵漏是重要抓手。应对舆情，也同此理。在"清障"上，应紧紧抓住公众高度关注的热点、疑点等问题，深入调查，及时、客观公布事实真相，这样才能一一拔掉堵点，保证与公众顺畅沟通；在疑点未查清时，切忌贸然公布结果。在"补堤"上，应迅速堵塞信息发布工作中的漏洞，使公众关注度沿着自己预设的议题和渠道顺畅"流淌"。

（六）强堤固坝防"渗水"

治水工作需要强堤固坝、防患于未然。处置突发舆情，当然也需要加强应对预案制定、演练，定期查找问题"渗点"，深入挖掘原因"源点"，对所涉及的业务工作进行经常性的自我整改，真正做到权为民所用、情为民所系、利为民所谋。同时，不断建立健全相关规章，使制度"堤坝"更坚固。

第十一章 破解"润色提升难":
从学习经典到创造经典

创造典型的前提是学习、积累、借鉴经典。为此,笔者平时积累了表现手法方面的资料3万多字,并分别收入了本书前几稿的3个篇章中。后来发现这些资料中的部分现在可通过信息化手段查到,为了不使本书内容"泡沫化",于是,笔者决定忍痛"下架"这些内容中的大部分,转而总结出"四有"努力方向,把表现手法提炼为"十二气",保留了网上不易找全且有自己一些想法的数字缩略语和仿拟辞格使用方法,形成了目前的章节结构。期待广大读者从本章的"前世今生"中体谅笔者的用心良苦,加强对表现手法的总结、消化、运用,特别是对数字缩略语、仿拟辞格的活学活用,遇到类似语境,不妨多练练笔,在文稿润色提升方面加强探索与实践,加快由学习经典升级为创造经典。

一、总体要求:明晰"四有"努力方向

(一)推动工作要"有力"

公文写作的主要目的在于推动工作、解决问题。笔者认为,要达成这个目的,应坚持"内容为王、形式为臣"的原则,主要通过文稿的内容,辅以包括修辞手法等在内的表现形式手段;在分清主次的前提下,可追求内容与形式上的"双经典";赞成施东向(20世纪50年代末60年代初,《红旗》杂志编辑部由胡绳牵头的一个集体笔名)在《义理、考据和辞章》一文中的观点:"如果以为随随便便写下去就叫朴素,实际上使朴素变成了简陋和寒碜,那是我们所反对的",进而建议适当采用一些必要的增强表达效果的方法,使内容更有感染力和影响力,以更好地推动工作、解决问题。

(二)活力提炼要"有气"

清人刘熙载《艺概·诗概》说:"总之所贵乎炼者,是往活处炼,非往死处炼也。"如何能活?

笔者认为,需要"有气"。这里的"气"可理解为围棋中的"气",指一个棋

子在棋盘中与其直线紧邻的空点；棋子有气，就能"呼吸"，就能活；没气，就只能被对手灭了。结合围棋中的术语，公文写作的"气"可理解为文字在新颖、生动、形象、巧妙等方面形成的生命力，使文字"活"起来，进而形成感染力、传播力和驱动力。气足，则文稿的生命力强，可广为流传，甚至成为千古经典；气虚，则文稿的生命力弱，难以流传；无气，则无生命力可谈，勉强可以充当一次性用品，用完即扔，用多了还令人反胃。

如何"有气"？需要把表现手法这个抽象概念之"灵魂"，与可用到的最佳资源这个具体依托之"肉体"进行融合，使表现手法有了现实的可感知的"灵与肉融合体"，也使最佳资源有了在表现手法舞台上展示的机会，融合后的那部分文字就有了"气韵"附体，被赋予了"活"的生命。后文将重点介绍"气韵"的实现路径。

（三）尺度把握要"有度"

古人讲："修辞立其诚。"何其芳在《谈修改文章》中提出，修辞的目的是立诚；立诚然后辞修。杜纯梓在《看似寻常最奇崛，成如容易却艰辛——公文修辞刍议》中讲，相对于文学，公文的语言是一种理性的语言，在修辞方法的选择方面没有其他文种尤其是文学那么大的自由度。为此，公文写作更应严格落实鲁迅在《作文秘诀》中所提出的"有真意，去粉饰，少做作，勿卖弄"要求。

如何"立诚"、把握好尺度？笔者认为，应坚持"问题标准"，以基本能解决问题的需要为限，就当前公文写作现状而言，既不能缺位，更不能越位；既不能通过卖弄文字功夫掩盖内容上的缺位，更不能走形式主义的歧途。在具体操作上，就连修辞手法也应多使用陈望道所提倡的"消极修辞"，"总拿明白做它的总目标"，力求"意义明确""伦次通顺""词句平均""安排稳密"，少用反语、通感、互文、跳脱等受众不容易理解的手法，慎用夸张、示现、移情、拈连等主观色彩较重的手法，禁用只顾形式提炼、不顾内容打磨的手法。

（四）学习积累要"有心"

以多元化、多样化等"多"字开头的词，以政策洼地、服务高地、兴业福地、投资热地等"地"字收尾的词，以及榜样、楷模、模范、表率等近义词，常用于拟写反复句、排比句，进而构建层次标题或气势强大的语句。为此，公文写作者需要储备类似好词、好句。在这项工作上，笔者经历了三个阶段：第一阶段：由于信息化平台功能不够强大，当时笔者主要通过电脑自己积累好词句，虽然在收集的过程中还能记得一些在大脑中，提高了写作效率，但收集和使用的速度较低。第二阶段：由于汉字字典、汉语词典软件（网站）功能大幅增强，不仅在线提供了大量词语及其解释，有的还按字头、字尾、字中进行分类，提高了查找效率，于是，笔者就基本放弃了自己积累好句。然而，使用一段时期软件（网站）后，笔者发现这些平台有两个缺陷：一是词库里杂七杂八词语太多，查找对公文写作有实际价值的词语耗时太多；如词库里词语少，那么就几乎找不到有价值的词语。二是很多公文写作常用的词语找不到，如在一个知名网站词库里就查不到"底板"一词，尤其是新流行的词语更不容易查到，如"打卡"。第三阶段：也是目前阶段，采用"双管齐下"的办法。没有写作任务时，自己继续积累。写作时，两个渠道同时采用、相互补充。基于自己的经历，笔者也建议大家"双管齐下"，既用心掌握信息化平台使用方法和特点，也用心充实自己的表现手法资料库，更要用心积累和总结其中的内在规律。

下面，笔者分享一些自己储备的可用作文稿层次标题的词语，其一用于大家写作参考；其二方便大家验证一下，能否通过信息化平台便捷地找全这些词语。

【例11-1-1】

笔者自己储备的词语（摘要）

发展思路上，增强项目底气、筑牢经济底盘、增添文化底蕴、描绘生态底色、守好安全底线；路径上，把牢"定盘星"、吹响"集结号"、践行"路线图"、磨砺"试金石"；抓手上，目标驱动、政府推动、政策撬动、市场拉动、示范带动；举措上，"固本""强枝""壮干""聚核（本意为果核）"；步骤上，全面起势、突破成势、锁定胜势、打破定势；要素上，资本集聚、产业集群、服务集成、人才集中、资源集合、物流集散；对象上，扩大增量、盘活存量、突破矢量、防范变量；统筹协调上，把握好改革尺度、发展速度、民生温度、和谐厚度；学习教育上，内化为信仰、外化为行动、固化为制度；宣传推介上，出镜、出圈、出彩；方法上，用好"道、术、器"；面貌上，提振"精、气、神"；活力上，充盈"元、脉、血"；作风上，磨炼"筋、骨、肉"。

二、"十二气"：表现手法的全新注解

陈望道在《修辞学发凡》中讲"我们在辞趣里所要讨论的，便是如何利用各种语言文字的意义上声音上形体上附着的风致，来增高话语文章的情韵的问题"。我国乃至世界范围内公文写作领域有很多好的办法可以孕育"气韵"，这里笔者只

是将自己所能收集到的有代表性的例子汇集到一起,以陈望道所述意义、声音、形体为基础,但并不囿于此,以"十二节气"为题,对12种"气韵"的实现路径作一个简单介绍,实际上也是从"气"的角度全新分类和注解公文写作表现手法,期待更多的读者来研究这一领域。这里的"气韵"比辞格的内涵更为丰富。

需要说明的是,凡在前文所讲标题草拟中能用的增强表达效果的方法,在正文中也基本能用;但反之,未必如此。相对而言,用在正文中的表现手法更加自由,可以更加灵活、大胆地使用各种手法。

(一)"名气"

这是一个共性的存在。所选资源可以是古代经典、外国名流、当今时尚,还可以是文稿使用现场人物乃至场景,不管用什么表现手法、用什么资源,都需要有一定的知名度,以便受众容易理解。如果担心受众不明白,写作者也可稍加解释,但如详细解释受众还不明白,那么这个资源就可能选得有些问题了。

蹭"名气"最多的是引用辞格。很多读者不知道引用也是一种辞格。引用定律、定理、诗句、格言、警句、成语等,其知名度越高、内容越经典,那么表现力、说服力就越强。吴晗在《谈骨气》中讲"战国时代的孟子,有几句很好的话:'富贵不能淫,贫贱不能移,威武不能屈,此之谓大丈夫'",他接着解释道:"意思是说,高官厚禄收买不了,贫穷困苦折磨不了,强暴武力威胁不了,这就是所谓大丈夫。"引用可分为明引和暗引两种。运用引用辞格要把引用内容很好地融入自己的语境中,且正确地理解本义,忠实地引用原文,不能牵强附会、断章取义,更不可随意改动。

在学习的基础上直接仿照别人经典作品进行造词、造短语、造句,甚至造体等,就是仿拟辞格;对别人经典作品化解开来、组合运用,形成一个与别人作品有联系、渊源,与自己写作的语境联系更加紧密的新的语言形式,就是化用辞格。仿拟与化用主要区别在于,仿拟中的"仿"有模仿之意,是套用别人经典作品的主要骨架或特色,所形成的作品基本上能看出别人作品的模样,模仿多于创新;而化用中的"化"有融化之意,是把别人作品的某些亮点,甚至是精华融入了自己的作品,虽能看出渊源,但基本成为新的作品。依托中央"稳中求进"的工作总基调和"六稳""六保"举措,写出"稳中快(有、谋)进""稳中有喜(忧、变、险)""稳中提质(增效、向好)"能明显看出模仿了"稳中求进",就是仿拟;而写出"巩固'稳'的基础、增强'进'的动能、提升'保'的成效"则是化用。

比喻辞格中的喻体也需要自带"名人光环",至少自备"标签",容易被人理解,如"有的部门把企业当成'唐僧肉',总想多砍几刀,多割几块"中的"唐僧",就是一个在我国家喻户晓的文学形象。如受众难以理解这个形象,就失去了接受的基础,会使表现手法的效果大打折扣,有的甚至效果全无。

(二)"文气"

就是在文字语境中寻找方法、增强表现效果,获取一种化平凡为神奇的力量。

顶真(顶针),亦称联珠、蝉联辞格,用前文的末尾作下文的开头,使邻近的语言单位首尾蝉联。如果用字母表示,为"ABC,CDE"。如:"抓工业重在抓投入,抓投入重在抓项目,抓项目重在抓机制"。

回环,亦称回文,字、词、短语和句子都可以回环。作为一种辞格,回环运用语序回环往复的形式,巧妙地表达两种事物相互制约或依存的辩证关系,以加深受众对事物的认识和理解。回环往往含义精警、耐人寻味,结构匀称整齐,具有往复萦绕的音乐美。如果用字母表示,为"ABC,CDA"。如:"人不犯我,我不犯人。"在一般形式的基础上,回环还有多种变种,如通过"在'育人'中'建城',在'建城'中'育人'"这种表述,可提炼为"在A中B,在B中A"句式,强化A与B两者融合、相互促进、相得益彰;通过"在肯钻研的女人中,你最漂亮;在漂亮的女人中,你最肯钻研"这种表述,可提炼出"在A中,B最C;在C中,B最A"句式,由于把B同时限定在A和C中,那么两个"最"就能说得通了,这是表扬人但又怕不准确的最好办法之一;通过"喝酒不开车,开车不喝酒"这种表述,可提炼出"A不B,B不A"的句式,把A与B的矛盾对立关系说得更透彻、更明白。

对比,是把两个相对或相反的事物,或者一个事物的两个不同的方面并举出来、进行比较的一种辞格。往往对比这种效果并非原来就有,而需要精心提炼。如某地小龙虾养殖产业,不仅自身发展较快,还带动了稻田综合种养和小龙虾食品加工、餐饮行业的发展,就可提炼成"小龙虾拉动了大产业发展","小"与"大"形成鲜明对比。另有一地,通过退耕还林、还草,大力发展旅游休闲业,不仅修复了生态环境,还增加了农民收入,可提炼成"退出来的进步","退"与"进步"形成鲜明对比。

对偶,俗称对子,是一种辞格,用两个结构相同、字数相等、意义对称的词组或句子来表达相似、相反或相关意思。例子有"得道多助,失道寡助""才饮长沙水,又食武昌鱼"等。

递进,又叫层递、渐层,大家一般知道这是一种文稿结构形式,本书前文也介绍过，很少知道这还是一种传统辞格。递进分为递增（升）和递减（降）两类。

设问，是明知故问、自问自答的修辞方法，能引人注意、启发思考，如："我们的战士是不是最可爱的人？他们用鲜血和生命铸就的伟大抗美援朝精神回答了这个问题。"设问有助于层次分明、结构紧凑，一组设问可用作文稿层次标题，本书在前文中已做介绍。

体现"文气"不仅在于运用辞格，还可在其他方面运用文字技巧。后文将重点介绍的缩略语虽然不算辞格，但在公文写作领域应用非常广泛，还有如将前面例文中的"回答了这个问题"改为"将这个问号拉直"，虽然有点直接、简单，但却从问号的形状落笔，让人不禁联想到问号被拉直的画面，影像效果非常强，也是好的表现手法。

（三）"势气"

就是通过表现手法集聚更充足的势能，释放更强大的气场，收取更强悍的表达效果。

在排比辞格"共同把全民创业的号角吹得更响、干劲鼓得更足、步子迈得更大"中，把画线部分普通的文字组成一种结构相似、排山倒海、气势如虹的句子，以达到增强感染力的效果。

排比往往与反复相伴而生，如上句中的"得""更"两字就反复出现了。反复辞格能起到反复咏叹、表达强烈情感的作用，还可使文字整齐有序、回环起伏，"把安全生产各项制度建立到企业、部门和关键部位"，不如改为"把安全生产各项制度建到企业、建到部门、建到关键部位"更有气势。公文中词组、句子、语段等都可用作反复辞格，如"贯彻会议精神，最紧迫的是抓好传达学习；贯彻会议精神，最重要的是抓好项目攻坚；贯彻会议精神，最必要的是抓好责任落实"中就是多个语法成分的反复。

需要提醒的是，排比和反复既可合起来用作构建一段话，也可分开单用作一个层次、一篇文稿的标题，前文例文很多。

倒装是将语句中的主语、谓语、宾语、状语等颠倒顺序的一种语法现象，常具有强调语气和调整词语结构等作用，《硕鼠》中"莫我肯顾"原为"莫肯顾我"。"始终保持一股蓬勃朝气"中的"蓬勃朝气"，正常表述应为"朝气蓬勃"，为了将主谓结构调整为偏正结构进行了倒装。

反问，从反面提问，用疑问的语气来表示肯定或否定的意思和强烈感情的辞格。反问一般不需要回答，把答案暗含在反问中，如"难道我们的战士不是可爱的人吗？"如果加了回答，就会加重说法和语气。还以前例说："难道我们的战士不是可爱的人吗？可以肯定地说是，而且是最可爱的人。"

（四）"时气"

就是把所处时代的流行元素、网络流行语等融到表现手法中，就会使文稿有了充足的"时气"，如把无序、恶性的内部竞争说为"内卷"，把心无波澜、不思进取说为"躺平"或"佛系"，就有了满满的时代感。还有文稿把年度、节气，甚至生肖年份等的特点用到表现手法中。如农历牛年要求发扬"三牛"（为民服务孺子牛、创新发展拓荒牛、艰苦奋斗老黄牛）精神，也就接上了充盈的"时气"。

（五）"天气"

主要指把上级领导、机关，特别是中央层面的重要提法中的核心元素、重要标志用到表现手法中。笔者认为，最能体现"天气"特点且也是最好用的辞格是仿拟，因为这种手法既可以贯彻上级精神，又可紧密结合本单位实际和写作语境，所以，后文笔者将作专门介绍。这里先介绍一个例子。党的十八大以来，党中央提出"把纪律挺在前面"，后来有人将此仿为："把制度（规矩、人民、教育引导、规划引领、作风建设等）挺在前面。"当然，把风雨雷电等天气现象融合到表现手法中，如"山雨欲来风满楼""瑞雪兆丰年"等也可归入"天气"这类。这些看似在写天气，实则用天气暗示、映衬某种氛围。后文还有用天气预报作仿拟的例子。

（六）"地气"

就是把某个地方、地理、现场场景等方面的特点用入表现手法。浙江省有个新昌县，有文章这样介绍该县："因改革而'新'，因创新而'昌'"，就是把"新昌"地名分开来说，既接了"地气"，又接了文字运用的"文气"。

接"地气"还可从地方的特点入手，如：广大干部特别是西藏干部要发扬"老西藏精神"，缺氧不缺精神、艰苦不怕吃苦、海拔高境界更高。这句话里具有明显的西藏地域特征，使文字散发出浓郁的"地气"。

中央媒体曾以《小康生活像花一样越开越美》为题报道昆明市斗南镇，开始笔者不明白为什么拟这个标题，后来查到该镇大力发展特色产业——花卉种植，用鲜花铺就了一条小康路。从中可见，央媒以该镇地方花卉产业为落笔点，写出了"地气"很足的标题。

（七）"人气"

就是把知名或现场的人身上某种特点用入表现手法。前文讲的"唐僧肉"，就是因为唐僧的知名度高，才用来作喻。曹操名句"何以解忧？唯有杜康"中的杜康相传是最早造酒的人，也因为他是造酒中的名人，才用到这里代指酒。

钟扬是复旦大学的植物学教授，有句"不是杰出者才善梦，而是善梦者才杰出"的座右铭，十几年收集了4000万颗可能在百年以后对人类有用的植物种子，连续16年援藏，一手培养出一支植物学科研团队，带领西藏大学生态学入选国家双一流建设学科名单。为此，有报道赞扬他有"种子精神"，称他为一生追寻种子的人。如果写篇有关他的报道，能否用这样的标题《钟扬：雪域高原"种梦"第一人》？是否把他的主要事迹和精神特点基本提炼出来了？

（八）"形气"

就是把物体形象、形状等方面的元素用到表现手法中。

比喻，是利用两种事物的相似点，用一事物比方另一事物的修辞手法。公文使用暗喻、借喻较多，如"招商引资是加快造血功能的'肝脏'，招商队伍是'血液'，项目就是'氧分'"；"'铁打的营盘流水的兵'，党的干部只有流动起来，才能为党的事业输送更多的'氧分'"。

比拟，是把甲事物模拟作乙事物来写的修辞手法，包括把物"人化"、把人"物化"及"把甲物乙物化"。如"地方经济'感冒'，部门效益就会'咳嗽'，个人利益也会'打喷嚏'""他骄傲自满，取得一点成绩，尾巴就翘得天一样高""让你带一队人马把黑龙潭的水牵到山下的坝子里来"。

借代，不直接说出所要表达的人或事物，而是借用与它有密切关联的人或事物来代替。如"不拿群众一针一线""一群红领巾蹦蹦跳跳走来了""坚持党指挥枪""一个雷锋走了，千万个雷锋来了"。

（九）"意气"

就是把意义、内涵等方面的特点融入表现手法。

双关，利用词的多义和同音的条件，有意使语句具有双重意义，言在此而意在彼。如"道是无晴却有晴"中的"晴"表面上是晴天的晴，内含感情的"情"。

夸张，是为了达到某种表达效果的需要，对事物的特征、作用、程度等方面着意夸大或缩小或超前的修辞方法。受到严谨、沉稳文体风格的限制，公文不能像文学那样放开手脚使用夸张手法，但可用一些带有夸张色彩的成语。如"既要顶天立地的大项目，也要铺天盖地的小项目""敌人处处挨打，寸步难行"。

（十）"声气"

就是把音节、韵律等声音方面的特色元素用入表现手法。现代公文对音韵的讲究不如诗歌，特别是古韵文，偶尔恰到好处地用一些，也会产生很好的效果。

排比、反复、对偶、双关等辞格既在文字上，也在音律上有增强气势、节奏、情感等方面的表达效果。押韵虽不属于辞格，但这方面的效果更强些。如"周边在大干，我们怎么办？"的押韵设问强化了千帆竞发、慢进则退的责任感。

谐音属于辞格，主攻方向不在气势、节奏、情感，而在基于读音相同、相近的不同概念之间的内涵关联、意义拓展和韵味甚至是趣味的增强。"腐"底抽薪是成语釜底抽薪的仿拟辞格，既有"腐"与"釜"同音的巧趣，更有把釜底抽薪与源头反腐关联起来的意趣。

"声气"表现手法的妙处不仅在以上方面，还在便于受众认读、记忆，这方面的典型还有缩略语。

（十一）"生气"（这里取"活力、生命力"的意思）

就是把文字往更富活力、更有前景、更可持续的方向去提炼，古有"不知细叶谁裁出""红杏枝头春意闹"等一大批诗词经典，今有"风吹稻花香两岸"（源自歌曲《我的祖国》）等歌词佳作，还有扶贫工作将授人以"鱼"升级为授人以"渔"，"文化下乡"活动将"送文化"升级为"种文化"，都加强了对帮扶对象的思想认识、业务技能和内生机制等方面的培训与指导，提高了其自我"造血"功能，使其更有生命力，是当今公文表现手法"往活处炼"的较好例证，近年来"深耕""厚植""制度'长牙'、纪律'带电'"等词延续了这种风格，值得继续学习借鉴、探索创新。

（十二）"复气"

修辞中有些表现手法兼有多种辞格，从此角度看是一种，从彼角度看是另一种，叫"兼格"。这里，笔者暂借一下中医术语，称这种接了多种"气韵"的文字现象为"复气"。这里举一例，在"抓牢'米袋子'，保障'肉案子'，丰富'菜篮子'"中，按照笔者分类方法，就既有"势气"（排比辞格），又有"形气"（借代辞格），形成了"复气"。

三、缩略语的运用：说带走就能带走的公文"旅行包"

缩略语指语言中经过压缩和简略的词语，使公文的表述更为精练、上口、难忘，使用更为便捷，可谓是说走就能拎走的公文"旅行包"，值得大力推广。其中运用最广的是数字缩略语，这里作一个重点介绍。

数字缩略语用数字概括一串并列的词语（包括词、短语、句子等）的项数，再将每一个词语的共同语素提取出来，组成"数词（+量词）+共同语素"格式。

(一)数字缩略语的优点

主要表现在以下四个方面:

1. 内容浓缩。有些文字很重要,但又怕受众觉得拖沓,就以这些文字的纲目或骨架为基础进行提炼,形成了一个简明的数字缩略语,一般不会超过10个字,却统领着丰富内涵、众多内容,甚至是全篇文章,更有甚者是一个思想体系。

2. 特别醒目。数字缩略语一般只对被缩略对象中的主要内容或精华"硬核"进行概括,不会对无关紧要的内容进行概括,本来就已经比较醒目,在此基础上,一般还会加上双引号,就更加引人注目。如"自留地、自由市场、自负盈亏、包产到户",稍显普通、平淡,提炼成"三自一包"就醒目多了,让人眼前一亮。

3. 易于传播。由于数字缩略语简明、醒目,所以,也就具有了易于记忆、便于传播、利于操作等优势。笔者有次在为市委书记草拟讲话初稿时,分管副市长要求把一些措施要求提炼成数字缩略语,其中有这样一段:"对全市化工园区,在项目准入、产品储运、环境监控和应急响应等方面,实行全方位整治、一体化建设,严格做到'三个一律',即超标排放的企业一律限期整改,限期整改不达标的企业一律停产整治,低于准入'门槛'的项目一律不得引进,确保整治好、管得牢、保长效。"这个"三个一律"不仅为与会者所熟记,后来也是多家媒体多次报道的重点。

4. 应用广泛。数字缩略语突破了汉语语素组合的规范,各种性质的实词性语素、虚词性语素以及词缀都可以放到数(量)词后面,糅成一个缩略语。仅从本书所用例文就可看出,可充当共同语素的语素非常广泛;没有共同语素的,只要能找到共同归属也可提炼成共同语素。这就造就了数字缩略语适应能力超强、应用非常广泛的优点。

(二)数字缩略语的写法

主要有以下十种:

1. 用"数词+共同语素"形式概括,共同语素有几项就概括成几。如"三好":品德好、学习好、身体好。

2. 用"数词+量词+共同语素"形式概括,在第1种基础上加了量词。如【例11-3-1】中的"个"字。缩略语的位置也可以放在后面,如【例11-3-2】。

【例11-3-1】

要抓住"五个一"历史文化亮点,即一座惠山、一条古运河、一座东林书院、一座崇安寺、一位圣人——泰伯。

3. 用"数词+A（B）"表示每个事物。即把事物的数词和事物的归属A写出来，再把事物B放在其后用括号括起来，如著名的"一带（丝绸之路经济带）一路（21世纪海上丝绸之路）"。在前面基础上，再提炼成"数词＋量词＋共同语素"的缩略语。如【例11-3-2】中惠山属于山，就写成"一山（惠山）"；当然，也可以写成"一座山（惠山）"，但本例没有这样写，写也是可以的；这五个事物都是历史文化亮点，最后提炼成"五个一"历史文化亮点。

【例11-3-2】

要抓住一山（惠山）、一河（古运河）、一书院（东林书院）、一寺（崇安寺）、一圣人（泰伯）等"五个一"历史文化亮点。

4. 不说概括数，直接按次序且连带次序符号点出内容。如【例11-3-3】，这种写法比不用缩略方法的【例11-3-4】效果更强烈、更有力，比使用常规缩略方法的【例11-3-5】更简洁、更新颖。当然，这只适用于内容不多的情况，内容多了，就会显得啰唆，不如用缩略语。

【例11-3-3】

我们要发扬一不怕死、二不怕苦的优秀传统作风。

【例11-3-4】

我们要发扬不怕死、不怕苦的优秀传统作风。

【例11-3-5】

我们要发扬不怕死、不怕苦的"两不怕"优秀传统作风。

5. 除数词和共同语素外，缀加上与原词语表示的事物有联系的词语。这个词语最常见的是"大"字，如"四大自由"：雇工自由、贸易自由、借贷自由、土地租佃买卖自由，在此基础上还可再加"名"字等修饰字，如中国本土"四大名猫"：狸花猫、临清狮子猫、奶牛猫、黄狸猫。

6. 对原词语的归属进行特征概括。还如前文中国本土"四大名猫"。有人认为这种缩略语没经过共同语素提炼，不应称为数字缩略语。笔者对此并不认同，并认为这种形式其实可以参照前文第3种方法过渡一下。狸花猫、临清狮子猫、奶牛猫、黄狸猫可分别写成"中国本土第一名猫（狸花猫）""中国本土第二名猫（临清狮子猫）""中国本土第三名猫（奶牛猫）""中国本土第四名猫（黄狸猫）"，这样就可提炼出"中国本土'四大名猫'"的共同语素了，其后按顺序排列四种猫，实际上也隐含了这四种猫的位次排名。此法从另外一角度看，还是对原词语的归属进行某种共同特征的概括，只是中间省略了一些环节。

7. 由于缩略语中已出现共同语素，便对前后文中重复的共同语素进行省略，以实现更加简洁。如"做到田块落实、大户落实、种源落实、套种模式落实和养殖规模落实'五落实'"，可以省略为"做到田块、大户、种源、套种模式和养殖规模'五落实'"。

8. 两项甚至多项缩略语连用。前文已有实例，再如"四书""五经""八荣八耻""五讲四美三热爱"等。

9. 采用"数字提取＋内容提炼"缩略。使用的情形有两种：一是由于缩略对象一般超过3个，采用前文方法会显得表述非常啰唆，如："一个示范田块、两个种源、三类套种模式、40家大户和5000亩种植规模"，缩略成"一田块两种源三模式四十大户五千亩规模"就显得太繁杂了，达不到精练的要求；二是缩略对象不是常规的文字表述，按常规的方法不好缩略，如"面向21世纪，采取措施，重点办好100所高等院校"。对以上两种情况，可以采取"数字提取＋归属提炼"的办法，其中"数字提取"就是把缩略对象中的数字拎出来，一般不用考虑后面的"0"，"一田块两种源三模式四十大户五千亩规模"提取出"12345"，"面向21世纪，采取措施，重点办好100所高等院校"提取出"211"；"归属提炼"，就是把缩略对象提炼到贴近原词语内容又容易让受众明白的归属，前例属于"良种推广计划"，后例属于"工程"。经过"数字提取＋归属提炼"整合，前面两例分别写为"12345良种推广计划""211工程"。当然，"数字提取＋归属提炼"还可以提炼为"双提"。

10. 在缩略语的基础上再缩略。如将"工业现代化、农业现代化、国防现代化、科学技术现代化"缩略成"四个现代化"；在此基础上再缩略成"四化"。这一般用于普及度非常高的缩略语，一般的缩略语不能这样用；否则，会造成受众费解。

（三）数字缩略语的运用

从微观到宏观，可用于文稿的各个位置。

1. 用于缩略词、短语和句子。缩略词，如"三农"：农业、农村、农民。缩略短语，如"四有"：心中有党、心中有民、心中有责、心中有戒。缩略句子，如安全生产"三个必须"：管行业必须管安全、管业务必须管安全、管生产经营必须管安全。

2. 放在正文中，缩略一组意群，甚至一组段落。

【例11-3-6】

各地、各部门要对照方案，认真组织好"三查三看"，即：一查"双拥"工作组织机构，看组织是否健全，人员是否到位，是否形成了齐抓共管的坚强合力；二查"双拥"政策法规落实，看各项政策是否落实有力；三查军政军民关系，看是否有大的矛盾和纠纷。

3. 用于缩略指导思想或总体思路等带有方向性、战略性的内容。缩略语放在下一步工作的指导思想或总体思路中，往往统领下文，甚至对今后一个时期工作有全盘指导的作用，起到精练表达思路导向、重大战略的作用。这里着重介绍一些常见的表达形式。重大战略如只涉及一项重大措施（一个重要事物，下同不再重复），则叫"一核"，也可叫"一体"；如一项重要战略的×个方面或×支力量共同完成一项重要任务，可叫"×位一体"；重大战略如涉及两项，叫"双翼齐飞""两条腿走路""双轮驱动"；重大战略如涉及（以下也省略）三项叫"三管齐下""三驾马车"；四项可叫"四轮驱动"；五项叫"五朵金花"；六项叫"六大亮点""六大工程"；七项叫"北斗七星""七星拱斗"；八项叫"八仙过海"。也可以把这些中的部分连起来用，如"一体双翼四轮驱动"等；还可以根据实际需要，与核、极、带、区、片和点等进行组合搭配，形成如"一核三极四带多点"。

4. 放在过渡语中，缩略下文内容。

【例11-3-7】

二、重抓关键，全力推进重点工程

下阶段，要立足实效，重点抓好"三大工程"。一是"蓝天工程"。二是"碧水工程"。三是"净土工程"。

5. 放在标题中，缩略下文。

【例11-3-8】放在主标题中，缩略、统领全文。

实施"四个全面"战略布局　加快建设美丽富庶幸福新××
——××市六次党代会五次会议工作报告

【例11-3-9】放在一级标题中，缩略其统领下的正文。

一、时刻不忘"三个特殊"，切实增强抓好今年防汛防旱工作的责任感和使命感

二、始终突出"三个关键"，切实把防汛防旱各项措施抓细、抓实、抓到位

三、着力加大"三个力度"，努力夺取今年全县防汛防旱工作的全面胜利

6. 概括全文，但不放在标题中。2013年，国务院印发《关于印发大气污染防治行动计划的通知》（国发〔2013〕37号），其中的《大气污染防治行动计划》后来被称为"气十条"。此后，国务院还先后出台了"水十条""土十条"。当然，这

并不是所发文件对文件内容的缩略，而是外界根据文件主要包含十方面内容，而对其所作的缩略。

除了数字缩略语外，还有文字缩略语、字母缩略语、混合缩略语等。

文字缩略语中有省略前面的字形成的缩略语，如"中国人民银行"简称"人行"；省略后面的字形成的缩略语，如"复旦大学"，简称"复旦"，还有这样的："放管服"，就是简政放权、放管结合、优化服务的简称；"走转改"是"走基层、转作风、改文风"的简称，值得学习借鉴，但这要是知名度比较高的才行，如果一些知名度太低的长名词，也搞缩略语，大多数受众看不懂，然后还要再来作解释，那就是"螺蛳壳戴眼镜——多一层不如少一层"了。

字母缩略语如 EMS、BP 机等。近年来"慕课"这个词热起来，是缩略语 MOOC 的音译词，"M"代表 Massive（大规模），第二个字母"O"代表 Open（开放），第三个字母"O"代表 Online（在线），第四个字母"C"代表 Course（课程）。

目前，字母缩略语，尤其是头母缩略语在公文写作实践中多用作词语，用到其他地方的例子较少，前文第七章第一个层次"共同点"中讲过用"IQ（智商）""EQ（情商）""AQ（逆商）"拟写一组层次标题的例子。

混合缩略语是指前面多种缩略语的混合使用，如"五个 W"，是构成新闻中的 when（何时）、where（何地）、who（何人）、what（何事）与 why（何故）的五个基本成分（要素）的缩略，是数字与字母的混合，再如"村 BA"，是仿拟"NBA""CBA"，将汉字与字母混合，对贵州省台江县台盘村充满乡土味道的篮球赛的独特称谓，出圈后为当地汇聚了人气、注入了活力，逐渐形成一种乡村体育文化。

四、仿拟辞格写作：请为一个尴尬的经典正名

有一种公文修辞格，你知道或不知道它的名字，它就在那里，一直被广泛使用着。这种类似于"×或（与）不×，就……"句式的辞格就是仿拟，源于著名诗句"你见，或者不见我，我就在那里"。可以说，这种辞格使用广泛，堪称经典，然而，很多公文写作者用过此法，却不知其名，也不太了解使用注意事项。所以，需要给它正名。在众多定义中，笔者认为武占坤的版本相对准确："仿拟格是为了实现一定的辞效，适应特定的语境，故意仿效既有的词、语、句子或作品的格调，创造偶发性的语言成分或言语作品的一种修辞方式。"（《常用辞格通论》）掌握其用法要领，需要解决以下重点问题。

（一）需要走出主要认识误区

主要有四个：

1. 公文并非仿拟手法的"贫瘠区"，而是"富饶地"。有人说，公文很少用仿拟手法。对此，笔者很不认同。对流行的语句，既要借鉴又要出新；对经典的语句，既要传承又要创新；对上级要求中的经典表述，既要贯彻又要融合地方实际，那么，使用仿拟手法，就有了理论逻辑必然。实践中，仿拟手法不仅比比皆是，更是花样不断翻新。如：打通XX的最后一YY，就是解决XX工作的最后、往往也是最难的YY问题，从"打通XX的最后一公里"开始，现已有用"最后一百米""最后一米"，甚至"最后一厘米"的了，而且还向其他方向拓展，如：打通理论宣传最后一米（最后一户）。

2. 公文仿拟的对象并不局限于当今流行"梗"，而是知名度高的都可以仿。英雄不问出处，只要知名度高，就可以仿，不用太在意来源。八股是明清时期科举考试的一种文体，可谓"老朽"之词。鲁迅仿拟出"洋八股"，以批评当时不正文风。针对当前一些人热衷于套用流行文章应付差事的现象，也可以仿出一个"网八股"的概念。

3. 公文仿拟手法并不完全在于追求喜剧效果，而是主要增强庄重效果。有人甚至一些文字大师说，仿拟辞格主要是为了追求喜剧效果。笔者认为，至少公文领域的仿拟不是以此为主要目的。从习近平总书记提出"中国梦"开始，特别是在2019年新年贺词里讲"我们都在努力奔跑，我们都是追梦人"后，逐梦、圆梦、筑梦等与梦相关的词、词组使用逐渐增多，其表达效果严肃庄重，这可以当作公文仿拟的一个缩影和代表。

4. 公文仿拟手法并不能完全代替务实管用的措施，而要两者结合甚至融合。在用这种仿拟手法时，千万不能认为一仿就万事大吉了，而应认清这种手法本身只是一个实招的"放大器"，只有本身含实招，才有放大的效果，如"河（湖、林、链）长制"等本身就自带"硬核"措施；否则，即使用了此法，还是虚软无力，如"说走就走的旅行"，可仿成"说走就走的交通"，仍必须配套务实管用的措施："完善农村道路体系建设，让农民拥有说走就走的交通。"

（二）两种分类

从两个不同的角度看，仿拟有不同的分类。

1. 从形式上看，仿拟主要有以下五种。

仿词：更换现成词语中的某个语素临时仿造出新的词语，如：由"校花"仿成"校草"。

仿语：把现成的俗语、成语或短语中的一个语素换成意义（读音）相近、相对或相关的语素，从而临时仿造出一个新的短语。如：由"舌尖上的中国"仿出"舌尖上的安全""餐桌上的浪费"直至"轨道上的京津冀"等。

仿句：以现成的句子为本体造出一个新句子。如：由"房子是用来住的，不是用来炒的"仿成"商标注册是来用的，不是用来炒的"。

仿篇：仿拟现成的文章全篇，形成一篇新文。

仿体：仿拟鲁迅体、淘宝体、微博体等语体。

2.从仿拟的对象看，主要有以下十一种。

成语：比如，由"默默无闻"仿为"默默无'蚊'"（为蚊香广告）。

俗语：比如，由"哪有什么岁月静好，只不过是有人替你负重前行"仿成"哪有什么盖世英雄，不过是平凡人挺身而出"。

古语："相离莫相忘，且行且珍惜。"最早见于《辞海》，现多仿用于名节、情感等方面提醒，比如，"自由真好，名节要保，且行且珍惜"。

电影：《大话西游》中有著名桥段"如果非要把这份爱加上一个期限，我希望是一万年！"笔者有次在文稿中仿成"生态环保事业只有起点，没有终点。如果非要确定一个终点，那么这个终点就是群众满意。"

诗词：由裴多菲的诗"性命诚宝贵，恋情价更高，若为自在故，二者皆可抛"仿拟出："利润诚好笑，信用价更高，若为利润故，别把信誉抛。"

歌词：下例是仿拟连续剧《蓝精灵》的歌词所写，题目叫《小文案》，反映了文案编写者的艰辛与乐观："在那山的那边海的那边，有一群小文案，他们苦命又聪明，他们加班到天明，他们一天到晚坐在那里，熬夜写文章，如果饿了就咬一口小面包，哦，可爱的小文案，哦，勤奋的小文案……"

广告：由"妈妈再不用担心我的学习了"仿为"妈妈再不用担心我的保暖了"。

公式：既可以仿等式，比如，成功＝苦干＋巧干；还可以仿不等式，比如，牵头统筹不等于包打天下，要切实强化各相关单位责任。

天气预报：下例是仿拟天气预报写的国际形势分析："未来一段时期，国际形势将阴晴不定，在主刮贸易全球化大风的背景下，局部地区也将受到反全球化的逆风袭扰，战争阴霾还将笼罩局部地区，请提前做好准备和应对。"

产品说明：送给全市每家企业一份礼包，成分：谋划深一层，服务多一点，帮办早一步；保质期：一生；营养：温馨＋幸福＋感动；制造商：市委、市政府携各县区、市各部门。

网络体：是伴随着网络的发展而产生的网络特有的一种流行文体，有特定的句式、结构。主要创始人是"80后""90后"这一群人。同时，网络体也是对所有网络语言文体（比如蜜糖体、红楼体、纺纱体、梨花体、走近科学体、乌青体、暖心体、成龙体等）的一个总称。南理工以"淘宝体"《录取通知书》，拉近了和考生的距离："亲，祝贺你哦！你被我们学校录取了哦！南理工，不错的哦！'211'院校哦！……景色宜人，读书圣地哦！……亲，9月2日报到哦！……亲，全5分哦！给好评哦！"

（三）可供仿拟的三类词语句

为了便于读者理解、积累和借鉴，笔者对可供公文仿拟的词、语、句大体分出以下三类。

1. 常用常新的"老戏骨"。这一类历尽岁月风采依旧，特别是对于提高文字表达简练度和表现力作用很大。

● 带有"性""化""力""心""点"等后缀的词，如：前瞻性、产业化、公信力、责任心、突破点。

● 之。文言文中"的"的意思，写入现代公文，意思没变，但有提升重要、郑重等程度的效果，如：答好时代之问，走出改革之困；思想为之一新；求发展之真，务探索之实（把"求真""务实"拆开来加内容和"之"）。

● 应（当、宜、能、该、愿等）X则（尽）X。如：当缓则缓、能快则快、该进则进。如果想把要求提得更高些，可把"则"换为"尽"，如：应检尽检、愿检尽检。

● X有所（宜、安、乐、优等）Y。如住有所居、老有所养、学有所教。其中，一般来讲，YX本来可组成一个词，如例中语句可提取出"居住""养老""教学"。如果想把要求提高些，可将"所"字换掉，拟出住有宜居、住有安居、住有乐居等。

● 在X言X。源于《礼记·曲礼下》："在官言官，在府言府，在库言库，在朝言朝。"指在什么职位上就说什么话、做什么事，后来仿为在商言商、在农言农、在党言党等。

● 讲XX。"讲"字可理解为"特别注重"，由"五讲四美三热爱"到"三讲"教育活动，类似的还有讲政治、讲大局、讲奉献等。

- ●XX年（季、月、日）。用"项目突破年""进度决战季""项目推进月""全国土地日"等提法，集中开展一些正常情况下难以取得明显效果的活动或工作。
- ●依法治X。这里的X，既可以是国、省、市、县、镇等地方，也可以是税务、财政、污染、公路等方面事务的简称，如：依法治市、依法治税。
- ●XX（一般为地名）（的）YY或XX领域的YY。意在强调重要性和独特性，如：江苏模式、政协贡献、中国的居里夫人、杂技领域的诺贝尔奖。
- ●得XX者得天下（也可为其他地方）。主要源于"得民心者得天下"，后来常被仿拟，如：得绿色认证者得天下（赢江苏）。
- ●X分YY有其一。主要源于"三分天下有其一"，X常为3到6的整数，YY为地方（单位）名称，如：四分浙江（中石化）有其一。
- ●X心安处是YY。主要源于宋朝苏轼名句"此心安处是吾乡"，后来被仿为"吾心安处是淮安"。
- ●不能把XX当作筐，什么都往里面装。如：不能把疫情当作筐，什么都往里面装。意思是说，不能什么事情都以疫情为借口，拖着不办或办得不好。
- ●XXX是怎样炼成的。主要源于苏联名著《钢铁是怎样炼成的》，可仿为"文章高手（好文章）是怎样炼成的"。
- ●零XX。这是"无""没有"意思的强调。如：零（距离、事故）等。
- ●姓"X"还是姓"Y"。这里的X、Y一般是相对的关系，较早见于姓"资"还是姓"社"，后来又见到姓"中"还是姓"外"，还可仿成姓"今"还是姓"古"等。
- ●只此XX。意为仅此、就此、唯有这样、只有一次，有强调其重要性、独特性的意味，多用为"只此一家（回、举、女）"等，也有用为"只此财力（告回）"等，随着2022年春晚舞蹈《只此青绿》更加广为人知。
- ●要么在XX，要么在去XX的路上。源于巴尔扎克名言"要么在咖啡馆，要么在去咖啡馆的路上"，意在强调XX的频率极高，如：要么在招商（开会、加班），要么在去招商（开会、加班）的路上。

2. 正在大热的"新网红"。

- ●能。用其本义，可写为"提升XX能级"。适当拓展，"运能""权能""产能""发展势能"等运用很广，"新旧动能转换"已经上升为国家策略，当前"赋能XX"更是炙手可热，如：赋能改革。
- ●发出XX声音，讲好YY故事。这个可单用，也可合用，这里的XX、YY既可以是某个地方，也可以是某项工作。如：发出中国声音，讲好生态故事。

●一种XX。这是对XX所包含意义的强调，如：让博物馆成为一种文化积淀（精神食粮、生活方式）。

●厉害了，我的X！主要源于2017年春节期间央视《新闻联播》推出春节特别节目《厉害了，我的国》，后来被广泛用于表达赞叹、惊喜之意，如：厉害了，我的歌（家乡）！

●XX比YY更重要。2008年世界金融危机期间"信心比黄金更重要"大热，又如：观念（信息）比能力（资本）更重要。

●XX自由。主要意思是可以随心所欲地消费、享受、支配XX，早年常见于人身自由、婚姻自由等法律授权，近些年仿拟开始增多，有人总结出人生"三大自由"："财富自由、时间自由和心灵自由"，还有人仿出"酒店自由""车房自由"，甚至"车厘子自由"等，还在延续中。

●不走的XX。这是对一种较为紧密、不变关系或现象的生动描述，如：中越两国是"搬不走的邻居"，"造血式"扶贫培育出一支"搬不走的扶贫工作队"。

●XX+或XX加YY。这里的含义不仅包括相加，还有融合、再造等内涵，如：互联网+，龙头企业+基地+农户，这些地方给人的印象是"繁荣景象加心情舒畅"。

●XX一个都不能少。主要源于张艺谋电影《一个都不能少》，强调要素一个不漏，如：脱贫（检查）一个都不能少。

●微XX。主要源于微博、微信，与"微"字组成的新词，既有微小但贴近群众的意味，也有通过互联网等渠道面向公众、接受监督等意味。如：微商（权力），中国共产党新闻网·党员学习微平台。

●秒X。秒原为时间基本单位，这里意为"以一秒（极快）的速度完成了X"，较早出现的是秒杀，后来有秒抢、秒懂百科等，还在仿拟中。

●打通XX的任督二脉。意为解决XX的关键问题或制约瓶颈，可仿为：打通江苏高质量发展的任督二脉。

●被XX。此种写法看似荒谬，却也恰恰强调了当事人不知情、非情愿、不满和无奈，可仿为：被脱贫（增收、小康达标）。

●玻璃XX。用来比喻看似不存在，而实际存在，且难以消除的事物或现象，可仿为：玻璃旋转门（天花板）。

●唯有XX与YY不可辜负。较早地见于书籍《唯时间与理想不可辜负》以及

《毕晓妮的日志》中的"唯有美食与爱，不可辜负"句子，后被仿拟为"唯有爱与信任（读书与运动等）不可辜负"，还有仿成"唯有生命（光阴、美貌、美食等）不可辜负"等。

●XX与YY的距离只有（是、差）一个ZZ。说明ZZ的重要性、稀缺性，难度较大。如：目标与成功的距离只有一个落实。

●XX的正确打开方式。源于电脑操作术语，后来指某些事物这样发展才合乎常理，如发生了一些事情认为不科学，那肯定是打开方式有误，如：中秋节的正确打开方式是吃月饼、赏月亮。

●因为一（量词）X，爱上一（量词）Y。主要源于"因为一个人，爱上一座城"，强调了X的重要性及对Y的影响力，后来被仿为：因为一串烧烤（一只蟹、一段话），爱上一座城（一部电影）。

3.已有较高知名度、未来还将升温的"潜力股"。

●满满的XX。意指XX很多、很足、很充分，可仿成：满满的回忆（幸福感、正能量）。

●做好XX"后半篇文章"，意在要求做好某项工作的下半阶段往往也是较难部分的任务，如：做好整改（巡察、审计）的"后半篇文章"。

●交出（答好）XX答卷（问卷）。"时代是出卷人，我们是答卷人，人民是阅卷人"这一句式更加流行后，又出现仿句，如：交出一份群众满意的民生（委员）答卷。

●逆X。出现较早，可用于表现不畏艰险之意，如：逆行者、逆风而行。

●XX链。出现较早，可用来表现相互衔接、不断延伸的事物，不仅可有"产业（价值、供应、利益）链"，还可有"创新（服务、操作）链"等。

●XX侧（端）。意为"侧面、方面"，流行于中央提出的供给侧结构性改革，还有仿为：需求（生产、企业、服务）侧（端）。

●XX讲习所。源于《借山亭记》，现在多指为传授某一专业知识而设立的短期速成学习机构，还如：党建（青干、妇女）讲习所。

●XX红利。主要源于"改革红利"，后来又见于"人口（政策、资源、人才）红利"等，还可多仿。

●X循环。例如："逐步形成以国内大循环为主体、国内国际双循环相互促进的新发展格局"，可以预见"循环"式语句还会增加，如：产业（资本、水、物质、价值）循环。

- 向X。"向"字比"转""变""更"等字，能更好地表现出一种趋势和势态，如：向上向善、向实去虚、趋稳向好。
- 最多X一次。意为尽最大努力压缩相关流程、手续，让服务对象一次办完，由政务服务上"最多跑一次"拓展到教育上的"最多考一次"，还可再仿为"最多审一次"等。
- 落X。主要源于落实、落空，主要意思为"落到X处"后来有了"落小（细、深、早）"，还有仿拟空间。
- 含X量。源于含金（氧、钙、铜）量等，后来有人仿为"含绿量"，还可依托语境进行再创新，如：加强科技创新，提高产业"含新量"。
- 数字XX。可用于对注重形式甚至数字上的弄虚作假行为进行讽刺，如：数字脱贫（整改、达标）。
- XX在线。可理解为"保持或实现XX的最好状态"，可仿为：智商（颜值、勇气、担当等）在线。
- 不仅XX，还有YY和ZZ。这源于诗句"生活不只是眼前的苟且，还有诗和远方"。可对前一句仿，也可对后一句仿，也可两句全仿，如："人生不只诗和远方，更有眼前的美好""人生感悟：生活不只诗和远方，还有勇气和爱"。
- 扣好XX第一粒扣子。由"扣好人生第一粒扣子"发端，意指强调做好开端、起步、定向阶段的工作、事情，后来仿为"扣好执法（廉政、税务）第一粒扣子"等。
- X之Y者。有"国之大者""职之大者""事之大者""业之主者""责之重者"等，起强调的作用。
- XX全生命周期监管（管理）。由"产品全生命周期管理"拓展到"项目（危废）全生命周期管理"等。
- XX是YY的芯片。意在强调XX是YY的命脉、核心和瓶颈。芯片引起国人高度关注，主要源于华为手机芯片遭受欧美封锁，"种子是农业的芯片"的说法得到重视。笔者认为，随着我国加快抢占世界知识产权制高点，这一句式还有仿拟的较大空间，建议多予仿拟。

（四）使用注意事项

主要有以下三点。

一是易于读者理解。首先，被仿体要有较高的知名度，否则，仿了大多数读者也不能理解。其次，被仿体与仿体要在结构上高度相似，不能差距太大，如"打响'吃在南京'品牌"可以仿成"打响'吃（游）在杭州'品牌"，但写成"打响'最好美食在南京'品牌"就不像仿拟了。最后，为了起到提示作用，便于读者理解，仿体一般加双引号；如被仿体与仿体靠得很近，也可不加，如："脱贫摘帽，不摘责任，不摘政策。"

二是稳步积极拓展。要"稳步"，因为公文仿拟属于消极修辞，就目前受众的接受程度看，用过头，将有损公文庄重、严谨风格，一段话同时使用多种仿拟手法，将让人眼花缭乱。要"积极"，是因为毕竟有助于提升表达效果，应该积极拓展其使用密度和种类。在密度上，同一种仿拟手法一组连用（并非前文所说"同时使用多种仿拟手法"，这有很大区别，请注意体会），不仅可组成一句话、一段话，还可以成为一个层次，甚至一篇文章的骨架，值得推广，如："质量变革、动力变革、效率变革、组织变革"；在类型上，特别是基层单位面对群众可积极尝试新形式，有些公文还可采用常规版与外宣版结合的形式；常规版以规范公文格式出现，以示庄重；外宣版通过淘宝体等形式，以微博等载体对外发布，以提高传播力；还有些公文可直接采用新形式，一则原来有点"冷"的城管执法通知被写成："亲，当您接到此宣传单时，说明您正在违反《××省城镇容貌和环境卫生管理办法》的相关规定哦。"这是不是增加了执法温度？

三是定期总结更新。新的被仿体会与时俱增，不断抢占有限的公文应用空间。相应地，一些旧的被仿体因为使用渐少而逐步失去使用价值，最终将淡出历史舞台。还有的被仿体在使用过程中内涵和语境等发生了变化，不宜抱残守缺、画地为牢。为此，文字工作者非常有必要定期对有关知识进行总结更新，做到与时俱进、常仿常新。

（五）与公文仿拟辞格相近的表现手法

除了前文已介绍的化用辞格之外，还有以下几种表现手法与仿拟有些相近，这里作一些简要介绍，也建议读者不要只用仿拟一种手法，而是立足语境、对象、手法，尽可能多样化。

1.拆开重组。把知名度较高的词、成语，甚至拆人名、地名等拆开来，重新组成两个以上短语或句子。前文已介绍过把地名新昌拆开来重新组织语言的例子，这里再讲一个拆人名的例子。王珏，1970年3月出生，生前为温州洞头区大门镇氽面村乡村医生，化名"兰小草"，匿名给急需帮助的孤儿寡母捐款，每年2万，已经坚持了15年，并承诺希望能捐够33年。2017年10月21日因病去世，去世之前，他的身份最终得以大白。2018年3月1日，他被央视评为"感动中国2017年度人物"，颁奖词为："碧草之芬，幽兰之馨；有美一人，在海之滨。留下丰碑，芳香无尽。每年的十一月十七，狮子座流星雨如期而至，那一刻，映亮了夜空中你最美的背影"，其中"碧草之芬，幽兰之馨"，就是把"兰小草"中的"草""兰"两字拆开分别表述的。拆解词语的例子还有很多，这里再介绍一些其他有代表性的例子。

【例11-4-1】把"排忧解难"拆开分别放到两句之尾。

为党和政府排忧，为人民群众解难。

【例11-4-2】把"一国两制"拆开放在两句之中，用引号引起来。

坚持"一国"之本，善用"两制"之利。

【例11-4-3】把"谋策""鼓劲""聚力"分别拆开来放每句的首尾，中间还加了一个"之"字。

谋率先发展之策，鼓率先发展之劲，聚率先发展之力。

【例11-4-4】一是把"团结协作"拆开分别放到前两句的开头，最后又合体放到第三句的开头。二是把"钢铁"拆开分别前两句的尾部，最后又合体放到第三句的尾部。

团结是钢，协作是铁，团结协作就能形成推进发展的钢铁力量。

2.精准微调。对原有知名度较高的固定表述中作切合语境的微调，往往就调了个别字眼，但能给人以简练、精准、易懂、鲜活的感觉。

【例11-4-5】把"此消彼长"改为"此长彼长"，担心受众不懂，又在后面作了一个对比式的补充。

努力做到此长彼长，而不是此消彼长。

【例11-4-6】由"高开高走"改成。

高开低走，逐月回落。

3.逆向表述。对知名度较高的原有固定表述反着说。据传，清朝名臣曾国藩经历多次战败后把向上报告的"屡战屡败"改为"屡败屡战"，显出坚强不屈的干劲，不仅没有得到皇帝的治罪，反而得到了嘉奖。其他例子还有：

【例11-4-7】源于"靠山吃山、靠水吃水"。

对那些靠山吃不到山、靠水吃不到水的地方进行居民搬迁。

【例11-4-8】对"小富即安、小进则满"作了解释,并改成否定句。

不因<u>小富</u>而满足,不因<u>小进</u>而停步。

【例11-4-9】对"说时迟、那时快"反着说。

说时快,那时迟。

【例11-4-10】把"岁月不饶人"倒过来反问,霸气侧漏。

既然岁月不饶人,那我又怎么能饶了岁月?

4. "否定之否定"。为了达到强调的效果,对原来知名度较高的肯定表述进行了否定之否定。

【例11-4-11】源自"民富市强"。

民不富则市难强。

5. 类似回环。几句话表述上虽有区别,但总体上让人感觉翻来覆去在说一件事,有点像回环辞格,更像绕口令,中心意思都在强调某个事情。

【例11-4-12】

为了一切的孩子,为了孩子的一切

【例11-4-13】

选作风好的人,用好的作风选人

【例11-4-14】

好读书,读好书,书好读

6. 承前简化。立足前文已有详细交代,后文就作承前简称,可使表述更紧凑、简洁、准确,且更有文采。

【例11-4-15】例文中画线部分如改成"马克思主义学院姓马克思主义,在马克思主义学院言马克思主义"就显得拖沓、冗长。

高校马克思主义学院要坚持<u>"马院姓马,在马言马"</u>。

第十二章　破解"审稿修改难"：以迎接积分制综合考评统揽审核修改

领导审稿，特别是重要文稿的审核，从某种角度看，就是一场严肃的积分制综合考评，得高分者将获得表扬和嘉奖，甚至提拔；得低分者将受到批评、限期整改，甚至被调离岗位。为此，需要写作者在文稿写作的最后阶段，以迎接这场综合考评来统揽审核、修改工作。

一、领导审稿揭秘：一场严肃的积分制综合考评

（一）领导审稿的结果——五个"考评"格次

实践中，领导审核文稿特别是重要文稿的结果，主要可以分为五个格次，如果按百分制来量化，大体如下：一是不改或稍作修改后顺利通过（81分到100分）。改的地方较少，尤其是一、二级标题没有变动，稿件顺利放行，甚至得到领导表扬和嘉奖。二是作部分修改后通过（61分到80分）。虽然改的地方不少，少数一、二级标题还有所变动，但原稿基本面得到保留，经过一次修改后通过，得到领导肯定。三是要求重新起草（41分到60分）。原稿保留成分很少，领导重新确定了一级甚至二级标题，写作者重写后获得通过。四是要求调整素材积累、写作方法（21分到40分）。领导重新确定提纲后，写作者重写仍通不过，领导带着写作者一起写完稿件，并要求写作者调整以后的素材积累、写作方法，还提出了限期改变目前局面的要求，实际上就是下了"最后通牒"；届时改进不明显，就可能要换人。五是调整牵头主笔、充实团队（1分到20分）。领导认为，牵头主笔及其团队短期内无法达到其工作要求，需要立即更换牵头主笔、充实写作团队。这对于原来的牵头主笔来说，从此将失去牵头机会，甚至会被调离岗位。

（二）领导审稿的方法——积分制综合考评

领导作出前文五个审核格次有无依据？换句话问，他是如何作出这些评价的？

笔者认为，在这场"考评"中，"试题"是文稿写作要求；"阅卷人"虽以领导

为主、受众为辅,但领导会认真听取受众反映,平淡对待表扬的反馈,高度重视批评的反馈;"答卷"以首次向领导呈报的审阅稿为主,此稿最能体现写作者综合素养,也包括经领导指导后的修改稿,及校对后的领导使用稿,所以,答题周期较长、考核的方面也较多。支撑领导作出前面五个审核格次的方法往往是"积分制综合考评"。所谓"积分制",就是把各个小项的评分加起来算总分;所谓"综合",就是评分虽有侧重,但会全面、整体考量写作者的素养,不会依据某一方面作出最终决定;所谓"考评",就是作出前文所述五种审核结果。

如上所述,只有文稿写作"积分"达到领导心中的"及格线",才能通过这场严肃的"考试"。那么这场"考试"主要考查"考生"哪些方面呢?

笔者认为,主要有三个方面:一是对公文写作所涉及的业务知识掌握程度,主要指业务目前主要进展情况、特色,基层群众期盼,存在问题,问题根源及解决措施等;二是对领导意图的领会和拓展情况,往往还会被领导上升到是否尊重其工作理念、思路、方法等;三是文字功底和勤奋精神;如果按百分制进行大体量化,以上三个方面基本上各占三成,而其他多种因素累计起来占一成。对此再分析,第一、第二两个方面分值之和占到了六成,是"大头";如果"大头"丢了,第三个方面文字功底和勤奋精神即使拿了满分,也难"及格"。所以,正如陆游名句"汝果欲学诗,工夫在诗外"所言,公文写作的工夫也应该在文字之外,"考生"应把主要精力放在第一、第二方面,且需要继续持续不断地跟进掌握和积累,而不是整天在文字上挖空心思、求新立异。

对此,可能有个别读者不认可。那么笔者再找一个例证。很多刚刚工作的硕士生甚至是博士生,新进一个单位,领导安排他写一篇讲话稿。他们往往抓心挠肺,也难写出一篇像样的文稿;即使有点像样了,往往还被批为太空、书生气太浓。你能说这些学生的文字功底太差吗?不!实际上,主要因为他们对单位的主要业务和领导的意图还不甚了解,这时让他们写这类文稿,确实是"赶鸭子上架"。

(三)领导眼中的"评分标准"——"四有两好"

"四有两好"是领导眼中的"评分标准","考生"应该据此积极"备考"。

"四有",具体讲:

一是有"实度"。领导审核一篇稿子,如无论什么时候、场合、角色都能用,那么此稿就是"万能的通稿",也是"无用的废稿",其失分点在于没有接好这个时代的"天气"、这个单位的"地气"和领导个人风格的"人气"。起草者要写好文稿,必须对这项工作目前主要进展情况、特色,基层群众的期盼,存在的问题,问题的根源及解决措施了然于胸，虽然有的文稿并不需要全面展示这些方面，但任何一篇文稿都必须或多或少地立足于这些方面，从这些中"生长"出来，总结、推介词等多侧重于展示工作主要进展情况、特色，方案、通知、请示、发言稿、调研报告等多侧重于展示解决问题的措施，讲话稿、工作报告等则是工作的全面展示，所以，脱离于工作实际的文稿是不存在的，所有企图脱离实际的文稿都将成为"无本之木"，也必然会沦为"废稿"。公文实践中还有很多措施没有明确责任主体、质量要求、完成时限、督查推进、奖惩办法等基本要素，造成这些措施无法高效落实落地，成为"正确的废话"，这是一种更加常见且难以察觉的"漂浮病"，也是常被扣分而不自觉的地方。

二是有"高度"。理论上的高度，不仅可用"方法论""辩证法""两点论"和"重点论"等哲学字眼，更要用这些哲学思维来分析、研究、推进工作。很多工作报告在分析形势时提出，既要看到挑战，更要看到机遇，这就是"两点论"的实践运用。政策上的高度，执行上级法律法规、政策，只能拿到基本分；找到上级要求与本地实际的最佳结合点，实现两者共赢，可以拿到高分；用本地创新性的成功实践影响上级出台新政策，才可以拿到附加分。身份上的高度，要求切合领导的身份及场合；同一名领导，在不同场合，会带来角色不完全相同，进而带来表达不同；在同一场合，有多位领导讲话，职位高的领导讲话的高度应该更高一些。

三是有"深度"。看待问题比较深刻，分析问题比较透彻，考虑问题比较长远，避免泛泛而谈。尽管领导在布置写作时会要求文稿有深度，但绝大多数领导若非特殊情况（如上级有明确要求），还是不希望批评下属单位太多的问题，也不认可曝光本单位太多的问题，更难接受深挖他个人的不足。他们所期望的深度主要是通过思想深度、措施深度以及制度深度等来体现，以"润物细无声"而非"平地一声雷"的形式展现出来，这是很多新手不容易把握的问题，应予以高度重视；否则，将在领导印象中失去"高分"；未经批准擅自暴露领导个人问题的，极有可能遭受"一票淘汰"。

四是有"广度"。不能就问题谈问题，而要更加全面、系统地解决问题，推进工作，不能有明显缺项和偏废。从涉及对象看，一方面应尽可能地调动更多单位、更多资源来完成共同目标任务，惜字如金的政府工作报告总结部分，常常写进了"工会、妇联、共青团、地震局、气象局等工作取得很好进展"等看似"无关痛痒"的内容，从一个侧面证明了公文必须兼顾多个方面的感受；另一方面也应考虑文稿涉及对象是否在会场和文件收文单位之中。之所以这样提醒，是因为有的文稿对某项工作提出了明确要求，而这此项工作的牵头单位却不在会场，也不在收文单位之列，那么文稿所提要求该由谁来落实？这实际上就算差错了，当然也会引起领导不悦乃至"扣分"。

"双好"，具体讲：

一是文字功底好。本书的绝大多数篇幅都在介绍起草者的文字功底增强问题，为此，本章不再赘述这个问题，只是提醒起草者在起草文稿特别是重要文稿时，一定要展示出自己应有的文字功底；如果大失水准，容易被领导评价为不勤奋，甚至是态度不端正。一旦被贴上这个标签，那么就容易被责令限期整改，直至"换人"。

二是勤奋精神好。如果起草者在写作上表现出过硬的勤奋精神，往往不仅能"勤能补拙"，通过自己超过常人的辛劳，弥补文字功底、业务知识乃至对领导意图的领会等方面的不足，还能有效激发领导的理解、怜惜，甚至好感，直至"爱屋及乌"，忽略文稿中的一些毛病，甚至他自己在用稿时还能帮助写作者"打圆场"。我们常遇到文字水平比我们强得多的领导。好在，我们有自知之明，"笨鸟先飞""笨鸟多飞"，只要有一点写作任务的消息，就提前写作；没有写作任务，也能认真积累"备写"，尤其本着"服务领导必先学习领导"的理念，认真向他们学习，并体现于文稿写作中。他们虽然对我们的文字水平没有完全满意，但他们感受到了我们的努力与艰辛，也就没有为难我们，甚至还主动指导、帮助我们。

领导会从哪些方面考察写作者的勤奋精神呢？除了素材收集是否全面、能否根据写作需要加班加点等因素外，文稿中"硬伤"是否较多也是一个重点。如"硬伤"多了，领导会认为写作者不够勤奋，甚至是责任心出了问题。"硬伤"中除了错字别字漏字、排版失误等常见问题外，数字错误也是一个重要且容易被忽视的问题。很多写作者误认为领导只抓大方向，对数字表述的精准度不太注意。实际上领导比一般人对这些更敏感。因为，他们平常大多数工作没有稿子，那他们就必须强迫自己记得一些与本单位相关的重点数字和内容表述，如一个地方去年和今年的GDP、财政收入和五年奋斗目标、重大战略等。这些内容有一丁点出入，领导都会觉察出来。领导还会比较关注总数字与分数字之和是否相等。如前文说总收入100亿元，后文对其构成进行了分解。有的领导会对分解数进行相加，看总和是否等于100亿元。如找到差错，他们就会批评写作者工作不细致。这还是领导使用普通文稿的标准要求，如果是本单位年度工作报告以及向上级单位主要领导汇报等重要文稿，那么他们对数字的精准度要求会更高。

二、内容上的审核修改:"三查三改"保证少丢分

(一)内容。从措施、素材、文字篇幅等进行审核、把关和修改

1. 查文中措施是否符合政策、切实可行,改政策性差、不切实际的地方。衡量措施的标准主要有两个:一是是否符合政策。这里的政策,从执行者看,应该遵循"法无授权不可为"的原则;从被执行者看,应该遵循"法不禁止即自由"的原则。二是是否切实可行。如果发现措施不符合政策、有无法实际操作的地方,应予以纠正。

2. 查素材是否真实、鲜活、全面、典型,改不实、陈旧、片面、不够典型的地方。收集到的素材质量直接影响文稿的起草质量。为此,要对收集到的素材进行审查,看其是否真实、鲜活、全面、典型。

真实,执行的标准是"真的未必都要说,但说的必须都真实",写作者应据此来审查。

鲜活,就是素材是否与时俱进,把最新的情况反映出来。如你在一年的 8 月份收集素材,相关单位只提供了其上年度的工作总结。那么,素材就明显陈旧了。因为 8 月份时,一般单位本年度上半年总结肯定出来了,最好将其找到位。

全面,看似容易理解,实则难以做到。真正的全面,就是素材不仅要反映主要成绩,还要反映主要问题;不仅有问题的现象,还要有问题的根源;不仅有上级的要求,还要有基层的期盼等。

典型,就是最具代表性的人、项目或事件。有的读者可能会问:为什么要掌握典型?这里,笔者举一个例子来回答:"今年先后招引、建设 A、B、C 等一批重特大项目,其中,A 总投资为 200 亿元,是建市以来单体固定资产投资额最大的项目。"此例中,A、B、C 是投资额前三名。这三个项目就是项目中的典型,其中 A 又是典型中的典型。在写作实践中,有的写作者在列举人物、项目或事件时,没有把典型的往前排,造成代表性不足。这里也需要强调,如这个典型是特别极端的事例,不具有代表性且已远远超出常人理解的范围,容易被怀疑是"温室里的盆景"时,也应谨慎采用,防止被误解。

3. 查文字体量是否适中,改篇幅过长或过短的毛病。这里既有文稿全文过长或过短的问题,也有局部过长或过短的问题。实践中,往往一篇领导嫌篇幅过长的文稿,还可能存在一些局部有待充实的问题。所以,不能机械地理解领导意图,领导一说嫌长,就全面精简,而应根据实际工作需要和文稿实际情况,在能删尽删的

同时做到该补则补，篇幅总体上达到领导要求。

由于篇幅的精简是文稿修改中最常见的工作之一，笔者这里专门作个说明。

王梦奎在《文章写作十二题》中提出："同样的内容，要用最简约的文字表达；同样数量的文字，要表达更丰富的内容。"笔者认为这可以作为篇幅精简的基本标准。

篇幅精简的基本原则是"精简不减精"，就是要保留最能反映主题的内容，把存在缺陷以及表现主题功能相对较弱的内容去掉。

精简内容一般可以采用一定的方法依次循序进行。这里为什么说是一般？因为，对每一份材料而言，被精简的内容的重要性不完全相同，所以，这里只讲一般。为什么又说是依次循序？因为这些被精简的内容的重要性也是有区别的；既然有区别，那么在精简时就应该先精简重要性相对弱一点的材料；如果一轮精简后发现篇幅还嫌长，那么再开展二轮精简，去掉重要性更弱一点的。这样，不至于一轮精简太多，后来又觉得篇幅太短了，需要回过头来充实内容。由此还想提醒各位，每份改动较大的文稿最好单独保存一份电子文档，以防回过头还要用。这也是文字"老手"常有的习惯。当然，如果起草者有确定的把握能够一次性精简到位内容，也可不用依次开展，直接一步精简到位。

精简内容一般可以按以下顺序进行。

（1）删减。不管篇幅嫌不嫌长，都应做到应删尽删。

一是删减重复内容。"预计……将"中"预计"就有"将"的意思，所以，应将"将"字去掉。"妥善处理好"中"妥善"与"好"字意思重复，应将其中一个删掉。"市环保局、市水利局、市文化局"中"市"字应该承前共用，改为"市环保局、水利局、文化局"。"管理水平和服务水平"应该承后共用，去掉前一个"水平"。《关于请求解决××××的请示》中有"请示"，前面"请求"就是多余的，应改为《关于解决××××的请示》。

此外，有的印发、转发实施方案、意见等时，实施方案、意见中的部分表述与印发、转发通知中的部分内容出现重复。有的表彰通报、决定中前边总结性表述与后边希望性表述重复。有的正文中已注明"（见附件1）"，文末又写"附件1"。这些问题应该注意克服。

二是删减应该用代词替代而未用的内容。这种代称是语法所要求的，必须使用；否则，就是不合语法。这一点，与后面的代替有本质的区别。

【例12-2-1】

原稿：

瑞特大道和宁连公路的公路立交桥停止使用，在公路立交桥北侧新建道路，采用平交道口连接瑞特大道和宁连公路。

修改稿：

瑞特大道和宁连公路的公路立交桥停止使用，在其北侧新建道路，采用平交道口代替之。

三是删减可有可无的内容。可有可无的内容不符合行文简练的基本要求，对服务主题意义不大且为绝大多数受众难以理解的内容，都在删减之列。

【例12-2-2】

减负比例（"比例"可以省去）87%

【例12-2-3】

总投资为（"为"可以省去）60473万元

（2）压缩。可压缩和概括的内容本身并没有太大问题，只是因为篇幅精简的需要，才做文字处理。这一点与前面的删减有着本质的不同。

一是合并压缩。将能合并的合并，实现篇幅压缩的目的。如："对事故多发的重点路段，一时无法整改的"，可合并为"对事故多发且一时无法整改的重点路段"。

二是压缩表现主题功能较弱的背景、意义以及为大多数受众所知道的内容等。如："实现全面小康社会利在当代，福泽民生。同时，这个目标不是留给后人做的，而是定给我们自己干的。今后五年，全市广大干群必须从我做起，从现在做起，走实每一步，抓好每一年，以年度目标的圆满完成，来保证全面小康目标的顺利实现。今年是全市建设全面小康社会的起步之年。全市要坚持实现八大主要经济指标不动摇，以加快发展为第一要务，大力培育和发展先进生产力，为实现五年全面小康目标开好头、起好步"可以压缩为"今后五年，全市广大干群必须从我做起，从现在做起，走实每一步，抓好每一年，以年度目标的圆满完成，来保证全面小康目标的顺利实现。今年全市要坚持实现八大主要经济指标不动摇，以加快发展为第一要务，大力培育和发展先进生产力，为实现五年全面小康目标开好头、起好步"。

三是压缩层次。很短的文字没必要立标题分层次的，就不要立标题分层次。没必要分行的，就别分行。没必要用序数词的，就不要用。有些比较简单的工作，不能机械地仿照上级，对每项工作都分为工作任务、工作时限和工作责任；否则，就会显得机械、琐碎。

四是用规范化的简称、代称来代替全称。《××市2008年住房建设计划》(以下简称《计划》)，直接用《计划》代替即可。"上海证券交易所"可压缩为"上交所"。"水井在一定历史时期为群众吃水主要来源"中的"在一定历史时期"可以压缩为"曾"。

(3) 概括。下面将主要通过两个例子及其演变来说明概括的种类及用法。

【例12-2-4】

一是在物质文明上抓发展；二是在精神文明上抓发展；三是在政治文明上抓发展；四是在社会文明上抓发展；五是在生态文明上抓发展。

【例12-2-5】

参加的县城土地定级估价项目被省土地管理局评为"1995年度优秀成果二等奖"，被市政府办表彰为全市政务信息工作先进个人，被市国土资源局评为档案管理工作先进个人，被××县委评为全县第一批保持共产党员先进性教育"先进个人"。

一是摘要式概括。就是把主要概括对象摘出来，组成一句新语句。【例12-2-4】可以概括为"在物质文明、精神文明、政治文明、社会文明和生态文明上抓发展"。【例12-2-5】可以概括为"受到省土地管理局、市政府办、市国土资源局、××县委表彰"。

二是"点将+等"式概括。就是在摘要式概括的基础上，不全部点出摘要对象，只点其中最主要的对象，对此，笔者杜撰了个名字叫"点将"，其后再用"等"字省略其他摘要对象。【例12-2-4】可概括为"在物质文明等方面上抓发展"。【例12-2-5】可概括为"受到省土地管理局等上级单位表彰"。

三是量化式概括。把主要摘要对象用数字量化出来。【例12-2-4】可概括为"在五大文明上抓发展"。【例12-2-5】可概括为"受到4家上级单位表彰"。

四是代替式概括。用另外更为简练的方式来代替。这种替代是众人皆知的，不是什么过于生僻或专业的概念。它遵循的是"此路难走咱绕行"的思维，多用于多次删减仍然很难达到预期效果的情况。【例12-2-4】可以概括为"在经济社会上抓发展"。再如：列举国家、省、市有些名称很长、种类很多的文件，可以概述为"国家、省、市有关文件"。又如：对某个处级单位的政务信息工作提要求，可以提几百字，甚至几千字的工作要求，从思想认识、工作重点乃至组织措施上来提，等等；但往往还感觉没说尽。这种情况下可以换一种表达方式，直接提"新的一年信息积分确保在全市处于前三名"的要求，语言简要，要求还非常高。

五是综合式概括。就是综合运用前面两种以上的方式进行概括。【例12-2-4】可概括为"在物质文明等五大文明上抓发展"。【例12-2-5】可概括为"受到省土地管理局等4家上级单位表彰"。

与精简内容"精简不减精"相比，充实内容的方向正好相反，但遵循的基本原则却有相似之处，是"充实不充虚"，通俗点说就是"加料不加水"，把表现主题功能强的内容先充实进来，实行先急后缓、分步实施，避免增补无序、补充过头，后面又要精简。

（二）结构

结构的基本要求是"结构严谨、条理清楚、衔接紧密"。

1. 查总体结构是否科学有序，改杂乱无章的问题。本书在前文"布局谋篇"章节中介绍过公文有几种常见的结构模式。不管采用哪种结构模式，其基本标准是科学有序，符合思维逻辑；否则，很容易造成思维混乱。

2023年5月，我们受命起草领导"苏韵乡情"乡村休闲旅游农业（淮安）专场推介辞，主要推介本地农文旅发展情况。初稿总体质量比较高，该写的基本上写到了。然而，我们在修改阶段，还是发现初稿三个主要层次与农文旅不完全对得上，结构上还需要再优化。于是，我们拿出了新稿，将三个主要层次分别对应了农业、文化和旅游，文字提炼与"苏韵乡情"主题也扣得更紧，散发出更浓郁的韵味。

【例12-2-6】

初稿提纲：

走进××，您将领略到独特的人文底蕴。

走进××，您将领略到独特的全域风情。

走进××，您将领略到独特的佳肴美味。

修改稿提纲：

走进××，您能品尝到特色农业散发出的绿色味道。

走进××，您能体验到多元文化浸染出的人文底蕴。

走进××，您能领略到滨湖旅游呈现出的诗与远方。

2. 查分段分层是否清晰、合理，改含混、臃肿、琐碎等问题。有人说："再小的盆景都是一个生态系统。"那么，也可说："再短的句群都有一个结构的问题。"清晰、合理地分开段落层次，便于受众阅读。相反，就会影响受众阅读。

王梦奎在《文章写作十二题》中提出："凡是能分段的，不要合成一段""句子太长，两行一个逗号，好几行一个句号，读起来很吃力""凡是能用短句子的，不要用长句子"。绘画、书法等很多艺术都有留白的要求，一般来讲，公文文稿自然段内最多不宜超过500字，超过了就应考虑分段，另起一行空两格再写；否则，会给人冗长、臃肿的感觉。

同时，也不应把段落层次划分得过多，给人琐碎、松散的感觉。"（一）（二）……""1.2.……"分别做二级、三级标题并且内容只有一个段落时，后边的内容一般应跟上，不应另外分行。

3.查撮要标项是否必要、规范，改过度和失范等问题。并非每段内容都需要撮要标项。如果需要，一定要按规范要求使用序号。其中，最为常见的毛病是跳号（如"一、二、四、五"）和重号（如"一、二、四、四、五"）等，最后一次校对时，应该检查一下序号对不对。

（三）文字

推敲炼字是中国作家的优良传统。对公文文字的推敲不能满足于没有错字、病句等基本要求，而应追求精准、妥帖、出彩。

1.查标题是否与主题和主体内容一致，是否符合规范，改题不达意、不符规范、扣题不紧等问题。主要解决以下三个问题。

（1）题不达意的问题。标题与主题、正文内容的关系相辅相成、相得益彰，主题和正文内容是什么样，就需要什么样的标题，同时，如标题拟得好，当然会对主题、正文起到"点睛"和升华的作用；反之，就会影响主题的表达。

2023年5月，外地同学又发来一篇统计工作向上汇报稿，说他们单位领导对该稿的标题不满意，请笔者帮助提炼一下。笔者看后发现原稿标题太过平淡，无法起到"点睛"作用。经向原来起草人员请教相关业务知识后，我们对原来标题各加了句"坚持'×××统'"，把所在层次内容主要亮点提炼写入标题，同时对原有标题及所辖正文进行了联动性的小幅度修改。修改稿发给同学后，该单位领导表示基本满意。

【例12-2-7】

原稿提纲：

一、坚决贯彻中央政策规定

二、持续推进统计工作高质量发展

三、全面提升统计数据质量

四、扎实抓好省统计督察反馈意见整改

五、持续开展统计屡禁难绝专项治理行动

修改稿提纲：

一、坚持"政治领统"，坚定保持统计工作正确航向

二、坚持"质量塑统"，积极打造统计工作××品牌

三、坚持"管理强统"，全面提升统计工作数据质量

四、坚持"整改促统"，扎实整改统计督察反馈意见

五、坚持"治理净统"，深入开展统计专项治理行动

（2）标题不符合规范的问题。标题有标题的基本规范，笔者在提纲拟写一章作了些介绍。常见的标题不规范的问题主要有标题不全、事由有误、主副标题随意并用和滥用标点符号等。

重点说一下标题不全的问题。标准的公文标题的构成为：发文机关＋事由＋文种。有的文种可以省发文机关，有的在此基础上，事由也可以省，如某项简单工作的通知就可拟写一个简单标题《通知》。但并非所有文种都能省略发文机关和事由，省略不当就会造成标题不全的问题。

公文标题中除法律、法规、规章加书名号外，一般不用标点符号。常有乱加标点符号的现象，值得注意。

（3）扣题不紧的问题。扣题是围绕中心思想或话题，把大方向把握好，把主要内容说到位。笔者过去服务过的一位领导有一次点评说"不是这个意思"，是在说我们稿子大方向没把握好，跑题了，需要调整方向。还有一位领导点评说"不解渴"，是在说我们的稿子主要内容没有完全说到位，需要充实，增加一些"硬核"内容。此外，还有一位领导打电话给笔者说，市里通知他围绕联合国人居城市奖创建工作，作一个会议表态发言；他觉得相关处室为他准备的初稿"扣题有些松"，要求帮助作些提升。笔者阅读初稿后，发现文中与创建主题密切联系的内容太少，而若即若离甚至完全游离的内容太多。为了说清初稿症状，同时也为了尽可能地节省篇幅，笔者只是提供了初稿摘要（见【例12-2-8】）。

【例12-2-8】初稿：

履职尽责　攻坚克难　努力提升全市生态环境质量（摘要）

我局将紧紧围绕"联合国人居环境奖"评选和"中国人居环境奖"评价指标体系，结合《淮安市创建联合国人居环境奖城市实施方案》要求，不断创新发展路

径,真抓实干,努力拼搏,重点做好以下五个方面工作:

一、围绕生态创建,纵深推进环保工作

加快推进国家生态县区建设,在苏北率先建成国家生态市,启动国家生态文明示范市创建,生态创建保持苏北领先。组织实施生态文明建设规划,制定年度目标责任书,落实具体工程项目,力争生态文明建设苏北保持领先。优化提升生态红线保护,确保生态红线"面积不减、功能不降"。积极配合市农委等部门制定《城市生物多样性保护规划》,完成市域内生物物种资源普查工作。

二、围绕污染治理,实现环境质量提升

一是开展大气质量提升行动。……二是开展水环境改善行动。……三是开展噪声污染防治行动。……

三、围绕民生所盼,强化信访问题解决……

四、围绕环保主业,加大环境执法力度……

五、围绕氛围营造,创新开展环保宣传……

针对初稿"症状",修改稿开出了"三剂处方",实行综合施治、全面提升,具体做法如下:

第一,从内容上紧扣主题、直击"靶心"。

首先,在总过渡语中把本单位的创建任务指标开门见山概括出来:"联合国人居环境奖城市创建工作,需要我局牵头完成的指标有4项,需要我局配合完成的指标有2项",这实际上既是直击了创建的主题"靶心",也为全文亮出了写作"靶心",要求全文必须全部围绕这个写。

其次,在下面两个层次中把具体创建指标讲出来,即在第一个层次中讲出2个具体指标:"保护生态环境和城市生物多样性,分别是我局的牵头完成指标和配合完成指标,也是提升全市生态人居内涵品质的重要措施";在第二个层次中讲出4个具体指标:"大气、水、噪声环境质量和应急系统建设分别是我局的牵头完成指标和配合完成指标。"

最后,再针对每个具体指标谈如何实施创建措施,甚至提出开展四个"环保专项行动"。为节省篇幅,这里只举一个文字最少的例子。如对"城市生物多样性"这项指标,提出创建措施"积极配合市农委等部门制定《城市生物多样性保护规划》,完成市域内生物物种资源普查工作。"

第二,从结构上突出主题、详略得当。

把本单位工作中与创建指标直接相关的内容放在前两个层次中集中写,把关联度不大的内容放到后面写，而且由过去三个层次合并成一个层次，篇幅也相应大幅删减。这是因为与主题关联度小的内容说多了，也会"稀释"主题，造成受众感觉上的"松垮"。同时，修改稿还对本单位牵头的创建指标完成措施进行了详述，对配合的创建指标完成措施进行了简述。如对第一个层次中两个性质不同的指标进行了详略分类处理，对前者安排了137个字，而后者仅有42个字，做到了重点突出、次重点简洁、非重点高度浓缩，实现了切合工作需要、字数分配适当。

第三，从"文眼"上体现主题、增加印象。

由于"创建联合国人居环境奖城市"中的中心词，也就是本文的"文眼"是"人居"，所以，修改稿从主标题、一级标题和一级标题下的过渡语等方面，增加了"人居"这个"文眼"，如主标题由"努力提升全市生态环境质量"改为"努力提升全市生态人居环境质量"；第一个层次初稿与修改稿同样谈生态市创建，一级标题由"围绕生态创建，纵深推进环保工作"改为"围绕提升生态人居内涵品质，加快推进示范创建活动"，都增加了"人居"字眼，起到"画龙点睛"的效果，强化了受众对主题的印象。

【例12-2-9】修改稿：

立足职能　积极作为
努力提升全市生态人居环境质量（摘要）

联合国人居环境奖城市创建工作，需要我局牵头完成的指标有4项，需要我局配合完成的指标有2项。我局将严格按照创建工作方案要求，立足职能、积极作为、细化任务、责任到人，努力提升全市生态人居环境质量。

一、围绕提升生态人居内涵品质，加快推进示范创建活动

保护生态环境和城市生物多样性，分别是我局的牵头完成指标和配合完成指标，也是提升全市生态人居内涵品质的重要措施。为此，我市将在苏北率先建成省级生态市的基础上，加快推进国家生态县区建设，在苏北率先建成国家生态市，启动国家生态文明示范市创建，组织实施生态文明建设规划，制定年度目标责任书，落实具体工程项目，力争生态文明建设苏北保持领先。优化提升生态红线保护，确保生态红线"面积不减、功能不降"。积极配合市农委等部门制定《城市生物多样性保护规划》，完成市域内生物物种资源普查工作。

二、围绕提升生态人居环境质量，深入开展环保专项行动

大气、水、噪声环境质量和应急系统建设分别是我局的牵头完成指标和配合

完成指标。对此，我局将深化开展 4 项专项行动，累计实施重点项目 100 个以上，为全市生态人居环境质量提升提供可靠支撑。一是大气质量提升行动。……二是水环境改善行动。……三是噪声污染防治行动。……四是环境应急系统建设行动。……

三、围绕提升生态人居和谐程度，强化环保执法整治宣传工作

全市生态人居和谐程度要向上"攀升"，环境保护职能履行就必须向下"扎根"。为此，我局将重点加强以下几方面工作。一是强化环境执法力度。……二是强化化工园区整治。……三是强化环境信访排查处理。……四是强化环境宣传引导。……

经过此番修改，领导对修改稿表示基本满意。事后了解得知，这篇文稿的初稿系基于近期的单位综合工作计划，添加了少许人居创建工作措施而改成。实际上，这类文稿所犯的扣题"松垮病"常见于综合文稿改成的专项文稿，还包括综合总结改成的专项总结或汇报，期待大家从修改稿中举一反三、触类旁通，找到、用好治疗这类病的"良方"。

2. 查行文是否符合逻辑、合乎语法、通情达理、切合语境、搭配得当、顺序正确以及是否遵守上级明确界定、约定俗成的说法，改逻辑错误、语法失当、情理不通、语境不妥、搭配不当、顺序混乱、不符合约定俗成的说法之处等问题。主要解决以下十种问题。

（1）逻辑错误。

一是种属混淆。A 概念包含 B 概念，B 概念是 A 概念中的一部分，这两个概念是种属关系，在写作时不能并写这两个概念。

【例 12-2-10】

主要业务增速居全省和全市（"全省"包含"全市"，应改为"全市乃至全省"）同行业前列。

二是交叉并列。在"八大优势特色产业包括煤炭、电力、食品等和新兴产业"中，"煤炭、电力、食品"是从行业类型角度分类的，而"新兴产业"是从时间角度分类的，分类的标准不统一就造成交叉关系了，应该避免。

三是定义模糊。定义是揭示概念内涵的逻辑方法。因此，给一个概念下定义，必须揭示概念的内涵。而"那河畔的金柳，是夕阳中的新娘"只是个暗喻，不能代替定义。

四是判断不准。判断是对事物有所肯定或否定的一种思维方式。"三人行，必有我师焉"是孔子名言，但如说成"三人行，皆为我师焉"，这个判断就过于绝对、

无法流传至今了。

五是自相矛盾。相互排斥的概念同时在一个公文中加以肯定，就造成了自相矛盾。有人写出了打好"蓝天保卫战""碧水治理战""净土整治战"一组语句，乍一看很好，但再推敲一下：碧水还要治理吗？净土还要整治吗？所以，应该改为："碧水守卫战""净土守护战"。

（2）语法失当。不符合语法要求。如："市局召开基层干部会议，开展爱国主义主题教育，受到了很大震动。"例文中最后一个分句的主语看似"基层干部"，又像"市局"，但表述都不完整，是典型的语法错误，可改成"市局开展爱国主义主题教育，使基层干部受到了很大震动"。

（3）事实不符。与实际情况不相符。如"无锡濒临太湖，无锡美，美就美在太湖水；丑，也丑在太湖水。"这句似乎在说靠近无锡的太湖水丑了，而事实上还未到这种程度，改为"若丑，也将丑在太湖水"更为稳妥。

（4）语境不妥。部分文字表述不符合语境，需要调整。如："各级干部必须把干事干活作为立身创业之本，坚持说了算，定了干，干则必成，成者有功"中的"干活"不太适应这个语境，可改为"办事"，"成者有功"缺乏前文铺垫、有些唐突，顺应"办事"可改为"办则必好"。

（5）搭配不当。很多词语搭配有的可以交叉搭配，有的不可混搭。如："实行"后面一般搭"举措""行动""机制"，"施行"一般搭"法令""规章"，"实施"一般搭"法令""政策"，这些不能混搭。"立志在发展速度上施短长，在财政增收上比贡献"中，"施短长"让人不太懂且与"比贡献"也对应不起来，不如把"施短长"改为"比短长"，把"比贡献"改为"赛贡献"，这样"比""赛"两字可遥相呼应。

（6）顺序有误。这里的顺序不仅有时间顺序，还有事理和程序等中的顺序问题。"先后开展了……活动"中"先后"两字要慎用，防止活动的时间没有按先后排列。"机制到位、认识到位、责任到位、领导到位"改为"认识到位、领导到位、责任到位、机制到位"更好些。因为认识是前提，领导是保证，责任是关键，机制是升华，这里也有内在的逻辑关系，不宜随便颠倒。

（7）不符合上级特别是中央明确界定或约定俗成的说法。如："社会经济又好又快发展"不能说成"社会经济又快又好发展"。

（8）存在歧义。如"全年任务一家没完成"，让人弄不清是任务仅为一家，这一家没完成；还是任务为多家，目前还没有实现零的突破。

（9）音韵不谐。公文尤其是领导讲话稿句子不宜太长，还有要防范语音拗口、生硬等问题。如"不是应形势的临时之举"中的"应"可改为"因应"，这样更顺口。"为官一任，保一方平安"不如改为"为官一任，安保一方"更上口。

（10）前后脱节。如"我市2014年度耕地保护监督管理考核名次在全省出现下滑，主要原因在于部分县区耕地补偿资金使用无方案、无报告、无支付凭据，使我市失了分。希望各县区尤其是失分的县区务必高度重视，强化耕地保护监督管理，切实保障耕地动态平衡和粮食安全"中，失分的问题较为具体，而"希望"后面的改进措施太过宏观，形成了前后脱节，改进措施可改成："规范耕地补偿资金使用手续和程序，提高资金使用效益，确保不失分、得满分。"

3.查文字是否正确、规范，改错别字、生造词语、滥用简称、标点错误等方面毛病。这类问题目前仍是出错率较高的领域，需要引起足够重视。

（1）错别字、生造词语。"灯谜"误为"灯迷"，"张贴"误为"张帖"，"汇总"误为"会总"，"碳素"误为"炭素"。

（2）滥用简称，重点防范以下问题：一是未使用众所周知的事物简称，搞出不伦不类的简称。二是对于公众不易了解的事物简称，第一次使用时未作说明。如文稿第一次使用"BBC"应在其后加"（英国广播公司简称）"。三是对容易混淆的简称没有加字眼进行区分。如光说"计委"，让人搞不清是"计生委"还是"计划委"，应加字眼进行区分。

三、程序性的审核修改："三个两"方法助力拿高分

（一）时间安排上的两个改法

以下两种方法都是利用人的大脑思维特点采取的修改方法，各有利弊。

1."趁热打铁"。初稿出来后，写作者抓住对稿件最熟悉的时机，立即修改稿件。这种方法需要的时间周期较短，时间利用效率较高，但也容易囿于写作者暂时定型的写作思维，很难跳出老框子。

2."冷却回炉"。初稿形成后，写作者既不修改，更不上报领导，暂时放一放，等基本上忘记了初稿，再来修改。这时，有可能从新的角度审视文稿，作出较大幅度的提升，甚至重写。这种方法好处在于修改质量较高，缺点在于耗时较长；如时间较急，就只能采用前一种方法了。

（二）先后顺序安排上的两个改法

先说个笑话。有人用袋子装物品，但把袋底误当作了袋口，气愤地说："这个

袋子竟然没有开口。"于是，他用剪刀从袋底处重新开了个口子。他把物品从新开的袋口放了进去，结果物品砸了他的脚。于是，他就愤怒了："什么破袋子，没有袋口就算了，连底子都没有！"从这个笑话讲到文稿修改，也有一个先后安排的顺序问题，这里介绍两个方法。

1. 先总体粗审，再从头到尾细审。先粗略地看下文稿，做到总体上心里有数。然后，再从头到尾全文细细审核。如果修改者没有先总体看一下，就直接从头往后进行"蛇吞式"修改，往往在没有看到后文的情况下改了前文，而改的内容在后文已作了安排，这不仅会造成重复劳动，还可能引发新问题。这不就有点像前面剪口袋的笑话吗？

2. 修改者与草拟者一同从头到尾细审。实践中，修改者审稿一般不会先看全稿再回头修改，而是与草拟者坐到一起修改。修改者每有大的改动就征求一下草拟者意见。对改得好的地方，草拟者当然应赞成；对改了会造成前后断档、矛盾等的地方，草拟者可当场提出自己的想法，双方进行商量。这样，不仅修改效率高，也能保证修改不因方式不完善而造成新问题。当然，这种方法对双方都有素质上的要求。草拟者应积极吸纳修改者特别是领导的意见，做到能改则改；同时，修改者也应认真听取草拟者解释，防止改出大毛病。

（三）集体修改提升的两个方法

从单位内外两个维度进行群体性研讨修改和征求意见。

1. 核心小组研讨。提请单位领导成立一个由熟悉业务工作和文字基础较好的人员组成的临时核心小组，对文稿进行专题研究和修改。专题研究之前，最好把稿子先发给小组成员，让他们提前熟悉稿子，然后再开会。开会时，最好安排主笔人员介绍和通读讨论稿，然后大家提出修改意见。这种研讨的形式不仅会把一些低级错误找出来，而且可以对文稿的主题、立意和结构等大的方面进行一些提升和完善。如果一个单位长期坚持这种方法，将大幅提升全体参研人员乃至整个单位的文字水平。有的单位还会对一些重要的文稿提请单位领导班子会议进行研究，从某种意义上说，这是核心小组研讨的"升级版"，应予以坚持与推广。

2. 公开征求意见。只有开门纳谏，才能集思广益、博采众长，酿出更高水准的精品佳作。征求意见稿形成后，可通过会议和书面等形式，在更大范围内公开征求意见，吸收各方意见，尤其应该吸收对修改文稿帮助大的人员的意见，比如直接从事文稿所涉及工作的人员，对文稿所涉及工作有所研究的专家等。对重要的单位和人员，可多次征求意见。

四、文稿最后校对：必须保证责任心不失分

当前是个信息文字爆炸的时代，很多出版发行物的校对质量随之下降，有些错误甚至到了触目惊心的地步。文稿的内容质量是作者的水平问题，而文字"硬伤"则是校对者的责任心问题。所以，需要更加重视并解决好这个问题。

（一）校对责任

校对工作既是文稿起草工作的一部分，也是与前期草拟工作相区别的地方。对文稿全文的准确性和正确性应该由牵头草拟人员负总责。对一些参与写作人员较多的文稿，可按"谁起草、谁校对"的原则，实行更为细致的网格化责任包干。同时，也可安排有一定文字基础且未直接参与文稿起草的人员参与校对，由于他们对这份文稿较为陌生，反而更容易找出错字、别字、漏字及格式等方面的"硬伤"。

（二）校对方式

校对以眼看、口读、手（笔）指、比照"四位一体"的形式为效果最好。

1. 眼看。在写稿阶段，只需通过眼看电脑上的电子版本就可以了，这样，方便修改、效率更高。但后期校对必须打印成纸质版，用眼睛与其他校对方法同步实施，这样，更容易找出"硬伤"。

2. 口读。由于口读更有语感，更容易发现文中不畅之处及错误问题，所以，定稿后应把文稿打印成纸质版，出声口读乃至大声朗读。由于文稿的草拟人员对稿子过于熟悉，容易形成思维定式，难以找出问题，所以，口读的主体最好选择有一定文字基础且未直接参与文稿起草的人员。如果没有这类合适人选，也可安装运用朗读软件。朗读软件不仅可提高校对的勘误率，还可缩短校对时间。

3. 手（笔）指。由于目光容易从文字上跳过去，尤其是写稿人员更容易这样，所以，校对时应用手或笔按着字，嘴读到哪里，手（笔）就指到哪里。这样，"硬伤"就更难漏掉了。

4. 比照。如果有多份关联度较高的文稿，应放在一块儿比照着校对，更高效地找出文稿间不一致，甚至是矛盾的地方。

（三）校对主要内容

首先声明一下，这里点出的问题相对于千奇百怪的实践差错，只是"冰山一角"，请大家务必永远保持高度警惕。这里主要讲三类差错。

1. 文字"硬伤"错误。重点校对错字、别字、漏字、多字、重字以及标点符号等方面的问题，注意"着""了""过""的""地""得"等虚词使用，单位名称、

人名、领导职务、地名、会名、活动名称、日期等要确保零误差。

2. 格式排版混乱。防止字体、字号、字距、行距等排版差错，法定文种的格式错误，"第×"后用逗号不用顿号，如："第一，加强组织领导"。

3. 表述前后矛盾。一是标题。笔者刚工作时，分管领导就告诫我们：标题最容易出现差错。这在我们后来的实践中得到了验证。各级标题随着所在位置语境多次变化而改动，量变引起质变，往往造成全文标题很不协调。为此，我们在起草政府工作报告等重要文稿的最后阶段，会安排人员专门把所有标题拎到一起比照检查一次，不仅为了查找错字、别字、漏字等硬伤，更为了检查在语法、风格、排版编辑等方面是否协调。二是数字。同一事物的数字，在同一份文稿中的不同位置，在相关联的几份不同文稿中，应该统一协调，如：一份文稿中总结数比计划数还小，就应高度重视；这些数字与以前公布或上报的数字，也应口径统一。三是事物表述。同一事物的名称、内涵和顺序等的表述，在同一份文稿中的不同位置，在相关联的几份不同文稿中，应该统一。四是责任单位。某单位有工作任务，但有关这项工作的专项领导小组、实施方案等中却漏掉了这个单位；第一责任单位在多个责任单位中没有排在第一位。这些问题要注意克服。五是小数点后面保留的位数要统一。

附 录

党政机关公文处理工作条例

第一章 总 则

第一条 为了适应中国共产党机关和国家行政机关（以下简称党政机关）工作需要，推进党政机关公文处理工作科学化、制度化、规范化，制定本条例。

第二条 本条例适用于各级党政机关公文处理工作。

第三条 党政机关公文是党政机关实施领导、履行职能、处理公务的具有特定效力和规范体式的文书，是传达贯彻党和国家的方针政策，公布法规和规章，指导、布置和商洽工作，请示和答复问题，报告、通报和交流情况等的重要工具。

第四条 公文处理工作是指公文拟制、办理、管理等一系列相互关联、衔接有序的工作。

第五条 公文处理工作应当坚持实事求是、准确规范、精简高效、安全保密的原则。

第六条 各级党政机关应当高度重视公文处理工作，加强组织领导，强化队伍建设，设立文秘部门或者由专人负责公文处理工作。

第七条 各级党政机关办公厅（室）主管本机关的公文处理工作，并对下级机关的公文处理工作进行业务指导和督促检查。

第二章 公文种类

第八条 公文种类主要有：

（一）决议。适用于会议讨论通过的重大决策事项。

（二）决定。适用于对重要事项作出决策和部署、奖惩有关单位和人员、变更或者撤销下级机关不适当的决定事项。

（三）命令（令）。适用于公布行政法规和规章、宣布施行重大强制性措施、批准授予和晋升衔级、嘉奖有关单位和人员。

（四）公报。适用于公布重要决定或者重大事项。

（五）公告。适用于向国内外宣布重要事项或者法定事项。

（六）通告。适用于在一定范围内公布应当遵守或者周知的事项。

（七）意见。适用于对重要问题提出见解和处理办法。

（八）通知。适用于发布、传达要求下级机关执行和有关单位周知或者执行的事项，批转、转发公文。

（九）通报。适用于表彰先进、批评错误、传达重要精神和告知重要情况。

（十）报告。适用于向上级机关汇报工作、反映情况，回复上级机关的询问。

（十一）请示。适用于向上级机关请求指示、批准。

（十二）批复。适用于答复下级机关请示事项。

（十三）议案。适用于各级人民政府按照法律程序向同级人民代表大会或者人民代表大会常务委员会提请审议事项。

（十四）函。适用于不相隶属机关之间商洽工作、询问和答复问题、请求批准和答复审批事项。

（十五）纪要。适用于记载会议主要情况和议定事项。

第三章　公文格式

第九条　公文一般由份号、密级和保密期限、紧急程度、发文机关标志、发文字号、签发人、标题、主送机关、正文、附件说明、发文机关署名、成文日期、印章、附注、附件、抄送机关、印发机关和印发日期、页码等组成。

（一）份号。公文印制份数的顺序号。涉密公文应当标注份号。

（二）密级和保密期限。公文的秘密等级和保密的期限。涉密公文应当根据涉密程度分别标注"绝密""机密""秘密"和保密期限。

（三）紧急程度。公文送达和办理的时限要求。根据紧急程度，紧急公文应当分别标注"特急""加急"，电报应当分别标注"特提""特急""加急""平急"。

（四）发文机关标志。由发文机关全称或者规范化简称加"文件"二字组成，也可以使用发文机关全称或者规范化简称。联合行文时，发文机关标志可以并用联合发文机关名称，也可以单独用主办机关名称。

（五）发文字号。由发文机关代字、年份、发文顺序号组成。联合行文时，使用主办机关的发文字号。

（六）签发人。上行文应当标注签发人姓名。

（七）标题。由发文机关名称、事由和文种组成。

（八）主送机关。公文的主要受理机关，应当使用机关全称、规范化简称或者同类型机关统称。

（九）正文。公文的主体，用来表述公文的内容。

（十）附件说明。公文附件的顺序号和名称。

（十一）发文机关署名。署发文机关全称或者规范化简称。

（十二）成文日期。署会议通过或者发文机关负责人签发的日期。联合行文时，署最后签发机关负责人签发的日期。

（十三）印章。公文中有发文机关署名的，应当加盖发文机关印章，并与署名机关相符。有特定发文机关标志的普发性公文和电报可以不加盖印章。

（十四）附注。公文印发传达范围等需要说明的事项。

（十五）附件。公文正文的说明、补充或者参考资料。

（十六）抄送机关。除主送机关外需要执行或者知晓公文内容的其他机关，应当使用机关全称、规范化简称或者同类型机关统称。

（十七）印发机关和印发日期。公文的送印机关和送印日期。

（十八）页码。公文页数顺序号。

第十条 公文的版式按照《党政机关公文格式》国家标准执行。

第十一条 公文使用的汉字、数字、外文字符、计量单位和标点符号等，按照有关国家标准和规定执行。民族自治地方的公文，可以并用汉字和当地通用的少数民族文字。

第十二条 公文用纸幅面采用国际标准 A4 型。特殊形式的公文用纸幅面，根据实际需要确定。

第四章　行文规则

第十三条 行文应当确有必要，讲求实效，注重针对性和可操作性。

第十四条 行文关系根据隶属关系和职权范围确定。一般不得越级行文，特殊情况需要越级行文的，应当同时抄送被越过的机关。

第十五条 向上级机关行文，应当遵循以下规则：

（一）原则上主送一个上级机关，根据需要同时抄送相关上级机关和同级机关，不抄送下级机关。

（二）党委、政府的部门向上级主管部门请示、报告重大事项，应当经本级党委、政府同意或者授权；属于部门职权范围内的事项应当直接报送上级主管部门。

（三）下级机关的请示事项，如需以本机关名义向上级机关请示，应当提出倾向性意见后上报，不得原文转报上级机关。

（四）请示应当一文一事。不得在报告等非请示性公文中夹带请示事项。

（五）除上级机关负责人直接交办事项外，不得以本机关名义向上级机关负责人报送公文，不得以本机关负责人名义向上级机关报送公文。

（六）受双重领导的机关向一个上级机关行文，必要时抄送另一个上级机关。

第十六条　向下级机关行文，应当遵循以下规则：

（一）主送受理机关，根据需要抄送相关机关。重要行文应当同时抄送发文机关的直接上级机关。

（二）党委、政府的办公厅（室）根据本级党委、政府授权，可以向下级党委、政府行文，其他部门和单位不得向下级党委、政府发布指令性公文或者在公文中向下级党委、政府提出指令性要求。需经政府审批的具体事项，经政府同意后可以由政府职能部门行文，文中须注明已经政府同意。

（三）党委、政府的部门在各自职权范围内可以向下级党委、政府的相关部门行文。

（四）涉及多个部门职权范围内的事务，部门之间未协商一致的，不得向下行文；擅自行文的，上级机关应当责令其纠正或者撤销。

（五）上级机关向受双重领导的下级机关行文，必要时抄送该下级机关的另一个上级机关。

第十七条　同级党政机关、党政机关与其他同级机关必要时可以联合行文。属于党委、政府各自职权范围内的工作，不得联合行文。

党委、政府的部门依据职权可以相互行文。

部门内设机构除办公厅（室）外不得对外正式行文。

第五章　公文拟制

第十八条　公文拟制包括公文的起草、审核、签发等程序。

第十九条　公文起草应当做到：

（一）符合党的理论路线方针政策和国家法律法规，完整准确体现发文机关意图，并同现行有关公文相衔接。

（二）一切从实际出发，分析问题实事求是，所提政策措施和办法切实可行。

（三）内容简洁，主题突出，观点鲜明，结构严谨，表述准确，文字精练。

（四）文种正确，格式规范。

（五）深入调查研究，充分进行论证，广泛听取意见。

（六）公文涉及其他地区或者部门职权范围内的事项，起草单位必须征求相关地区或者部门意见，力求达成一致。

（七）机关负责人应当主持、指导重要公文起草工作。

第二十条　公文文稿签发前，应当由发文机关办公厅（室）进行审核。审核的重点是：

（一）行文理由是否充分，行文依据是否准确。

（二）内容是否符合党的理论路线方针政策和国家法律法规；是否完整准确体现发文机关意图；是否同现行有关公文相衔接；所提政策措施和办法是否切实可行。

（三）涉及有关地区或者部门职权范围内的事项是否经过充分协商并达成一致意见。

（四）文种是否正确，格式是否规范；人名、地名、时间、数字、段落顺序、引文等是否准确；文字、数字、计量单位和标点符号等用法是否规范。

（五）其他内容是否符合公文起草的有关要求。

需要发文机关审议的重要公文文稿，审议前由发文机关办公厅（室）进行初核。

第二十一条　经审核不宜发文的公文文稿，应当退回起草单位并说明理由；符合发文条件但内容需作进一步研究和修改的，由起草单位修改后重新报送。

第二十二条　公文应当经本机关负责人审批签发。重要公文和上行文由机关主要负责人签发。党委、政府的办公厅（室）根据党委、政府授权制发的公文，由受权机关主要负责人签发或者按照有关规定签发。签发人签发公文，应当签署意见、姓名和完整日期；圈阅或者签名的，视为同意。联合发文由所有联署机关的负责人会签。

第六章　公文办理

第二十三条　公文办理包括收文办理、发文办理和整理归档。

第二十四条　收文办理主要程序是：

（一）签收。对收到的公文应当逐件清点，核对无误后签字或者盖章，并注明签收时间。

（二）登记。对公文的主要信息和办理情况应当详细记载。

（三）初审。对收到的公文应当进行初审。初审的重点是：是否应当由本机关办理，是否符合行文规则，文种、格式是否符合要求，涉及其他地区或者部门职权范围内的事项是否已经协商、会签，是否符合公文起草的其他要求。经初审不符合规定的公文，应当及时退回来文单位并说明理由。

（四）承办。阅知性公文应当根据公文内容、要求和工作需要确定范围后分送。批办性公文应当提出拟办意见报本机关负责人批示或者转有关部门办理；需要两个以上部门办理的，应当明确主办部门。紧急公文应当明确办理时限。承办部门对交办的公文应当及时办理，有明确办理时限要求的应当在规定时限内办理完毕。

（五）传阅。根据领导批示和工作需要将公文及时送传阅对象阅知或者批示。办理公文传阅应当随时掌握公文去向，不得漏传、误传、延误。

（六）催办。及时了解掌握公文的办理进展情况，督促承办部门按期办结。紧急公文或者重要公文应当由专人负责催办。

（七）答复。公文的办理结果应当及时答复来文单位，并根据需要告知相关单位。

第二十五条　发文办理主要程序是：

（一）复核。已经发文机关负责人签批的公文，印发前应当对公文的审批手续、内容、文种、格式等进行复核；需作实质性修改的，应当报原签批人复审。

（二）登记。对复核后的公文，应当确定发文字号、分送范围和印制份数并详细记载。

（三）印制。公文印制必须确保质量和时效。涉密公文应当在符合保密要求的场所印制。

（四）核发。公文印制完毕，应当对公文的文字、格式和印刷质量进行检查后分发。

第二十六条　涉密公文应当通过机要交通、邮政机要通信、城市机要文件交换站或者收发件机关机要收发人员进行传递，通过密码电报或者符合国家保密规定的计算机信息系统进行传输。

第二十七条　需要归档的公文及有关材料，应当根据有关档案法律法规以及机关档案管理规定，及时收集齐全、整理归档。两个以上机关联合办理的公文，原件由主办机关归档，相关机关保存复制件。机关负责人兼任其他机关职务的，在履行所兼职务过程中形成的公文，由其兼职机关归档。

第七章 公文管理

第二十八条 各级党政机关应当建立健全本机关公文管理制度，确保管理严格规范，充分发挥公文效用。

第二十九条 党政机关公文由文秘部门或者专人统一管理。设立党委（党组）的县级以上单位应当建立机要保密室和机要阅文室，并按照有关保密规定配备工作人员和必要的安全保密设施设备。

第三十条 公文确定密级前，应当按照拟定的密级先行采取保密措施。确定密级后，应当按照所定密级严格管理。绝密级公文应当由专人管理。

公文的密级需要变更或者解除的，由原确定密级的机关或者其上级机关决定。

第三十一条 公文的印发传达范围应当按照发文机关的要求执行；需要变更的，应当经发文机关批准。

涉密公文公开发布前应当履行解密程序。公开发布的时间、形式和渠道，由发文机关确定。

经批准公开发布的公文，同发文机关正式印发的公文具有同等效力。

第三十二条 复制、汇编机密级、秘密级公文，应当符合有关规定并经本机关负责人批准。绝密级公文一般不得复制、汇编，确有工作需要的，应当经发文机关或者其上级机关批准。复制、汇编的公文视同原件管理。

复制件应当加盖复制机关戳记。翻印件应当注明翻印的机关名称、日期。汇编本的密级按照编入公文的最高密级标注。

第三十三条 公文的撤销和废止，由发文机关、上级机关或者权力机关根据职权范围和有关法律法规决定。公文被撤销的，视为自始无效；公文被废止的，视为自废止之日起失效。

第三十四条 涉密公文应当按照发文机关的要求和有关规定进行清退或者销毁。

第三十五条 不具备归档和保存价值的公文，经批准后可以销毁。销毁涉密公文必须严格按照有关规定履行审批登记手续，确保不丢失、不漏销。个人不得私自销毁、留存涉密公文。

第三十六条 机关合并时，全部公文应当随之合并管理；机关撤销时，需要归档的公文经整理后按照有关规定移交档案管理部门。

工作人员离岗离职时,所在机关应当督促其将暂存、借用的公文按照有关规定移交、清退。

第三十七条 新设立的机关应当向本级党委、政府的办公厅(室)提出发文立户申请。经审查符合条件的,列为发文单位,机关合并或者撤销时,相应进行调整。

第八章 附 则

第三十八条 党政机关公文含电子公文。电子公文处理工作的具体办法另行制定。

第三十九条 法规、规章方面的公文,依照有关规定处理。外事方面的公文,依照外事主管部门的有关规定处理。

第四十条 其他机关和单位的公文处理工作,可以参照本条例执行。

第四十一条 本条例由中共中央办公厅、国务院办公厅负责解释。

第四十二条 本条例自2012年7月1日起施行。1996年5月3日中共中央办公厅发布的《中国共产党机关公文处理条例》和2000年8月24日国务院发布的《国家行政机关公文处理办法》停止执行。

{源于2012年4月16日中共中央办公厅、国务院办公厅《关于印发党政机关公文处理工作条例的通知》(中办发〔2012〕14号)}